BIBLIOTHÈQUE
DE L'ÉCOLE
DES HAUTES ÉTUDES

PUBLIÉE SOUS LES AUSPICES

DU MINISTÈRE DE L'INSTRUCTION PUBLIQUE

SCIENCES PHILOLOGIQUES ET HISTORIQUES

VINGT-NEUVIÈME FASCICULE

ORMAZD ET AHRIMAN, LEURS ORIGINES ET LEUR HISTOIRE,
PAR JAMES DARMESTETER.

PARIS
F. VIEWEG, LIBRAIRE-ÉDITEUR
LIBRAIRIE A. FRANCK
RUE RICHELIEU, 67
1877

Pour paraître très-prochainement :

ROLLAND (E.). Devinettes ou Énigmes populaires de la France, suivies de la réimpression d'un Recueil de 77 indovinelli publié à Trévise en 1628. Pet. in-8°.

PARCIC (A.). Grammaire de la langue serbo-croate. Traduction à l'usage des Français contenant des améliorations suggérées par l'auteur, avec une introduction, par M. le Dr J. B. Feuvrier. Gr. in-8°.

EN VENTE A LA MÊME LIBRAIRIE.

AUBER. Histoire et Théorie du symbolisme religieux avant et depuis le Christianisme. 4 forts volumes in-8°.   28 fr.

BELIN (F.). De Marci Tullii Ciceronis orationum deperditarum fragmentis. In-8°. 5 fr.

BIBLIOTHÈQUE DE L'ÉCOLE PRATIQUE DES HAUTES ÉTUDES, publiée sous les auspices de S. E. M. le Ministre de l'Instruction publique.

1er fascicule : La Stratification du langage, par Max Müller, traduit par M. Havet, élève de l'Ecole des Hautes Etudes. — La Chronologie dans la formation des langues indo-germaniques, par G. Curtius, traduit par M. Bergaigne, répétiteur à l'Ecole des Hautes Etudes.   4 fr.

2e fascicule : Etudes sur les Pagi de la Gaule, par A. Longnon, élève de l'Ecole des Hautes Etudes. 1re part. : l'Astenois, le Boulonnais et le Ternois, av. 2 cartes. Epuisé.

3e fascicule : Notes critiques sur Colluthus, par Ed. Tournier, directeur d'études adjoint à l'Ecole des Hautes Etudes.   1 fr. 50

4e fascicule : Nouvel Essai sur la formation du pluriel brisé en arabe, par Stanislas Guyard, répétiteur à l'Ecole des Hautes Etudes.   2 fr.

5e fascicule : Anciens glossaires romans, corrigés et expliqués par F. Diez. Traduit par A. Bauer, élève de l'Ecole des Hautes Etudes. Epuisé.

6e fascicule : Des formes de la conjugaison en égyptien antique, en démotique et en copte, par G. Maspero, répétiteur à l'Ecole des Hautes Etudes.   10 fr.

7e fascicule : la Vie de Saint Alexis, textes des XIe, XIIe, XIIIe et XIVe siècles, publiés par G. Paris, membre de l'Institut, et L. Pannier.   20 fr.

8e fascicule : Etudes critiques sur les sources de l'histoire mérovingienne, par M. Gabriel Monod, directeur adjoint à l'Ecole des Hautes Etudes, et par les membres de la Conférence d'histoire.   6 fr.

9e fascicule : Le Bhâminî-Vilâsa, texte sanscrit, publié avec une traduction et des notes par Abel Bergaigne, répétiteur à l'Ecole des Hautes Etudes.   8 fr.

10e fascicule : Exercices critiques de la Conférence de philologie grecque, recueillis et rédigés par E. Tournier, directeur d'études adjoint.   10 fr.

11e fascicule : Etudes sur les Pagi de la Gaule, par A. Longnon. 2e partie : les Pagi du diocèse de Reims, avec 4 cartes.   7 fr. 50

12e fascicule : Du genre épistolaire chez les anciens Egyptiens de l'époque pharaonique, par G. Maspero, répétiteur à l'Ecole des Hautes Etudes.   10 fr.

13e fascicule : La Procédure de la Lex Salica. Etude sur le droit Frank (la fidejussio dans la législation franke ; — les Sacebarons ; — la glosse malbergique), travaux de M. R. Sohm, professeur à l'Université de Strasbourg, traduits par M. Thévenin, répétiteur à l'Ecole des Hautes Etudes.   7 fr.

14e fascicule : Itinéraire des Dix mille. Etude topographique par M. F. Robiou, professeur à la faculté des lettres de Rennes, avec 3 cartes.   6 fr.

15e fascicule : Etude sur Pline le jeune, par Th. Mommsen, traduit par M. C. Morel, répétiteur à l'Ecole des Hautes Etudes.   4 fr.

16e fascicule : Du C dans les langues romanes, par M. Ch. Joret, ancien élève de l'Ecole des Hautes Etudes, professeur à la faculté des lettres d'Aix.   12 fr.

17e fascicule : Cicéron. Epistolæ ad Familiares, Notice sur un manuscrit du XIIe siècle par Charles Thurot, membre de l'Institut, directeur de la Conférence de philologie latine à l'Ecole pratique des Hautes Etudes.   3 fr.

18e fascicule : Etude sur les Comtes et Vicomtes de Limoges antérieurs à l'an 1000, par M. R. de Lasteyrie, élève de l'Ecole des Hautes Etudes.   5 fr.

19e fascicule : De la formation des mots composés en français, par M. A. Darmesteter, répétiteur à l'Ecole des Hautes Etudes.   12 fr.

20e fascicule : Quintilien, institution oratoire, collation d'un manuscrit du Xe siècle, par Emile Châtelain et Jules Le Coultre, licenciés ès-lettres, élèves de l'Ecole pratique des Hautes Etudes.   3 fr.

21e fascicule : Hymne à Ammon-Ra des papyrus égyptiens du musée de Boulaq, traduit et commenté par Eugène Grébaut, élève de l'Ecole des Hautes Etudes, avocat à la Cour d'appel de Paris.   22 fr.

22e fascicule : Pleurs de Philippe le Solitaire, poème en vers politiques publié dans le texte pour la première fois d'après six mss. de la Bibliothèque nationale par l'abbé Emmanuel Auvray, licencié ès-lettres, professeur au petit séminaire du Mont aux Malades.   3 fr. 75

BIBLIOTHÈQUE
DE L'ÉCOLE
DES HAUTES ÉTUDES

PUBLIÉE SOUS LES AUSPICES

DU MINISTÈRE DE L'INSTRUCTION PUBLIQUE

SCIENCES PHILOLOGIQUES ET HISTORIQUES

VINGT-NEUVIÈME FASCICULE

ORMAZD ET AHRIMAN, LEURS ORIGINES ET LEUR HISTOIRE.
PAR JAMES DARMESTETER.

PARIS

F. VIEWEG, LIBRAIRE-ÉDITEUR

LIBRAIRIE A. FRANCK

67, RUE RICHELIEU

1877

ORMAZD ET AHRIMAN

LEURS ORIGINES

ET

LEUR HISTOIRE

PAR

JAMES DARMESTETER

PARIS

F. VIEWEG, LIBRAIRE-ÉDITEUR

LIBRAIRIE A. FRANCK

RUE RICHELIEU, 67

1877

A LA MÉMOIRE

D'ANQUETIL DUPERRON

ET

D'Eugène BURNOUF

CRÉATEURS

DE LA SCIENCE IRANIENNE

A MESSIEURS

Michel BRÉAL

et

Abel BERGAIGNE

HOMMAGE RECONNAISSANT

A MESSIEURS

Michel BRÉAL

et

Abel BERGAIGNE

HOMMAGE RECONNAISSANT

INTRODUCTION.

Sommaire : § 1. Ormazd et Ahriman. — § 2. Sources. — § 3. Méthode et étendue de la recherche. Distinction des éléments *indo-iraniens* et des éléments *iraniens* proprement dits. — § 4. Ormazd est indo-iranien, Ahriman est iranien. — § 5. Divisions : Ormazd, Ahriman, systèmes unitaires.

§ 1. Il y a environ 1800 ans, Plutarque écrivait que la plupart des théologiens, et des plus sages, croient à l'existence de deux dieux rivaux, l'un auteur du bien, l'autre du mal, à l'existence de deux puissances, l'une divine, l'autre démoniaque : « telle fut la doctrine de Zôroastris, le mage, qui naquit, au dire des historiens, cinq mille ans avant la guerre de Troie : il appelait le premier Hôromazês, le second Areimanios [1]. »

Quatre siècles avant Plutarque, Aristote parlait des deux principes que reconnaissent les mages, « le bon génie et le mauvais, l'un nommé Zeus et Oromasdês, l'autre Haides et Areimanios [2]. »

Cette doctrine du dualisme qui régnait déjà en Perse il y a vingt-deux siècles, chassée de là par l'Islam au septième siècle de l'ère chrétienne, compte aujourd'hui encore environ 150,000 fidèles, les Guèbres ou Parsis, répandus à Bombay, dans le Guzerate et dans quelques villages du Kirman : tous les matins,

---

1. De Iside et Osiride, § 46.
2. Diogène de Laerte, Proœmium 8, d'après un livre perdu d'Aristote, le περὶ φιλοσοφίας.

en se levant, le Parsi, après s'être lavé les mains et la figure avec de l'urine de taureau [1], met sa ceinture en disant : Souverain soit Ormazd, abattu soit Ahriman [2].

J'essaie dans les pages suivantes de faire l'histoire d'Ormazd et d'Ahriman, c'est-à-dire de remonter de leur forme, de leurs attributs et de leurs rapports modernes, à leur forme, à leurs attributs, à leurs rapports les plus anciens.

§ 2. Les documents les plus importants et les plus riches dont l'on dispose pour faire cette histoire, sont ceux qui nous sont transmis directement par les Parsis eux-mêmes : ce sont l'*Avesta*, leur livre le plus ancien et le plus vénéré, et les *livres traditionnels* qui traduisent, commentent, développent et souvent complètent l'*Avesta* [3]. Les écrivains non Parsis, Grecs, Arméniens ou Musulmans, fournissent également des renseignements nombreux, moins authentiques sans doute et moins sûrs que ceux de la première source, très-précieux néanmoins et souvent uniques, car ces écrivains sont en général l'écho de sectes éteintes et nous conservent maintes fois des traits mythiques aujourd'hui oubliés et disparus.

---

1. *Vide infra* § 124.
2. Nirang Kostî, début.
3. L'Avesta comprend : le *Yaçna*, recueil de morceaux liturgiques et d'hymnes ou *Gâthâs*; le *Vispered*, recueil liturgique; le *Vendidâd*, recueil de lois religieuses; les *Yasht*, morceaux mythiques consacrés aux diverses divinités mazdéennes; diverses prières (*Nyâyesh, Afrîgân, Gâh, Sirozeh*) et quelques fragments. L'Avesta est rédigé en une langue très-voisine du perse ancien, c.-à-d. de la langue dans laquelle les rois Achéménides ont rédigé leurs inscriptions; on est convenu de l'appeler langue *zende* : on ne connaît point la région précise où elle était parlée. Les Gâthâs sont rédigées en un dialecte particulier, plus archaïque que le zend ordinaire; elles sont souvent citées dans les autres parties du recueil : c'est la partie la plus anciennement rédigée de l'Avesta. — Les livres traditionnels sont écrits en pehlvi, en parsi et en persan moderne. Le pehlvi est la langue *écrite* de la Perse sous les Sassanides : c'est un mélange d'éléments iraniens et d'éléments sémitiques. Sont rédigés en pehlvi les commentaires sur l'Avesta, le *Bundehesh* (cosmogonie), l'*Ardâi-Vîrâf-Nâmeh*, et nombre de récits et de morceaux dogmatiques; le pehlvi a longtemps subsisté chez les Parsis comme langue savante. Le parsi semble être du pehlvi débarrassé de l'élément sémitique, c'est la langue des *Patets* (confessions), du *Minokhired* (l'Intelligence céleste), etc.; sont rédigés en persan la vie de Zoroastre (*Zerdusht Nâmeh*), les *Rivâyet* ou Traditions, le *Djâmâçpi*, etc.

§ 3. La méthode suivie dans le cours de ce travail est la méthode *comparative*. C'est celle que l'on suit pour faire l'histoire des langues, c'est celle qu'il faut suivre pour faire l'histoire des religions. Comme la comparaison des diverses formes d'un mot permet seule de les classer, c'est-à-dire de distinguer les formes anciennes des formes récentes, de trouver l'ordre de leur succession, enfin de reconnaître ou de restituer la forme ou les formes primitives dont elles dérivent ; de même la comparaison des divers attributs d'un dieu permet seule de les classer, de distinguer les attributs anciens des attributs récents, de trouver l'ordre de leur succession, enfin de reconnaître ou de restituer l'attribut ou les attributs primitifs dont ils dérivent.

Mais de même qu'en philologie, la comparaison, pour atteindre à toute sa puissance, doit souvent sortir de la langue même qu'elle étudie, et après l'avoir comparée à elle-même, la comparer à la langue la plus proche d'elle par les origines ; de même en mythologie ; et maintes fois des traits, obscurs dans la religion qu'on étudie, trouvent leur explication dans la religion sœur, parce que le trait antérieur ou intermédiaire, qui les engendre ou qui les relie, s'est perdu dans la première et conservé dans la seconde.

Or, la religion la plus proche de celle des Parsis, considérée dans sa forme la plus antique, est celle des anciens Indous, qui sous sa forme la plus archaïque, telle qu'elle nous est conservée dans le Rig-Véda, prend le nom de *Védisme*. De même qu'une comparaison systématique, établie entre la langue de l'Avesta et celle du Rig-Véda, fait reconnaître que l'une et l'autre ne sont que deux développements différents d'une seule et même langue, langue disparue que la grammaire comparée restitue, et que l'on désigne sous le nom de langue *indo-iranienne ;* de même une comparaison systématique, instituée entre les idées religieuses de l'Avesta et celles du Rig-Véda, force de reconnaître que les unes et les autres dérivent d'une seule et même religion, la religion dite *indo-iranienne*, religion disparue et que la théologie comparée doit restituer.

Cette langue était parlée, cette religion était suivie, à l'époque préhistorique où les ancêtres communs des Ariens de l'Iran et des Ariens de l'Inde vivaient encore confondus : mais quand le peuple indo-iranien se fut divisé en deux branches, dont l'une couvrit l'Iran, l'autre l'Inde, cette langue et cette religion, se transformant des deux parts d'une façon indépendante, suivant le génie des deux peuples, finirent par donner deux langues et deux religions différentes, en Iran le Zend, en Inde le Sanscrit ; en Iran le Mazdéisme, en Inde le Védisme.

Il suit de là que les deux religions dérivées, Mazdéisme et Védisme, se composent de deux couches différentes de dieux, de mythes et d'idées ; la première comprend tout ce qui existait déjà *à l'état formé* dans la religion indo-iranienne, *dans la période d'unité ;* la seconde tout ce qui s'est produit depuis l'époque de la séparation. Par suite, dans le Mazdéisme, pour nous en tenir à notre objet spécial, l'on doit distinguer deux sortes d'éléments, d'âge différent : les éléments *indo-iraniens* et les éléments *iraniens proprement dits*. Sans doute cette distinction est purement historique, et l'esprit mazdéen n'a pas exercé une action moins puissante sur les premiers que sur les seconds ; il a été aussi original en transformant les uns qu'en mettant au jour les autres ; il a fondu les uns et les autres en une parfaite unité et le Destour de nos jours, pas plus que le Mage d'autrefois, ne soupçonne les phases successives que sa religion a traversées, l'âge différent de ses dieux et de ses démons, et les rôles changeants qu'ils ont joués dans le cours des siècles. Mais l'histoire est l'âme même de la critique religieuse : connaître une religion ce n'est point seulement savoir ce qu'elle est, c'est aussi et surtout savoir ce qu'elle a été successivement, et comment elle est devenue ce qu'elle est.

Toutes les fois donc que l'on étudie une divinité ou une conception mazdéenne, l'on doit se demander si cette divinité ou cette conception était déjà indo-iranienne ou si elle est purement iranienne. Dans le premier cas, le Védisme, qui est resté infiniment plus près que le Mazdéisme de la religion d'unité[1], donne souvent, soit directement, soit à l'induction, la forme indo-iranienne, ce qui permet de retrouver les étapes parcourues par la forme mazdéenne ; dans le second cas, le cercle de la question se trouve limité, et connaissant le milieu où le fait nouveau s'est

---

1. De même que la langue des Védas est infiniment plus près que celle de l'Avesta de la langue indo-iranienne.

produit, il devient possible de déterminer les éléments qui ont agi, et le mode de formation.

§ 4. En appliquant ces principes à l'histoire d'Ormazd et d'Ahriman, l'on arrive à cette conclusion que ces deux adversaires, si étroitement unis dans la période moderne, ne l'ont pas toujours été : Ormazd existait dans la période d'unité, Ahriman est né après cette période ; Ormazd est un héritage indo-iranien, Ahriman une création iranienne.

§ 5. Ce travail se compose de trois parties : dans la première on étudie l'histoire d'Ormazd, ou Ahura Mazda [1], en la poursuivant jusque dans la période indo-iranienne ; dans la seconde les origines d'Ahriman, ou Añgra Mainyu [2], et de ses rapports avec Ormazd, c'est-à-dire les origines du dualisme. Dans une troisième partie, on recherche les origines des systèmes demi-philosophiques qui ont essayé de ramener le dualisme à l'unité.

---

1. Ahura Mazda est le nom zend, dont Ormazd est la forme parsie.
2. Añgra Mainyu est le nom zend, dont Ahriman est la forme parsie.

PREMIÈRE PARTIE.

ORMAZD ou AHURA MAZDA.

CHAPITRE Ier.

L'ASHA.

Sommaire : § 6. L'*Asha* : caractéristique du monde d'Ormazd. — § 7. L'*Asha* est pour les Parsis « la pureté »; comprend trois choses : bonne pensée, bonne parole, bonne action (*humatem*, *hûkhtem*, *hvarstem*). — § 8. La valeur primitive de ces trois expressions est purement liturgique, nullement morale. — § 9. Telle est encore leur valeur védique (*sumati*, *sûkta*, *sukrita*). — § 10. Formules équivalentes; prouvent que l'*Asha* est l'ordre religieux, répond au *rita* védique. — § 11. Le *rita* dans les Védas : 1° Ordre cosmique. — § 12. 2° Ordre liturgique. — § 13. *Asha* réunit les deux valeurs de *rita*. — § 14. La conception d'un ordre cosmique et liturgique était déjà formée et munie de ses moyens d'expression dans la période indo-iranienne. — § 15. *Asha* et *rita* sont-ils le même mot ? — § 16. *Asha* et *rita* ont, dans une acception spéciale, une valeur morale; ils désignent la vérité. De là le développement tout moral de l'*Asha*. — § 17. Conclusion.

§ 6. « Malheur, s'écrie un poëte des Gâthâs, à ceux qui, « suivant la loi du démon, veulent détruire le monde de l'*Asha* ! « Félicité à ceux qui donnent leur foi à Mazda [1] ! » Ce monde

---

1. *Yaçna* 31, 1 (*aêibyô yôi urvâtâis drûgô ashahyâ gaêthâo vîmareñcaitê* répond à un védique *tebhyo ye vratais druho ritasya dhâma minanti*. Pour le sens de *zarazdâo*, v. *Mémoires de la Société de linguistique de*

de l'*Asha*, c'est Ahura Mazda qui l'a créé[1], c'est lui qui par son intelligence a fondé l'*Asha*[2], il est l'être suprême en fait d'*Asha*[3], il est par excellence un être qui possède l'*asha*, un *asha-van*[4].

Que signifie ce terme d'*Asha*? Telle est la première question à résoudre à qui veut pénétrer dans la nature d'Ahura Mazda et du Mazdéisme : ce terme domine toute la conception et d'Ahura et du Mazdéisme, et les êtres sont rangés du côté du bon principe ou du mauvais, d'Ormazd ou d'Ahriman, selon qu'ils appartiennent à l'*Asha* ou qu'ils le combattent.

§ 7. On a l'habitude de traduire *asha* par le mot *pureté* : c'est le sens donné par la traduction sanscrite du Yaçna, faite au quinzième siècle, et qui le rend par le mot *punya* « pur, pureté.» Les Parsis modernes entendent bien en effet par le mot *asha* ce que les Européens peuvent entendre par « pureté », c'est-à-dire le bien moral sous toutes ses formes. Atteindre l'*asha* est l'idéal suprême de l'adorateur de Mazda, et *asha-van* « sectateur ou possesseur de l'*asha* » est le titre suprême auquel il aspire ; or, toute la morale mazdéenne tient dans ces trois mots : *bonne pensée, bonne parole, bonne action*[5], et l'homme *asha-van* est celui qui a bien pensé, bien parlé, bien agi[6] ; d'où il semble suivre que l'*asha* est réellement le bien moral, la pureté.

§ 8. Si cependant l'on demande aux textes mêmes ce qu'ils entendent par la formule que l'on vient de citer, on voit qu'elle a un sens bien moins large qu'il ne semble, et moins strictement moral : ces trois termes « bonne pensée, bonne parole, bonne

---

Paris, III, 54. — Les citations sont faites pour le Yaçna, le Vispered et le Vendidâd d'après l'édition de M. Spiegel, pour le reste de l'Avesta d'après celle de M. Westergaard.

1. Yaçna 31, 9.
2. Yaçna 31, 7 (*hvô khrathwâ dāmis ashem* = védique *sa kratvâ dhâtâ* (dadhau) *ritam*).
3. Yaçna 1, 2.
4. Passim.
5. Il n'y a guère de page dans les textes liturgiques où cette formule ne se rencontre ; soit sous la forme *hu-matem* ou *humatem vacô* (*bene cogitatum* ou *bene cogitata cogitatio*; Vispered 20, 1 ; Yaçna 3, 16 ; 4, 1, 10, 46 sq. ; 13, 27 ; 19, 45, 53 sq. ; 35, 4, etc.) ; soit sous la forme *vohu manah*, etc. (*bona cogitatio*, etc., Yaçna 67, 6 sq.) ; soit sous forme verbale (Yaçna 69, 15 ; Yasht 13, 88, etc.) ; cf. la contre-formule *duj-matem*, etc. (*male cogitatum* 64, 24 ; 70, 28 sq. ; Visp. 23, 7, 8 ; 27, 2, etc.
6. Visp. 3, 22 ; Yaçna 69, 15 ; 56, 6, 5 ; cf. Yasht 22, 18.

action » (hu-matem, hu-ukhtem, hu-varstem), ne sont point, comme on le croirait, des mots de la morale humaine, mais de la morale religieuse et liturgique.

Le fidèle doit honorer Dieu en *pensée*, en *parole*, en *action*, et prendre garde de l'offenser en *pensée*, en *parole*, en *action*[1] (manah, vâc, skyaothana) ; or, honorer ou offenser Dieu en parole, c'est, avant tout, bien ou mal réciter la prière : « celui « qui, ô saint Zarathustra (Zoroastre), récite une portion de « l'*Ahuna vairya*..., en trois pas je fais passer son âme par-« delà le pont Cinvat au Paradis. Celui qui mutile une portion « de l'Ahuna vairya d'une moitié, d'un tiers, d'un quart, d'un « cinquième, j'emporte son âme loin du Paradis[2] » ; Zoroastre sacrifie à Ashi « avec le haoma[3] et la chair, avec le Bareçman[4], « la voix puissante, la formule, la parole, l'action, les libations, « les paroles bien récitées (arshukhdhaêibyaçca vâgjibyô)[5] ». La bonne parole est donc la formule, la parole bien récitée ; et la bonne action est l'acte matériel du sacrifice, l'offrande bien faite : « nous t'abordons, ô Atar[6], avec les actes et les paroles *de la bonne piété*[7] » ; ce que sont ces actes, nous l'apprenons par cette formule : « nous invoquons Ahura avec *ces offrandes, ces libations* et *ces paroles bien récitées*[8]. » La *bonne pensée* elle-même rentre dans le cadre étroit des vertus liturgiques : si plus tard elle a pris le sens général et moral qu'elle aurait dans nos langues, si divinisée dans l'Amshaspand *vohu-manô*, elle est devenue le génie de la bienveillance, εὐνοίας Θεός,[9], et fait à ce titre régner parmi les hommes la paix et l'amitié, ce n'est point là sa valeur première, et quand le fidèle offre à Ahura « les libations de la bonne pensée[10], quand les Gâthas maudissent celui qui au détriment d'Ahura honore l'impiété et la mauvaise pensée[11], bonne et mauvaise pensées sont celles qui rendent ou refusent à Dieu l'hommage qui lui est dû.

1. Yaçna 1, 56.
2. Yaçna 19, 9. Le bienheureux arrive en trois pas aux portes du Paradis ; cf. § 194.
3. Liqueur fermentée offerte aux dieux. Voir plus bas § 87.
4. Rameaux sacrés.
5. Pour le sens de *arshukhdha*, voir pages 12, 13.
6. Atar, le Feu, fils d'Ahura Mazda. V. § 31.
7. Yaçna 36, 11 ; *vanuhyâo ciçtôis skyaothanâisca vacêbîsca*.
8. Yaçna 17, 4. *Abyô râtâbyô zaothrâbyô arshukhdhaêibyaçca vâkhshibyô*.
9. Plutarque, Isis et Osiris § 47. Cf. plus bas § 197.
10. Yaçna 67, 6. *Vanhéus mananhô zaothrâbyô*.
11. Yaçna 33, 4.

Aussi n'est-ce point à l'égard de l'homme que l'on recommande la bonne pensée, la bonne parole, la bonne action, c'est à l'égard du dieu : « nous t'abordons avec les actes et les paroles de la « bonne piété ; nous te rendons hommage, nous te supplions, « ô Ahura Mazda, avec toutes les bonnes pensées, toutes les « bonnes paroles, toutes les bonnes actions [1]. » Ce sont choses de liturgie, ingrédients du sacrifice.

§ 9. Cette conclusion concorde avec le sens qu'ont gardé dans les védas les termes correspondants, presque identiques de forme, *sumati, sûkta, sukṛita*.

Au zend « *hûkhtem* » la bonne parole (littéralement « la chose bien dite »), répond, lettre pour lettre, le védique *sûktam*[2] (ou *sûktam vacas* « parole bien dite »); or, *sûktam* n'est jamais la parole de bien, la parole de l'homme vertueux, c'est la belle parole, l'hymne bien fait, bien chanté, le chant nouvellement inventé qui fait honneur au poëte et plaisir au dieu, l'hymne agréé qui sait se frayer un large chemin jusqu'aux cieux : le mot est absolument employé comme un synonyme de *sâman, sushtuti, mantra, gir, stoma*, c'est-à-dire comme un des noms du chant sacré.

Au zend *hvarsta* (hu-varsta) la bonne action, (littéralement « la chose bien faite »), répond, pour la formation et le sens littéral, le védique *su-kṛita*[3]. Or le *su-kṛita* n'est pas plus l'acte de vertu, que le *sûkta* n'est la parole de vertu ; c'est l'acte religieux bien fait, l'acte du fidèle consciencieux et libéral, du bon sacrificateur (*su-yaǵña*), qui a bien étalé le

1. Yaçna 38, 12 sq.
2. RV. 9, 9, 8 ; 7, 58. 6 ; ce vers marque la synonymie de *su-shtuti* (le bel hymne) et de *su-uktam*; 8, 44, 2, etc. Voir Grassmann, Dictionnaire védique, s. v.
3. Et *sukṛityâ*. La racine *varez* d'où *hvarsta* (indo-européen *varg*, grec Ϝεργ, gothique *waurk*) semble perdue en sanscrit où elle s'est confondue avec une racine homonyme *varg* « détourner. » Cependant, *hvarsta* se retrouve exactement (à part la nuance du suffixe) dans le védique *su-vrikti*. Le dictionnaire de Saint-Pétersbourg décompose le mot en *su-rikti* et traduit par suite « beau cantique » ; cette étymologie sépare arbitrairement *su-vrikti* de *namo-vrikti* et de *sva-vrikti*, et ce sens ne convient que dans un nombre restreint de passages ; celui du zend *hvarsta* convient à tous, même à ces derniers (par exemple dans § 41, 2, *namobhir vâ ye dadathe suvriktim stomam*, le rapprochement de *suvrikti* et de *stoma* ne prouve pas à lui seul la synonymie des deux termes, mais seulement l'union possible des deux objets dans le sacrifice).

gazon sacré, bien pressé et purifié le soma, bien entassé les bûches du foyer, bien allumé Agni, donné au dieu riche offrande, au prêtre riche salaire (*sudânu, dakshinâvant*). De même l'homme *su-kṛit*, littéralement « qui agit bien », n'est point celui qui fait le bien, mais celui qui pratique bien son devoir religieux [1]. Le mot *sukṛita* devient même simple synonyme de *yaǵña* « le sacrifice », et l'autel où le sacrifice est offert est dit *sukṛitasya yonis* « la matrice du *sukṛita* », c'est-à-dire le lieu de production du grand acte, de l'acte sacré [2].

Enfin au zend *humatem* bonne pensée (« chose bien pensée »), répond le védique *su-mati*, qui désigne, soit la bonne pensée du dieu favorable, soit la bonne pensée du fidèle qui prie avec ferveur ; ce second sens est tellement essentiel que par là le mot est arrivé à devenir un simple nom de la prière [3].

§ 10. Ainsi, les trois termes de la formule avestéenne, bonne pensée, bonne parole, bonne action, se retrouvent dans les védas avec une valeur exclusivement liturgique : ceci confirme la conclusion de l'avant-dernier paragraphe, à savoir que telle était aussi leur valeur ancienne dans l'Avesta et que la morale au sens européen du mot n'a rien à voir dans cette formule [4]. Or l'*asha* étant constitué par la réunion de ces trois vertus liturgiques, il devient légitime de penser que « pureté » n'est point le sens primitif du mot et que ce terme doit chercher son explication et son origine en dehors de la morale. Voici une raison nouvelle de le penser.

1. RV. 1, 92, 3. isham vahantîs sukṛite sudânave viçvâ id aha yagamânâya sunvate : « Apportant l'abondance au sukṛit libéral, tous les biens au sacrifiant qui presse le soma. »
2. RV. 3, 29, 8.
3. Grassmann, *s. v.*, n° 4. La racine *man* (penser) marque souvent la pensée religieuse, et les dérivés *mati manîshâ* sont le plus souvent des noms de la prière. Cf. *mantra*, zend *mâthra*, la formule.
4. Les termes de la formule sont indiens et iraniens, et comme des deux parts ils ont le même sens technique, il faut conclure qu'ils sont indo-iraniens, qu'ils appartiennent à la langue religieuse du peuple indo-iranien (sous la forme *su-matam, su-uktam, *su-kartam*). Mais la réunion systématique des trois termes, leur subordination exacte, est un fait tout iranien. Voici un vers védique qui rappelle d'assez près la formule iranienne ; dhîro *manasâ su-hastyo giras* sam ange : « (Pour les » maruts) je pare mes chants, d'une pensée fervente, d'une main pieuse (RV. 63, 1) : les trois agents du culte sont réunis là, pensée, main, parole (*manas, hasta, gir* ou comme dit le Yaçna, *manah, zaçta, vacah* (29, 2).

La formule que nous venons d'étudier se présente encore sous d'autres types : « Puissé-je vaincre par une *pensée conforme à l'ordre* (rathwya), une parole conforme à l'ordre, une action conforme à l'ordre ! Puissé-je vaincre celui *qui ne pense pas conformément à l'ordre*, qui ne parle point conformément à l'ordre, qui n'agit point conformément à l'ordre (*arathwyô-manah*, etc. »)[1]. Le mot *rathwya* « conforme à l'ordre » est la forme zende du védique *ṛitviya* qui a le même sens : les *ṛitviyâs vâcas*[2] sont dans le Véda des paroles qui viennent en temps et lieu et telles qu'elles doivent être. *Rathwya* et *ṛitviya* dérivent respectivement des substantifs *ratu* et *ṛitu*, ordre, règle[3], de la racine *ar* adapter[4] ; c'est ainsi que le prêtre s'appelle dans l'Avesta *rathw-iz-*, dans les Védas *ṛitv-iǵ*, littéralement « celui qui sacrifie selon la règle[5]. »

Même idée dans un troisième type de la formule : *ars*-manah, *ars*-vacah, *ars*-skyaothana[6]. Le mot *ars*[7] vient de la même

---

1. Afrîgân 1, 17, 16. Voir encore Yaçna 60, 15. *Rathwya* est donc synonyme de *dâitya* « conforme au *dâta*, c.-à-d. à la loi » : les deux termes sont rapprochés de *hvarsta*, Vispered, 18, 2 : *dâityanãm rathwyanãm hvarstanãm skyaothnanãm varezâi* : « pour l'accomplissement d'actions bien faites, conformes à la loi, conformes à la règle. »

2. Rv. 1.190, 2.

3. Comme nom de personne, *ratu* est « celui qui ordonne, qui fixe la règle » ; Ahura est *ahu* et *ratu* « celui qui est maître et qui ordonne. » *Ratu* et *ṛitu* désignent encore l'ordre dans les temps ; d'où le sens de « temps » qui prédomine dans le sanscrit.

4. Qui a donné le latin *ar-tu-s* et *ar-ti-s ar-s*.

5. *Rathw-iz-* dans le nom du Raspi (Rathwis-kara). Le nom du Raspi n'a donc rien de commun avec celui de *l'adhvaryu* védique.

6. Yaçna 19, 47.

7. Ce mot *ars* se retrouve, sous la forme *eres*, rapproché de *ratu* dans *eres-ratu* littéralement « ordre bien ordonné » ; il ne faut pas confondre cet *eres* avec l'adjectif *erez* (devant les fortes *eres*) « vrai », qui répond pour la racine au sanscrit *riǵ-u*, droit, superlatif *raǵ-ishtha*, zend *razista*, et qui combiné avec *ukhdha* donne *ereǵ- ukhdha* (Y. 9, 79). De l'adjectif *eres* il faut encore rapprocher *ereshva*, soit qu'il dérive de *eres* par suffixe secondaire *-va*, soit qu'il remonte directement à la racine par suffixe primaire *-sva*; *ereshva ukhdha* est l'équivalent de *ars-ukhdha* : « en retour de nos paroles bien dites (*ereshvâis ukhdhâis*) donne à Zarathustra, donne-nous, ô Ahura, la bienheureuse puissance avec laquelle nous écraserons les haines de qui nous hait (Y. 28, 6). » Le zend *ereshva* est identique en apparence au védique *rishva*, mais la racine et le sens sont autres : racine *rish*, sens *élevé* (V. Grassmann, Dictionnaire védique, s. v.).

racine *ar* (ar-s) « adapter » et *ars-vacah* ou *arsh-ukhdha*, par exemple, sera, comme *rathwîm vacah*, « la parole dite suivant la règle » ; aussi les paroles *arsh-ukhdha* sont-elles présentées en sacrifice aux dieux avec les offrandes et les libations [1] ; elle sont une arme, comme le *rathwîm vacah ;* elles sont victorieuses et tueuses de démons comme toutes les puissances liturgiques [2].

Or, comme toutes ces expressions *kûkhtem vacó*, *rathwîm vacó, ars-ukhdhem,* « bonne parole, parole conforme à l'ordre, parole dite suivant l'ordre », sont visiblement synonymes pour l'Avesta, l'on est en droit de se demander si le sens du terme *Asha* n'est point à chercher dans les parages de ces idées ; la bonne pensée, la bonne parole, la bonne action étant la pensée, la parole, l'action conformes à l'ordre, l'*Asha* qui est la réunion de ces trois choses, doit être l'*ordre* lui-même, autrement dit : l'Asha doit jouer dans le Mazdéisme un rôle identique ou analogue à celui que le *rita* joue dans le védisme.

§ 11. Le mot védique *rita* est le participe passé de cette même racine *ar* « adapter » qui a donné en sanscrit *ritu*, en zend *ratu, ars, eres* : le *ri-ta* est littéralement « la chose adaptée » ; c'est l'expression technique pour désigner l'*ordre*, l'*ordre universel*. Le monde pour les Rishis védiques n'est point un chaos où règne le hasard. Dans la nature, dans la marche et la succession des phénomènes, il y a « une loi, une habitude, une règle » (*vrata, svadhâ, dhâman*) ; c'est l'ordre, le *rita*. Toujours l'aurore au matin revient selon son habitude ranimer les mondes ; jamais elle n'a manqué à sa loi et elle sait toujours la place où elle doit revenir [3] ; nuit et lumière savent leur heure, toujours à l'instant voulu la déesse noire a laissé place à la blanche ; par un lien commun enchaînées, les deux immortelles vont rongeant l'une l'autre leurs couleurs, et marchent dans le chemin infini qui s'ouvre devant elles, et qu'elles suivent tour à tour instruites par les dieux ; elles ne se heurtent pas, ne s'arrêtent pas, les deux sœurs fécondes, diverses de forme, semblables d'âme [4]. Le soleil a un large chemin tracé d'où il ne s'écarte point, la lune sait quand elle doit s'allumer, et les étoiles qui éclairent la nuit, où

---

1. Yaçna 17, 4. Cf. plus haut page 9.
2. Yaçna 10, 56; Visp. 23, 2; Yasht 18, 8.
3. RV. 1, 123. 9.
4. RV. 1, 113. 2 sq.

aller pendant le jour [1]. Ainsi vont les jours suivant les jours, les saisons après les saisons. Cet ordre se maintient par l'action constante des dieux *qui veillent sur les lois* (*vratâ rakshanti*), des dieux *ritâ-van*, ou « *dieux du rita*. » Le ciel où ces dieux demeurent s'appelle *ritasya yoni* « la matrice du *rita* », car c'est là que sous l'œil divin s'élabore l'ordre universel, là que président les êtres gardiens du *rita*, le conducteur du *rita* (*ritasya gopâ, ritasya netar*).

§ 12. Le *rita* n'est point seulement la loi du monde matériel, mais aussi du monde moral, c'est-à-dire du monde liturgique. L'ordre du culte est en effet une partie essentielle de l'ordre universel, qui se maintient par cette puissance autant que par celle des dieux. Le sacrifice qui par l'offrande, le soma, les hymnes, les louanges donne aux dieux la force et le courage de triompher du démon [2], est un des principaux éléments de l'ordre. Le foyer de l'autel où tous les jours s'allume la flamme à laquelle de l'horizon répond l'aurore, ce foyer où tous les jours les dieux viennent prendre leur part de liqueur, de viande et de cantiques, est lui aussi, comme le ciel, la *matrice du rita* [3]. Le fidèle a sa loi, comme le monde ; s'il connaît le rita (*rita-ǵña*), si par le sacrifice et la prière il agit quand et comme il le faut pour le faire triompher, pour ramener à l'heure et à la place accoutumée la lumière, le soleil, la pluie, il est alors *ritâ-van* comme les dieux, et il remplit son rôle actif dans le concert universel.

Le *rita* est donc l'ordre soit du monde, soit du culte, et l'être *ritâvan* est, soit le dieu qui maintient l'ordre, soit l'homme religieux qui le suit.

§ 13. De ces deux sens du mot *rita* « ordre cosmique » et « ordre religieux », nous savons déjà que le zend *asha* présente le second. Possède-t-il également le premier sens, et marque-t-il, comme *rita*, l'ordre en toute chose, l'ordre universel, l'ordre dans le monde aussi bien que dans le culte ?

Notons tout d'abord que cet ordre cosmique, le Mazdéisme le sent tout aussi profondément que le védisme. Il sait lui aussi, comme vont les matins, le midi et les nuits, et comme ils suivent la loi qui leur est tracée [4], il admire la parfaite amitié qui règne

---

1. RV. I, 24, 10.
2. Cf. §§ 87, 88.
3. RV. 10, 61, 6.
4. Yaçna 43, 5.

entre le soleil et la lune[1], et les harmonies de la nature vivante, les merveilles de la naissance, et comment à l'heure voulue se gonflent de lait les mamelles maternelles[2]. Pour désigner ce *rita* matériel, l'Avesta n'a point de terme technique, mais c'est qu'en réalité le mot *asha* marque cet ordre-là aussi bien que l'autre, et la preuve qu'il a eu un sens aussi large et aussi général que le *rita* védique nous est fournie par le grand nombre d'expressions techniques où *asha* joue le même rôle que *rita* dans des expressions védiques correspondantes et qui s'appliquent aussi bien au monde matériel qu'au monde moral.

L'univers védique suit le *rita* (*ritâ-varî rodasî*)[3]; l'univers mazdéen suit l'*asha* (*asha-vari çti*)[4]; aux créations du *rita* (*ritasya dhâman*)[5] répondent les mondes et les créations de l'*asha* (*ashahyä gaêthâo* ou mieux encore *dâma ashava-dâta*)[6]. Le fidèle védique va après la mort rejoindre les dieux dans la *matrice du rita*[7], le fidèle mazdéen va rejoindre Ormazd dans le ciel suprême, matrice de l'*asha* (*ashâ-yaonem*)[8]. Les dieux védiques *maintiennent le rita* (*ritam dhârayanta*)[9], les fidèles mazdéens demandent le *maintien de l'asha* (*ashem deredyâi*)[10]. Le fidèle védique *protège le rita* (*rita-sâp*)[11], le fidèle mazdéen *protège l'asha* (*ashem hap-tî*)[12]. Le monde védique *croît par le rita* (*ritâ-vridh*)[13]; le monde mazdéen *grandit par l'asha* (*ashâ-frâdh*)[14]. La loi suprême du monde védique est le *rita*, et

---

1. Yasht 6, 5.
2. Yaçna 64, 10; Yasht 5, 2.
3. Pour les exemples, voir Grassmann, s. *ritâvan*.
4. Yaçna 58, 10. *Hé ptâ géuscâ ashanhâcâ* (lire ashanhâcaçcâ ou ashanhâcô?) *ashonaçca ashâvairyâoçca çtôis;* se calquerait en sanscrit védique : sa pitâ goçca ritâsâcaçcâ ritâvanaçca ritâvaryâçcâ sies. Ce féminin en *vari* est très-archaïque, c'est le -ειρα du grec; le féminin ordinaire est *vani* (ashaoni).
5. Voir pour les exemples Grassman, s. *rita*.
6. Yaçna 31, 1; 70, 22.
7. RV. 10, 85, 24.
8. Yasht 3, 4.
9. RV. 5, 15, 2.
10. Yaçna 42, 1 : *ashem deredyâi tat môi dâo ârmaitê* = védique : ritam dharadhyai tad me dâ aramate.
11. Grassmann, s. *rita-sâp*.
12. Yaçna 31, 22 : *ashem vacanhâ skyaothanâcâ haptî* = védique : vacasâ (cyotnâcâ) asti rita-sâp.
13. Grassman, s. *ritâ-vridh*.
14. Yaçna 34, 14; 19, 49; 42, 6; 33, 11.

l'idéal suprême du fidèle est d'être *ritâvan*; la loi suprême du monde mazdéen est l'*asha* et l'idéal suprême du fidèle d'être *ashavan*[1].

§ 14. Cette correspondance du *rita* et de l'*asha* qui se poursuit ainsi jusque dans les derniers détails de l'expression, à travers toute une série de formules techniques, qui sont à la fois trop particulières et d'un emploi trop consacré pour qu'une telle concordance soit l'effet du hasard, nous reporte à une conception commune, antérieure et à la religion védique et à la religion mazdéenne, à une conception qui était déjà formée et munie de tous ses moyens d'expression dans la période *indo-iranienne*. C'était la conception d'un ordre cosmique et religieux.

§ 15. Le mot *asha* a donc eu tous les sens du védique *rita*. Est-ce le même mot? La chose est douteuse. La question qui intéresse d'ailleurs la linguistique plus que la mythologie, revient à celle-ci : *rita* dérivant d'un primitif *ar-ta*, *asha* peut-il dériver de la même forme, autrement dit, le groupe *rt* peut-il se changer en *sh*. Les mots zends où l'on a voulu trouver ce changement, sont ou d'étymologie douteuse ou explicables sans cette hypothèse[2]; d'autre part, le primitif *arta* a son équivalent phonique parfait dans le zend *areta*.

L'on invoque le nom moderne du génie *Asha-vahista*[3], qui

---

1. Cf. encore l'expression zende *ashahê khâo* « source de l'asha » (Y. 10, 11) identique à l'expression védique *ritasya khâ* « source du rita » (2, 28, 5); *asha-cithra* « qui dérive du rita » trouve son équivalent dans *ritasya garbha*, *rita-gâta*; *asha-cinah* dans *rita-cit*.

2. M. Hübschmann (*Ein Zoroastrisches Lied*, page 76) cite *mashya* = sanscrit *martya*, *peshanâ* = *pritanâ*, *fravashi* = perse *fravarti*, *bâshar* = *bartar*, *qâsha* = *qarta*, *qâshar* = *qartar*, *thwâsha* = *tvarta*. Ecartons les rapprochements *fravashi-fravarti* et *thwâsha-*tvarta*: *fravashi* est très-probablement, comme le veut Burnouf (Commentaire sur le Yaçna, p. 210), pour *fra-vakhshi* (Nériosengh *vriddhi*) et la forme *fravardyân* est non identique, mais équivalente à *fravakhshi*, la racine *vakhsh* y étant remplacée par la racine synonyme *vared* (*vridh*); *thwâsha* est de même pour *thwâkhsha*, racine *thwakhsh* former, façonner, *thwâsha* est la voûte façonnée, le firmament. Dans les autres exemples le *sh* peut dériver de *r-s* (*r-sh*; cf. *âtash* = *âtars*), la racine s'étant élargie par *s*; *mashya* serait donc, non pour *martya*, mais pour *marsya*, de la racine *mar-s*, qui se trouve dans *a-meresh-yañt*. Voir les observations de M. Spiegel sur ce sujet (Arische Studien, p. 33).

3. Cf. § 198.

est *Ardibehesht*, ce qui suppose un primitif *Arta-vahista* ; cela prouve, non l'identité des mots *Asha* et *Arta*, mais la co-existence de deux formes *Arta* et *Asha*[1], et par contre-coup leur identité de sens, ce qui est la seule chose qui nous intéresse en ce lieu. Il est possible que le mot *asha* soit, non pas identique au mot *ṛita*, mais parallèle, c'est-à-dire qu'il dérive de la même racine par le suffixe *sa* ; *asha* serait pour *ar-sha*, et par suite serait, à une nuance près, un doublet de l'adjectif *ar-s*[2].

§ 16. Quoi qu'il en soit, la linguistique elle-même concorde avec la mythologie pour établir, à défaut de l'identité des deux mots, l'identité des deux choses. L'on a donc entendu par *asha* tout ce que l'on entend par *ṛita*, et par suite, traduire le mot par *Pureté* c'est transporter dans le Mazdéisme ancien les idées et les préoccupations des néo-mazdéens. Mais ceci n'empêche point que déjà dans l'Avesta ce mot *asha* n'ait souvent une valeur morale. En effet le second Amshaspand, *Asha vahista* ou « l'Asha excellent », est défini par Plutarque « le dieu de la vérité » Θεός ἀληθείας[3], et la preuve que le mot *asha* impliquait déjà cette idée dans la période avestéenne nous est fournie par des formules comme la suivante : « puisse la parole de vérité frapper la parole de mensonge, qui ment à l'*asha* (*mithaokhtem vâcim asha-druǵem*)[4]. » Ici encore, le védique *ṛita* répond parfaitement au zend *asha* ; dans un sens particulier, non dérivé du sens général « ordre », mais tiré directement du sens radical, le *ṛita* est, en parlant de la parole, « la parole conforme », c'està-dire la vérité, et s'oppose à *anṛitam vacas*, « la parole non conforme, le mensonge. » Cette concordance particulière du *ṛita* et de l'*Asha*, jointe à leur concordance générale, confirme l'identité des deux conceptions et leur origine indo-iranienne. En même temps, ce sens particulier de « vérité » explique le développement tout moral auquel la notion de l'*asha* est arrivée et l'effacement progressif du sens liturgique et surtout du sens cosmologique. L'ordre du monde et du sacrifice s'effaça devant l'ordre de la loi morale, les paroles *arsh-ukhdha*, c'est-à-dire « les paroles saintes de la prière, récitées conformément à la règle », se confondirent avec les paroles *erej-ukhdha*, ou « paroles de vérité. » La

---

1. Cf. Spiegel, l. c.
2. Voir page 12.
3. Cf. § 198.
4. Yaçna 59, 8.

bonne pensée, la bonne parole, la bonne action sortirent du cercle de la morale religieuse pour entrer dans celui de la morale humaine, qui, par un progrès naturel, envahit de plus en plus toutes ces formules antiques où elle trouvait un moule fait à souhait pour l'expression de ses propres conceptions ; en un mot, *Asha*, qui exprimait autrefois l'ordre cosmique, l'ordre religieux et la vérité, devient l'expression vague et générale de l'ordre moral, d'ailleurs toujours inséparable de l'ordre religieux, et l'homme *Ashavan* devient *l'homme de bien*, qui remplit envers les dieux et envers les hommes les devoirs qu'imposent la loi et les prescriptions des Docteurs.

§ 17. Si donc l'on remonte à la valeur générale la plus ancienne, *Asha* n'est pas la pureté, c'est l'ordre, l'*ashavan* n'est pas l'être pur, c'est l'être qui maintient ou observe l'ordre. Cet être est soit dieu, soit homme. Homme, c'est le fidèle. Quant aux dieux, tous le sont ; ils sont tous *ashavanem, ashahê ratûm* [1], ce qui ne signifie point : « purs, maîtres de pureté » ; mais « dieux de l'ordre, régulateurs de l'ordre. »

Le maître suprême de l'*asha* c'est Ahura Mazda : c'est lui qui, maître de l'univers, a par son intelligence fondé l'*asha* [2].

1. Passim.
2. Yaçna 31, 7 : *hvô khrathwâ dãmis ashem* ; item 8 ; *haithîm ashahyâ dãmîm anhéus ahurem* (satyam ritasya dhâtâram).

CHAPITRE II.

ORMAZD. — SES FONCTIONS.

Sommaire : § 18. Il fonde l'*asha* matériel et moral. — § 19. Il a organisé l'univers matériel. — § 20. Il est assisté dans la création par les Amshaspands : mais eux-mêmes sont ses créatures. — § 21. Il fonde la loi qu'il révèle à Zoroastre. — § 22. Il est le maître du monde. — § 23. De là son nom d'Ahura « le souverain. » — § 24. Il est l'intelligence suprême. Théorie de l'Intelligence céleste. — § 25. De là son nom de *Mazdâo* « l'omniscient. » — § 26. Conclusion.

§ 18. Ahura Mazda a fondé l'*asha*, l'ordre universel; en effet, il a organisé et l'univers matériel et l'univers moral; il a fondé le monde, il a fondé la loi.

§ 19. Il a organisé l'univers matériel; il l'a créé : « C'est par « moi, dit-il à Zoroastre, c'est par moi que subsiste, sans colonnes « où reposer, dans sa nature céleste [1], le firmament aux limites « lointaines, taillé dans le rubis étincelant; par moi la terre qui « porte les êtres matériels, sans qu'il y ait nul appui pour « supporter le monde; par moi le soleil, la lune, les étoiles pro- « mènent dans l'atmosphère leur corps rayonnant; c'est moi qui « ai organisé les grains de telle sorte que semés en terre ils « poussent, grandissent et sortent au dehors; c'est moi qui ai « tracé leurs veines dans chaque espèce de plantes, moi qui dans

---

1. Pavan *mînoi* yeqoyemûnisnis, = zend *mainyu-tâstô* (Yasht 13, 3). Cf. § 102.

« les plantes et dans les autres êtres ai mis un feu qui ne les consume
« point [1]; c'est moi qui dans la matrice mets et crée le nouveau-
« né ; qui, membre à membre, forme la peau, les ongles, le sang,
« les pieds, les yeux, les oreilles et tous les organes ; c'est moi qui
« ai donné à l'eau des pieds pour courir [2]; moi qui ai fait les
« nuages qui portent l'eau à ce monde et font tomber la pluie où
« il leur plaît ; moi qui ai fait l'air, qui, à vue du regard, sous la
« force du vent, monte et descend dans sa course comme il lui
« plaît, sans que nulle main puisse le saisir. Toutes ces choses
« c'est moi qui les ai faites [3]. »

Ce passage est tiré du Bundehesh, livre pehlvi dont la rédaction définitive est postérieure à la conquête arabe, c'est-à-dire au milieu du VIIe siècle de notre ère. Mais la doctrine qu'il contient est aussi ancienne que les documents les plus anciens du mazdéisme; elle pénètre l'Avesta d'un bout à l'autre et *Ahura Mazda* est créateur aussi bien qu'*Ormazd* [4]. Le Yaçna s'ouvre par ces mots : « Je proclame, je célèbre le *créateur Ahura Mazda* [5] », et toutes les questions de Zoroastre à Ahura s'introduisent par la formule : « O Ahura Mazda, esprit très-bienfaisant, *créateur des mondes matériels* [6]! » Terres, eaux, arbres, montagnes, routes, vent, sommeil, lumière sont dits *Ahura-dhâta*, ou *Mazda-dhâta* « créés par Ahura, créés par Mazda ; » l'homme est sa création comme le reste de la nature : « Je proclame, je
« célèbre le créateur Ahura Mazda qui nous a faits, qui nous a
« formés, qui nous a nourris [7]. » Les Gâthâs, la partie la plus anciennement rédigée de l'Avesta, invoquent en Ahura Mazda
« celui qui a créé le Taureau [8] et l'Asha, celui qui a créé les
« bonnes eaux et les bons arbres, qui a créé la lumière, qui a créé

---

1. Le feu *urvâzista* qui réside dans les plantes, « feu qui boit toujours et ne mange pas » (Nériosengh ad Yaçna 17, 65).
2. Cf. §§ 44, 48.
3. Bundehesh 71. 9, 72. 3. Le texte du Bundehesh a été publié par M. Westergaard et par M. Justi, la traduction par Windischmann dans les *Zoroastrische studien* et par M. Justi.
4. *Ahura Mazda* est la forme zende d'Ormazd. La forme intermédiaire est donnée par le perse Auramazdâ, sur lequel est calqué le grec Ὀρομάσδης (Aristote) ou Ὀρομάζης (Plutarque).
5. *Dathushô ahurahê mazdâo.* Yaçna I, 1.
6. *Dâtare gaêthanãm açtvaitinãm.* Vendidâd II, 1 ; III, 1, 7, 12, 13, etc., etc.
7. *Yô nô dadha, yô tatasha, yô tuthruyê.* Yaçna I, 4.
8. Voir §§ 123, 124.

« la terre et tous les biens [1] »; il est « l'esprit bienfaisant, *créa-*
« *teur de toutes choses* » [2].

Le dogme de la création du monde par Ahura Mazda était déjà
plus de cinq cents ans avant le Christ un dogme absolu et fonda-
mental : le voyageur qui visite les ruines de la vieille Ecbatane
peut encore lire sur le granit rouge de l'Elvend ces mots gravés,
il y a plus de vingt-trois siècles, par la main du roi Darius :

> C'est un dieu puissant qu'Auramazdà !
> C'est lui qui a fait cette terre, ici ;
> C'est lui qui a fait ce ciel, là-bas ;
> C'est lui qui a fait le mortel [3].

De lui tiennent l'existence, non point seulement le monde et
l'homme, mais les dieux mêmes, fussent les plus grands. Tel par -
exemple Mithra, ce dieu puissant qui un instant disputa au Christ
l'empire du monde ; Ahura Mazda dit au saint Zarathustra : « Ce
« Mithra, maître du libre espace [4], je l'ai créé, ô saint, aussi digne
« de recevoir le sacrifice, aussi digne d'être exalté que moi-même,
« Ahura Mazda [5]. » Même affirmation et même formule pour Tistrya,
le dieu de l'orage [6] ; et Verethraghna, le dieu de la Victoire,
Haoma, le dieu-plante qui donne l'immortalité, sont les créatures
d'Ahura Mazda.

---

1. Yaçna 37, 1-59.
2. Çpeñtâ mainyû, viçpanām dàtàrem (Yaçna 43, 7).
3. Inscription d'Elvend, 1-5. Spiegel, *die altpersischen keilinschriften*,
p. 44.
4. *Vouru-gaoyaoiti* = védique *uru-gavyûti*. *Urvî gavyûti* n'est point
« le large pâturage », mais « le large, le libre espace ». Ce sens est
visible dans RV. 5, 66, 3 où l'on parle de *l'urvî gavyûti rathânām* « de
la large carrière des chars de Mitrâ-Varuṇâ ». On demande aux dieux
de lumière à la fois *l'urvî gavyûti* et l'*abhayam* « le large espace et la
délivrance des objets de terreur » (7, 77, 3 ; 9, 85, 8 ; 9, 78, 5 ; 9, 74, 2 ;
9, 90, 4) ; *agavyûti kshetram* (6, 47, 20) n'est point un pays sans
pâturage : c'est le pays où l'espace manque « où la terre qui était large
s'est resserrée » (ibid.) ; *l'urvî gavyûti* est donc la même chose que
l'uru-kshiti, que *l'uru-loka*, le *varivas*, c'est l'espace ouvert au pas et au
souffle de l'homme, c'est le contraire de *l'anhurana*, de *l'anhas*, de l'étroit,
de l'angoisse. Mithra *vouru-gaoyaoiti* n'est donc point primitivement,
comme le veut Nériosengh, le *nivâsitâranya*, ni, comme dans les traduc-
tions modernes, le dieu des vastes pâturages ; c'est le dieu qui en donnant la lumière rend le large espace, c'est le *varivas-kartar*, l'*uru-cakri*
ou, comme dit l'Avesta en parlant de l'aurore, le *revyo*, celui qui donne
le *ravah* (l'espace). Cf. §§ 81, 82.
5. Yasht 10, 1.
6. Yasht 8, 50.

§ 20. Les textes parsis contiennent, il est vrai, un récit de la création où Ormazd semble n'être pas créateur unique, car il est assisté dans son œuvre par d'autres divinités, les *Amshaspands* :

« Dans une première période de 45 jours, moi, Ormazd, j'ai « travaillé avec les Amshaspands, j'ai fait le ciel, et j'ai fêté le « Gahanbar et lui ai donné le nom de Gâh Maidhyô-Zaremaya... « le Maidhyô-Zaremaya est le temps où j'ai achevé la création du « ciel et où j'ai offert le Myazda avec les Amshaspands.

« Dans une période de 60 jours, moi, Ormazd, j'ai travaillé « avec les Amshaspands, j'ai créé l'eau et j'ai fêté le Gahanbar et « lui ai donné le nom de Maidhyô-Shema... Le Maidhyô-Shema « est le temps où j'ai rendu lumineuse l'eau sombre, et où j'ai « offert le Myazda avec les Amshaspands.

« Dans une période de 75 jours, moi, Ormazd, j'ai travaillé « avec les Amshaspands, j'ai créé la terre et j'ai fêté le Gahanbar « et lui ai donné le nom de Paitishahya..., le Paitishahya est le « temps où j'ai fixé la terre et les eaux et où j'ai offert le Myazda « avec les Amshaspands.

« Dans une période de 30 jours, moi, Ormazd, j'ai travaillé « avec les Amshaspands, j'ai fait les arbres, et j'ai fêté le Gahan- « bar et lui ai donné le nom de Gâh Ayâthrema..., l'Ayâthrema « est le temps où j'ai produit le goût et la couleur des arbres de « toute espèce, et offert le Myazda avec les Amshaspands.

« Dans une période de 80 jours, moi, Ormazd, j'ai travaillé « avec les Amshaspands, j'ai fait les animaux, et j'ai fêté le Ga- « hanbar et lui ai donné le nom de Maidhyâirya... Le Gahanbar « Maidhyâirya est le temps où j'ai créé les cinq espèces d'ani- « maux [1] et offert le Myazda avec les Amshaspands.

« Dans une période de 75 jours, moi, Ormazd, j'ai travaillé « avec les Amshaspands; j'ai fait l'homme et j'ai fêté le Gahanbar « et lui ai donné le nom de Gâh Hama-çpat-maêdhaya... Le « Gahanbar Hama-çpat-maêdhaya est le temps où j'ai fait « l'homme, où j'ai achevé la création et offert le Myazda avec « les Amshaspands [2]. »

Ces divinités qui participent à la création sont au nombre de six : Bahman, Ardibehesht, Sharéver, Çapendârmat, Khordâd, Amur- dâd. Assez souvent l'on compte sept Amshaspands, en mettant avec eux et à leur tête Ormazd lui-même. Mais si ces Amshaspands

---

1. Animaux à pied fourchu, — à pied non fourchu, — à cinq griffes, — oiseaux, — poissons (Bundehesh 29, 8 sq.).

2. Afrin Gahanbàr.

assistent le créateur dans son œuvre, ils sont eux-mêmes sa première création : « Ormazd, dit le Bundehesh, créa d'abord Bahman.... ensuite il créa Ardibehest, puis Sharéver, puis Çapendârmat, puis Khordâd, puis Amurdâd[1]. » Et c'est la doctrine de l'Avesta aussi bien que du Parsisme : « Voici, dit Ahura « Mazda, voici Vohu Manô, créature mienne, ô Zarathustra ; voici « Asha vahista, créature mienne, ô Zarathustra ; voici Khshathra « Vairya, créature mienne, ô Zarathustra ; voici Çpênta Àrmaiti, « créature mienne, ô Zarathustra ; voici Haurvatât et Ameretât qui « sont la récompense des purs qui vont dans l'autre monde[2], « créatures miennes, ô Zarathustra[3]. » Les Amesha-Çpênta « ont « un seul et même père, un seul et même maître, Ahura Mazda[4] ». Comme les six Amshaspands sont dans la hiérarchie mazdéenne et déjà dans l'Avesta les premières divinités après Ormazd, comme les plus importantes parmi les autres, Mithra, Tistrya, Verethraghna, Haoma, sont expressément reconnues pour ses créatures, par l'Avesta même ; on peut conclure de là, même en l'absence de toute formule expresse, que dans la conception mazdéenne le créateur de toutes choses est créateur des dieux aussi bien que du monde[5].

L'acte de création s'exprime par la racine *dâ*[6], littéralement « poser[7] » ; cette racine combinée avec le suffixe de nom abstrait *-man* donne *dâman*[8] « créature, création » ; avec le suffixe de nom d'agent *-tar*, elle donne *dâtar*[9], « le créateur » ; ce mot est

---

1. Bundehesh 5, 12 sq.
2. Cf. J. Darmesteter, *Haurvatât et Ameretât* § 8.
3. Yast I, 37. — Vohu Manô, Asha Vahista..... Zarathustra, sont les noms zends de Bahman, Ardibehest..... Zoroastre.
4. Yasht 19, 16. — *Amesha Çpeñta* est le nom zend des Amshaspands. Sur leur nature et leur origine, voir plus bas §§ 37 sq.
5. Selon les documents analysés par Plutarque, Ormazd, après avoir créé les six Amshaspands, crée encore vingt-quatre autres dieux. Il n'en faut point conclure qu'il n'y a que trente dieux, car les Izeds se comptent par milliers (Yast 6, 1), ni qu'il n'y a que trente dieux créés, car ce sont précisément les plus puissants et les plus populaires qui sont présentés comme tels. Ces trente dieux sont les chefs de file, et ce fait qu'ils sont créés prouve que tous le sont. (Cf. § 221.)
6. Sanscrit dhâ, grec θη (τί-θη-μι).
7. De là s'est développé le sens de *faire*, comme dans le latin *fa-c-io*, et dans le slave *dê* (*dê-ti* poser, mais *dê-ya-ti* faire), et même dans certains emplois védiques de *dhâ*. Cf. J. Darmesteter, *De conjugatione verbi dare* § 23.
8. Sanscrit *dhâ-man*, voir § 44.
9. Sanscrit *dhâ-tar*, voir § 44.

un des qualificatifs les plus fréquents d'Ahura et il marquait si bien l'attribut essentiel du dieu suprême que, sous la forme moderne à peine altérée, *dâdâr*, il s'emploie absolument comme le français « créateur », c'est-à-dire qu'il désigne à lui seul le dieu suprême et est synonyme du nom propre Ormazd[1].

Ahura Mazda a-t-il créé le monde à la façon des dieux sémitiques et modernes ? Laissons pour l'instant la question sans réponse. Créateur ou organisateur, c'est lui qui *a fait* le monde.

§ 21. Le monde moral, comme le monde matériel, tient de lui sa loi : c'est de lui que descend sur terre toute science, et la science suprême, celle du devoir, dont tous les principes sont révélés à la terre dans les entretiens d'Ahura et de Zarathustra[2], du plus grand des dieux et du plus grand des hommes. Il est celui qu'on interroge (frakhstya)[3] ; c'est à lui qu'il faut demander « ces paroles de vérité qu'il connaît », il aime qu'on s'instruise auprès de lui : « Interroge-moi, ô homme de droiture, moi le créateur, « le plus bienfaisant, le plus savant des êtres, qui aime tant « répondre à qui l'interroge. Interroge-moi : alors le bien gran- « dira en toi, alors tu seras meilleur. — Celui-là seul tu peux « l'appeler Athravan[4], qui tout le long de la nuit et au-delà « interroge l'intelligence, laquelle dégage de l'angoisse, met l'âme « au large..., fait atteindre le monde d'en haut, atteindre l'Asha, « atteindre la félicité du paradis[5]. » La loi d'Ahura (*âhuiris tkaêsho*) est l'ensemble des réponses aux questions à Ahura (*âhuiris fraçnô*). Un livre de l'Avesta, le Vendidâd, est formé presque tout entier de ces réponses. C'est lui qui a enseigné à Zoroastre les formules puissantes qui chassent les démons, l'*Ashem vohu*, le *Yêhhê hâtãm*, l'*Ahu vairyô*[6] ; c'est lui qui lui a enseigné les prières, les invocations, les offrandes que Zoroastre à son tour a fait connaître au monde vivant[7]. Ashi vanuhi, « la Prière », est sa fille[8] ; Çpeñta mãthra, « la parole sainte », est son âme[9] ; sa langue est, comme son intelligence et sa pensée, objet de culte et d'invocation[10].

1. Chez les Persans musulmans, *dâdâr* désigne Allah.
2. Voir § 169.
3. Yasht 1, 7.
4. Prêtre mazdéen.
5. Vendidâd 18, 18, 14.
6. Yaçna 19, 20, 21. — 7. Yaçna 64, 34.
8. Yasht 17, 16. Sur Ashi vanuhi, voir § 200 note.
9. Yasht 13, 81. — 10. Yasht 1, 31.

§ 22. Ce monde qu'Ahura a créé, il en est le maître ; il est le maître suprême.

Les Gâthâs proclament en lui « le souverain de l'univers » (Anhéus ahurem)[1], et Xerxès s'écrie ; « Auramazdâ est un dieu « puissant, c'est le plus grand des dieux[2]. » L'homme est dans sa main : c'est à sa volonté que les rois doivent leur couronne : c'est lui qui a fait Darius et Xerxès « rois uniques des nations « nombreuses, gouverneurs uniques des nations nombreuses[3] » ; c'est par lui qu'à chacune de ses dix-neuf batailles Darius triomphe : « Auramazdâ m'apporta son secours, par la grâce d'Aura- « mazdâ je vainquis[4] ; » c'est sous sa protection suprême que le Roi des rois met la Perse :

« Cette contrée de Perse qu'Auramazdâ m'a donnée, cette belle « contrée, belle en chevaux[5], belle en hommes, par la grâce « d'Auramazdâ et de moi le roi Dârayavus, de nul ennemi n'a « rien à craindre. »

« Qu'Auramazdâ me porte secours avec les dieux nationaux et « qu'Auramazdâ protége ce pays des armées ennemies, de la « stérilité et du mal ! Que l'étranger n'envahisse point ce pays, « ni l'armée ennemie, ni la stérilité ni le mal ! Voilà la faveur que « j'implore d'Auramazdâ et des dieux nationaux ; que cette faveur « Auramazdâ me l'accorde avec les dieux nationaux[6] ! »

Les dieux ont besoin de lui comme les hommes, le dieu Tistrya comme le roi Dârayavus : « Sur Tistrya fondit le démon Apaosha[7], sous la forme d'un cheval noir, au sabot sombre. A une distance d'une parasange il fit de terreur fuir Tistrya : Tistrya implora Ahura Mazda pour vaincre, Ahura lui donna force et vigueur... et le démon Apaosha fuit de terreur devant la force de Tistrya, à une parasange de distance[8]. »

---

1. Yaçna 31, 8.
2. Inscription F. 1-2 (éd. Spiegel, p. 60.) Cf. H. (inscription de Darius) 1 (éd. Spiegel 44).
3. N. R. a 5, A. 9, etc., etc.
4. Behistûn I, 55, 94, etc., etc.
5. Uvaçpâ. Notons en passant ce démenti de Darius à Xénophon (Cyropédie I, 3, 3 : ἐν Πέρσαις γὰρ ... ἰδεῖν ἵππον πάνυ σπάνιον ἦν). Les naturels de l'ancienne province de Perse expliquent le nom de leur pays, Fars (ou Farsistan, qui n'est que l'altération de l'ancien nom Pàrça), par l'arabe *fars* « cheval » à cause des nombreux chevaux qu'il nourrit.
6. Inscription H. 5, sq. (éd. Spiegel, p. 44).
7. Tistrya et Apaosha sont le dieu et le démon de l'orage. Voir §§ 120, 121.
8. Bundehesh 16, 16.

§ 23. Cette souveraineté d'Ahura Mazda s'exprime précisément dans le premier terme de son nom : *Ahura* signifie «le souverain». Le sens du mot est encore parfaitement senti : il s'emploie comme adjectif, et s'applique comme simple épithète à des êtres autres que le dieu suprême, à Mithra, à Apām napât, et même aux despotes humains [1]. Ormazd lui-même se donne l'épithète d'Ahura : « Je m'appelle le gardien, je m'appelle le créateur, je m'appelle « le protecteur... je m'appelle *le souverain* (l'ahura)[2].» L'épithète de nature devient nom propre, et, comme tel, désigne exclusivement le souverain par excellence, celui que les Parsis désignent aussi sous le nom de *Khudâi* « le Seigneur[3]. »

§ 24. Ce monde qu'Ahura Mazda a organisé, est une œuvre d'intelligence. Aussi Ahura « est l'intelligence et il est l'intelli-« gent, il est la sagesse et il est le sage [4]. » « C'est par son intelli-« gence, c'est par sa sagesse que le monde a commencé et qu'il « finira [5]. »

Dans la période parsie, cette intelligence créatrice d'Ahura se détache du dieu, son support, et s'érige en divinité indépendante [6].

« Le sage demanda à l'Intelligence céleste [7] :

« Comment se fait-il que des choses célestes et des choses « terrestres, la science et la connaissance pratique sont unies en « toi ?

« L'Intelligence céleste répondit :

« C'est parce que, entre tous les êtres célestes et les êtres ter-« restres, moi l'Intelligence céleste, j'ai existé dès le principe, « moi avec Ormazd.

« Êtres célestes et êtres terrestres, dieux et toutes autres « créatures et créations, c'est par la force, la puissance, la

---

1. Yasht 10, 69 ; — Yaçna 1, 15 ; 2, 21 ; — Yasht 5, 85 ; 14, 37.
2. Yasht 1, 12.
3. Les Persans musulmans désignent ainsi Allah.
4. Yasht 1, 7.
5. Yasht 1, 26.
6. Dans le Minokhired. Ce livre est composé des réponses de l'Intelligence céleste aux questions d'un sage qui l'interroge sur les mystères du monde et de la loi. C'est le cadre même du Vendidâd. Le sage joue le rôle de Zoroastre, et l'Intelligence a remplacé Ahura. — Le texte et la traduction ont été publiés par M. E. W. West. (*The Book of the mainyo-i-khard*. London, 1871).
7. Minokhired, chap. 57, 1, 59 ; 11 sq.

« science et la connaissance pratique de l'Intelligence céleste,
« que le créateur Ormazd les a créées, les conserve et les meut.

« Et à la résurrection, l'écrasement et la défaite d'Ahriman
« et de ses mauvaises créatures se feront avant tout par la vigueur
« de l'Intelligence.

« Maintenir le germe dans la matrice, l'empêcher de mourir
« de faim ou de soif, lui faire trouver sa nourriture dans le sein
« maternel, former les membres et les développer, tout cela
« n'est possible que par la toute-puissance et la force de l'Intelli-
« gence. »

Les actes où intervient l'Intelligence céleste sont ceux-là mêmes que les autres textes rapportent directement à Ahura ; d'autre part, de son aveu même, elle coexiste avec Ormazd dès le principe et n'est que son instrument. Elle n'est donc autre chose qu'un démembrement d'Ahura, l'intelligence même du dieu détachée par abstraction[1] : « Nous invoquons, disaient les formules antiques, cette intelligence qui connaît toutes choses, Ahura Mazda. » Aussi de ce monde qu'il a créé connaît-il lui-même tous les mystères et c'est à lui directement que, pour les comprendre, s'adressait le sage, au temps de l'Avesta :

« Je veux te demander une chose : apprends-moi la vérité, ô
« Ahura ! comment a commencé la bonne création ?

« Quel est le père qui à l'origine a engendré l'Ordre[2] ?

« Qui a frayé leur route au soleil et à l'étoile ?

« Qui fait que la lune croît et décroît ?

« De toi, ô Mazda, je veux apprendre ces choses et d'autres.

« Qui a fixé la terre et les astres non chancelants[3], les affer-
« missant contre la chute[4] ? Qui les eaux et les arbres ?

« Qui a donné la course rapide aux vents et aux nuées ?

---

1. Les formules du Sirozeh (sériés d'invocations aux trente divinités qui président aux trente jours du mois) invoquent déjà l'intelligence céleste (Açnem Khratùm) ; la personnification est donc plus ancienne que le Minokhired. L'Intelligence céleste s'oppose à l'intelligence révélée (gaoshô-çrutem khratûm) ; c'est l'antithèse de l'intelligence divine et de l'intelligence humaine, l'une ayant sa source en elle-même, l'autre ailleurs, l'une infinie, l'autre bornée (Cf. Yasht 10, 106). De même les Védas opposent le mortel d'intelligence faible (dîna-dakshâ martyâsas, kratvo dînatâ) à l'intelligence infinie du dieu (10, 2, 5 ; 7, 89, 3).

2. Zâthâ patâ ashahya ; serait en védique ritasya pitâ ganitâ.

3. Adénabâoçca = a privatif, dé préfixe, racine nab = védique nabh (« chanceler, être flottant ? »).

4. Avapaçtois, abstrait de ava-pad ; cf. Rig-Véda 1, 105, 3 ; voir plus bas § 48.

« Quel est, ô Mazda, le créateur de la bonne pensée ?
« Quel artiste habile a fait la lumière et les ténèbres ?
« Quel artiste habile a fait le sommeil et la veille ?
« Par qui vont l'aurore, le midi et la nuit ?
« Par qui comprennent-elles la loi qui leur est commandée [1] ?
« Qui a formé avec *Khshathra* la bonne [2] *Armaitis* ?
« Qui a rendu le fils cher à son père pour qu'il l'élève [3] ?
« Voilà les choses que je veux te demander, ô Mazda, ô bien-
« faisant esprit, ô créateur de toutes choses [4] ? »
Par cette omniscience, il embrasse tous les actes des hommes. Il sait qui suit sa loi, il sait qui la viole ; car il est « celui qui « surveille toutes choses, celui qui voit au loin, celui qui observe » ; sans sommeil, sans ivresse [5], il est *celui qu'on ne trompe pas* (adhavis) [6], il est l'*infaillible* (adhaoyô) [7], il a l'intelligence que nul ne trompe [8] ; « il n'y a pas à le tromper, l'Ahura qui connaît toutes choses [9] ». A celui qui a bien récité la prière, qui suivant la bonne religion a bien pensé, bien parlé, bien agi, il ouvre son lumineux paradis où l'attendent toutes les voluptés célestes ; à qui a mal récité la prière, suivi la mauvaise religion, mal pensé, mal parlé, mal agi, il ouvre l'enfer avec toutes ses horreurs [10]. Comme il est science, il est vérité ; Ormazd ressemble « de corps à la lumière [11], et d'âme à la vérité [12]. »

§ 25. Ahura Mazda est donc dans tous les sens le plus savant

---

1. Traduction hypothétique ; littéralement : intellectrices (intelligentes) monstratorem legis. *Cazdônhvantem* est traduit par la tradition *vicartâr* « celui qui décide » ; la racine *caz* répond phonétiquement au slave *kaz* « montrer ».

2. *Berekhdhâm*, de *bareg* « désirer » ; semble identique pour la racine et le sens au slave *blag-ŭ*. Sur *Khshathra* (la souveraineté) et *Armaitis* (la piété) voir plus bas §§ 199, 200.

3. *Vyânayâ*; tradition : amat *vardînît*. Racine *ni* « conduire » (?) ; cf. *ducere, educere*.

4. Yaçna 43, 2 sq.

5. *Aqafnô abanhô.* Vendidâd 19, 68.

6. Yasht 1, 14.

7. Yasht 12, 1.

8. Yaçna 42, 6.

9. Yaçna 44, 4.

10. Yaçna 19, 3.

11. Yaçna 41, 5.

12. Ὀρομάζην ... ἐοικέναι τὸ μὲν σῶμα φωτί, τὴν δέ ψυχὴν ἀληθείᾳ. Porphyre, *Vie de Pythagore*, 41.

des êtres (*hâtãm hudaçtema*)[1] ; de là le second de ses noms : *Mazdâo*.

Ce mot se compose, d'une part, de la racine *da* « savoir »[2] qui a donné *dãmi-*, *dâ-nu*, « sage », et qui s'emploie, comme adjectif au sens de « sage », comme substantif au sens de « sagesse », comme verbe au sens de « savoir[3] » ; d'autre part, de la racine *maz* employée comme neutre indéclinable et qui exprime l'idée de grandeur[4]. *Mazdâ* signifie donc « celui qui sait grandement, le grand savant, l'omniscient. »

Le sens du mot *Mazdâ*, comme celui du mot *Ahura*, est encore connu et senti : il n'est pas encore devenu simple nom propre : « Je m'appelle Intelligence, je m'appelle Sagesse..., je m'appelle l'*Ahura* (le souverain), je m'appelle le *Mazda* (l'omniscient)[5]. » *Ahura Mazda* signifie donc : « le souverain omniscient[6]. » Ces deux épithètes, fondues en un seul nom propre irréductible dans la forme moderne Ormazd, sont encore mobiles et indépendantes dans l'Avesta ; chacune d'elles peut à elle seule désigner le dieu suprême qui se reconnaît indifféremment, soit à sa toute-puissance, soit à son omniscience.

§ 26. Telle est, dans ses traits principaux, la figure de ce dieu suprême qu'adorent les Parsis et qu'adorait la Perse ancienne ; il a créé le monde, il en est le maître, il en sait les mystères, il a fondé l'ordre universel ou, pour parler comme l'Avesta, il est *créateur, souverain, omniscient, dieu de l'ordre :* dâtar, ahura, mazdâo, ashavan.

---

1. Voir § 39.
2. C'est la racine du grec δα-ῆ-ναι ἔ-δα-ον.
3. Voir Justi, *Handbuch der zend-sprache* s. dâo 2, 3.
4. C'est la racine du latin *mag-nu-s*.
5. Yasht 1, 12.
6. « *Mahâgnânin svâmin* » traduit Nériosengh (« le seigneur grand savant »).

CHAPITRE III.

ORMAZD. — SES ATTRIBUTS MATÉRIELS.

Sommaire : § 27. Dieu spirituel, il sort du naturalisme. — § 28. Il est corporel. — § 29. Il a le soleil pour œil. — § 30. Il a le ciel pour vêtement. C'est un ancien dieu du ciel. — § 31. De là : père d'Âtar, le feu de l'éclair ; cf. Zeus et Athênê. — § 32. Epoux des eaux (Apô). — § 33. Conclusion. Ormazd est un ancien dieu du ciel, du ciel lumineux. — § 34. Ormazd réside dans la lumière infinie. La lumière infinie est la lumière du ciel. — § 35. Au temps d'Hérodote, le dieu suprême des Perses était le ciel. — § 36. Conclusion.

§ 27. Cette conception toute spiritualiste de la divinité suprême, exclusive chez les Parsis, est déjà dominante dans l'Avesta. L'Avesta néanmoins a conservé nombre de traits matériels et mythiques qui ne sont pas en accord avec la conception moderne et nous reportent à une conception plus ancienne et plus concrète. Ahura Mazda n'est point de naissance un dieu spirituel, et il garde encore l'empreinte visible d'un naturalisme antérieur d'où il sort.

§ 28. Reprenons les premières lignes du Yaçna déjà citées partiellement (§ 19) :

« Je proclame, je célèbre le créateur Ahura Mazda, brillant,
« éclatant, très-grand, très-bon, très-beau, *très-solide*, très-intel-
« ligent, *au très-beau corps*, suprême dieu de l'ordre, très-sage,
« large source des plaisirs, qui nous a faits, qui nous a formés,
« qui nous a nourris, qui est le plus bienfaisant des esprits[1]. »

---

1. Yaçna 1, 1.

Nous retrouvons bien ces attributs ordinaires et essentiels de dieu créateur, de dieu sage ; mais, à côté, deux épithètes qui semblent d'un caractère tout concret.

Laissons pour l'instant la première, *khraojdista* « très-solide » ; la seconde, *hukereptema* « très-beau de corps », est rendue par la traduction pehlvie : « très-beau de corps, c'est-à-dire que ses membres sont bien proportionnés. » La version sanscrite faite au xv⁰ siècle reproduit exactement cette traduction. Il y a plus : les deux épithètes *mazista çraêsta* « très-grand, très-beau », que le Parsisme aurait pu aisément prendre au sens métaphorique, sont prises au propre dans l'une et l'autre traduction : « très-grand de corps ; très-bel à voir. » Le Parsisme ne songe donc pas à mettre dans ses dogmes que « Dieu n'est point corporel, et n'a rien de corporel » ; et il n'y a pas là un fait d'anthropomorphisme récent, car la tendance Parsie est tout au contraire d'éliminer les traits matériels ou de les spiritualiser. Ahura Mazda n'est donc point pur esprit ; ce dieu créateur, ce dieu omniscient, ce dieu moral est un dieu de chair et d'os : « Nous invoquons, dit l'Avesta, Ahura Mazda dieu d'ordre, « régulateur de l'ordre ; nous adorons le corps entier d'Ahura « Mazda [1]. »

§ 29. Voici à présent des traits qui précisent la figure du dieu [2].

« J'invoque le soleil éclatant, aux chevaux rapides, œil d'Ahura Mazda [3]..., j'invoque Ahura Mazda brillant, éclatant [4]. »

---

1. Yaçna 70, 11.
2. Ceux-là, la tradition ne les comprend plus, ne les connaît plus. La notion générale et vague de la matérialité du dieu est restée : mais les traits particuliers et précis ont disparu, parce qu'ils étaient en opposition trop violente avec le caractère dominant du dieu.
3. Cela devient dans la traduction sanscrite : « J'invoque le soleil, *et les yeux* d'Ahura Mazda » ; il n'y a plus nul rapport entre le soleil et le regard d'Ahura et le dieu a deux yeux comme tous les autres êtres. Certaines formules de l'Avesta parlent d'ailleurs des deux yeux d'Ahura : « Gloire à Ahura Mazda ! Gloire aux Amesha-Çpenta ! Gloire à Mithra qui donne le libre espace ! Gloire au soleil aux chevaux rapides ! Gloire aux yeux d'Ahura Mazda ! » (Yaçna 67, 62). De ces deux yeux l'un est donné par l'analogie. C'est ainsi que Zeus a pour œil le soleil, ce qui ne l'empêche pas d'avoir deux yeux. Mais Odin est resté borgne jusqu'au bout.
4. Yaçna 1, 35, 36.

Un dieu brillant, éclatant, qui a le soleil pour œil, ne peut être que le dieu-ciel, ou le dieu-soleil, soit un Zeus, un Varuṇa, soit un Indra, un Odin [1].

§ 30. Voici un texte qui tranche le doute :
« Par l'éclat et la gloire des Férouers [2], dit Ahura, je maintiens
« ce ciel qui, dans les hauteurs, lumineux, au loin visible, couvre
« et enveloppe cette terre tel qu'un vêtement; créé par la force
« de la pensée, il se tient solidement fixé, ce ciel aux extrémités
« lointaines, resplendissant dans son corps de rubis au-dessus
« des trois mondes, vêtement brodé d'étoiles que revêt Mazda [3]. »

Si un dieu qui a le soleil pour œil peut être dieu-soleil ou dieu-ciel, un dieu qui a le ciel pour vêtement ne peut être que le dieu-ciel.

De là l'épithète étrange de *khraojdista* « très-solide » donnée plus haut à Ahura. Sous ce mot, les premiers mazdéens ne voyaient certes point, comme les docteurs de la tradition pehlvie, un dieu « très-ferme dans les choses de la loi [4], » un dieu bon orthodoxe, mais, comme le disent les Gâthâs, « le dieu qui a pour vêtement la pierre *très-solide* des cieux (*khraojdistéñg* açênô vaçtê) [5] ». Ahura est *très-solide* parce que le ciel est taillé dans le rubis et qu'Ahura est le dieu-ciel : enfin, c'est parce qu'Ahura est le ciel qu'il est « blanc, lumineux, au loin visible [6], » que de corps il ressemble à la lumière [7], et que l'on invoque « le « corps entier d'Ahura, le corps d'Ahura qui est le plus beau des corps [8]. »

---

1. Non qu'Indra et Odin soient des dieux du soleil ; ce sont des dieux d'orage ; mais tout dieu de l'orage prend les attributs du dieu soleil, parce que son triomphe est précisément marqué par la réapparition du soleil dont l'œil émerge de la nuée orageuse. — Le soleil est l'œil de Zeus (ὁ γὰρ αἰὲν ὁρῶν κύκλος λεύσσει νιν Μορίου Διός; Sophocle, *Oedipe à Colone*, 704 ; cf. Eschyle, Prométhée : καὶ τὸν πανόπτην κύκλον ἡλίου. Rapprocher encore Hésiode O.D 267 de Homère Iliade III, 277; dans les *Nuées* le soleil est l'œil du ciel : ὄμμα γὰρ αἰθέρος ἀκάματον σελαγεῖται μαρμαρέαισιν αὐγαῖς v. 285 ; mais il est ici plus difficile de décider s'il y a là plus qu'une métaphore poétique, s'il y a un souvenir mythique).
— Pour Varuṇa, voir plus bas § 50.
2. Voir § 113. — 3. Yasht 13, 2.
4. Çakh(ta)ktum pavan kâr udînâ (= i dînâ).
5. Yaçna 30, 5.
6. Yasht 13, 81 : Aurushô raokhshnô frâdereçrô.
7. Cf. plus haut, page 28, note 12.
8. Yaçna 57. 22 ; cf. 70, 11.

§ 31. L'hypothèse d'Ahura, ancien dieu du ciel, explique deux traits mythiques, que la conception moderne ne peut justifier. Ahura a un fils : Âtar, le Feu ; il a des épouses : Âpô, les Eaux.

Créateur universel, *père et générateur du monde*, Ahura peut être comme tel le père de chaque être en particulier. Mais entre lui et Âtar, le Feu, il y a un lien plus étroit que celui de cette parenté vague et générale. Il arrive bien à l'occasion qu'Ahura soit nommé le père des Amesha Çpeñta, le père du Taureau, le père de l'homme de bien [1], etc., mais il n'y a point là une parenté particulière et spéciale : au contraire pour Atar ; son nom, dans les nombreux passages où il est invoqué ou cité, est presque constamment suivi des mots « fils d'Ahura Mazda » : « Je t'offre en sacrifice ce bois et ces parfums pour te satisfaire, ô Âtar, fils d'Ahura Mazda » [2].

Un certain nombre de passages, au lieu de « Atar, fils d'Ahura Mazda », portent « l'Atar d'Ahura Mazda » [3], soit que le mot fils soit sous-entendu [4] ou bien que le Feu, n'étant plus personnifié, soit simplement l'instrument, l'arme d'Ahura. Tel est le cas dans les passages où le fidèle s'adressant directement à Ahura, lui demande le secours de son Atar : « O Mazda, nous appelons de « nos vœux ton feu puissant, rapide, vigoureux, aux lumineux « secours [5] ! ô Mazda, toi qui, par ton feu éclatant, décides en « faveur du Bon, du sort de la lutte » [6] !

Ainsi Atar est, tantôt le fils d'Ahura, tantôt son arme. Or, Atar n'est point seulement le feu terrestre, le feu de l'autel, le feu qui reçoit le bois et les parfums, c'est aussi le feu d'en haut, le feu de la lutte orageuse, le feu de l'éclair. C'est comme tel qu'il entre en lutte avec Ajis Dahâka « le serpent démoniaque », qui veut lui arracher « la lumière souveraine » et qu'il triomphe de lui au sein de la mer des nuages, au sein du Vouru-Kasha [7]. Or, l'éclair qui sort du ciel peut être considéré, soit comme l'arme du dieu du ciel, soit comme son fils. De même que le dieu du ciel grec, Zeus, a les mains armées du tonnerre et de l'éclair dont il écrase les Titans, de même Mazda, au sein de la lutte « enfonce

---

1. Yasht 19, 16 ; Yaçna 57, 10, etc.
2. Yaçna 3, 8. Cf. encore Vendidâd 5, 10 ; 15, 26 ; Vispered 12, 17, etc.
3. Atars Ahurahê mazdâo.
4. Par exemple Yasht 10, 3 ; Yaçna 1, 12, etc.
5. Yaçna 34, 4. — *Cithrâ-avanhem* = védique *Citra-ûti* (10, 140, 3).
6. Yaçna 31, 19.
7. Yasht 19, 46 sq. Pour le récit de cette lutte, voir plus bas § 92.

« la pointe de son feu éclatant, airain en fusion, dont il imprime
« la brûlure sur ses ennemis d'un monde à l'autre [1] » ; Atar est
l'arme d'Ahura pour la même raison que l'éclair est l'arme de
Zeus, parce que Ahura est, comme Zeus, le dieu du ciel et que du
ciel orageux descend l'airain fondu de l'éclair [2]. D'autre part,
si l'éclair prend vie et de chose devient personne, au lieu d'être
lancé du ciel, il naîtra du ciel ; et au lieu d'être l'arme
d'Ahura, sera son fils. C'est ainsi que l'arme de Zeus s'incarnant devient la fille de Zeus, la guerrière Athênê, qui, sous la
hache d'airain d'Héphaistos déchirant le crâne du ciel, bondit,
brandit dans ses mains ses armes d'or resplendissantes, et pousse
un cri formidable qui fait retentir le ciel et la terre [3].

§ 32. Mais le ciel n'est point la seule patrie de l'éclair. Il naît
du ciel, mais il naît des eaux de l'orage, il est *Apãm napât*, « le
Fils des eaux ». Apâm napât diffère sans doute d'Atar, il a une existence propre et indépendante, car il est le feu conçu exclusivement
dans sa vie atmosphérique, dans sa naissance aquestre ; mais primitivement, il est tout entier dans Atar dont il n'est qu'un aspect ;
et en effet, dans le récit de la lutte contre le démon de l'orage, le

---

1. Yaçna 50, 9. *Yãm khshnûtem dão* signifie littéralement : ἣν θῆξιν ἐπιθίθης ; *khshnûtem* vient d'un radical *khshnût*, abstrait de la racine *khshnu* « aiguiser, acérer », védique *kshnu* ; cf. zend *hu-khshnûta, tijijnûta* (εὔ-θηκτος, ὀξύ-θηκτος).

2. Cet Atar, airain en fusion qui frappe les deux mondes, rappelle Agni, l'Atar védique, qui, « tel qu'un archer prêt à viser, aiguise sa flamme comme une hache d'airain » (RV. 6. 3, 5 *ayaso no dhârâm*) ; « qui aiguise ses deux dents d'airain, celle d'en haut et celle d'en bas, pour broyer les démons sur la terre et dans l'atmosphère » (idem, 10. 87, 2, 3).

3. Preller, Mythologie grecque [3] p. 56. De même dans l'Inde, Çiva, l'Agni atmosphérique, naît du front de Hari, contracté par la colère, avec le trident à la main (Muir, Sanskrit Texts IV, 229). — Notons qu'entre Atar et Athênê il y a plus qu'un simple rapport d'attribut et de naissance, il y a encore un rapport de nom : Atar et ἀθήνη sont deux formations de la même racine. En effet, il est impossible de séparer *Atar* du védique *athar* (voir § 51) et entre *athar* et ἀθήνη il y a, quant à la racine, le même rapport qu'entre la racine *manth* (dans *pra-mantha*) et la racine μανθ dans προ-μηθ-εύς (v. Baudry, dans les Mémoires de la Société de linguistique de Paris 1, 337 sq.). Là d'ailleurs s'arrête la communauté ; ni les noms, ni les personnages ne dérivent d'un même type arrêté dans la période indo-européenne : même racine, même valeur générale ; ils sont formés d'un même fonds d'éléments communs, rien de plus.

champion de la lumière s'appelle tour à tour Atar et Apâm napât[1].

Or, si l'éclair est fils des eaux et fils du ciel, l'on doit s'attendre à rencontrer les deux naissances combinées et les eaux épouses du ciel, de ce ciel qu'elles embrassent et qu'elles couvrent. De là les infinis hymens de Zeus avec toutes les nymphes des rivières, de là les eaux Épouses d'Ahura, *Ahurânis*.

« Nous invoquons cette terre avec *les femmes* (genâbis), « cette terre qui nous porte et ces femmes (*genâo*) qui sont tes « épouses, ô Ahura[2] !

« Nous invoquons les eaux ruisselantes, les eaux savoureuses, « les eaux impétueuses, les épouses d'Ahura (Ahurânis), les « eaux aux bonnes ondes, aux bons passages, les eaux qui dé- « gouttent, les eaux aux vastes courants..... Eaux, nous vous « adorons, eaux onctueuses, eaux mères, eaux qui contenez la « flamme, eaux qui allaitez le frêle nourrisson[3] ».

§ 33. Des quatre paragraphes précédents se dégagent les faits suivants : Ahura a le soleil pour œil, le ciel pour vêtement, l'éclair pour fils, les eaux pour épouses. De ces traits, les deux premiers font d'Ahura un dieu du ciel, induction qui rend compte des deux derniers.

1. Voir plus bas § 92.
2. Suivant deux énumérations, l'une des différentes prières, l'autre des différentes eaux. Nous reviendrons plus tard (§ 200) sur la première, celle des épouses spirituelles du dieu, des *genâ* mystiques.
3. La tradition a fait, tant bien que mal, de chacune de ces épithètes le nom technique d'une eau particulière. — Pour *maêkaintîs* v. le commentaire sur l'Avesta de M. Spiegel II, 368. *Hêbvaintîs* semble répondre pour la racine, au védique *sab-ar*. *Hvôghjathrâo* (pour *hv-aoghjathrâo* ?) est traduit comme le serait un védique **su-uksh*, **su-ukshatra*; *azi* comme le védique *angi*. *Dregu-dâyah* signifie littéralement « qui nourrit le faible » ; ce sont, dit Nériosengh, « les eaux qui sont dans la matrice » (âpo yâ antargarbhasthâne) ; cela est exact, pourvu qu'on n'oublie pas qu'il s'agit de la matrice des nuées, où grandit Atar-Apâm napàt. Le plus intéressant de ces mots est *agenyâo* qui répondrait à un sanscrit **agniya* dérivé de *agni* : c'est le seul vestige de l'existence en zend du vieux nom indo-européen du feu *agnis*, *ignis*, *ogni* (vieux slave) : les eaux *agenya* sont les eaux où est Agni (*yâsu agnis pravishtas tâ âpo* Rv. 7, 49, 4). C'est ce que le Rig désigne aussi comme l'Avesta sous le nom d'*eaux-mères* : tam âpo agnim ganayanta mâtaras : « cet Agni, l'ont enfanté les eaux-mères » (10, 91, 6). Enfin Agni lui aussi est *nourri* par les nymphes des rivières qui viennent de l'enfanter (2,35, 5).

Ahura a donc été autrefois dieu du ciel ; ajoutons : du ciel lumineux. Sans doute son front n'était point toujours sans nuage, et c'est dans le sein de la nuit ténébreuse qu'il a dû engendrer Atar. Mais le ciel est le siège ordinaire de la lumière, le soleil l'éclaire de son regard, et la nuit le brode d'étoiles : de là ces épithètes de « brillant, éclatant »[1] qu'a conservées Ahura dans tout le cours de son existence ; « lumineux, au loin visible » (raokhshnô frâdereçrô[2]) sont épithètes d'Ahura, aussi bien que du ciel qui lui sert de vêtement[3].

§ 34. Cette conclusion à laquelle conduit la comparaison d'anciens traits mythiques épars et depuis longtemps oubliés, l'induction y arrive encore par une autre voie, en partant des témoignages modernes. « Au début des choses, dit le Bundehesh, était « Ormazd, résidant de toute éternité dans la lumière, et cette « lumière, lieu et place d'Ormazd, est ce qu'on appelle *la lumière* « *infinie* (açar roshann)[4]. »
Or, la seule infinité de cette lumière suffit à nous faire connaître qu'elle n'est autre que la lumière du ciel, abstraite du ciel son support, de la même façon que, dans un ordre d'idées différent, l'Intelligence céleste[5] n'est autre que l'intelligence d'Ahura abstraite du dieu, son support, et ayant pris une existence indépendante. Si elle est infinie, c'est que le ciel « a des extrémités lointaines et que nul n'aperçoit[6] » ; les formules ont conservé le souvenir de l'union réelle des deux objets : « j'invoque le ciel resplendissant, j'invoque la lumière infinie et souveraine[7] » : enfin l'Avesta et les Parsis nous apprennent qu'elle commence au-delà des trois cieux[8], ce qui revient à dire qu'elle n'est autre que la lumière du ciel, tout objet mythique n'étant que la transfiguration de l'objet sensible auquel on le compare ou on l'oppose. Cette lumière infinie qui est à présent le lieu d'Ormazd, n'est donc autre que la lumière de ce ciel qui était autrefois son

---

1. *Raêvañt qarènanhvañt*.
2. Yasht 13, 81.
3. Yasht 13, 2.
4. Bundehesh 1, 7.
5. Voir § 24.
6. Yasht 13, 3.
7. Vendidâd 19, 118. Souveraine = *qadhâta*, épithète qui appartient également au ciel (*thwâshem*); Yasht 10, 66 ; Vendidâd 19, 44.
8. Yasht 22, 15 ; Minokhired 7, 8. — Sur l'origine des trois cieux, voir plus bas, §§ 72, 73. Cf. § 194.

corps : « nous célébrons, ô Mazda Ahura, ton corps qui est le plus
« beau des corps, ces espaces lumineux[1]. » Cette lumière et
Ahura ne faisaient qu'un comme l'attribut et la substance ; quand
l'attribut eut pris une existence propre, les deux êtres gardèrent
néanmoins jusqu'au bout leur union première, et l'histoire
mythique d'Ahura est celle-ci : à la fin, dieu de la lumière céleste ;
au début, dieu du ciel lumineux.

§ 35. Cette conclusion à laquelle nous conduit l'induction par
deux voies différentes, soit qu'elle parte de la conception moderne, soit qu'elle s'appuie sur les souvenirs épars et à demi
effacés, cette conclusion, dis-je, reçoit une confirmation directe
par le témoignage le plus ancien que les sources étrangères nous
fournissent sur la religion de la Perse antique. « Les Perses, dit
« Hérodote, ont pour loi d'offrir des sacrifices à Zeus en montant
« sur la cime la plus élevée des montagnes, appelant Zeus le
« cercle entier du ciel[2]. »

Or, l'époque où écrivait Hérodote est précisément celle où les
Achéménides proclament la souveraineté d'Aurâmazda ; donc la
religion et le culte avaient conservé encore à cette époque la
conscience de l'identité d'Ahura Mazda et du ciel.

§ 36. Conclusion. Ahura Mazda, aujourd'hui dieu de la lumière
céleste, a été d'abord dieu du ciel.

---

1. Yaçna 36, 15.
2. Hérodote I, 131 : οἱ δὲ νομίζουσι Διὶ μὲν, ἐπὶ τὰ ὑψηλότατα τῶν οὐρέων
ἀναβαίνοντες, θυσίας ἔρδειν, τὸν κύκλον πάντα τοῦ οὐρανοῦ Δία καλέοντες. Hesychius
(s. v.) considère Δία comme le nom perse du dieu, et l'on a rapproché
de là le sanscrit *dyaus* ; mais Hérodote fait ici comme plus tard Aristote (voir page 1, note 2) : il donne au dieu suprême de la Perse le nom
du dieu suprême de la Grèce ; assimilation d'ailleurs exacte au point de
vue de la mythologie comparée. Cf. § 70.

CHAPITRE IV.

AHURA MAZDA ET LES AMSHASPANDS.

Sommaire : § 37. Ormazd est le premier de sept divinités suprêmes, les Amshaspands. — § 38. Sens du mot Amshaspand (*Amesha-Çpeñta*). — § 39. Fonctions des Amshaspands, identiques à celles d'Ormazd. — § 40. Attributs matériels, lumineux. — § 41. Semblent des dédoublements d'Ahura. La liste des sept Amshaspands n'a été arrêtée que tardivement. — § 42. Questions historiques. Nécessité de recourir aux Védas pour les résoudre.

§ 37. Au-dessous d'Ormazd, créateur et roi du monde, les Parses mettent six divinités qui règnent chacune sur une partie de la création, les Amshaspands : ce sont Bahman qui règne sur les troupeaux, Ardibehesht sur le feu, Sharéver sur les métaux, Çapendârmat sur la terre, Khordâd sur les eaux, Amurdâd sur les plantes. L'on a déjà vu plus haut que les Amshaspands assistent Ormazd dans la création, mais qu'ils sont eux-mêmes la première création du dieu suprême[1].

Ormazd lui-même peut être compté parmi eux[2]; il est alors, comme de juste, le premier et le plus grand d'entre eux. Les Parses donc parlent tantôt de six, tantôt de sept Amshaspands,

---

1. Voir § 20.
2. Quand Zoroastre lui demande ce qu'il y a de plus puissant dans la parole sainte, « ce sont, répond-il, ce sont nos noms à nous Amesha-Çpeñta » (Yasht 4, 3); celui qui trompe Mitha « irrite Ahura Mazda et les autres Amesha-Çpeñta » (Yasht 10, 139).

selon qu'ils comptent ou laissent en dehors et au-dessus l'Amshaspand créateur. Ainsi dans une même prière, le *Nâm çitâyish*, le fidèle, après avoir déclaré qu'Ormazd est en force et en sagesse au-dessus des six Amshaspands, termine par un hommage aux sept Amshaspands.

§ 38. Le mot *Amshaspand* est la forme parsie du nom zend *Amesha çpeñta*. *Amesha* signifie « immortel »; *çpeñta* signifie littéralement « qui accroît »[1], c'est-à-dire qui produit l'accroissement de la créature, qui fait le bien. On le rend en général par le mot « saint » : « bienfaisant » serait plus près du sens ; il est bien vrai que l'idée de sainteté est attachée à la notion de l'Amshaspand et s'est par suite attachée à son nom : mais ce n'est point la valeur inhérente au mot.

L'on conçoit que ces épithètes d'*immortel* et de *bienfaisant* puissent être données à des divinités de toute espèce : le soleil est *amesha* « immortel »[2] ; la parole sainte, les Férouers des justes sont *çpeñta* « bienfaisants »[3] ; enfin le nom d'Amesha çpeñta ou « d'immortel bienfaisant » a dû autrefois, aussi bien que chacun des deux éléments qui le composent, s'appliquer à des divinités quelconques : il reste dans l'Avesta une trace de cette ancienne liberté : Atar, le feu, bien qu'il ne soit pas un Amshaspand, est invoqué comme étant « le plus secourable des Amesha çpeñta[4], *des immortels bienfaisants* » c'est-à-dire le plus bienfaisant des dieux, en général. Mais le mot est devenu le nom spécial d'un groupe défini de sept divinités suprêmes, dont la première est Ahura Mazda, maître et créateur des six autres[5].

---

1. Cf. plus bas, § 81.
2. Yaçna 22, 26.
3. Yaçna 19, 54, etc... 59, 7, etc.
4. Yaçna 1, 6.
5. Un texte Parsi invoque les trente-trois Amshaspands. Ces trente-trois Amshaspands sont identiques aux trente-trois *ratus* du yaçna. « J'invoque tous ces dieux maîtres de l'ordre, qui, au nombre de trente-trois, s'approchent des libations » (1, 33). Il serait inutile de chercher à dresser la liste de ces trente-trois *ratus* : ce nombre est un nombre consacré dès la période indo-iranienne. Le Rig-Véda invoque aussi trente-trois dieux et ces *trayaçca trinçaçca devás*, comme les *thryaçca thriçaçca ratavô* de l'Avesta sont toujours mis en relation avec le sacrifice et la libation (3, 6, 9 ; 8, 28, 1 ; 30, 1 ; 34, 11 ; 35, 3 ; 39, 9 ; 9, 92, 4 ; Vâlakh. 9, 2).

§ 39. Les fonctions des Amesha çpeñta ne diffèrent pas essentiellement de celles d'Ahura.

« J'invoque la lumière souveraine des Amesha çpeñta, qui ont
« créé (*dâtarô*) et qui dirigent les créations d'Ahura Mazda, qui
« l'ont créée et qui la surveillent, qui la protègent et qui la gou-
« vernent [1]. » Ils sont donc créateurs comme Ahura Mazda ; comme lui, ils sont *dâtar*.

Ils surveillent et gouvernent le monde : donc, comme lui, ils sont souverains : ils sont *hukhshathra* [2], c'est-à-dire qu'ils ont la pleine souveraineté » ; ils sont *âhûirya,* c'est-à-dire qu'ils ont « le caractère d'*Ahura*, de seigneur » [3].

Ils sont *hudhâoñhô* [4], c'est-à-dire qu'ils ont « la sagesse suprême ». Ils partagent avec leur maître et créateur le titre de Mazda « omniscient ». Quand Zoroastre s'écrie :

« Je vais parler, prêtez l'oreille, écoutez-moi !

« Les Mazdas (les omniscients) m'ont révélé toutes choses » [5] ;
ces Mazdas sont les sept Amshaspands dont Zoroastre, selon la légende parsie, a reçu la révélation avant de porter la loi sur la terre [6].

Enfin, comme Ahura, ils sont *ashavan :* ils sont dieux de l'*asha* sous ses deux formes, de l'*asha* matériel, puisqu'ils gouvernent le monde, de l'*asha* moral ou religieux, puisque, « quand

---

1. Yasht 19, 18, *marekhstâras*, nom d'agent de *mareç*, sanscrit *mriç*.
2. Yaçna 2, 11 ; 55, 5 ; 64, 47, etc., etc.
3. Yaçna 26, 9 ; Yasht 13, 82, etc. On traduit en général *âhûirya* :
« créé par Ahura » ; à tort : *âhûirya*, adjectif dérivé *d'ahura*, signifie littéralement « qui a rapport à l'*ahura* » ; de là deux sens, selon qu'il s'agit de choses ou de personnes ; dans le premier cas, « convenant à l'*ahura* » : tem *âhûiryâ nâménê* yazamaidê (Y. 5, 6), signifie : « nous invoquons Ahura par ses noms *ahuriens* », c'est-à-dire par les noms qu'il mérite comme Ahura, comme seigneur ; dans le second cas, « qui a la nature de l'*ahura* » : *âhûiryô çraoshô* signifie : « Çraosha qui a les attributs d'un *ahura* »; l'adjectif remonté alors à la valeur du substantif ;
c'est ainsi qu'en védique *asurya*, épithète d'Indra, de Brihaspati, est absolument synonyme d'*asura*. — Il ne faut point confondre avec *âhûirya* le mot *âhûiri* qui a le sens strict de « dépendant, originaire d'Ahura Mazda » ; il se confond extérieurement avec *âhûirya* à l'accusatif (*âhûirîm* tkaêshem) ; mais la différence de thème se révèle aux autres cas (*âhûiris* tkâeshô ; *âhurôis* daênayâo) ; le mot est formé, avec renforcement, par suffixe *i*, comme *Vâruni* de Varuna.
4. Yaçna 2, 11 ; 4, 8 ; 55, 5, etc.
5. Yaçna 44, 1.
6. Zerdusht-nâmeh, §§ 27-35.

« ils regardent l'âme l'un de l'autre, ils ne la voient que méditant
« bonne pensée, méditant bonne parole, méditant bonne action »[1].

Les attributs essentiels d'Ahura Mazda se retrouvent donc dans les Amesha-Çpeñta ; comme lui, ils sont créateurs, souverains, omniscients, dieux d'ordre : les deux noms du dieu suprême leur sont appliqués, l'un, *Mazda*, immédiatement, l'autre, *Ahura*, médiatement dans l'épithète *âhûirya;* il y a plus : ils sont directement désignés sous le nom de *Ahura Mazda*, quand le poète du Gâthas invoque « *l'Asha* et *les Ahura Mazda* »[2].

Conclusion : les Amshaspands sont dans leurs fonctions identiques à Ahura.

§ 40. Dans leurs attributs matériels, ils ne reproduisent qu'un seul de ceux d'Ahura, le caractère lumineux :

« J'invoque la gloire souveraine des Amesha-Çpeñta, lumi-
« neux, au regard actif, qui sont dans les hauteurs, agiles, ra-
« pides,..... lumineux sont les chemins qu'ils suivent pour se
« rendre aux libations »[3]. Ils ont une même volonté avec le soleil (*hvare-hazaosha*)[4] ; ce sont eux qui, d'accord avec lui, ont établi sur la montagne du Hara cette demeure éclatante de Mithra où ne pénètrent ni la nuit ni les ténèbres[5]. Leur corps semble fait de lumière et de soleil : « nous invoquons Ahura Mazda,
« brillant, éclatant, au loin visible, et les beaux corps, les grands
« corps dont il revêt les Amesha-Çpeñta ; nous invoquons le soleil
« aux chevaux rapides »[6]. Enfin ils habitent avec Ahura dans la lumière infinie[7].

§ 41. Ainsi, d'une part, les fonctions des Amesha-Çpeñta sont celles-là même d'Ahura, d'autre part leurs attributs matériels ne diffèrent pas essentiellement de ceux d'Ahura, non point d'Ahura sous sa forme la plus ancienne et la plus matérielle, d'Ahura dieu du ciel, mais d'Ahura dieu de la lumière céleste et dieu organisateur. Il semble donc que les Amesha-Çpeñta ne soient que des dédoublements du grand Amesha-Çpeñta, Ahura Mazda. Et il ne faut point se laisser arrêter à ce fait qu'ils ont été créés par lui ;

1. Yasht 13, 82, 84.
2. Yaçna 31, 4. Peut-être aussi 30, 9.
3. Yasht 13, 82, 84.
4. Yasht 10, 51.
5. Yasht 10, 50, 51.
6. Yasht 13, 81 (*verezdâo* = védique *vrid-dhâs*).
7. Vendidâd 19, 106.

du moment qu'ils avaient pris une existence personnelle, ils devaient, comme tout le reste de l'univers, sortir de la main créatrice du créateur universel. Cette ancienne égalité des sept Amesha-Çpeñta, combinée avec la nécessité de tout ramener au créateur Ahura, amène cette étrange formule de l'Avesta : « J'in-« voque la lumière souveraine..... des Amesha-Çpeñta qui tous « les sept ont même pensée, même parole, même action, même « père et même maître, le créateur Ahura Mazda[1]. » Cette formule, qui, interprétée littéralement, ferait d'Ahura sa propre créature, son propre créateur, n'est que la combinaison de ces deux conceptions :

1° Il y a sept Amesha-Çpeñta ;
2° Ahura a créé toute chose.

Ainsi, à côté de la conception d'une divinité créatrice et lumineuse, Ahura Mazda, s'est développée celle de sept divinités créatrices et lumineuses, à la tête desquelles Ahura Mazda.

Nous n'entrerons pas pour l'instant dans l'étude de chaque Amshaspand en particulier, cette étude ne nous apprendrait rien sur le caractère et l'origine de la conception dont il s'agit ; ce n'est en effet que tardivement que l'on a rempli avec six noms le cadre des six Amshaspands : ce qui le prouve, c'est qu'entre les attributs prêtés à la classe des Amshaspands et les attributs propres à chacun des Amshaspands en particulier, il n'y a nul rapport, rien de commun. Les Amshaspands pris un à un sont des abstractions morales ou physiques : *Vohu manô* est la bonne pensée, *Asha vahista* l'ordre parfait, *Khshathra vairya* la souveraineté adorable, *Çpeñta Armaiti* la piété sainte, *Haurvatât* la santé, *Ameretât* la longue vie : il est clair qu'aucune de ces abstractions n'implique en soi l'idée de divinité lumineuse et créatrice. La classe est antérieure aux membres qui la composent : pour remplir les cadres, on a fait appel à des divinités venues d'ailleurs, et le seul Amshaspand qui mérite ce titre, le seul créateur lumineux, c'est le premier d'entre eux, Ahura[2].

Conclusion : L'Avesta qui adore Ahura Mazda créateur lumineux, adore aussi sept divinités créatrices et lumineuses, qui semblent être des dédoublements d'Ahura.

§ 42. Dans les pages qui précèdent nous sommes arrivés à deux conclusions :

---

1. Yasht 19, 14, 16. — 2. Voir §§ 196 sq.

1° Ahura Mazda, dieu créateur, souverain, omniscient et pur, a commencé par être le dieu du ciel lumineux. — De là maintenant plusieurs questions à résoudre : quel est le rapport des fonctions présentes du dieu et de ses anciennes qualités matérielles ? sont-elles dérivées les unes des autres ? comment ? quand ? Ces questions se ramènent à une seule : quel est l'âge relatif des attributs du dieu ?

2° Ahura est le premier de sept divinités suprêmes, les Amesha-Çpeñta, qui semblent une multiplication d'Ahura. Comment s'est faite cette multiplication ? quand ?

A ces questions l'Avesta ne répond pas, parce qu'il nous présente et Ahura et les Amesha-Çpeñta à l'état formé ; quelques traits archaïques nous ont bien permis de remonter à des formes antérieures, mais les intermédiaires nous échappent. Pour avoir chance de les retrouver, il faut sortir de l'Avesta. La religion indo-iranienne, d'où le mazdéisme dérive, connaissait peut-être et ces formes antérieures et quelques-uns de ces intermédiaires qui ont amené ces changements. Ne pouvant consulter cette religion, morte sans laisser de témoignages directs, adressons-nous à son héritière la plus fidèle, la religion des Védas.

Le Védisme connaît-il Ahura ? connaît-il les Amesha-Çpeñta ?

CHAPITRE V.

VARUNA. — SES FONCTIONS.

Sommaire : § 43. Le Rig-Véda connaît un dieu ayant les fonctions d'Ahura : c'est Varuna. — § 44. Varuna a organisé le monde. — § 45. Il est maître du *rita*, de l'ordre. — § 46. Il est maître du monde, l'*asura* « le souverain ». — § 47. Il est omniscient. — § 48. Identité de fonctions entre Ahura et Varuna. Présomption en faveur d'une commune origine.

§ 43. Les Védas connaissent-ils un dieu suprême et créateur ? A première vue, non. Chaque hymne exalte au-dessus de toutes la divinité qu'il chante, le héros de l'instant est toujours le plus grand[1] et il n'est guère de dieu qui, à son heure, n'ait créé le ciel et la terre. Ce sont là des formules devenues de style et des affirmations dont on ne peut accepter l'autorité sans contrôle. Or, si l'on passe en revue ces dieux créateurs, on trouve en la plupart d'entre eux un trait essentiel qui est tout le dieu, sans lequel il n'est plus, et qui est sans rapport avec l'attribut suprême qu'on lui prête. Agni a créé le ciel et la terre[2] : mais Agni n'est que le feu terrestre ou atmosphérique dont la fonction essentielle est de porter aux dieux l'offrande et la prière ou de repousser les démons. Soma a créé le ciel et la terre[3] : mais Soma n'est que la liqueur dont le prêtre terrestre ou céleste enivre le dieu com-

---

1. Max Müller, *Ancient sanscrit literature*, p. 532.
2. RV. 6. 8, 2, 3.
3. RV. 8. 48, 13 ; 9. 96, 5.

battant, et sa fonction essentielle est de lui donner la force nécessaire pour vaincre le démon [1]. Indra a créé le ciel et la terre [2] : mais Indra est avant tout le dieu de l'orage [3], et sa fonction essentielle est de vaincre le serpent démoniaque, de délivrer la lumière et les eaux captives. Ainsi dans chacun de ces êtres, le trait matériel et mythique d'un dieu non abstrait et non organisateur est encore visible et à fleur de visage. Sans doute, dans un certain sens, chacun d'eux tour à tour peut légitimement être dit créateur, parce que, dans la lutte contre le démon, chacun d'eux tour à tour dégage le monde enveloppé dans les ténèbres, lui rend la vie, *le recrée,* Agni, par sa flamme, Soma, par son ivresse, Indra, par son bras. Mais il n'y a rien là du dieu créateur qui organise le monde, à la façon d'Ahura Mazda.

Il est un dieu védique en qui cette idée domine, il se nomme *Varuṇa.*

§ 44. « Certes, admirables de grandeur sont les œuvres qui
« naissent de lui, lui qui a séparé et tenu fixes les deux mondes [4]
« sur toute leur étendue, lui qui a mis en branle le sublime, le
« haut firmament, qui a étendu là-bas le ciel, ici la terre [5].

« Ce ciel et cette terre, ruisselants de *ghṛita,* parure des
« mondes, larges au loin, ruisselants de lait, si beaux de forme,
« c'est par la loi de Varuṇa qu'ils se tiennent fixes l'un en face
« de l'autre, êtres immortels à la riche semence [6].

« Il a étayé le ciel, cet Asura qui connaît toutes choses, il a
« donné sa mesure à la largeur de la terre : il trône sur tous les
« mondes, roi universel ; toutes ces lois du monde sont lois de
« Varuṇa [7].

---

1. Voir § 87.
2. RV. 10. 111.
3. Au moins sous sa forme la plus ancienne. A la fin de la période védique, il monte au rang suprême (cf. plus bas, § 77). La mythologie indienne n'est pas la seule où le dieu de l'orage, plus actif et plus brillant, toujours en action, ait ainsi usurpé le premier rang, qui dans la période de l'unité indo-européenne appartenait au dieu du ciel. Ce qu'a fait Indra en Inde, Odin l'a fait chez les Scandinaves, Perkun chez les Lithuaniens. Zeus lui-même, bien que resté le dieu suprême, n'est plus simple dieu du ciel et a pris nombre de traits qui n'appartenaient qu'au dieu de l'orage, au fils du ciel.
4. C'est-à-dire le ciel et la terre. L'univers se divise, tantôt en deux mondes : ciel et terre, tantôt en trois : ciel, atmosphère et terre.
5. RV. 7. 86, 1.
6. RV. 6. 70, 1. — 7. RV. 8. 42, 1.

« Dans l'abîme sans base, le roi Varuṇa a dressé la cîme de
« l'arbre céleste [1]. C'est le roi Varuṇa qui a fait au soleil le large
« chemin qu'il doit suivre, et aux êtres sans pieds il a fait des
« pieds pour qu'ils courent.

« Ces étoiles placées au front de la nuit qu'elles éclairent, où
« sont-elles allées pendant le jour ? Infaillibles sont les lois de
« Varuṇa. La lune s'allume et va dans la nuit [2].

« Varuṇa a frayé des routes au soleil ; il a jeté en avant les
« torrents fluctueux des rivières. Il a creusé de larges lits et
« rapides, où se déroulent avec ordre les flots déchaînés des jour-
« nées [3].

« Il a mis la force dans les chevaux, le lait dans les vaches,
« l'intelligence dans les cœurs, Agni dans les eaux, le soleil au
« ciel, Soma dans la pierre [4].

« Le vent est ton souffle, ô Varuṇa, qui bruit dans l'atmos-
« phère, comme d'un bœuf en pâture. Entre cette terre et le ciel
« sublime, toutes choses, ô Varuṇa, sont ta création [5]. »

Le terme que nous venons de rendre par création est le mot
dhâman, forme sanscrite du zend *dāman* ; c'est le terme
technique en parlant des œuvres de Varuṇa, comme *dāman* en
parlant des œuvres d'Ahura [6].

Varuṇa ne reçoit point, il est vrai, le nom de *Dhâtar* « créateur »,
comme le reçoit Ahura [7]. Cependant quelques formules parlent
d'un dieu de ce nom « comme ayant formé le soleil, la lune, le
ciel, la terre et l'atmosphère » ; or, à la fin de la période
védique, ce dieu Dhâtar semble n'être pour les Indiens qu'un
substitut, un démembrement de Varuṇa : car ils font de lui le
dieu qui veille sur la région de l'ouest [8], rôle ordinaire de Varuṇa
à cette époque [9]. En tout cas, si Varuṇa n'a point le titre de
dhâtar, il en a la réalité.

---

1. L'*arbre* est une des images du ciel orageux (cf. § 86).
2. RV. 1, 24, 7 sq.
3. RV. 7, 87, 1.
4. RV. 5, 81, 2.
5. RV. 7, 87, 2.
6. Cf. page 23 ; seulement *dhâman* a un sens plus large que *dāman*.
Le sens étymologique des deux mots est « la chose établie », au propre
« création », au figuré « loi ». Le zend fait prédominer le premier sens ;
le védique a les deux.
7. Voir page 23.
8. Atharva Véda 9, 7, 23. Cf. § 67, notes.
9. Voir § 66, fin.

§ 45. Tous les dieux de l'Avesta concourent au maintien de l'ordre universel, de l'*asha,* ils sont tous des dieux d'*asha*, des *ashavan* ; mais Ahura comme organisateur du monde, est le dieu d'ordre par excellence. De même, tous les dieux védiques concourent au maintien de l'Asha védique, ou *rita ;* ils sont tous des dieux du *rita,* des *ritâvan ;* mais Varuṇa, qui a organisé le monde, est par excellence le dieu du *rita,* il est le gardien du *rita* (*ritasya gopâ*), c'est lui qui conduit le *rita* (*ritasya netar*)[1]. Il est « le dieu aux lois efficaces » (*satya-dharman*), « le dieu aux lois fixes » *dhrita-vrata*) ; en lui reposent, comme dans le roc, les lois inébranlables[2].

§ 46. Organisateur du monde comme Ahura, comme lui, il en est le maître : il est l'*asura* suprême.

Ce mot *asura* est la forme sanscrite du zend *ahura,* « seigneur ». Le sanscrit n'a point conservé, comme le zend, pleine conscience du sens primitif du mot, qui, à force d'être employé comme épithète des dieux, est devenu synonyme même du mot *dieu* ; mais il a commencé certainement par avoir le sens du mot zend : le dérivé abstrait *asuryam* désigne « la souveraineté divine » et l'exemple du français *seigneur*, du persan *khudâi*[3], explique aisément l'emploi du mot sanscrit. Or, Varuṇa est le dieu le plus fréquemment désigné sous le nom d'Asura ; parfois même ce seul mot suffit à le désigner[4]. Il est d'ailleurs bien

1. RV. 7, 40, 4.
2. RV. 2, 28, 8.
3. Voir page 26.
4. L'on est convenu d'expliquer le mot *asura* par le sanscrit *asu* « souffle, vie » ; *asura* serait le vivant, « le dieu vivant ». C'est une hypothèse que rien ne confirme en sanscrit et que repousse le zend dont le sens deviendrait inexplicable. Le zend, à côté de *ahura*, connaît un mot *ahu* qui signifie « maître » et dont ne diffère *ahura* que par l'addition d'un suffixe secondaire *ra*. Dans ce sens, il est permis de dire que l'indo-iranien *asura* dérive de *asu*, non pas il est vrai de *asu* « vie, souffle », mais d'un homonyme indo-iranien *asu* « maître » perdu en sanscrit et conservé en zend. — Cet indo-iranien *asu* « seigneur » correspond *peut-être* au grec ἐΰ-ς bon (pour le passage des sens comparez en latin *optimus* et *optimates* ou en grec οἱ ἄριστοι). Faut-il y reconnaître également le nom des dieux dans l'Edda, *âsa-r* ? Il est vrai que cet *â* est le représentant d'un ancien *an* (vieil haut allemand *ans*), ce qui détruit le rapprochement si la nasale est organique. — Le sanscrit *asu* « souffle, vie » a son équivalent zend dans un second mot *ahu* « conscience » et « monde » ; c'est le sanscrit qui a ici conservé le sens primitif. Dans certain emploi védique de *asu* semble percer le sens de

réellement le seigneur du monde, le seigneur par excellence. Il est le *kshatriya* « le souverain », *su-kshatra* « le dieu a la pleine souveraineté », il a le *kshatram*, le *samrâġyam* « la souveraineté universelle ». C'est lui « l'*asura* qui règne sur les dieux[1] », et il est « le maître de tous ceux qui sont, dieux ou mortels[2]. »

Si bien reconnue était l'antique souveraineté de Varuna qu'il en conserva le souvenir à travers toutes les longues transformations de la religion indienne, et alors même qu'il avait pâli dans l'imagination populaire devant l'ascendant croissant d'Indra, puis des divinités brahmaniques, il demeura en titre le roi des dieux, et quand ils veulent offrir un sacrifice, c'est à lui, comme au souverain, qu'ils vont demander, suivant la loi, l'emplacement de la cérémonie sainte, le *deva-yaġana*.

§ 47. Organisateur et souverain comme Ahura, comme lui encore il est l'omniscient, et si le dieu iranien est l'*ahura mazdâo* « le seigneur grand savant », le dieu indien est l'*asuro viçvavedâs* « le seigneur qui connaît toute chose »[3]. C'est le sage à la sagesse suprême en qui toutes les sciences ont leur centre[4], et quand le poète veut exalter la science d'un dieu, il le compare à Varuna[5].

« Il connaît la place des oiseaux qui volent dans l'atmosphère, il sait les vaisseaux sur l'Océan.

« Dieu aux lois stables, il connaît les douze mois et ce qu'ils font naître[6], il sait toute créature qui naît?

« Il sait la voie du vent sublime dans les hauteurs, il sait qui s'assied au sacrifice.

« Dieu aux lois stables, Varuna a pris place dans son palais, pour être roi universel, dieu à l'intelligence souveraine (*su-kratus*).

« monde » : *asum ya îyus* (en parlant des morts ; 10, 15, 1), semble signifier « ceux qui sont allés dans le monde (le monde par excellence, l'autre monde ?) »

1. Atharva Véda 1, 10, 1.
2. RV. 2, 27, 10.
3. Voir §§ 24, 25. Ce qui est devenu nom propre chez le dieu iranien est épithète de nature du dieu indien.
4. RV. 8, 41, 5, 6.
5. « Agni avec son regard connaît toutes choses comme Varuna » (Rv. 10, 11, 1).
6. Veda ya upagâyate. Le sens de *upa-gâyate* est déterminé par

« De là, suivant de la pensée toutes ces merveilles, il regarde à l'entour ce qui s'est fait et ce qui se fera[1]. »

Rien donc ne lui échappe, il est *l'infaillible* (*adâbhya*). Point ne le trompe qui veut le tromper[2]. Le roi Varuṇa voit toute chose, ce qui se passe entre ciel et terre et ce qui au-delà : il compte tous les mouvements de l'œil des créatures, nul œil qui puisse cligner sans sa volonté[3]. « Cet être sublime au-dessus
« des cieux voit toute chose comme s'il était près : ce que deux
« hommes, assis l'un près de l'autre, complotent, le roi Varuṇa
« le sait, lui troisième[4]. »

Témoin universel, il voit d'en haut le bien et le mal que font les hommes ; il est le juge universel et maintient l'ordre, le *ṛita* du monde moral, comme le *ṛita* du monde matériel : « si de
« jour en jour nous enfreignons ta loi, ô dieu Varuṇa, étant
« hommes, ne nous livre pas à la main meurtrière de l'ennemi[5] !
« Puissions-nous toucher sous tes yeux en plein *ṛita*[6] ! » L'homme frappé du malheur sent sur lui la main de Varuṇa et cherche son crime :

« Je t'interroge, ô Varuṇa, désirant connaître ma faute ; je
« viens à toi t'interroger, toi qui connais.

« Tous d'accord les sages m'ont dit :
« C'est Varuṇa qui contre toi est irrité.

« Quel si grand crime ai-je commis, ô Varuṇa, que tu veux
« tuer ton ami, ton chantre ?

« Dis-le-moi, ô seigneur[7], ô infaillible, pour qu'aussitôt je
« porte à tes pieds mon hommage[8].

« Dégage-moi du lien de mon crime ; ne tranche pas le fil de
« la prière que je tresse.

« Ne nous livre pas aux morts qui à ton impulsion frappent,

l'épithète de *mâsó, pragâvatas*, et le sens de cette épithète par le vers : *Ayan mâsâ ayagvânam avîrâs pra yagna-manmâ vriganam tirâte* (7, 61, 4) : « Que les mois viennent pour l'impie *sans lui apporter de descendance* ; que le fidèle voie se perpétuer sa maison ! »

1. RV. 1, 25, 6 sq.
2. RV. 1, 25, 14.
3. RV. 2, 28, 6 ; AtharvaV. 4, 16, 5.
4. AtharvaV. 4, 16, 1, 2.
5. RV. 1, 25, 1.
6. RV. 2, 28, 5 : *ridhyâma te Varuṇa khâm ritasya* « feliciter contin-
« gamus in te Varuṇa fontem ordinis ! » Cf. zend *ashahêkhâo*, p. 16, n. 1.
7. *Svadhâvas* : l'équivalent du zend *qa-dhâta* (qui a une loi sienne, qui est *sui juris*, indépendant, souverain).
8. RV. 7, 86, 3, 4.

« ô Asura, celui qui commet le crime : oh ! ne nous envoie pas
« dans les éloignements de la lumière.

« Fais-moi payer la dette de mes fautes : mais que je ne
« souffre pas, ô roi, pour le crime d'autrui ; il y a tant d'aurores
« qui n'ont pas encore brillé ! fais-nous-les vivre, ô Varuna [1] ! »

Inévitables sont les vengeances du dieu. Il saisit le criminel, il a des liens dont il l'enlace par trois fois, par le haut, par le bas, par le milieu du corps [2]. On sauterait par-dessus les cieux qu'on n'échapperait pas à sa main [3]. Le grand crime qu'il poursuit, la grande infraction au ṛita, c'est le mensonge : « Tes liens
« septuples qui par trois fois, ô Varuna, s'enlacent, que tous
« ces liens enchaînent l'homme aux paroles mensongères ; qu'ils
« laissent libre l'homme aux paroles de vérité [4]. »

Tel est Varuna, l'Asura suprême du védisme. Il a organisé le monde, il en est le maître, il en connaît les mystères, il est le fondateur de l'ordre matériel et moral ; il est créateur, souverain, omniscient, dieu d'ordre, *dhâtar, asura, viçvavedas, ṛitâvan*.

§ 48. Ainsi, la religion la plus ancienne de l'Inde, comme la religion la plus ancienne de l'Iran, connaît un dieu organisateur du monde, souverain omniscient, dieu de l'ordre matériel et moral : cette conception, indienne et iranienne, est-elle indo-iranienne ? Autrement dit, était-elle déjà formée au temps où les ancêtres des Ariens de l'Iran et les ancêtres des Ariens de l'Inde ne formaient encore qu'un seul peuple de même langue et de même religion ? Ou bien s'est-elle produite indépendamment, des deux parts, après la division de la famille indo-iranienne ?

Certes, la même conception peut se produire dans deux religions, sans qu'elles la tiennent d'une source commune. Allah offre des traits frappants de ressemblance avec Ahura et Varuna, sans que le Coran dérive de la même source que les Védas ni l'Avesta. Cependant, si l'on songe que les deux religions dont il s'agit ici ont un passé commun, que les langues et les croyances des deux peuples ont conservé des traces nombreuses et indéniables d'une étroite parenté, d'une ancienne identité, qu'il y a

---

1. RV. 2, 28, 5, 7, 9.
2. RV. 1, 24, 15. Cf. AtharvaV. 1, 10 ; 18, 4, 69 sq. ; 7, 83. Le rituel brahmanique ordonne chaque année un sacrifice à Varuna (les *Varuna-praghâsa*) dont l'objet est d'affranchir le sacrifiant des liens de Varuna. Confession générale : la femme du sacrifiant doit déclarer le nombre de ses amants (Weber, *Indische Studien* 10, 338 sq.).
3. AtharvaV. 4, 16, 4. — 4. AtharvaV. 4, 16, 6.

moins de différence entre leurs langues qu'entre celles d'un Germain d'Allemagne et d'un Germain d'Angleterre, et que tous les dieux notables de l'un se retrouvent sous la même forme ou sous des formes équivalentes dans la religion de l'autre, l'hypothèse de l'identité primitive d'Ahura et de Varuṇa, c'est-à-dire de l'existence dans la religion indo-iranienne d'un dieu possédant les mêmes attributs, cette hypothèse sera bien près de s'imposer.

De plus, à part l'identité générale des deux conceptions, on remarque, dans le détail même de l'expression, de certaines rencontres qui semblent trop particulières pour pouvoir être fortuites, et parfois l'on croit entendre deux échos semblables de formules antiques, où les sages indo-iraniens résumaient les preuves de l'existence de Dieu par le spectacle du monde. Les deux dieux ont donné des pieds pour courir à des êtres sans membres, les deux dieux ont étayé le ciel sans appui où le reposer [1]. Les deux peuples sont frappés avant tout de la fixité de ce ciel et de cette terre dont un si merveilleux équilibre arrête la chute toujours imminente : « Qui a fixé, s'écrie le poète iranien, qui a fixé « (*deretâ*) la terre et les astres immobiles pour empêcher qu'ils « ne croulent ? » Et de l'autre versant de l'Himâlaya répond le cri du Rishi védique : « Oh! puisse, à bas du ciel, ne jamais crou- « ler ce soleil [2]! » Maintes fois les hymnes à Varuṇa rappellent comment il a fixé le ciel et la terre (dhar, stabh) [3] et qu'il est « celui qui fixe les mondes » le *dhartar* [4] ; Ahura de même fixe le ciel, il est « celui qui fixe la terre et les astres », *deretar* [5], et telle est l'importance de cette conception, et chez les Indiens et chez les Iraniens, que dans une formule védique ce mot *dhartar* devient, comme le mot *dhâtar,* un des noms propres du dieu organisateur [6], et qu'en persan le mot *dârendeh*, participe présent de cette racine *dhar* dont le védique *dhartar* et le zend *deretar* sont le nom d'agent, est devenu un des noms du créateur, un des synonymes de *dâdâr*.

Si à l'identité des fonctions s'ajoute celle des attributs matériels, l'identité des deux dieux cessera d'être douteuse.

---

1. Cf. pages 20, 45, 46.
2. Yaçna 43, 4 ; Kaçnâ deretâ zâmcâ adenabâoçcâ *ava-paçtôis* (*avapad-tôis). RV. 1, 105, 3 : Mo shu devâ adas svar ava pâdi divas pari.
3. RV. 8, 41, 4 ; 8, 42, 1 ; 7, 86, 1, etc.
4. RV. 8. 41, 5, yo bhuvanânâm dhartâ.
5. *Deretâ* (voir note 2) = sanscrit *dhartâ*, c'est le nominatif du nom d'agent employé avec la force verbale.
6. RV. 7, 35, 3, çam no dhâtâ çam u dhartâ no astu.

CHAPITRE VI.

VARUNA. — SES ATTRIBUTS MATÉRIELS.

Sommaire : § 49. Varuna est encore un dieu matériel. — § 50. Il a le soleil pour œil ; ancien dieu du ciel. Οὐρανός. — § 51. Varuna, père de l'éclair (Bhrigu, Atharvan, Vasishtha). — § 52. Varuna, époux des Eaux. — § 53. Conclusion. Identité d'attributs matériels entre Ahura et Varuna.

§ 49. Cette conception toute spiritualiste de la divinité suprême, quoique dominante, est loin d'être exclusive, et Varuna a été et est encore dans le Rig-Véda un dieu matériel.

§ 50. Le soleil est le regard dont Varuna suit les hommes qui s'agitent[1]. Un dieu qui a pour regard le soleil est le dieu-soleil ou le dieu-ciel[2].

Le soleil est le coursier brun de Varuna[3] ; ce coursier peut être celui que monte Varuna-soleil, ou celui qui court dans Varuna-ciel. De même pour « le bel oiseau qui vole dans le fir-« mament, messager aux ailes d'or de Varuna[4]. »

Mais quand l'on voit le soleil tomber comme une goutte blanche « des rivières où Varuna se tient comme le ciel[5] », quand

---

1. 1, 50, 6. Cf. 1, 115, 1 ; 7, 63, 1 et plus bas, § 59.
2. Cf. plus haut, § 29.
3. RV. 7, 44, 3.
4. RV. 10, 123, 6.
5. RV. 7, 87, 6, combiné avec 10, 123, 7.

on voit « les sept rivières couler dans la voûte de sa bouche « comme dans le creux d'un roseau [1] », l'hypothèse Varuṇa-soleil ne suffit plus : ces rivières d'où sort le soleil ne peuvent être que les rivières de l'atmosphère, et la voûte où elles coulent la voûte du ciel. C'est donc comme dieu du ciel que Varuṇa a le soleil pour regard, c'est comme tel « qu'il est visible en tout lieu » (*viçvam pari darçatas*) [2] ; c'est comme tel, comme dieu du ciel tour à tour lumineux et ténébreux, que « par sa magie tour à tour il embrasse les nuits et émet les aurores », tour à tour et selon l'ordre « revêt les vêtements blancs et les vêtements noirs [3]. »

C'est une conclusion à laquelle la grammaire comparée a conduit depuis longtemps. Le mot Varuṇa est phonétiquement identique au grec Οὐρανός [4]. Le mot, il est vrai, n'est plus qu'un nom propre, le sens significatif est oublié, et il en est du nom de Varuṇa en sanscrit comme de celui de Zeus en grec ; Zeus, qui en sanscrit, sous la forme *dyaus*, est le nom du ciel, n'est plus en grec qu'un nom propre [5], et en devenant noms de personnes, Zeus en Grèce, Varuṇa en Inde, ont perdu la conscience de leur valeur primitive.

§ 51. Ahura, comme dieu du ciel, était père d'Atar, l'éclair, et les eaux étaient *ahurânis,* c'est-à-dire *genâ d'Ahura* « épouses d'Ahura. »

Varuṇa, dieu du ciel, est-il père de l'éclair et époux des eaux ? Le ciel est père de l'éclair comme siège de l'orage. Ce carac-

---

1. RV. 8, 58, 12.
2. RV. 8, 41, 3. Cf. « le char en tout lieu visible de Varuṇa » (viçvadarçata 1, 25, 18) ; cf. dans Hérodote le ἅρμα Διὸς ἱρὸν des Perses (VII, 49).
3. Ce double caractère de lumineux et de ténébreux passe d'ailleurs du ciel au soleil dès la période védique : un vers du moins (155, 5) lui donne deux couleurs, l'une rouge, l'autre noire. De là dérive la théorie astronomique de l'Aitareya Brâhmaṇa sur la succession du jour et de la nuit : le soleil arrivé au terme de sa course diurne refait en sens inverse, et en présentant sa face obscure, le chemin qu'il a fait le jour en présentant sa face lumineuse.
4. Pour *va* = ου, cf. οὔ-ρο-ν = zend *vâra* « pluie » (sanscrit *vâri*) ; οὔ-ρο-ς en regard de *vâ-ta, vâ-yu* « vent », racine *vâ,* souffler ; οὔδωρ (béotien) en regard du vieil allemand *wazar,* primitif **vad-ar.* Le n cérébral est dû à l'action du r précédent. Pour la différence de voyelle, voir § 65.
5. Les Grecs sentent bien encore que le dieu Zeus est le dieu du ciel, mais ils ne savent plus que le mot Zeus signifie « le ciel ».

tère de dieu orageux qu'Ahura a possédé, mais qu'il a laissé s'effacer[1], est visible en plein dans *Varuṇa*. C'est un Zeus νεφεληγερέτης. Il retourne l'outre de la nuée[2] et la lâche sur les deux mondes, il inonde la large terre et le ciel, il revêt les monts de nuages ; « sans trêve il sillonne de ses clignotements d'yeux la demeure humide[3] » ; c'est le regard clignotant de l'éclair : de là « les yeux rouges » dont lui fait honneur la légende brahmanique[4].

L'éclair n'est point seulement le regard de Varuṇa, il est son fils.

« Bhṛigu, dit le Çatapatha, était fils de Varuṇa. » Le mot *bhṛigu* signifie « l'étincelant, le fulgurant » ; il vient de la racine *bharǵ*, qui a donné en latin *fulgur*. Dans le Rig-Veda, Bhṛigu[5]

---

1. Cf. plus haut, § 31.
2. RV. 5, 85, 3, 4. Cette outre de la nuée, *kavandha* ou *kabandha*, devient dans la mythologie grecque le démon Καάνθος, qui veut reprendre à Apollon sa sœur, la nymphe Μελία (la nuée), et qui est transpercé par le dieu (voir A. Kuhn, *Herabkunft des Feuers*, p. 134). Cet emploi du mot *kavandha* doit être indo-européen : M. Justi l'a reconnu dans le démon avestéen *Kavañda-Kuñda*, dont malheureusement on ne connaît que le nom, et l'Inde connaît des *rakshasa* de ce nom ; cf. Dictionnaire de Saint-Pétersbourg, s. v. *Kabandha*. — L'étymologie du mot est inconnue : on est convenu de le décomposer en *ka-bandha* : mais le grec prouve que le *b* n'est point étymologique et que la forme primitive est *kavandha* : en effet, la racine sanscrite *bandh* avait autrefois deux aspirées (*bhandh, cf. zend *band*, gothique *binda*, grec πεῖσ-μα), de sorte que kabandha aurait donné en grec Καπάνθος (ou Καπένθοῖς).
3. RV. 2, 28, 8. *Yâdrâdhyam Varuṇa yonim apyam* aniçitam nimishi garbhurâṇas. (Le sens du composé *yâdrâdhyam* est incertain ; en tout cas, il me semble impossible de reconnaître dans *yâd* le relatif ; en effet, *yâdas* est un des noms de l'eau, et Varuṇa, comme roi des mers (voir § 52), s'appelle yâdas-pati « le maître du *yâdas* », ou mieux, yâdas étant génitif (Cf. *yâdasâm patis*), « maître du *yâd* » (V. Dict. de Saint-Pétersbourg, s. v. *yâdas*) ; *yâdrâdhyam yonim apyam* signifie donc : fluctu-*râdhyam* humidam sedem ; toute l'obscurité est dans râdhya ; peut-être : « la demeure humide qui donne les eaux ». (Cf. *râdha* dans : *vrishṭim vâm râdho amritatvam îmahe* 6, 23, 2. « O Mitra-Varuṇa, nous demandons la pluie, *votre présent*, l'ambroisie »). *Yâd-râdhyam* ne doit donc pas différer essentiellement de *apyam*.
4. *Piñga-akshas* (Weber, Zeitschrift der Deutschen morgenlændischen Gesellschaft IX, 237 sq.).
5. Bhṛigu est le plus souvent employé au pluriel dans le Rig-Véda ; c'est un accident commun à la plupart des personnifications de l'éclair, Angiras, Atharvan, Rudra, Marut, qui se multiplient, comme l'être qu'ils incarnent le fait dans l'orage.

est, comme Angiras, comme Atharvan, l'être qui a apporté le feu sur la terre, c'est-à-dire qu'il est une incarnation du feu, *Agni descendant,* Agni-éclair. Agni lui-même est appelé *bhṛigavâna* « de la nature du Bhṛigu » ou « le fulgurant ». Varuṇa père de Bhṛigu, c'est le ciel père de l'éclair, Zeus d'Athênê, Ahura d'Atar.

L'Atharva Véda semble donner pour fils à Varuṇa Atharvan[1]. Ce n'est point en réalité un autre fils, c'est un autre nom du même fils. Atharvan est l'adjectif du vieux mot indo-iranien Athar[2], l'un des noms du feu ; Atharvan signifie littéralement « l'être qui possède athar » ; dans le Rig-Véda, c'est le nom du Dieu qui l'apporte, c'est-à-dire l'incarnation d'Athar, Athar descendu, de sorte que Varuṇa, père d'Atharvan, répond exactement à Ahura, père d'Atar.

Nous trouverons plus loin un autre fils de Varuṇa et cité comme tel dans le Rig-Véda, Vasishtha, autre nom de Bhṛigu, d'Atharvan, autre incarnation d'Agni descendant[3]. Agni lui-même naît *du ventre de l'Asura*[4] ; cet Asura, d'après tout ce qui pré-

---

1. Atharva Véda 5, 11, 11.
2. L'existence de ce mot est rendue certaine par le dérivé possessif *athar*-van. Ce mot *athar* semble avoir été indo-européen, car il se retrouve, outre le zend âtar, dans le grec ἀθραγένη (Kuhn, *Herabkunft des Feuers*). Il a donné en sanscrit, outre le nom propre *Athar-van*, le mot *atharî* « flamme », et *atharyu* « l'enflammé », épithète d'Agni. Il est impossible de séparer le zend *âtar* du sanscrit *athar*, malgré la différence de quantité dans la voyelle : la même différence reparaît, en effet, dans le mot zend qui répond au sanscrit *atharvan* : ce mot, qui signifie dans l'Avesta « prêtre du feu », se présente sous deux thèmes : thème fort *âthravan*, thème faible *athaurun* (de *athaurvan*); la longue n'est donc pas essentielle, elle ne paraît que devant les groupes de consonnes. Il est probable qu'il en était ainsi primitivement pour *âtar*, et que les deux thèmes *âthr* et *âtar* étaient plus anciennement *athr* et *atar*. Nous avons vu plus haut que *athar* se ramène à une racine *ath*; c'est une des rares racines indo-européennes avec *th*; nous y rattachons Ἀθήνη (v. s. p. 34, n. 3), ἀθρα- dans ἀθρα-γένη et Ἀθά-μας (en sanscrit *Athâ-mant*) : Athamas, époux de Νεφέλη (la nuée), père de Φρίξος (le flot d'orage) et de Ἕλλη (la lumière engloutie dans la nuée : Hellê = *Hel-yê = *svar-yâ = sûryâ), se révèle comme un dieu de lumière orageuse. Il existait une autre forme avec *t*; de là le thème *âtar*, et en sanscrit le nom des Atri, prêtres divins du feu, inventeurs d'Agni, identiques par suite aux Atharvan, aux Angiras, etc., et finalement à Agni lui-même.
3. Voir plus bas, §§ 59 et 177.
4. RV. 3, 29, 14. *Yad asurasya gatharâd agâyata.* Enfin, si l'on sort du cercle védique, on rencontre la légende des dix *Pracetas*, fils de la fille de Varuṇa : Pracetas est un des noms d'Agni.

cède, ne peut être que l'asura suprême, Varuṇa; Athênê aussi, dans la légende d'Hésiode, est restée cachée avant de naître dans le ventre de Zeus, dans les profondeurs du ciel nébuleux [1].

§ 52. A quelle épouse doit-il ce fils? L'éclair naît du front du ciel, mais il naît aussi du sein des flots célestes. Si l'Avesta a oublié qu'Apâm napât « le fils des eaux », n'est qu'un des noms d'Atar, le Rig-Véda sait encore qu'Agni et Apâm napât sont identiques. Le vers même qui montre Agni naissant du ventre de l'Asura le montre « s'enflammant au sein de sa mère, s'allumant sur sa mamelle ». Telle Athênê, quoique née de Jupiter seul selon quelques-uns, est en réalité « fille des eaux » Τριτογένεια [2] : « Athênê était cachée dans la nuée, dit la légende crétoise; Zeus, frappant la nuée, fit paraître la déesse »[3].

Varuṇa, père de l'éclair, dieu du ciel, doit donc avoir été époux des eaux, comme Zeus, comme Ahura : « les eaux, dit une formule védique, les eaux sont les épouses de Varuṇa (Apo varuṇasya patnayas) » [4], et c'est de la déesse des eaux, de l'Apsaras, qu'il a eu son fils, Agni-Vasishtha[5]. Ce qui a amené cet hymen, ce n'est point seulement le fait que le ciel et les eaux célestes ont le même fils, l'éclair; c'est aussi l'union étroite du ciel et des eaux qui le couvrent. Cette union, les hymnes à Varuṇa y reviennent sans cesse : il a les rivières pour vêtement [6], c'est au sein des sept rivières qu'il repose, c'est du sein des rivières qu'il contemple la vérité et le mensonge parmi les hommes, c'est au sein des rivières qu'il a bâti son palais d'or[7].

---

1. Hésiode, Théogonie 890 (ἑὴν ἐγκάτθετο νηδύν).
2. Iliade 4, 515 ; 22, 182. Selon Hésiode, la mère d'Athênê est Mêtis ; nous la retrouverons plus loin § 200, dernière note.
3. Légende crétoise, citée par le Scholiaste de Pindare (νεφέλῃ κεκρύφθαι τὴν θεόν, τὸν δὲ Δία πλήξαντα τὸ νέφος προφῆναι αὐτήν); voir Preller, Mythologie grecque [3] I, 154, note 5.
4. Taittiriya sanhitâ V, 5, 4, 1, apud Muir, sanskrit Texts V, 74 et Mahîdhara ad Vâgasaneyi S. 12, 35. — Le Rig-Véda, parmi les épouses des dieux, invoque « l'épouse de Varuṇa », Varuṇânî; ce nom est formé de Varuṇa par le suffixe féminin ânî (Cf. Indrânî, Rudrânî « épouse d'Indra, de Rudra »), absolument de la même façon que Ahurânî de Ahura (v. s. page 35); bien que les textes ne donnent que le nom de Varuṇânî, comme Varuṇa a les eaux pour épouses, on peut conclure que Varuṇânî représente le même être que Ahurânî, c'est-à-dire les eaux.
5. RV. 6, 33, 12. Voir § 177. — 6. RV. 8, 41, 2 ; 9, 90, 2.
7. Voir les textes rassemblés par M. Muir, l. c. p. 72.

Enfin, si étroit était le rapport que la légende avait établi entre lui et les eaux, que ce fut là le trait essentiel de sa nature pour la mythologie postérieure, et lorsqu'il eut perdu la souveraineté réelle sur le monde et les dieux, il garda l'empire des eaux : Varuṇa dans le brahmanisme est « le régent des eaux », *Apâm adhipatis?*

§ 53. Nous avons vu dans le chapitre précédent que Varuṇa est identique à Ahura dans ses fonctions : ce chapitre-ci montre que Varuṇa a été identique à Ahura dans ses attributs matériels, dans sa valeur naturaliste. Comme lui, il a le soleil pour œil, l'éclair pour fils, les eaux pour épouses : comme lui, c'est un ancien dieu du ciel.

---

1. Il en a déjà le titre dans l'Atharva 5, 24, 4. Cf. 10, 5, 33 ; 15, 3 ; 5, 19, 15. Le sacrifice à Varuṇa (Varuṇa-Praghâsa. Voir page 50, note 2), se célèbre au commencement de la saison des pluies.

CHAPITRE VII.

VARUNA ET LES ADITYAS.

Sommaire : § 54. Varuna est le premier d'un groupe de divinités suprêmes, les Adityas. — § 55. Fonctions des Adityas : identiques à celles de Varuna. — § 56. Attributs matériels : lumineux. — § 57. Leur nombre. A varié. Pourquoi ? Leur nombre primitif est de sept. — § 58. La liste des Adityas n'est point arrêtée.

§ 54. L'Asura suprême de l'Inde, organisateur comme Ahura, ancien dieu du ciel comme Ahura, est, comme lui, le premier d'un groupe de divinités suprêmes, les *Adityas*.

§ 55. Le mot *Aditya* est l'adjectif dérivé du substantif abstrait *Aditi* « l'infini » [1]; *âditya* est l'être infini dans le temps et dans l'espace, ou pour parler le langage mythique, un fils d'*Aditi* [2].
Comme les fonctions des Amesha-Çpeñta sont les mêmes que celles d'Ahura, les fonctions des Adityas sont les mêmes que celles de Varuna. Comme lui, ils ont organisé le monde : ils ont fixé les trois terres et les trois cieux, les lois des trois mondes sont dans leurs mains, et ils ont frayé sa route au soleil. Comme lui ils sont maîtres du monde, dieux souverains (kshatriya), dieux gardiens de l'univers, dieux de l'ordre aux lois stables, rois qui conduisent le *rita* et maintiennent les lois de l'Asura. Comme lui

---

1. Voir *Haurvatât et Ameretât*, p. 83, note.
2. La déesse Aditi est *induite* de l'existence des dieux Adityas. La mère est née après ses fils.

ils ont l'omniscience, dieux intelligents, observant au loin, qui jamais ne dorment, jamais ne ferment l'œil : toutes choses, si loin qu'elles soient, sont proches pour eux, les rois Adityas; impossibles à tromper, ils voient toute chose, leur vue pénètre le bien et le mal, ils font payer la dette, et, comme Varuṇa, ils ont des liens pour enchaîner celui qui ment [1].

§ 56. Quant à leurs attributs matériels, ce sont des dieux brillants, des dieux d'or, des dieux purs comme le flot; on les invoque dans les ténèbres : « je ne distingue plus ni droite ni gauche, ni avant, ni arrière, ô Adityas; faites que j'atteigne la lumière où l'on ne craint plus » [2]; leur mère Aditi est « toute lumière « (ǵyotish-matî) [3].

Autrement dit, de même que les Amesha-Çpeñta ne reproduisent qu'un des traits matériels d'Ahura, le caractère lumineux; les Adityas ne reproduisent qu'un des traits matériels de Varuṇa, le caractère lumineux.

Les attributs abstraits sont les mêmes; l'Aditya est donc la forme épurée de Varuṇa, comme l'Amesha-Çpeñta est la forme épurée d'Ahura, le dieu dégagé de sa matérialité, débarrassé de sa carapace solide et des rivières qui la parcourent, considéré dans ses attributs abstraits, intellectuels, moraux, et dans le plus idéal de ses attributs matériels, l'attribut lumineux.

§ 57. Quel est le nombre des Adityas? L'on a beaucoup discuté sur ce point, pour avoir voulu en dresser la liste : pareille recherche suppose que cette liste était fixée dans la période védique, ce qui n'est point.

Dans la période brahmanique, les Adityas sont au nombre de douze : la liste des dieux qui ont droit à ce titre n'est point d'ailleurs arrêtée d'une façon uniforme, et elle varie avec les sources, au moins pour quelques noms [4] : le nombre seul est constant. C'est que, dans cette période, le mot Aditya est devenu le nom du soleil, les Adityas sont ses aspects successifs durant les douze mois de l'année, de sorte qu'ils *doivent* être au nombre de douze. Mais l'on conçoit que les divers documents remplissent chacun à sa façon le nombre nécessaire : le groupe des douze Adi-

---

1. RV. 2, 27 et 8, 56.
2. RV. 2, 27, 11.
3. Parce que ses fils le sont. RV. 136, 3.
4. Muir, Sanskrit Texts IV, 116 sq.

tyas est antérieur à chacun d'eux ; ce nombre n'est pas une somme résultante, c'est une somme à atteindre.

Mais dans le Rig-Véda, la restriction du nom d'Aditya à la seule lumière du soleil n'est pas encore faite, et nulle part on ne parle de douze Adityas. Six divinités en particulier portent ce nom : Varuṇa, Mitra, Aryaman, Bagha, Añça, Daksha. D'autres sporadiquement : Sûrya (le soleil), Savitar (le soleil recréant chaque jour le monde), Indra (le dieu de l'orage qui rend la lumière au monde); enfin l'Aurore est dite fille d'Aditi. Nulle part une liste arrêtée et précise. Si l'on passe aux chiffres exprimés, l'on trouve tantôt sept, tantôt huit.

Le nombre huit ne paraît qu'une fois, dans le passage suivant :

« Des huit fils qui naquirent de son corps, avec sept d'entre
« eux Aditi alla chez les dieux ; elle rejeta le huitième, Mâr-
« tânda ;

« Avec sept de ses fils, Aditi aborda la race antique : elle
« abandonna le huitième, Mârtânda, aux révolutions de la vie et
« de la mort »[1].

Ce passage, qui appartient au livre le plus récent du Rig-Véda, le dixième, a été composé à un temps où Aditya commençait à s'identifier avec le soleil ; Mârtânda, « l'oiseau », est en effet un de ses noms[2]. Ceci prouve que des deux nombres, sept et huit, c'est le premier qui est le nombre primitif : la huitième unité s'est ajoutée quand le soleil fut devenu Aditya, pour concilier l'existence des sept Adityas invisibles qui demeurent chez les dieux avec l'existence de l'Aditya visible qui, sous les yeux de l'homme, naît et meurt tour à tour[3].

Tous les autres passages qui donnent le nombre des Adityas en révèlent sept :

« Avec les sept régions et leurs sept soleils,
« avec les sept prêtres du Soma,
« avec les sept dieux Adityas,
« protége-nous, ô Soma[4]. »

---

1. RV. 10, 72, 1. *Pragâyâi mrityave tvat punar Mârtâṇḍam âbharat.* *punar* doit se construire avec le premier hémistiche.

2. Dict. de St-Pétersbourg, S. *Mârtânda.* Cf. Muir IV, 14.

3. L'on aurait pu aussi bien se tirer d'affaire en prenant un Aditya sur les sept, au lieu d'en ajouter un ; ils se seraient divisés en 6 + 1 ; chose analogue est arrivée dans la conception brahmanique : il y a douze Adityas, mais celui qui représente essentiellement le soleil, Vishṇu, est né à part et le dernier (*avara-ga*).

4. RV. 9. 114, 13. Pour les sept soleils, cf. Atharva V. 13, 3, 10.

Ailleurs, après avoir invoqué Varuṇa, Mitra, Aryaman et les Agni, le poëte ajoute : « Ce que les dieux désirent se fait, et nul « ne peut aller à l'encontre. Ils ont tous les sept leurs lances, leurs « lumières » [1]. Le poëte reconnaît donc sept dieux suprêmes dont le souvenir est évoqué à son esprit par les noms de Varuṇa, Mitra, Aryaman, Agni, c'est-à-dire de quatre divinités dont trois sont des Adityas. Enfin Varuṇa, le roi des Adityas, est dit « celui qui règne sur les sept » [2]. Si l'on considère enfin l'empire du nombre sept dans tout le Rig-Véda, si l'on se rappelle les sept rivières où trône Varuṇa, les sept prêtres invoqués plus haut, les sept régions, les sept soleils, les sept chevaux du soleil, les sept rishis, les sept terres, les sept vaches, les sept trésors, etc. [3], l'on n'hésitera pas à conclure que les Adityas dans la période ancienne de la religion védique étaient au nombre de sept.

§ 58. Ainsi, comme Ahura est le premier des sept divinités suprêmes, les Amesha-Çpeñta, Varuṇa est le premier de sept divinités suprêmes, les Adityas ; et, au commencement de la période védique, la liste des sept Adityas n'était point arrêtée, pas plus que celle des sept Amesha-Çpeñta au commencement de la période mazdéenne [4].

---

1. RV. 8. 28, 4, 5. Il est inutile de rappeler qu'en langage mythique la lance du dieu est son rayon ou son éclair.
2. RV. 8. 41, 9.
3. Voir Grassmann (Dictionnaire védique) et Benfey (Glossar zum Sâma Veda) s. v. *saptan*.
4. Cf. § 41.

CHAPITRE VIII.

VARUNA ET MITRA. — AHURA ET MITRA.

Sommaire : § 59. Varuṇa fait couple avec Mitra. — § 60. Pourquoi? — § 61. Ahura a fait couple avec Mithra.

§ 59. Nous n'avons pas à arrêter la liste des sept Adityas, recherche sans objet[1]. Les dieux qui ont le plus souvent le titre d'Aditya sont, outre Varuṇa, Mitra, Aryaman, Bhaga, Añça, Daksha. Autant de représentants des qualités abstraites du dieu lumineux. Mitra est l'*ami*, c'est la lumière divine du ciel dans sa grande bonté pour l'homme[2] ; Aryaman a le même sens, c'est

---

1. Cf. §§ 57, 58.
2. Toutes les divinités de lumière sont *amies* : Agni, Sûrya, Ushas (feu, soleil, aurore). Agni, le dieu du foyer, est le dieu familier par excellence, le dieu le plus près de nous, notre parent, notre frère, notre *ami* (mitra) : « J'éveille le vaillant tueur de Rakshas (démons), je « demande au *mitra* (à l'ami) un secours qui me couvre au large; « qu'Agni, s'allumant avec force, s'aiguise et jour et nuit nous protége « de tout coup (RV. 10, 87, 1). » Parfois même *Mitra* est le nom même d'Agni, par exemple dans cette formule de l'Atharva (19, 19, 1) : « Mitra vient de la terre, Vâyu de l'atmosphère, Sûrya du ciel » ; Mitra remplace ici l'Agni du trio Agni-Vâyu-Sûrya (feu terrestre, feu atmosphérique, feu céleste) ; de même quand le Kâṭhaka (Weber, Indische Studien X p. 20) fait de Mitra la divinité particulière du Brahmane. De son côté, Sûrya, le soleil, est *mitra-mahas* « le puissant ami » (littéralement « qui a une puissance amie » : traduction de M. Bergaigne) : ses premiers pas au-dessus de l'horizon sont salués par

un doublet de Mitra; Bhaga (et de même Añça) est *le partageur*, c'est le ciel lumineux répandant chaque jour ses trésors[1]. Daksha représente un ordre d'abstraction différent, c'est « la force, l'énergie divine »[2].

Parmi ces dieux, il en est un auquel il faut nous arrêter : c'est Mitra, l'Aditya le plus souvent nommé après Varuṇa, et qui la plupart du temps fait couple avec lui. Dans cette union étroite et constante de Mitra avec Varuṇa, y a-t-il un élément nouveau de nature à modifier les inductions qui ont pu se former jusqu'ici sur les rapports d'Ahura et de Varuṇa?

Mitra est rarement invoqué isolément : un seul hymne lui est consacré, sans grand intérêt : ce sont les formules habituelles sur les Adityas : il a fixé le ciel et la terre, il est bienfaisant, sage, souverain; il contemple les races d'un œil qui jamais ne cligne[3]. Dans l'immense majorité des cas, il fait couple avec Varuṇa.

Les attributs matériels de Mitra-Varuṇa sont les mêmes que ceux de Varuṇa : ils enveloppent la terre et le ciel, si vastes qu'ils soient[4]. Le soleil est leur œil, c'est le grand, le doux, l'infaillible regard de Mitra-Varuṇa[5]. Ils vont sur leur char dans le firmament suprême, sur la voûte aux couleurs d'or, aux mille

les acclamations du fidèle, car il marche refoulant devant lui les démons, abattant l'obscurité mauvaise, chassant la maladie et l'angoisse du rêve, faisant le bien par son regard, par le jour qu'il apporte, par son rayon, par sa chaleur. « Dans le bien-être de l'intelligence et du regard puissions-nous longtemps vivants, ô Sûrya, te voir lever de jour en jour, ô puissant ami! » (10, 37, 4, 7, 10 etc., 1, 50. Cf. les hymnes à Savitar). De même est accueillie avec transports l'Aurore, la bonne partageuse (subhagâ), qui chaque matin répand ses richesses de lumière, ramène la vie, réveille les morts de la nuit (voir § 190). La lumière sous toutes ses formes est le premier des biens, la voir longtemps le premier des vœux (23, 21; 4, 25, 4 etc.), et le dieu lumière est l'ami par excellence.

1. Voir plus bas § 247.
2. Cf. Daksham dadhâsi gîvase (1, 91, 7). D'autres dieux reçoivent sporadiquement le titre d'Aditya; ce sont *Sûrya, Savitar, Agni*, c'est-à-dire trois divinités essentiellement lumineuses; Indra, devenu le dieu suprême. Adityas post-védiques : *Dhâtar, Vidhâtar, Tvashtar* « le Créateur, l'Ordonnateur, le Formateur », pures abstractions détachées du dieu suprême (nous essayerons ailleurs de montrer l'identité de Tvashtar et de Varuṇa): *Vivasvat, Pûshan, Vishnu*, divinités solaires.
3. RV. 3. 59.
4. RV. 6. 67, 5.
5. RV. 6. 51, 1.

colonnes d'airain[1]; ils trônent dans les nuées d'en haut : un vêtement de *ghrita* retombe derrière eux, d'où les rivières découlent[2]; dans l'orage, quand les tonnerres roulent, ils s'enveloppent avec fracas des nuages étincelants, ils cachent le soleil dans la nuée; Parganya[3] lève sa voix savoureuse, lumineuse et terrible, et ils fondent en pluie le ciel rouge[4]. L'éclair est leur fils sous le nom de Vasishtha[5].

De même quant à leurs fonctions : ils ont affermi la voûte suprême, ils ont fixé le ciel et la terre, ils font croître les plantes, repaissent les troupeaux, dirigent les flots, les sèves de la terre, lancent dans le ciel les ondées[6]. Ils ont la souveraineté universelle, le *kshatram*, qu'avec ivresse leur ont déféré les dieux[7]; ils tiennent l'empire dans la série des jours : en vain s'insurgerait-on contre eux, nul ne saurait prévaloir contre les lois qu'ils ont posées, ni mortel ni dieux mêmes[8]; dieux à la haute intelligence, dieux omniscients, ils ont prononcé la loi du *rita*[9]. Du haut de la voûte où ils trônent, ils contemplent l'impérissable et le périssable[10], et, de tous les points de l'espace, ils lancent leurs espions infaillibles et pénétrants, qui observent toute chose sans fermer l'œil[11]. Il n'est mystère qui leur échappe. L'homme qui ment, ils ont des liens pour l'enchaîner, dont il ne saurait se dégager[12]; ils ont à leur service des Furies, les *druh* sagaces, qui, sans qu'on voie d'elles flamme ni lueur, s'attachent aux crimes des hommes[13].

Ainsi vont les deux bons seigneurs des dieux, de divinité antique et impérissable, qui poursuivent leur route dans la connaissance de toute chose. O vous, les aînés de tous les êtres, vous êtes, ô Mitra-Varuna, à exalter dans nos chants, vous qui comme avec la rêne, guides habiles, dirigez les hommes, incomparables pour la force de vos bras[14].

1. RV. 7. 61, 3. — 2. RV. 5. 62, 4.
3. Dieu de l'orage : le Perkun des Lithuaniens.
4. RV. 5. 63, 3 sq.
5. RV. 7. 33, 11.
6. RV. 5. 69, 1; 5. 62, 3.
7. RV. 6. 67, 5; 5. 66, 2.
8. RV. 5. 69, 4.
9. RV. 8. 25, 4, *ritâvânâv ritam â ghoshato brihat*. Cf. § 169.
10. RV. 7. 61, 3.
11. RV. 6. 67, 5.
12. RV. 7. 65, 3.
13. RV. 7. 61, 5.
14. RV. 7. 65, 1, 2; 6. 67, 1.

§ 60. Mitra, disent les Indiens, est le dieu du jour[1] : il devient, à la fin de la période védique, dieu du soleil[2]. C'est là une spécialisation postérieure. Etant Aditya, il est dieu de la lumière céleste ; c'est pour cela que le couple Mitra-Varuṇa n'a que les attributs de Varuṇa. Il n'y a, en effet, rien de plus dans le couple que dans Varuṇa : Mitra est la lumière céleste, Varuṇa est le ciel, Mitra-Varuṇa le ciel lumineux ; or cela, Varuṇa l'est déjà à lui seul.

§ 61. L'Asura suprême des Iraniens, ce dieu qui jusqu'ici a offert tant de rapports avec celui des Indiens, qui a les mêmes fonctions, les mêmes attributs matériels, même espèce et même nombre de frères, y a-t-il une divinité avec laquelle il fasse ou ait fait couple, comme Varuṇa avec *Mitra?* Oui, il en est une avec laquelle Ahura a fait couple : elle se nomme *Mithra*.

Mithra, comme son frère indien l'Aditya Mitra, est le dieu de la lumière céleste, et, par une transformation parallèle, est devenu plus tard le soleil. Dans le Mazdéisme à l'état formé, il n'a pas avec son *créateur*, Ahura[3], de rapport plus étroit ni plus particulier que les autres créatures du dieu. Mais une liaison étroite a existé autrefois, attestée par les formules d'invocation, ces témoins tenaces qui survivent aux faits qu'ils expriment et renvoient d'âge en âge à la religion nouvelle l'écho de croyances de longtemps évanouies. Au Rig Veda saluant le soleil « œil de Varuṇa et de Mitra » répond l'Avesta invoquant « le soleil aux chevaux rapides, œil d'Ahura Mazda et de Mithra, maître des nations »[4]. Au dvandva védique *Mitrâ-Varuṇâ* répond le dvandva avestéen *Mithra-Ahura* : « J'invoque Mithra-Ahura, qui sont dans les hauteurs, impérissables, dieux de l'ordre »[5]. Or l'existence de ce dvandva n'a nulle raison dans le Mazdéisme pur, où Ahura et Mithra ont une place et des fonctions distinctes, et où Ahura est hors de pair ; c'est donc un débris d'une période plus ancienne, de cette époque à laquelle l'induction nous a déjà reporté, où Ahura, autre qu'il n'est à présent, n'était pas exclusivement un dieu créateur, mais avait encore conservé vivants ses attributs de dieu du ciel. Alors, Mithra n'était pas encore créature d'Ahura,

---

1. Muir, V. 58.
2. Voir plus bas, § 66 *bis*.
3. Voir plus haut, page 21.
4. Yaçna 1. 35.
5. *Mithra-Ahura* : Yasht 10. 113 ; *Ahura-Mithra* Yaçna 1. 34 ; 2. 44.

il vivait avec lui, en lui; alors, le couple de Mithra avec Ahura, c'était, comme celui de Mitra avec l'Asura indien, la lumière céleste faisant couple avec le ciel, l'unité du ciel lumineux; alors, Mithra partageait les fonctions d'Ahura, comme Mitra de Varuṇa, il lui était *co-créateur*, et il n'y a pas à douter que Mithra et Ahura ne soient les deux dieux auxquels songeaient les premiers Mazdéens, quand ils invoquaient « les deux gardiens, « les deux artisans qui ont formé les mondes »[1]. Ainsi le Mazdéisme, sous sa forme la plus ancienne, connaissait un couple Mithra-Ahura, vivant et actif : à présent, la chaîne qui les reliait est brisée, mais il en reste des anneaux épars.

1. Yaçna 41. 22.

CHAPITRE IX.

CONCLUSIONS HISTORIQUES.

Sommaire : I. § 62. Ahura et Varuna dérivent d'un dieu indo-iranien, dieu du ciel lumineux et *asura* suprême. — § 63. Cet Asura suprême était le premier de sept divinités suprêmes, devenues les Adityas en Inde, les Amesha-Çpeñta en Iran. — § 64. Questions à résoudre à la suite de ces conclusions.

II. Questions iraniennes. §§ 65, 65 *bis*. 65 *ter*. Nom indo-iranien de l'*asura* suprême. Varuna (Varana) était encore nom commun. Région mythique du Varena. — § 66. Pourquoi s'est brisé en Iran le couple Ahura-Mithra?

III. Questions anté-iranniennes. §§ 67, 68. Rapport des fonctions de l'Asura à ses attributs matériels. — § 69. Formules de transition : disparues dans l'Avesta. — § 70. Antiquité de cette conception de l'Asura. Varuna-Ahura = Zeus = Jupiter. — § 71. Les sept Adityas-Amshaspands sont une multiplication de l'Asura suprême, amenée par la loi des nombres mythiques. — § 72. Loi des nombres mythiques. Les sept mondes. — § 73. Traces de cette loi dans l'Avesta. — § 74. Nom indo-iranien des Amshaspands. — § 75. Ahura-Varuna est indo-européen; les Adityas-Amshaspands sont indo-iraniens. — § 76. A la fin de la période indo-iranienne, la liste des Adityas-Amshaspands n'était pas encore arrêtée.

IV. § 77. L'asura indo-iranien n'est point le dieu du monothéisme. — § 78. Tendance monothéiste du mazdéisme.

I.

§ 62. Ainsi les Aryens de l'Inde et les Aryens de l'Iran reconnaissaient les uns et les autres un dieu suprême, un *Asura* organisateur, souverain, omniscient, moral : c'est l'Asura Varuna chez les Indiens; l'Ahura Mazdâo chez les Iraniens.

L'Asura Varuṇa a pour œil le soleil; Ahura de même. L'Asura Varuṇa a pour fils Bhṛigu, Vasishṭha, Atharvan, l'éclair; Ahura a pour fils Atar, l'éclair. L'Asura Varuṇa a pour épouses les eaux (Varuṇânî?); Ahura a pour épouses les eaux, Ahurâni. L'Asura Varuṇa forme couple avec Mitra, la lumière; Ahura a formé couple avec Mithra, la lumière. L'Asura Varuṇa a été le dieu du ciel lumineux; Ahura l'a été.

Concluons donc à l'existence d'un dieu indo-iranien, d'un *Asura*, dieu du ciel lumineux, ayant pour œil le soleil, pour fils l'éclair, pour épouses les eaux, faisant couple avec Mitra, la lumière; dieu organisateur, souverain, omniscient, moral[1].

§ 63. L'Asura Varuṇa est le premier de sept Adityas, c'est-à-dire, de sept dieux immortels; Ahura est le premier de sept Amesha-Çpeñta, c'est-à-dire, de sept dieux immortels. Ces sept Adityas sont les divinités lumineuses qui conservent le monde et veillent sur lui; tels aussi les sept Amesha-Çpeñta.

Concluons donc que dans la période indo-iranienne, l'Asura du ciel, l'Asura souverain, qui s'appelle Varuṇa dans les Védas, Ahura dans l'Avesta, était le roi de sept divinités lumineuses et providentielles, qui s'appellent Adityas dans les Védas, Amesha-Çpeñta dans l'Avesta.

§ 64. Ces conclusions soulèvent deux séries de questions. Les unes portent sur des faits qui se sont passés depuis la séparation des deux religions. Les voici :

1° L'Asura suprême s'appelle *Varuṇa* dans les Védas, *Ahura-Mazda* dans l'Avesta. D'où vient cette différence? Quel était le nom indo-iranien du dieu?

2° Même question pour les Adityas et les Amesha-Çpeñta?

3° Pourquoi s'est brisée, dans la période Mazdéenne, l'union intime de Mitra et de l'Asura?

Les autres portent sur des faits antérieurs à cette séparation, sur des faits indo-iraniens :

1° Quel rapport y a-t-il entre les attributs matériels de l'Asura

---

1. L'identité de Varuna et d'Ahura Mazda a été signalée pour la première fois par M. Roth, dans son article sur *les divinités suprêmes des peuples Ariens* (Zeitschrift der Deutschen morgenlændischen Gesellschaft VI, pp. 69-70). Il fait valoir leur commune suprématie, leurs communs rapports avec Mitra-Mithra, leurs communs rapports avec les Adityas d'une part et les Amesha-Çpeñta de l'autre.

indo-iranien et ses fonctions? Comment le dieu du ciel lumineux est-il le dieu organisateur, souverain, omniscient, moral?

2° Comment s'est formée la notion de l'Aditya ou Amesha-Çpeñta? Pourquoi y en a-t-il sept?

Nous commençons par les questions du premier ordre, purement iraniennes.

II.

§ 65. Le nom indien de l'Asura du ciel, *Varuṇa*, existait déjà dans la période indo-européenne, comme nom commun du ciel, sous la forme *Varana*. Le grec οὐρανός en est la preuve. Ce mot, existant *déjà* dans la période de l'unité générale, et subsistant *encore* dans la période védique, a dû nécessairement appartenir à la période intermédiaire, c'est-à-dire à la période indo-iranienne. Mais quel sens avait-il alors? Etait-il déjà nom propre, nom de l'Asura du ciel, du ciel-dieu? Etait-il encore nom commun, nom du ciel-chose?

A cette question répond le zend *Varena*, représentant phonétique exact de l'indo-européen *Varana* et du grec οὐρανός[1].

Varena n'est pas un nom de personne, un nom propre de dieu : c'est le nom d'une région mythique, « *Varena aux quatre angles*, pour lequel naquit Thraêtaona, le meurtrier d'Ajis Dahâka[2]. » Or, Ajis Dahâka est le serpent démoniaque, le démon de l'orage, celui-là même que combat victorieusement Atar, l'éclair, soit en personne, soit par ses substituts, Thraêtaona, Kereçâçpa[3]. Le Varena est donc la région qu'essaie de conquérir le serpent de l'orage, c'est-à-dire que c'est le ciel même, ce ciel que, selon le Bundehesh, le démon envahit sous forme de serpent[4]. Varena, par suite, est un Varuṇa encore matériel; ce n'est plus sans doute un synonyme pur et simple du grec οὐρανός, c'est l'Ouranos pendant l'assaut des Titans; mais, pour devenir cela, il faut qu'il ait commencé par être le ciel pur et simple : il s'est passé la même chose que si, en grec, un des anciens synonymes d'Ouranos, ἄκμων

---

1. *e* devant *n* = *a* primitif. Il suit de là que l'affaiblissement de *Varana en *Varuṇa* est un fait purement indien, postérieur à la séparation des deux langues d'Asie. Même affaiblissement dans le sanscrit *dhar-una* (soutien) comparé au zend *dhar-ena*, primitif *dhar-ana.

2. *Varenem yim cathrugaoshem yahmâi zayata thraêtaonô gañta ajôis dahâkâi* (Vendidad 1. 68).

3. Cf. §§ 91, 92, 93, 175.

4. Cf. §§ 105, 106.

par exemple[1], étant devenu le nom populaire du ciel, Ouranos était devenu le nom propre d'un pays mythique, envahi par des géants, que repoussèrent des héros et des dieux. L'Avesta connaît une race de démons nommés *daêva Varenya*, littéralement δαίμονες οὐράνιοι : ce sont « les démons qui s'emparent du ciel »[2] ; nous les verrons s'élancer à la suite d'Ahriman montant à l'assaut du firmament[3] : Ajis Dahâka, le serpent démoniaque, le serpent du Varena, est le démon varenien par excellence.

Varuṇa lui-même a conservé quelques souvenirs d'un temps où il était encore le ciel-chose. En effet, l'épithète du Varena, *cathrugaosha* « à quatre angles », trouve son équivalent dans les épithètes de Varuṇa, *caturanîka* « à quatre faces[4] » et *catur-açris* « à quatre pointes[5] », épithètes, non de Varuṇa-dieu, mais du Varuṇa-chose, de ce ciel qui, de quelque côté qu'on se tourne, droite ou gauche, avant ou arrière, offre soit sa face, soit son extrémité lointaine.

§ 65 *bis*. Il semble même que la forme indo-iranienne du mot, *varana*, se soit assez longtemps maintenue dans la langue védique avec le sens de ciel : car c'est à elle qu'il faut, je crois, ramener le dérivé *vârana*, pour lequel les commentateurs ont établi trois sens différents, qui ne se tirent pas aisément de la racine invoquée, *var*, et dont tous les emplois s'expliquent sans peine, si *vârana* est l'adjectif de *varana*, ciel, si c'est un équivalent du grec οὐράνιος, du zend *varenya*. Le *vâraṇam madhu* (9. 1. 8) n'est point la liqueur *puissante* (le sens littéral de *vârana*, s'il vient de *var*, serait « qui écarte »), c'est la liqueur du *varana*, du ciel, c'est-à-dire ce que l'on appelle ailleurs

---

1. Roth, *Zeitschrift fur vergleichende Sprachforschung* II, 44, 39.
2. Cf. le nom du démon védique *Svar-bhânu*, littéralement ἥλιο-φως : c'est le démon « qui s'empare de la lumière du soleil ».
3. Voir plus bas, § 105.
4. RV. 5. 48, 5. Le ciel Eddique est également *catur-bhrishti* (*Edda*, trad. Simrock, page 253).
5. « Le dieu terrible à quatre pointes frappe un coup de son arme à trois pointes et les vieux ennemis des dieux sont anéantis » (Triraçrim hanti caturaçris ugro devanido ha prathamâ agûryan 1. 152, 2); cette arme à trois pointes est le trident de l'éclair que lance le dieu du ciel (*triraçris* = *trikakubh* 1. 121, 4); pour l'emploi de *hanti*; cf. *han vadhar* « frapper un coup » (IV. 22, 9) et *vagram ni-han* « décharger un coup de massue » (8. 6, 13 ; cf. 1. 52, 6). Voilà un débris védique du vieux mythe indo-européen du ciel envahi par le démon, que le dieu du ciel repousse avec l'éclair.

divyas somas « le soma céleste ». Indra comparé à un *mriga vâranas* n'est point « une bête *sauvage* » mais « la bête du ciel », ou, comme disent les Védas parlant des dieux orageux, « le taureau du ciel » (divo vṛishan varâha)[1]. Ceux que protègent les dieux n'ont rien à craindre ni *amâ*, ni *adhvasu vâraneshu* (10. 85, 2); cela ne veut point dire « ni à la maison, ni sur les routes dangereuses », mais « ni sur terre, ni sur les routes célestes; ni ici-bas, ni là-bas » (*itas amutas*).

§ 65 *ter*. Le mot *Varana* était donc encore le nom du ciel dans la période indo-iranienne. Cela sans doute n'empêche pas que le mot ne pût être en même temps employé comme nom propre. Le même mot en mythologie peut désigner et la chose et la personne qui est dans la chose : témoin Ouranos. Il est possible que le dieu du ciel s'appelât *Asura-Varana*, mais le mot *varana* était encore mobile et avait une double vie comme οὐρανός; après la séparation, il perdit des deux parts une de ses deux vies; il ne fut plus que *personne* chez les Indiens et ne fut plus que *chose* chez les Iraniens; le titre d'Asura *resta titre* pour le dieu Indien et *devint nom* pour le dieu Iranien. L'Iran, frappé de plus en plus des attributs abstraits de l'Asura suprême, le désigna par celles de ses épithètes qui marquaient le mieux ce caractère; l'Inde, conservant un plus fidèle souvenir de sa valeur maté-

---

1. Le fidèle, tel qu'un chasseur, attire avec son offrande les deux, Açvins, comme des *mrigâ vâranâ* (10. 40, 4), c'est-à-dire « comme des bêtes du ciel », comme « les deux taureaux » (*Vrishanâ*), « les deux fils du ciel » (*divo napâtâ*). Le *Vrika vârana urâmathi* (8. 55. 8) n'est point « le loup sauvage qui enlève les brebis », c'est le loup du ciel, le loup *varenyen* dirait l'Avesta, identique à la louve à laquelle les ténèbres ont livré les cent moutons (le troupeau des eaux et des rayons lumineux (1, 117, 17), identique au loup qui enlève la caille tournante que les Açvins retirent de sa gueule (le soleil englouti par la nuée démoniaque d'où les dieux la retirent (1. 117, 16; 10. 39, 13). En sanscrit classique *vârana* est un des noms de l'éléphant : ce nom a probablement désigné d'abord l'*éléphant du ciel*, le *dig-vârana* (dig-gaga, dik-karin), l'éléphant que monte Indra (le nuage); l'expression védique de *mriga-vârana* se sera fixée à l'éléphant, quand il fut devenu l'animal céleste par excellence, le mot *vârana*, dont le sens était perdu depuis longtemps, sembla être alors le nom de l'éléphant, et, par là, le devint. L'expression *mriga vârana* se retrouve encore 8. 33, 8, et *Vrishan vârana* 1. 140, 2. Il est probable que *Vâranam attam* (6. 4, 5) doit s'expliquer de même : « aliment céleste de la flamme »; ce n'est que plus tard qu'on aura appliqué le nom de *vârana* à une espèce particulière.

rielle, l'appela l'Asura Ciel, Asura Varana ; mais, comme la langue vulgaire, pour désigner le ciel, employait de préférence le mot *dyaus*, dont le sens étymologique était plus sensible[1], Varana perdit peu à peu toute valeur significative et ne fut plus qu'un simple nom propre.

§ 66. La deuxième question : « Quel est le nom indo-iranien des dieux nommés Aditya et Amesha-Çpenta ? » ne pourra être résolue que quand nous aurons étudié l'origine même de ces divinités[2]. Nous passons à la troisième question : Comment Mithra s'est-il séparé d'Ahura ?

La réponse est donnée par le rôle même des deux dieux dans le mazdéisme à l'état formé.

Le couple Mithra-Ahura représentait l'union du ciel et de la lumière[3]. Or, d'une part, Ahura a perdu conscience de sa valeur naturaliste, on ne sait plus qu'il est le dieu matériel du ciel ; Mithra, au contraire, est resté le dieu matériel de la lumière. Le premier terme ayant changé, le rapport est brisé ; la religion vivante oublie cette union qu'elle ne comprend plus et qui n'a plus de raison d'être, et les vieilles formules seules en gardent le souvenir.

D'autre part, le caractère créateur s'affirme de plus en plus en Ahura : tous les êtres reçoivent de lui la vie ; par suite, son frère comme les autres : « Ce Mithra, je l'ai créé aussi digne d'être honoré que moi-même » ; nous savons qu'il n'en est rien ; les formules antiques le savent encore, mais elles ne sont plus comprises et ne peuvent plus l'être, et Mithra, frère jumeau d'Ahura, est devenu son fils, par nécessité logique et voie d'analogie.

§ 66 *bis*. L'Inde a conservé plus fidèlement, en apparence, le souvenir de l'union des deux dieux, et la liturgie brahmanique va jusqu'à donner au couple un prêtre spécial, le *maitrâ-varuna* ; mais cette fidélité du souvenir n'est qu'apparente, et, déjà à la fin de la période védique, le rapport primitif des deux dieux n'est plus compris ; on ne sait plus que Mitra n'est que la lumière de Varuna, la lumière céleste abstraite du ciel lumineux, et par le

---

1. « Le brillant », racine *dyu, div* ; le souvenir du sens était protégé par les mots de la même racine *dyut, vidyut, deva*, etc. Le dieu du ciel était probablement aussi désigné sous le nom de *Asura dyaus* (voir plus bas, § 70, note).
2. Voir § 74.
3. Voir § 60.

fait même de leur rapprochement, ils semblent s'opposer l'un à l'autre. Or, comme Mitra est exclusivement lumineux, jamais obscur, et que Varuṇa est tour à tour l'un et l'autre, puisqu'il contient dans son sein les nuits aussi bien que les aurores, un moment vint où Mitra prit à lui toute la lumière : la nuit resta seule à Varuṇa[1]. « Mitra, dit l'Aitareya, est le jour, Varuṇa est la nuit[2] ». Alors Mitra devient soleil, et ce Varuṇa, qui autrefois embrassait en son sein l'univers entier, n'est plus que le roi du couchant[3].

III.

§ 67. Arrivons à la seconde série de questions, celles qui portent sur les faits indo-iraniens.

Pourquoi l'Asura du ciel est-il organisateur, souverain, omniscient, moral? Quel rapport entre l'attribut matériel et la fonction?

La réponse à cette question ne doit pas être cherchée dans l'Avesta, où les traits matériels sont trop effacés pour que ce rapport soit encore perçu nettement. C'est au Rig-Véda à répondre.

Où que l'œil s'étende, il rencontre le ciel; tout ce qui est, est dans cette voûte immense. Aussi, pour le Rig-Véda, dire : « tout est fait par Varuṇa » et dire « tout se fait en Varuṇa » sont encore choses identiques, et il passe et repasse du panthéisme naturaliste au théisme naturaliste qui s'en dégage : « les trois cieux reposent en Varuṇa et les trois terres; c'est l'habile roi Varuṇa qui a fait briller au ciel ce disque d'or[4]. — Ce vent qui

---

1. Déjà un vers védique montre le soleil se colorant tour à tour en rouge et en noir pour servir d'œil à Mitra, à Varuṇa (1. 115, 5, cf. page 53). Dans l'Atharva-Véda le changement est achevé (9. 3, 10) *Varuṇena samubgîtâm mitras prâtar vyubgatu* « Fermée par Varuṇa, que Mitra au matin ouvre la Çâlâ »; 13, 3, 13 : sa *Varuṇas sâyam*, agnir bhavati sa *mitro* bhavati *prâtar* udyan : « c'est lui Agni qui le soir devient Varuṇa, qui le matin au lever devient Mitra ».
2. Avec Mitra et Varuṇa est souvent invoqué l'Âditya Aryaman. Aryaman signifie l'*ami*, c'est-à-dire que ce n'est qu'un doublet de Mitra, un nom de la lumière céleste (Cf. Añça par rapport à Bhaga; voir § 247); il devient, par induction raisonnante, le dieu intermédiaire entre Mitra et Varuṇa, entre le jour et la nuit, c'est-à-dire le dieu du crépuscule (*ubhayor madhya-vartî*).
3. Atharva Véda 12. 3, 24, 57; 15. 14, 3.
4. RV. 7. 87, 5.

bruit dans l'atmosphère est son souffle, et tout ce qui est d'un monde à l'autre est sa création[1] ».

Et comme tout ce qui se passe en lui, tout ce qu'il fait, est régulier et ordonné; comme une loi sereine conduit les choses, dont jamais elles ne se départent; comme toujours le ciel, dans sa marche tranquille, a amené tour à tour le jour et la nuit, que jamais l'aurore n'a manqué au rendez-vous du matin, que les étoiles savent où aller pendant le jour et que les rivières vont sans cesse roulant leurs eaux sans jamais remplir l'unique océan, il suit de là que ce monde, œuvre du dieu du ciel, est une œuvre d'ordre, et que l'Asura du ciel est par excellence le dieu de l'ordre, du *rita*, « qu'en lui reposent comme dans le roc les lois inébranlables[2] ».

Celui qui a fait toutes ces merveilles du monde a bien droit au titre de dieu *intelligent* (sukratu); c'est le sage suprême. Il connaît toutes choses, les ayant toutes faites. Mais ce n'est point seulement comme créateur qu'il est omniscient, et la connaissance de sa sagesse n'est point une induction du raisonnement. Il sait toutes choses, parce qu'il *voit* toutes choses. Dans la psychologie naturaliste du Rig-Véda, voir et savoir, lumière et science, œil et pensée ne font qu'un[3]. Tout dieu lumineux voit, et sait parce qu'il voit. Ainsi, Agni, le feu, est *gâta-vedas* « celui qui connaît les êtres »; sa pensée (*dhî*, littéralement « sa vue ») connaît toute chose, il connaît et voit tous les mondes; il est le *pracetas* « celui qui observe ». Comme fils des eaux, comme éclair, sa vue, moins durable, est plus pénétrante : « Bhṛigu était fils de Varuṇa, il méprisa son père, se regardant comme plus savant que lui »; orgueil légitime, car Bhrigu a le droit de dire que, comme son frère Agni-Vasishtha, il connaît les deux mondes[4],

---

1. RV. 7. 87, 2.
2. Voir §§ 11, 45.
3. De là le couple *Cakshus* et *Manas* « œil et pensée » : les Brâhmanas et l'Atharva opposent souvent ou comparent ces deux vues. Ce couple est déjà védique; de là le vers du Purusha-Sûkta (10. 90, 14) :

Candramâ manaso gâtas cakshos sûryo agâyata.

Le poëte, ayant commencé à montrer comment les différentes parties de l'univers sont nées des différents membres de Purusha, le mâle mystique, continue :

La lune est née de sa pensée, de son œil est né le soleil.

Lune et soleil font couple, œil et pensée font couple : or, le soleil, étant œil (voir le texte, plus bas), naît de l'œil de Purusha; donc la lune naît de sa pensée.

4. RV. 7, 33, 12.

ces deux mondes entre lesquels il jaillit, et que son regard en un instant fouille d'un bout à l'autre. C'est la même raison qui d'Athênê, la déesse au regard perçant, a fait la déesse de l'intelligence.

Varuṇa sera donc entre tous l'omniscient, parce qu'en lui est la lumière infinie, celle du ciel. Du haut de son palais aux colonnes d'airain, ses blancs regards dominent les trois terres; il contemple le périssable et l'impérissable, tout ce qui s'est fait et ce qui se fera; sous le manteau d'or qui l'abrite, dieu aux mille regards, des milliers d'*espions* (*spaças*), rayons du soleil pendant le jour, étoiles pendant la nuit, espions actifs et infaillibles, siègent à ses côtés, et leurs yeux fouillent tout ce qui est d'un monde à l'autre, leurs yeux qui jamais ne dorment, jamais ne clignent[1].

Ces yeux, qui d'en haut regardent, ne voient point seulement les choses, ils voient les cœurs. Dans les plaines sublimes monte Sûrya (le soleil), « espion de tout l'univers mobile », voyant parmi les hommes le droit et le tortu; l'homme craint qu'à son lever il ne le découvre dans le crime; « lui, Sûrya, qui voit le « ciel, qui voit la terre, qui voit les eaux, Sûrya, l'œil unique « du monde; il vient, il monte au-dessus de nos villes, sur ses « chevaux rapides, à l'appel de nos hymnes; puisse-t-il nous « proclamer innocents à Mitra, Varuṇa, Aryaman, Agni[2]! Le « voici qui monte, le grand, le doux, l'infaillible regard de « Mitra-Varuṇa, face brillante, éclatante du *r̥ita*, qui brille « dès son lever comme un joyau du ciel : il monte et s'élargit, « de sa vue enveloppant le monde et dans les hommes aperce- « vant leurs pensées »[3].

C'est donc comme dieu lumineux qu'il est dieu témoin, qu'il est *infaillible* « adâbhya ». Cette épithète, devenue toute morale, a commencé par être matérielle, par appartenir, non au dieu lumineux et moral, mais à la lumière, à la flamme. On a essayé ailleurs de montrer que la racine de ce mot, *dabh*, est identique à celle du grec τύφω et que *adâbhya* signifiait « celui qu'on ne

---

1. L'œil qui ne cligne point est un caractère propre aux dieux de la lumière céleste. Les dieux brahmaniques ont en cela hérité des Adityas : quand ils descendent sur terre, on les reconnaît à leur regard fixe, à leur œil rigide (*stabdha-locana*, Nalus, 5. 25); l'homme se reconnaît au clignement de l'œil (*nimeshena sûcitas*).
2. RV. 7, 62, 2.
3. RV. 6. 51, 1; 7, 61, 1.

peut obscurcir, l'inaveuglable »[1]; aussi le Rig-Véda donne-t-il encore cette épithète aux rayons d'Agni, à la flamme pénétrante de Sûrya : le regard infaillible de Varuṇa a commencé par être le regard inaveuglable que lui prête le soleil.

La lumière sait donc la vérité, elle est la vérité. En elle, nulle ombre, rien de double, celui qui ment s'enveloppe de ténèbres. Aussi le grand crime, c'est le mensonge, la grande vertu, la sincérité; soleil et vérité font couple (*sûrya* et *satya*)[2]; c'est la lumière que l'on prend à témoin de son serment, et Mitra, le dieu de la lumière céleste, devient « le maître de la vérité », *satyânâm adhipatis*[3]. Quand Mitra, dans l'ordre matériel, est devenu le soleil, il n'est ni le soleil qui éclaire, ni le soleil triomphant, ni le soleil créant le monde, il est le *soleil œil*[4], le soleil qui regarde, qui voit, qui juge : « Mitra est l'œil et Mitra est toute vérité »[5].

---

1. Mémoires de la société de Linguistique de Paris, II, 66, sq.
2. Ce couple, combiné avec le couple ciel et terre, amène ce vers du Rig (10. 85, 1) :
Satyena uttabhitâ bhûmis sûryeṇa uttabhitâ dyauṣ :
« Par la vérité est étayée la terre, par le soleil étayé le ciel. »
3. Il ne paraît avec ce titre que dans les textes postérieurs au Rig (Tait. sanh. 3. 4. 5. 1); en puissance, il y a droit dès l'abord, comme Aditya et par sa nature lumineuse.
4. Dans le sacrifice d'animal (paçu-bandha), la victime, selon la position qu'elle occupe, devient tour à tour chacun des dieux : tournée à l'est, Indra (lumière qui se lève); au sud, Yama (le roi des morts, dont le sud est la région); à l'ouest, Dhâtar (le Créateur, substitut de Varuṇa qui règne à l'ouest comme dieu du couchant et de la nuit, cf. p. 46); au nord, Savitar; *regardant en face*, Mitra (Atharva-Véda, 9. 7, 23). Le brahmane regarde avec l'œil de Mitra (Weber, *Indische Studien*, X, 122; cf. la formule *mitrasya tvâ cakshushâ prekshe* « je te regarde avec l'œil de Mitra » (Tait. Sanh. 1. 1. 4. 1).
5. Dans la *dîkshâ* (initiation au sacrifice), l'initié ne devant dire que des choses exactement vraies, ne doit parler que d'après le témoignage de ses yeux : « l'œil est dans l'homme ce qu'il y a de vérité, car Mitra est l'œil et Mitra est toute vérité (Aitareya B. 1. 51) ». Cela revient à dire : ne tenez rien pour vrai que vous ne l'ayez vu; mais une vérité de sens commun, pour se faire accepter en Inde, doit venir comme dernier terme d'un raisonnement mystique. Une chose aussi curieuse que ce raisonnement, c'est le sort même du précepte qu'il étayait. Ce précepte était : « Ne point dire un mot qui ne soit accompagné de *vicakshana* », c'est-à-dire « de la vue directe de l'objet (*vicakshana-vatîm eva vâcam vadet*) »; cela devint : « ne point dire un mot qui ne soit accompagné du mot *vicakshana* ». La transformation du devoir moral en pratique met plus à l'aise l'intelligence et la conscience du croyant. (voir Haugh, Traduction de l'Ait. Brâh. 1. c. et la recension de

Les raisons qui font de Mitra un dieu de vérité en faisaient un de Varuṇa. Il est par excellence le dieu vengeur de la morale et avant tout de la vérité : en plein brahmanisme, quand, déchu de son antique souveraineté, il n'en a plus conservé que des lambeaux épars et incohérents[1], on sait encore qu'il a des liens pour enchaîner celui qui ment, et chaque année un sacrifice expiatoire détourne du fidèle la colère de Dieu.

§ 68. Des observations qui précèdent, concluons : Varuṇa est créateur, organisateur, souverain, parce qu'il y a eu un temps où, étant dieu du ciel, tout était en lui, se passait en lui, par sa loi ; il est omniscient et moral, parce que, dieu du ciel lumineux, il voyait tout, choses et cœurs.

§ 69. Ainsi le Rig-Véda a conservé des traces encore nettes de la façon dont le naturalisme primitif a donné une sorte de théisme spiritualiste et dont le dieu du ciel lumineux est devenu le dieu organisateur, souverain, omniscient, moral. Effacez les traits de transition, rejetez dans l'ombre les attributs matériels, et vous aurez le dieu des Parses. Aussi, le lien qui relie le trait spiritualiste au trait naturaliste est à peine visible dans Ahura Mazda. Le créateur n'est plus à demi confondu avec sa création et s'élève en dehors et au-dessus de son œuvre : nulle de ces formules védiques où le panthéisme coudoie le spiritualisme naissant. Certes, des traces de ce panthéisme ancien subsistent : le ciel vêtement d'Ahura, le solide Ahura, le corps entier d'Ahura[2] ; mais les formules de transition sont perdues.

De même pour le rapport entre la lumière d'Ahura et entre sa science et sa conscience. Si la Perse sait qu'Ahura ressemble de corps à la lumière et d'âme à la vérité[3], si l'Avesta sait encore que le soleil est l'œil d'Ahura[4], il ne sait plus, comme le Véda, que c'est avec cet œil que l'Asura contemple les races qui s'agitent[5] ; s'il sait qu'Ahura est sans sommeil (*aqafna*)[6], il ne sait

---

Weber, dans les *Indische Studien*).
Du couple *cakshus-manas* (œil-pensée, voir page 74 note 3) rapproché du couple *Mitrâ-Varuṇâ* (Mitra étant *cakshus*, et par suite Varuna *manas*), dérivent les formules de l'Aitareya sur le prêtre de Mitrâ-Varuṇâ, signalé comme étant le *manas* du sacrifice.

1. Souveraineté des eaux, de la nuit, du couchant.
2. Voir pages 31, 32.
3. Voir page 28.
4. Voir page 31.
5. Voir page 52. — 6. Voir page 28.

plus que c'est parce qu'il a des yeux qui jamais ne clignent. Mais ces rapports de l'attribut concret à l'attribut abstrait, effacés dans Ahura, sont encore visibles dans Mithra, son ancien associé. Comme Ahura, il est infaillible, comme lui il sait toutes choses : mais, de plus, il a encore comme Mitra-Varuna dix mille yeux[1], dix mille espions, qui veillent dans toutes les hauteurs, contemplent les hommes ; du haut de sa demeure où ne pénètrent ni nuit ni ténèbres, il voit tout l'univers matériel ; et ce dieu de la bonne foi qui sait celui qui ment à sa parole, on le voit encore, comme un dieu védique, aller sur son char d'or, lançant au loin ses beaux regards enflammés[2]. Bref, comme le Mitra indien, il est la vérité incarnée, parce qu'il est l'œil incarné. Or, tout ce qui est dit de Mithra a été dit d'Ahura. Mais le mazdéisme n'a retenu que les traits abstraits et a laissé tomber les traits matériels qu'ils traduisent, il ne sent plus que c'est par l'œil du soleil qu'Ahura a appris à connaître toutes choses, en les voyant ; il ne sent plus que la morale est descendue du ciel dans un rayon de lumière.

§ 70. Ce passage de la conception naturaliste à la conception spiritualiste est d'ailleurs antérieur à la période indo-iranienne. Il suffit de rappeler Zeus et Jupiter, pour reconnaître aussitôt que le dieu du ciel lumineux était déjà dans la période de l'unité générale organisateur, souverain, omniscient, moral. Les origines premières d'Ahura remontent donc bien au-delà du mazdéisme ; il était dieu, à l'état formé, non-seulement dans la période indo-iranienne, mais déjà même dans la grande unité aryenne ; c'est un dieu indo-européen, et frère de Varuna, il est frère de Zeus et de Jupiter. Varuna, Ahura, Zeus, Jupiter, sont quatre épreuves d'un même type, diversement altérées avec le temps, mais qui ont conservé l'empreinte fidèle des traits primitifs[3].

---

1. *Baêvare-cashman, baêvare-çpaçânô.* Yasht 10, 7, 46, etc., etc.
2. Yasht 10, 107.
3. On assimile d'ordinaire Varuna à Ouranos, et Zeus au Dyaus védique. C'est se laisser tromper aux noms, et faire de la grammaire et non de la mythologie comparée. Varuna est le même *nom* que Ouranos et Zeus que Dyaus, mais Varuna est le même *être* que Zeus et Ouranos que Dyaus. En effet les attributs souverains de Varuna (créateur, organisateur, omniscient, moral) sont les attributs de Zeus, et le seul trait essentiel d'Ouranos, son hymen avec la Terre, est le trait essentiel de *Dyaus pitâ* (le ciel père) qui fait couple avec *Prithivî mâtâ* (la Terre mère).
La vérité est que le ciel et par suite le dieu du ciel s'appelait dans la

§ 71. La notion de l'Aditya impliquait logiquement l'unité : il n'y a qu'un ciel, qu'une lumière, et il n'est besoin que d'un créateur. Mais ce n'est pas la logique, la raison raisonnante, qui dirige le développement des religions. C'est une force plus puissante, celle qui préside à toutes les créations de la pensée inconsciente : l'*analogie*.

L'on a déjà vu plus haut que le nombre des Adityas était antérieur à l'existence de chacun d'eux[1], et que ce nombre était de sept, sans qu'il y eût pour cela sept individus déterminés portant ce titre. Ce nombre était donné par l'empire de la loi qui régit la formation des nombres mythiques. Voici cette loi, découverte par M. Abel Bergaigne[2].

§ 72. Etant donné un nombre déterminé d'objets réels et connus, le nombre mythique se forme par l'addition d'une unité qui répond à la réalité inconnue et suprême, à la forme mysté-

---

période indo-européenne Varana ou Dyaus à volonté ; l'Inde a affecté, de préférence, le nom de Varana au dieu du ciel et la Grèce celui de Dyaus, de sorte que Dyaus resta en Inde et Varana en Grèce le nom commun du ciel-chose, le nom du ciel conçu dans ses rapports conjugaux avec la terre.

En effet, les rapports conjugaux du ciel étaient conçus de deux façons différentes. Dans la conception de Varuna-Ahura-Zeus, le Ciel a les eaux pour épouses ; mais il peut aussi avoir pour épouse la terre qu'il féconde de ses eaux ; c'est ainsi que le Zeus latin est avant tout l'époux de Tellus (voir Virgile et le Pervigilium). La Grèce réserva le nom de Zeus, l'Inde celui de Varuna au ciel époux des eaux, et le *nom commun* οὐρανός et dyaus au ciel époux de la terre, c'est-à-dire au ciel conçu dans un rapport infiniment plus simple et où les deux termes conservaient leur valeur matérielle encore visible et sensible.

De ce mythe de l'union du ciel et de la terre, je ne sache pas qu'il y ait trace dans l'Avesta. Nous rencontrerons, il est vrai, Çpeñta-Armaiti comme épouse d'Ahura (§ 200) et Çpeñta-Armaiti est la Terre ; mais ce n'est là qu'une valeur tardive (§ 205) et son hymen avec Ahura est bien antérieur à cette valeur. Dans les Védas même, ce mythe a laissé peu de traces : le couple *Dyaus-pitâ Prithivî-mâtâ* est un couple qui meurt : ce dépérissement avait déjà probablement commencé dans la période indo-iranienne ; ce qui l'a amené, c'est le développement des mythes nés de la division tripartite du monde : ciel, atmosphère, terre ; de là, séparation de corps entre les deux époux : toutes les scènes d'amour se passèrent dans l'atmosphère (§§ 125, 126) et ce n'est plus que par accident que la terre y intervint (§ 205).

1. Voir § 57.
2. Exposée sommairement dans la *Revue critique*, 1875, I, 159 et 288 ; II, 48.

rieuse de l'objet, que la pensée humaine devine et que les dieux seuls voient et connaissent. Selon qu'on considère l'univers comme composé de deux mondes (terre et ciel), ou de trois mondes (terre, ciel, atmosphère), le monde du mystère, de l'au-delà, sera le troisième ou le quatrième monde.

Il est arrivé que les deux divisions du monde se sont combinées en une troisième à la faveur d'une particularité de la langue aryenne d'Asie. Un couple ou une série peuvent être désignés en nommant au duel ou au pluriel l'un des termes qui composent ce couple ou cette série. Ainsi, en sanskrit, si *dyâvâ-prithivî* signifie « le ciel et la terre », le seul duel de *dyaus* « ciel », qui signifie littéralement « les deux cieux », désignera réellement « le ciel et l'objet qui fait couple avec lui, le ciel et la terre »; de même le pluriel *dyâvas* « les cieux » désignera le ciel et le reste de la série », c'est-à-dire « le ciel, la terre et l'atmosphère ». Transportant à chaque terme le nombre de la série, on s'habitua à compter indifféremment soit trois mondes, soit trois cieux, trois terres, trois atmosphères[1] et dans la division de l'univers en deux parties « trois terres et trois cieux, faisant six mondes[2] »; de là par l'addition de l'unité du mystère, sept mondes (sapta diças)[3], qui, à leur tour, amènent les sept cieux, les sept enfers, les sept terres de la mythologie brahmanique[4].

Tous les êtres mythiques se multiplient à l'exemple des mondes: de là, les sept rivières de l'atmosphère, les sept rishis, les sept prêtres hotar, les sept prières, les sept chevaux du soleil, les sept soleils, les sept trésors, les sept portes du ciel, etc. De là enfin sept Âdityas:

« Par ces sept mondes et leurs sept soleils, par les sept
« prêtres de Soma, par les sept dieux Âdityas, protége-nous, ô
« Soma[5]. »

---

1. Trîni dhâmâni, padâni; trîni rocanâni; ragânsi; tisras prithivîs, bhûmis.

2. Tisro dyâvo.... tisro bhûmîr.... shadvidhânâs. RV. 7. 87, 5.

3. Et *sapta dhâman*, par exemple 4. 7, 5.

4. Cela n'empêche point que l'empire du nombre sept ne puisse être antérieur à la période indo-iranienne : il semble être indo-européen. Mais la notion des sept mondes est purement indo-iranienne et c'est de cette notion que dérive celle des sept Âdityas. (La Grèce ne connaît que trois mondes : τριχθὰ δὲ πάντα δέδασται; l'Edda en a 3 fois 3.)

5. Voir page 60. Il a dû y avoir aussi *trois Âdityas* répondant aux trois mondes. A cette conception répondent les innombrables invocations à Varuna-Mitra-Aryaman ou, comme dit une formule, « aux trois dieux » :

§ 73. Cette loi mythique et les divisions cosmiques, qui ont amené le règne du nombre sept, ont laissé leurs traces dans l'Avesta.

La division de l'univers en trois mondes, quoique non exprimée directement, ressort d'un certain nombre de mythes et d'expressions que nous aurons occasion de rencontrer[1]. De là trois cieux, auxquels par la loi mythique s'ajoute un quatrième ciel, le ciel suprême où réside Ahura-Mazda, le Garothman, le ciel de la lumière éternelle[2].

A côté des trois cieux, paraissent dans les textes Parsis les sept cieux, les *haft âçmânân* de la Perse moderne[3]. Les Parsis ne parlent pas de sept terres, mais ils divisent la terre en sept parties ou *karshvare* : or, de ces sept karshvare, un seul est accessible aux hommes, celui que nous habitons, le *qaniratha*; les autres en sont séparés par des mers infranchissables; ce qui revient à dire que la terre est septuple et qu'il y a sept terres.

Il est permis de conclure que l'empire du nombre sept, indien et iranien, est indo-iranien, et que les sept divinités, appelées Adityas en Inde, Amesha Çpeñta en Iran, sont nées de la multiplication septuple des mondes; et en effet, si le Rig-Véda invoque « les sept régions et les sept Adytias », l'Avesta invoque « les Amesha-Çpeñta qui règnent sur la terre septuple »[4].

« Vienne le secours des trois dieux, le grand, le lumineux, l'insurmontable secours de Mitra, Aryaman, Varuna. Point ne prévaut malgré eux l'ennemi qui maudit, ni ici-bas ni dans les chemins célestes, contre le mortel à qui, pour prolonger sa vie, ils donnent indéfectible lumière, eux, les fils d'Aditi » (10. 185, 1). De là, par addition de l'unité mythique, le titre de *quatrième Aditya* (turîya Aditya), donné à Indra, dans un hymne appartenant à l'époque où il est monté au plus haut du ciel védique : cela revient à dire l'Aditya qui est au-dessus des trois autres, l'Aditya suprême (Vâlakh. 4, 7).

1. Cf. § 97, 178. — 2. Voir § 194.
3. De ce que les sept cieux ne paraissent que dans les textes parsis (Ardâi Virâf nâmeh; Ulemâ i Islâm, ap. Spiegel, *Die traditionnelle Literatur der Parsen*, p. 102, note 2), il n'y a pas à conclure qu'ils soient récents. Les trois cieux et les sept cieux ont pu co-exister. — L'empire du nombre sept paraît encore dans les sept forces d'Aêshma (Bundehesh 67, 8). Enfin, de même que la terre s'était divisée (ou mieux, multipliée) en sept karshvar, celui de ces karshvar que nous habitons, le Qaniratha (la terre proprement dite), se subdivisa à son tour en sept régions (Bundehesh 68. 15). Ce sont : Kangdez, Çaokavaçta, Arabie, Peshyançâi, Iranveg, Vargemkart, Kashmir; deux contrées réelles, cinq mythiques.
4. Yaçna 56. 10, 2; Yasht 11. 14; Vendidâd 19, 43.

§ 74. Quel était le nom de ces sept divinités suprêmes dans la période indo-iranienne? En Inde, ils sont dits Adityas ou « infinis »; en Iran, Amesha-Çpeñta ou « immortels bienfaisants ». Les noms diffèrent : en outre, il y a dans le nom zend une idée de plus que dans le nom indien. Ce n'est point que l'idée de bienfaisance soit étrangère à la conception indienne, et les Adityas sont « bons » (*vasavo*) comme les Amesha-Çpeñta (*vaṅhavō*); mais il s'agit ici d'idée exprimée, et s'il y a chance de retrouver l'ancien nom commun aux deux classes, ce ne peut être qu'en portant la comparaison sur les éléments de leurs noms qui marquent la même idée. Cette idée commune aux deux noms est celle qui est marquée par *Aditya* et *Amesha*, c'est-à-dire l'idée de l'*éternité*; car si *Amesha* signifie « immortel », *Aditya* « infini » exprime aussi bien l'infini dans le temps que l'infini dans l'espace; en effet, *aditi* est employé comme adjectif au sens d'*impérissable*, et la formule *aditim ditimca* répond à *amritam martyamca*, « ce qui ne meurt pas et ce qui meurt[1] ». Le mot Aditya, étant exclusivement védique, ne peut légitimement être reporté à la période indo-iranienne, et le mot zend *amesha*, qui répond pour la racine et le sens au védique *amartya*, a plus de chance de se rapprocher d'un de leurs noms[2]. Mais c'était là une épithète à laquelle tout dieu, quel qu'il fût, avait droit, et qui ne suffisait pas à les désigner à elle seule; c'était donc au contexte des formules à indiquer de quels immortels il s'agissait. Il est probable qu'on les désignait également sous le nom d'Asura; ils possèdent en effet ce titre et dans le Rig et dans l'Avesta, et c'est en particulier dans le Rig le titre ordinaire, dans l'Avesta le nom propre, du premier des Adityas, du premier des Amesha, de celui dont les autres ne sont qu'un dédoublement. L'expression « les sept asuras » désignait sans équivoque les sept dieux dont l'asura du ciel est le premier. Après la séparation des deux religions, chacune créa un nom spécial : l'Inde choisit l'épithète d'Aditya; l'Iran, ayant réservé le nom d'Asura au dieu suprême, prit l'épithète d'*Amesha*, en la déterminant par l'addition du terme Çpeñta qui, comme nous le verrons, n'était pas une simple épithète, mais avait une valeur technique[3].

§ 75. La division de l'univers en sept mondes est propre à la

1. Haurvatât et Ameretât, p. 83.
2. Ce nom serait *amartya*, mot certainement indo-iranien; les inscriptions des Achéménides connaissent le simple *martiya*.
3. Voir § 80.

religion indo-iranienne; il en est de même par suite de la notion des sept Adityas qui en dérive. Ni la Grèce n'a sept Zeus, ni Rome sept Jupiter. Donc Varuṇa-Ahura est *indo-européen;* les Adityas-Amshaspands sont *indo-iraniens*.

§ 76. Quand les Aryens de l'Asie se séparèrent, ils emportaient donc la notion de sept Asuras, régnant sur les sept mondes. La liste de ces Asuras n'était point dressée, on savait qu'il y en avait sept et rien de plus. De cela il y a trois preuves :
1º Dans le Rig-Véda cette liste n'est pas encore arrêtée, le titre d'Aditya flotte au hasard sur la tête des diverses divinités lumineuses, concrètes ou abstraites; le concours au titre d'Aditya est encore ouvert; cela ne serait pas, si dans la période antérieure la liste s'était déjà fermée; la marche des religions est du vague au précis, non du précis au vague.
2º Les Amesha-Çpeñta, pris individuellement, n'ont nul rapport avec les Adityas, pris individuellement. En effet, d'une part, les Adityas sont Mitra, Aryaman, « l'ami », Bhaga, Ança, « le libéral », Daksha, « le fort », c'est-à-dire qu'ils représentent le Dieu lumineux, l'Aditya suprême, conçu dans ses qualités abstraites et particulièrement dans ses qualités morales.
D'autre part, les Amesha-Çpeñta sont : *Vohu manô,* « la bonne pensée »; *Asha vahista,* « l'ordre parfait »; *Khshatra vairya,* « la souveraineté sans bornes »; *Çpeñta Armaiti,* « la Piété bienfaisante »; *Haurvatât* et *Ameretât,* « la santé et la longue vie ». Ce sont bien là des abstractions également, mais dont une seule, *Khshathra vairya,* est détachée de la notion de l'Amesha suprême; les autres sont de tout ordre et venues de toute part, soit religieuses comme *Vohu-Manô* et *Armaiti,* soit matérielles comme *Haurvatât* et *Ameretât;* la dernière est d'une généralité absolue, *Asha-vahista,* incarnation de l'ordre universel[1].
3º Enfin, l'écart qui est entre la valeur des Amesha-Çpeñta, pris individuellement, et la notion générale de l'*Amesha-Çpeñta* à laquelle cette valeur est étrangère dans le plus grand nombre des cas, prouve que la liste Mazdéenne a été arrêtée à une époque où l'on avait perdu le sentiment du caractère essentiel de l'Amesha-Çpeñta.
Un fait qui confirme cette conclusion, c'est que Mithra, l'ancien associé de Varuṇa-Ahura, qui devait être le premier des

---

1. Voir plus bas, §§ 196 sq.

Amesha-Çpeñta après Ahura, comme il est le premier des Adityas après Varuṇa, ne fait point partie des Amshaspands. La liste a donc été fixée à une époque où Mithra s'était déjà séparé d'Ahura et s'était fait des destinées indépendantes, par suite, à une époque où la valeur matérielle d'Ahura était déjà fortement entamée.

IV.

§ 77. La religion indo-iranienne connaissait donc un Asura, un dieu suprême, autrefois dieu du ciel. Etait-ce le dieu du monothéisme? Non. Sans compter les dieux Adityas ou Amesha-Çpeñta, qui ne diffèrent pas essentiellement de lui, il y avait encore à côté de lui, en lui, nombre de dieux, ayant chacun son action et son origine indépendante. Toutes les forces de la nature, l'éclair, le soleil, le vent, le tonnerre, la pluie, le sacrifice, la prière, frappant à la fois l'imagination et la vue de l'homme, arrivaient en même temps à la divinité. Si le dieu du ciel, plus grand dans le temps et dans l'espace, éternel et comme universel, s'élevait sans effort au rang suprême, d'autres, d'une action moins continue, mais plus énergique, maintenaient leur indépendance contre lui.

Le développement religieux pouvait aussi bien amener l'usurpation de quelqu'un de ces dieux que rendre absolue et sans partage l'autorité du dieu souverain. Le premier cas est celui du védisme : Indra, le dieu bruyant de l'orage, monte au plus haut du Panthéon védique et éclipse déjà Varuṇa de sa splendeur retentissante, pour faire place plus tard à son tour à une nouvelle et mystique royauté, celle de *Brahman*, la Prière. Le second cas est celui du mazdéisme.

§ 78. Le mazdéisme marche vers un ordre hiérarchique régulier. Les dieux perdent leur indépendance, leurs mouvements entrecroisés se subordonnent. L'idée enfermée dans le nom de *dâtar* « créateur »[1] fait lentement son chemin et tend à niveler sous une autorité unique les vieilles indépendances divines, à ramener à une source unique de vie ces grandes existences dis-

---

1. Voir plus haut, page 24. La question posée plus haut : Ahura a-t-il créé le monde *ex nihilo?* se résout d'elle-même. Il crée le monde comme le crée Varuṇa, comme le crée Zeus, c'est-à-dire qu'il l'organise. D'où vient la matière elle-même? la question n'a pas été posée par les religions aryennes.

tinctes et autochthones. Les dieux ne naissent plus selon la loi de leur nature; ils deviennent fils d'Ahura-Mazda.

C'est là, dis-je, la tendance du mazdéisme, mais une tendance qui n'a point donné tout ce qu'elle contenait en germe, et maintes fois, au moment même où Ahura se déclare maître et créateur souverain des dieux, à côté de la formule nouvelle et officielle par laquelle il met sur ses subordonnés l'empreinte de son autorité, les formules antiques protestent et maintiennent la vieille autonomie. Quand Ahura proclame qu'il a créé Mithra, les invocations à Mithra-Ahura, aux deux gardiens, aux deux créateurs du monde, protestent contre cette affirmation audacieuse et rappellent l'antique fraternité du créateur et de sa créature[1]. Il est le père des sept Amesha-Çpeñta; mais il est l'un des sept Amesha-Çpeñta; il n'a pas toujours été leur père, il l'est devenu. De là aussi tous ces êtres dont il a besoin, qu'il implore. A Ardvi-Çûra, la grande déesse des eaux, « il offre le sacrifice, « lui le créateur Ahura-Mazda, il offre le Haoma, le Myazda, « le Bareçman, la parole sainte; il la suppliait, disant : Accorde-« moi cette faveur, Haute, Puissante, Immaculée déesse, que je « puisse amener le fils de Pourushaçpa, l'homme d'*asha*, Zara-« thustra, à penser suivant la loi, à parler suivant la loi, à agir « suivant la loi. La Haute, Puissante, Immaculée lui accorda « cette faveur, à lui qui apportait les libations, qui sacrifiait, qui « suppliait[2] ». — C'est par le secours des Férouers qu'il maintient le ciel et la terre, et « s'ils ne lui apportaient leur secours, plus « ne subsisteraient les troupeaux ni les hommes, la force serait « au démon, l'empire au démon, le monde vivant au démon, et « plus ne céderait Añgra-Mainyu aux coups de Çpeñta-Mainyu « (Ahura)[3] ». Il est clair que Ardvi-Çûra, Zarathustra, les Férouers, sont des puissances indépendantes du dieu, ayant leur origine propre et leurs attributs de naissance[4].

Bien plus, tel dieu, qui a été de tout temps, et en toute légitimité mythique, fils d'Ahura, peut paraître sous une autre forme comme indépendant de lui. Par exemple, Atar, le Feu, est fils d'Ahura dès la période indo-européenne, et il est son fils, nous l'avons vu, non par voie d'induction, mais par nature; il est fils, non d'Ahura créateur, mais d'Ahura dieu du ciel, de ce ciel d'où

---

1. Voir pages 65 et 66.
2. Yasht 5, 17.
3. Yasht 13, 12.
4. Voir §§ 113, 153 sq.

sort l'éclair[1]. Mais le feu a d'autres lieux de naissance que le ciel, il naît dans les eaux de l'orage, il est *Fils des Eaux*, Apām-Napât, et jouit sous ce titre d'une indépendance absolue à l'égard d'Ahura.

Une autre création d'Ahura et qui a un intérêt particulier pour le fidèle, c'est celle de l'homme même. « C'est lui, dit Darius, qui a créé le mortel[2] »! « Nous adorons, dit le début du Yaçna, le créateur Ahura Mazda, qui nous a créés, qui nous a formés, qui nous a nourris[3] ». Or, dans un autre passage, c'est le Fils des Eaux qui paraît comme le créateur de l'homme : « Nous invo-
« quons le Seigneur qui est dans les hauteurs, maître des femmes,
« lumineux, le Fils des Eaux, aux chevaux rapides, dieu mâle,
« qui a créé l'homme, qui a formé l'homme[4] ». Ahura n'est donc point le seul Dieu qui ait créé l'homme, et comme un tel attribut se conçoit très-bien chez Ahura, créateur universel, et fort peu chez le dieu de l'Eclair, l'on doit conclure à l'existence d'une conception sur l'origine de l'homme absolument différente de la conception ordinaire, celle-là étant ancienne et mythique, celle-ci moderne et logique[5]. Ahura n'a pas toujours été le père du genre humain, mais il l'est devenu comme des Amshaspands, comme de Mithra, parce qu'il est le créateur, le père universel, le père qui a engendré le monde, *Anhéus pitâ zâthâ*[6].

1. Voir page 33.
2. Voir page 21.
3. Yaçna 1. 4.
4. Yasht 19. 52.
5. Voir § 131.
6. Yaçna 43. 3.

DEUXIÈME PARTIE.

AHRIMAN ou AÑGRA MAINYU.

CHAPITRE Ier.

CONSIDÉRATIONS GÉNÉRALES.

Sommaire : § 79. Dualisme indo-iranien. Dieux et démons. — § 80. Dualisme mazdéen. Çpeñta mainyu et Añgra mainyu. — § 81. *Çpeñta mainyu* : « l'Esprit qui accroît, l'Esprit bienfaisant ». — § 82. *Añgra mainyu* : « l'Esprit d'angoisse ». — § 83. Le *çavas* et l'*âhas* dans le Véda. — § 84. La lutte cosmique a son prototype dans la lutte mythique de l'orage. — § 85. Conséquences. Ahriman est double : héritier des démons orageux et antithèse d'Ozmazd.

§ 79. Il y eut pourtant toute une partie de l'univers qui resta en dehors de l'empire d'Ahura. Les dieux abdiquaient devant lui : les démons maintinrent leur indépendance et dressèrent création contre création.

La religion indo-iranienne n'avait point défini les rapports des démons avec les dieux. La question d'origine n'était point posée, ou mieux, elle était résolue sans être posée. Le naturalisme, sous tout mouvement, voit une personne : or, dans les mouvements incessants de la nature, les uns sont favorables à l'homme, les autres contraires ; donc, il y a deux sortes de personnes pour les produire, les unes bonnes, les autres mauvaises. Il y a des dieux qui donnent la lumière, il y a des démons qui la ravissent ; il y a des dieux qui donnent les eaux, il y a des démons qui les ravissent. Un dualisme inconscient était au fond de la religion.

L'Inde ne s'arrêta pas là, son démon l'inquiétait peu ; au fond il était peu redoutable, — toujours vaincu, sans vicissitudes dans la lutte; la victoire n'est jamais balancée, le dieu est irrésistible et vainc du premier coup ; les hymnes à Indra sont un éternel chant de triomphe, plutôt qu'un chant de combat. La pensée indienne se reporta sur des objets d'un intérêt plus sérieux, sur l'identité des trois feux, feux de la terre, de l'atmosphère et du ciel, sur l'identité de l'homme et du dieu, l'homme venant du ciel et y retournant, sur la merveilleuse puissance de la prière et du sacrifice qui crée sans cesse et gouverne le monde, et elle s'achemina lentement vers le panthéisme idéaliste. Dieux et démons ne sont plus que les formes passagères de l'Etre un, frères jumeaux, nés d'un même père, père et source de toute vie, l'universel *Praĝâ-pati*.

§ 80. L'Iran prit ses démons au sérieux ; le dualisme inconscient de la période précédente prit conscience et consistance ; le Mal devint une puissance indépendante et souveraine en guerre déclarée avec le Bien. Cette puissance s'incarne dans la personne d'*Añgra-Mainyu* ou *Ahriman*, le démon des démons.

Le Bien est incarné dans Ormazd. Pourquoi? Le livre précédent a répondu d'avance à cette question. Ormazd, comme dieu du ciel, a créé l'univers et fondé l'*asha*, l'ordre du monde ; comme dieu du ciel lumineux, il est bon, car la lumière est le bien par excellence et qui la donne est bon entre tous ; il est juge infaillible et dieu de vérité. Etre bon, de lui vient tout bien : « J'invoque « Ahura-Mazda qui a créé le Taureau et l'*asha*, qui a créé les « bonnes eaux et les bons arbres, qui a créé la lumière, qui a « créé la terre *et tous les biens* »[1].

Ici, nous entrons dans le mazdéisme pur, nous touchons à la couche iranienne. La conception d'un dieu organisateur et omniscient, le mazdéisme l'avait reçue de la religion antérieure, et s'il lui avait donné des développements et une précision logique qu'elle n'avait pas, le type existait déjà : il n'avait pas à le créer et il ne l'a pas altéré. Ici, nous nous trouvons en face d'une figure et d'une conception nouvelle, dont la religion indo-iranienne ne fournissait que les traits ou les éléments épars, et qui ne s'est dessinée qu'en Perse. En regard du monde du Bien se dresse l'ensemble des êtres qui cherchent à le détruire; en regard du monde d'Ahura-Mazda le monde d'Ahriman ou Añgra-Mainyu. Ahura-

---

1. Yaçna 37. 1, 2.

Mazda est lumière, bonté, vérité, science, et de lui viennent toutes les choses bonnes ; Añgra-Mainyu est ténèbres, méchanceté, mensonge, ignorance et de lui viennent toutes les choses mauvaises.

Ahura-Mazda, en tant qu'il lutte contre *Añgra-Mainyu*, s'appelle *Çpeñta-Mainyu*. Arrêtons-nous un instant à ces deux noms, dans l'opposition desquels se marque l'opposition des deux principes.

§ 81. Les deux noms se composent d'un substantif commun, *mainyu* « l'Esprit », et d'une épithète *Çpeñta, añra*, qui qualifie *mainyu* et détermine la nature des deux Esprits.

Le nom *Çpeñta-mainyu* est traduit par les Parsis « l'Esprit qui accroît[1] » ; nous allons montrer que cette traduction est exacte et essayer de déterminer le sens précis qu'il y faut attacher.

L'adjectif *çpeñ-ta* se rattache par l'intermédiaire de la racine secondaire *çp-an* (pour çv-an), à la racine *çu* « gonfler, accroître ».

Les racines signifiant « accroître » sont employées dans l'Avesta à marquer l'action des êtres ou des phénomènes qui produisent le bien matériel ou moral. Telles sont les racines *frâdh* et *vared*. Ainsi Ahura Mazda, l'Asha, Haoma, Verethraghna (le génie de la victoire), la Formule sacrée, sont *frâdhat̲-gaêthô* « accroissant les mondes », ou avec la racine synonyme *vared, varedat̲-gaêthô*. Les abstraits de ces deux racines, *fradhatha* et *varedatha* « croissance », marquent le développement de la force ou du bien-être et expriment un objet fréquent des vœux du mazdéen[2]. Les formules invoquent trois divinités nommées : *frâdhat̲-fshu, frâdhat̲-vîra, frâdhat̲-vîçpãm-huġyâiti* « qui accroît les troupeaux, qui accroît les hommes, qui accroît toutes jouissances[3]. Enfin la racine *çu*, celle qui nous occupe » présentement, a donné :

1° Le participe inchoatif *çao-skyañt*, qui se construit, soit activement avec régime : *çaoskyañtô daqyunãm, mãthrem* « ceux qui accroissent la nation, la Parole sainte », soit absolument au sens de « l'homme qui accroît le bien, le Fidèle ».

2° Le participe futur *çao-shyañt̲* « celui qui accroîtra », dési-

---

1. Cf. Spiegel, *Commentaire sur l'Avesta*, II, 480.
2. Yaçna 9. 75 ; 54. 11 ; 67. 5 ; Vendidad 9. 187, 190, etc.
3. Yaçna 1. 11, 14, 17.

gnation des Fidèles de l'avenir : « célèbre des hymnes en mon « honneur, dit Haoma à Zoroastre, afin qu'ainsi fassent les « fidèles de l'avenir[1]. » Il désigne en particulier les trente héros qui doivent à la fin des temps amener la résurrection[2], et, spécialement, c'est le nom propre du Sauveur[3], de celui qui doit rendre la vigueur au monde, « l'affranchir de la vieillesse et de la « mort, de la corruption et de la pourriture, en faire un monde « de vie éternelle, d'accroissement éternel, de liberté, alors que « les morts se relèveront, que viendra l'immortalité de vie ;... il « s'appelle *çaoshyant* « celui qui accroîtra » parce qu'il doit « faire croître (*çâvayât*) le monde matériel[4]. »

3° L'adjectif *çûra*, épithète de tout ce qui a la force ou la donne ; de l'Aurore qui au matin chassant les ténèbres, ouvrant le libre espace[5], « rend clair ce qui était obscur, fort ce qui était sans force[6] »; de la Résurrection, cette aurore éternelle de la fin des temps ; du Gaokerena ou Haoma blanc, la plante céleste qui donne l'immortalité ; des dieux ou héros anti-démoniaques, de toute la famille des Athwya, grands pourfendeurs de démons, du Fils des Eaux, de Tistrya, le vainqueur d'Apaosha, de Drvâçpa, la déesse qui fait prospérer les troupeaux, de Yima, qui fit régner sur la terre l'immortalité, de la féconde déesse des Eaux, Anâhita, etc. Le superlatif *çévista* est l'épithète des Férouers, de Tistrya, de Mithra, d'Ahura.

La racine *çu* se présente à l'état nu dans l'épithète des Amesha Çpeñta, *yavaêǵi yavaêçu* « éternellement vivant, éternellement accroissant », épithète appliquée également au monde de la résurrection[7].

Elargie en *çu-i* (çpi) elle donne l'épithète constante de Zoroastre, *çpi-tama*, qui se donne par là comme un synonyme de *çévista* « le très-accroissant »; Zoroastre est en effet *çûro vîçpô-huǵyâitis* « être de force, auteur de toutes les jouissances », et à sa naissance se sont réjouies les eaux et les plantes[8].

---

1. Yaçna 9. 8. Les manuscrits confondent souvent *çaoskyant* et *çaoshyant*, mais les deux formes n'en sont pas moins distinctes et le sens du passage indique dans la plupart des cas celle qu'il faut préférer.
2. Voir plus bas § 189.
3. Le Çoshyos des Parsis. Voir § 180 sq.
4. Yasht 19, 89 et 13, 129.
5. *Revîm* (Gâh 5, 5), équivalant à *vouru-gaoyaoiti* (Voir page 21 note 4).
6. Yasht 14, 20.
7. Yaçna 39, 8 ; Visp. 10, 21 ; Yasht 19. 11, 89.
8. Yasht 13, 90. Voir plus bas § 153.

L'abstrait de la racine çu est çavah « force et vigueur », littéralement « accroissement ». Atar, le feu, est *berezi-çavah* « déployant la force dans les hauteurs [1]. » Les formules invoquent « la lumière et le çavah créés par Mazda » [2], elles appellent dans la maison du fidèle « l'Asha, l'Empire, le çavah, la lumière, l'éclat » [3]. La première des cinq divinités de bien-être qui président aux cinq parties de la journée, s'appelle çavahi « celle qui donne le çavah ». La création d'Ahura est çavanhaitis dāman [4] « un monde où règne le Çavah, le Bien-être » ; c'est un équivalent de vaṅuhis dāman « la bonne création » [5].

La racine çu, élargie en çu-an (çpan), donne le mot-racine çpen « le bien-être » auquel s'oppose a-çpen « le malaise » ; combinée avec la désinence du superlatif, elle donne çpenista « le très-accroissant », c'est-à-dire « celui qui fait le plus de bien » ; enfin, avec le suffixe ta, le participe-adjectif *çpeñta*, épithète des Amshaspands, d'Armaiti, du Māthra, et qui, combiné avec *mainyu*, forme le second nom d'Ahura Mazda.

Ce mot *çpeñta* signifie littéralement « accru, qui est dans le bien-être », sens neutre et passif. Cependant, c'est le sens actif « accroissant, donnant le bien-être » qui prédomine dans le mot, et que les Parses y reconnaissent. En réalité, il a cumulé le sens neutre du participe passé çpeñta et le sens actif d'un ancien participe présent çpeñt [6]. Quand les Amshaspands sont dits γavaêĝi γavaêçu « éternellement vivant, éternellement accroissant », cette ancienne paraphrase de leur nom exprime surtout la force et la félicité divines ; l'idée qui domine dans l'Amshaspand est néanmoins, non celle du bien dont ils jouissent, mais celle du bien qu'ils procurent, c'est l'idée de dieux bons (*vanhavô*), qui veillent chacun sur une partie de la nature pour le plus grand

1. Yaçna 17, 63.
2. Yaçna 1. 43.
3. Yaçna 59. 2.
4. Vendidâd 19. 124.
5. Yaçna 70. 47 ; 17. 3,
6. L'existence de ce participe avec le sens actif est attestée par le mot *hama-çpat-maêdha* « sacrifice qui fait croître toute chose » ; çpat est la forme la plus simple du participe présent (Cf. Bréal, *Origine du suffixe participial -ant*, Mémoires de la Société de Linguistique de Paris, II, 188), c'est la forme du participe en composition ; la forme isolée a été nécessairement çpeñt, qui, en passant dans la déclinaison vocalique, comme le font un certain nombre de participes en -*ent*, s'est confondu pour la forme avec le participe neutre çpeñta et lui a prêté un sens actif.

bien de l'homme. La Piété, Armaiti, est dite *çpeñta*, mais aussi, avec une épithète active, *varedaiti*[1] « celle qui fait grandir »; le *māthra* ou la formule sainte est *çpeñta;* mais la parole bien dite (*arshukhdhem vacô*), petite monnaie du Māthra, est *frâdhaţ-gaêthô* « accroissant les mondes ». Ainsi *çpeñta* est l'épithète des dieux qui font le bien, et il a le sens actif, à défaut de la forme. On est convenu de le traduire par le mot *saint*[2] : l'idée de sainteté a pu s'attacher à ce mot, mais n'est pas ce qu'il exprime : nous le traduirons « bienfaisant. »

Or, entre tous les dieux, Ahura est le premier; c'est lui qui, entre tous, fait le bien, puisque ce monde si bon, ce monde d'*asha* et de *çavah*, d'ordre et de bien-être, est son œuvre à lui seul, et que les dieux les plus puissants et les meilleurs tiennent de lui la vie: c'est lui qui a créé la lumière souveraine, les bonnes eaux, les bons arbres, le sommeil, les animaux, l'homme et les nombreuses créatures ; il est donc *çpeñta* entre tous, il est *çpenista* « le plus bienfaisant des êtres » ; il est *mainyus yô çpeñtôtemô* « l'esprit le plus bienfaisant ».

S'il est considéré, non plus dans ses rapports avec les autres forces bienfaisantes, mais avec les êtres du mal, avec les démons, il ne sera plus *Mainyus yô çpeñtôtemô* « l'Esprit le plus bienfaisant » ; il sera absolument *çpeñtô mainyus*, l'Esprit bienfaisant, le bon Esprit, l'Esprit du bien.

La création d'Ahura s'appellera, soit la bonne création (*vohu dāman*), soit « le monde de l'Esprit bienfaisant » (*çpeñtô-mainyava dāman*), soit enfin le monde de l'Asha, l'Asha étant la loi suprême de Mazda, la loi selon laquelle il ordonne le monde de la matière et de l'esprit.

§ 82. En face du *çpeñta mainyu* se dresse l'*añra mainyu*. L'on doit s'attendre à trouver dans le mot *añra* une idée ou une image susceptible de s'opposer à *çpeñta*.

La traduction sanscrite rend *añra* par *hantar* « le tueur »; la traduction pehlvie par *ǵanâk*[3] qui a le même sens et dérive de la même racine *ǵan* « frapper, tuer ».

---

1. Yaçna 28. 3. Cf. l'emploi analogue de *vridh* dans les Védas.

2. Ce qui a amené le rapprochement de *çpeñta* avec le slave *svĕtŭ* « saint ». L'explication précédente n'infirme point nécessairement ce rapprochement : mais il serait nécessaire de connaître le sens étymologique de *svĕtŭ*, et si le *s* initial représente un *k* ou un *s* primitif.

3. Les Parses transcrivent le mot avec un *g* initial : *gand(k)*; c'est une erreur amenée par l'emploi fréquent du signe g pour *ǵ* (dj) en pehlvi.

Cette traduction offre un sens plausible, mais ne semble pas exacte. Il est bien vrai que l'Aṅra mainyu est souvent appelé dans l'Avesta *pouru mahrkô*[1] « l'être aux mille morts »; qu'il est *as-mâravan*[2] « tout meurtre »; que son œuvre est de faire périr le monde de l'Asha, le monde de l'homme[3]; qu'il a créé Aji Dahâka pour la destruction du monde matériel[4], et que ses sujets, les démons, sont *ahûm-merenc*, *ǵani* « destructeurs du monde, tueurs »; Aṅra mainyu est donc bien un *tueur*; mais *aṅra* signifie-t-il « le tueur »? C'est à l'étymologie à apprécier l'exactitude de cette traduction. On a essayé de la justifier en ramenant *aṅra* à la racine *aṅh*, primitif *as*, qui aurait le sens de « frapper »; le groupe primitif *as* devient en effet régulièrement en zend *aṅ*, devant *r*[5]: *aṅra* serait donc pour un primitif *as-ra*. Mais la racine *as* n'a pas le sens qu'on lui prête : en zend, aussi bien qu'en sanscrit, elle signifie « lancer »[6]; *aṅra*, s'il vient de *as*, sera « celui qui lance » ou « celui qui est lancé », et nullement « celui qui tue ». Il est donc permis de se demander si *hantar* ne serait pas une définition plutôt qu'une traduction, et si l'on ne doit pas chercher ailleurs le sens de *aṅra*.

L'étymologie précédente part de l'hypothèse que *aṅra* vient d'un primitif *asra*; mais *ṅ* peut représenter autre chose qu'un ancien *s*; *ṅ* n'est en effet en zend que l'écriture abrégée de *ñg*[7], et, dans le cas particulier, à côté de la forme *aṅra* se présente la forme *añgra*; or, si ce groupe *ñg* peut être le représentant d'un primitif *s*[8], il peut aussi être étymologique[9], de sorte que le *g* de *añg-ra* soit radical et organique, et que *añgra* dérive d'une

---

Nous en rencontrerons plus loin un nouvel exemple (le nom propre *goshti fryân* lu *goshti fryân*; voir § 164 n.). Le mot zend qui se rapproche le plus de *ganâk* est le nom (ou l'épithète) de démon, *ǵani*.

1. Vendidâd 1. 7, 15, etc., 19, 1, etc.
2. Vendidâd 1. 4. Cf. Mémoires de la Société de Linguistique de Paris, II, 306.
3. Cf. Yaçna 31, 1; 41, 11; 52, 6.
4. Yaçna 9. 27.
5. C'est ainsi que le sanscrit *sahas-ra* « mille » donne en zend *hazan-ra*.
6. Justi, *Handbuch der zendsprache*, voir *anh*.
7. Voir Spiegel, *Grammatik der Altbaktrischen Sprache*, p. 52.
8. *S* devient d'abord *nh*, puis *h* sous l'influence de la nasale gutturale prend la valeur d'une gutturale douce; c'est ainsi que le zend *aiwyâonhana* devient dans la prononciation parsie *Evanguin*.
9. Exemple : *Anushta* et *Añgushta* répondant au sanscrit *Añgushtha*.

racine $a\tilde{n}g$, ou, avec la variante palatale, $a\tilde{n}z$, $\tilde{a}z$. L'on reconnaît immédiatement la racine zende $\tilde{a}z$ « étreindre, serrer » ; de sorte que $a\tilde{n}g$-ra signifierait « celui qui étreint » et que Añgra mainyu serait « l'Esprit qui étreint, l'Esprit d'angoisse. » Or, les images d'*angoisse* et d'*étroit* sont d'un emploi classique chez les Iraniens pour marquer la souffrance : quand les démons assaillent le ciel « ils le mettent en angoisse » *dar tangis* ; les héros de Firdousi craignent que le monde ne devienne pour eux « sombre et étroit » *târ utang* ; nombre de mots avestéens, formés de la racine qui nous occupe, sont employés à désigner l'oppression et l'oppresseur ; $\tilde{a}z$-ah « l'angoisse, la souffrance » ; $\tilde{a}\varsigma$-tar « celui qui met dans l'angoisse, l'oppresseur [1] » ; $\tilde{a}s$-tah, « l'oppression »[2] ; enfin l'angoisse, $\tilde{a}zah$, est une des caractéristiques du monde d'Angra mainyu :

« J'appelle par mes prières lumière et large espace sur la
« création du *çpeñta mainyu* ; j'appelle par mes prières ténèbres
« et angoisse sur la création de l'*añgra mainyu*[3]. »

La langue ne sent plus le rapport étymologique d'*añgra* et d'$\tilde{a}zah$; à cela plusieurs causes : la forme différente que la racine a prise dans les deux mots sous l'empire des lois phoniques, la disparition du mot dans la langue courante, la transformation du composé en nom propre, enfin et surtout la prédominance de plus en plus complète du sens moral aux dépens du sens figuré.

§ 83. L'opposition de Çpeñta mainyu et d'Añgra mainyu est donc celle du *çavah* et de l'$\tilde{a}zah$, de ce qui gonfle et élargit l'âme et de ce qui la contracte et l'étreint. Cette opposition du *çavah* et de l'$\tilde{a}zah$ est en germe dans les Védas, c'est-à-dire que là aussi les deux images, les deux sensations s'opposent, mais sans revêtir une expression constante qui devienne centre de système. Là aussi la racine $\tilde{a}h$ (forme sanscrite de $\tilde{a}z$) marque l'étreinte

---

1. Yaçna 34. 8. *āçtar thwahyâ urvâtahya* (= *tvasya vratasya āhayitar*) « oppresseur de ta loi ». Item 45, 18 ; voir la note suivante.
2. Yaçna 46. 18 : Yé maibyô yaos ahmâi açcit vahistâ.....
   āçtéñg ahmâi yé nâo āçtâ daidîtâ.
« A qui me fait le bien, félicité !..... oppression à l'oppresseur qui nous la fait subir » (Cf. § 236) ; *āçtéñg* est sous-entendu comme régime après *daidîta*, *āçtâ* est le nominatif du nom d'agent ; *āçtéñg* offre un exemple de *as* final traité comme *as* médial ; le thème primitif reparaît devant *ca* : *â dvafshéñg anâshe āçtaçca* : « et pour arriver à opprimer les hommes de mensonge (Yaçna 43. 4) ».
3. Yaçna 8. 13.

de la souffrance et du mal, et la racine çu l'expression de la force : « Celui qui lui offre le gâteau, le Soma, le lait, c'est celui-là qu'Indra protégera de l'*angoisse* (*ãhasas*); resplendissant sera son char, sous la faveur des dieux il s'enflera (*çûçuvat*), triomphant de toutes les haines[1]. »

Aṅhas est, comme l'*ãzah* de l'Avesta, l'angoisse, la souffrance : « O Rudra, écarte de nous la haine, l'*ãhas*, la maladie[2]. — « Celui qui, en sueur, ô Agni, apportera le bois à ton autel..... « celui-là, point ne l'enserrera l'*ãhas* qui vient du méchant[3]. » De là la formule si fréquente *pâhi no ãhasas* « protége-nous de l'angoisse. » Que l'on personnifie l'*ãhas*, et l'on aura le démon iranien : Aṅgra mainyu est l'*ãhas-dieu*.

Çavas (le zend *çavah*) est la force qui s'épand, et particulièrement la force divine; c'est par le *çavas* qu'Indra abat le serpent[4]; l'adjectif *çûra* est, comme dans l'Avesta, épithète des dieux et des héros anti-démoniaques. Si, dans l'Avesta, *Armaiti*, la Piété, est çpeñta « donnant le *çavah* », dans les védas, *dhî*, la Prière, est *çavirâ* « possédant le çavas »; au génie *çâvahi* incarnation avestéenne du *çavah* répond *çavasî* la mère d'Indra, incarnation védique du *çavas*. Que l'on incarne le *çavas* et l'on aura çpeñta mainyu : Çpeñta mainyu est le *çavas-dieu*.

L'œuvre du Mazdéisme fut de dégager le *çavas* et l'*ãhas*, de créer, pour parler le langage védique, un *çavasas pati* et un *ãhasas pati*, « un seigneur du bien-être, un seigneur de l'angoisse », un souverain du bien, un souverain du mal. Le premier de ces deux principes qui se dégagea et prit conscience de lui-même fut çpeñta mainyu, l'Esprit bienfaisant. Ahura Mazda, le grand dieu du ciel, organisateur, omniscient, dieu de l'ordre, créateur de toutes les bonnes choses de ce monde, était appelé le plus bienfaisant des dieux (çpenistô), l'Esprit le plus bienfaisant (Mainyusyô çpeñtotemô) et absolument l'Esprit bienfaisant (çpeñtô mainyus). Or, comme il y avait des démons en face des dieux, des êtres faisant le mal en regard des êtres qui font le bien, des êtres qui enlèvent la lumière en regard des êtres qui la donnent, des êtres troublant l'ordre en regard de ceux qui le fondent, en regard de l'Esprit bienfaisant se dressa l'Esprit malfaisant.

1. RV. 8. 31, 2, 3.
2. RV. 2. 38, 2.
3. RV. 4. 2, 6, 9.
4. RV. 1. 51, 4.

§ 84. La lutte de ces deux principes constitue l'histoire du monde : *elle s'ouvre par l'invasion du mal et se ferme avec son expulsion.* Le germe de cette conception est tout entier dans le dualisme naturaliste de la religion indo-iranienne, c'est-à-dire dans la lutte mythique de l'orage : c'est des deux grands faits de cette lutte, invasion des ténèbres, expulsion des ténèbres, que dérivent les deux grands faits de la lutte cosmique, invasion du mal, expulsion du mal, et l'on doit s'attendre à retrouver sous tous les épisodes de la lutte cosmique les épisodes de la lutte mythique.

§ 85. Il suit de là, en ce qui touche Ahriman, deux conséquences : d'une part, la lutte cosmique étant le développement de la lutte mythique, Ahriman, qui dirige l'assaut du mal, Ahriman, le démon des démons, doit réunir en lui les traits et les actes des anciens démons de l'orage. D'autre part, étant le souverain du mal, l'antithèse d'Ahura, il doit faire en sens inverse tout ce qu'a fait le dieu du bien, et ses mouvements et ses actes seront dictés par ceux mêmes de son adversaire.

De là suit qu'Ahriman n'est pas comme Ormazd la transformation de tel être mythique déterminé et préexistant, c'est une création nouvelle et complexe. La personne d'Ormazd, à présent dieu de la lumière et du bien, anciennement dieu du ciel lumineux, est en dépit de toutes les modifications qu'elle a subies, continue, une et indivisible ; la personne d'Ahriman est double : d'un côté il est le légataire universel des anciens démons orageux, et une moitié de lui-même est la condensation de leurs exploits ; d'autre part, il est le contre-pied d'Ormazd, le contre-créateur, et une moitié de lui-même est la projection inverse d'Ormazd.

C'est à l'analyse mythologique à faire le départ de ces deux ordres d'éléments, à distinguer dans le patrimoine d'Ahriman ce qu'il doit aux démons antérieurs et ce qu'il doit à son rival. Mais pour le faire, il faut d'abord avoir une idée de ce qu'était dans la période indo-iranienne cette lutte de l'orage, germe et prototype de la lutte cosmique. Voici le tableau de cette lutte, d'après les sources indiennes, qui, comme nous aurons souvent occasion de le constater, sont, en général, restées plus transparentes et plus fidèles que l'Avesta aux traditions indo-iraniennes.

CHAPITRE II.

LA LUTTE D'ORAGE.

Sommaire : I. Dans les Védas.

§ 86. Héros de la lutte : dieu, démon, vache ou femme. — § 87. Soma. — § 88. La Prière. — § 89. Résumé.

II. Dans l'Avesta.

§ 90. Double fortune des récits mythiques indo-iraniens : fondent l'histoire *légendaire* de l'Iran et l'histoire *cosmologique* du monde. — § 91. Aji, le Serpent. — § 92. Aji contre Atar. — § 93. Aji contre Thraêtaona. — § 94. Aji contre Yima. — § 95. Pourquoi Aji n'est point devenu le principe du mal.

I.

§ 86. Les deux grands biens par excellence sont la lumière et les eaux : la lumière, qui, chaque jour, dégage l'homme de l'angoisse de la nuit, lui rend le souffle, la vie, le libre espace ; les eaux, lait vivifiant de la vache céleste, qui en nourrit les plantes, les rivières, les animaux, les hommes.

Maintes fois la lumière et les eaux disparaissent : un démon les a enlevées ; c'est *Ahi* « le serpent », dont le nuage est le corps tortueux ; c'est le bandit *Vritra*[1] « l'enveloppant », qui les enferme dans sa caverne nébuleuse.

---

1. De la racine *var* « envelopper ». La même racine et la même image ont fourni d'autres noms de même sens au démon orageux : *Çambara* = *Çam-vara* « celui qui retient enveloppé le *çam*, c'est-à-dire *le Bien* » (Cf. § 175) ; *Vala* = **Var-a* qui a le même sens que *Vritra* ; comme nom commun, *vala* signifie caverne. A *Vala* répond, à part la différence de suffixe, le *Bali* du brahmanisme.

Un être lumineux, un brillant, un *deva*, s'élance, la foudre en main; meurtrier de *Vritra* (*Vritra-han*), foudroyant le serpent, il brise la nuageuse prison des captives, et le troupeau des rayons et des eaux s'échappe, en versant des flots de lumière et de lait.

La conquête des eaux et de la lumière se fait en général du même coup, du même coup la victoire du dieu les rend aux hommes. Quand l'homme regrette surtout le lait céleste, les captives sont un troupeau de *vaches* enlevées par le bandit; quand il regrette la divine beauté de la lumière, les captives sont des *femmes*, de belles créatures d'en haut, devenues les *captives du serpent, les épouses du démon* (ahi-gopâs, dâsa-patnîs); le dieu lumineux qui les reconquiert est donc leur amant, leur époux; un éternel drame d'amour se passe dans les hauteurs nuageuses entre l'*apyâ yoshâ*, l'*apsaras*, les *gnâs*, les *devapatnî*[1] et *Vivasvat*, le *Gandharva*, *Agni*, *Indra*, c'est-à-dire, quel que soit leur nom, entre l'amant lumineux et la vierge marine. Toutes ces amours et toutes ces luttes se meuvent dans la région intermédiaire entre le ciel et la terre, dans l'atmosphère (*ragas antariksham*), dans la région de la nuée, de l'éclair et des vents; dans la région où *Vâyu*[2], le vent, roule ses attelages retentissants et pousse les grands troupeaux de vaches.

A ces équations : eaux ou nuées = vaches = femmes, ajoutez les équations : nuage = étable = montagne (ou pierre) = forêt (ou arbre); *étable,* parce que c'est là que sont gardées les vaches; *montagne,* parce que les nuées s'accumulent en rochers escarpés, l'eau en jaillit comme des montagnes terrestres, l'étincelle en sort comme du silex heurté; *forêt,* parce que les nuées s'enlacent et s'enchevêtrent commes les rameaux d'un arbre gigantesque, et l'étincelle en sort comme des deux bois de l'*aranî* montant et descendant l'un dans l'autre. Joignez à cela tous les équivalents de l'éclair et du tonnerre, l'éclair étant tour à tour l'*arme du dieu ou du démon*, lance d'or, hache d'airain, pierre ardente, ou bien l'œil lumineux du dieu ou le regard sinistre du démon; le tonnerre étant tour à tour la voix des deux combattants, menace, gémissement, cri de colère, de triomphe, ou for-

---

1. *Apyâ yoshâ* « vierge marine »; *Apsaras* et *Apsarâ* (ap-saras) « celle qui coule au sein des eaux, l'Ondine »; *gnâ* « Femme »; *deva-patnî* « épouse d'un dieu ».

2. Le dieu de l'orage incarné dans le vent. Voir § 97.

mule sacrée récitée par le dieu; ajoutez-y tous les déguisements animaux du héros, taureau visible dans la nuée, cheval impétueux qui sillonne l'atmosphère avec le hennissement du tonnerre, faucon porté sur les ailes de l'éclair, ou divin adolescent, homme du ciel; ajoutez-y les déguisements correspondants du démon [1]; ajoutez enfin les rapports multiples qui s'établissent entre les trois héros du drame (dieu, démon, femme), le dieu amant des femmes marines étant aussi leur fils, puisque, comme dieu lumineux, il naît du sein des eaux, ou frère du démon, car tous deux naissent dans la nuée : le démon ravisseur de la femme étant aussi à l'occasion son séducteur, ou son père jaloux; de tous ces traits, combinés de mille façons, sortent des séries divergentes, mille fois entrecroisées, de mythes et d'images [2].

§ 87. L'arme du dieu est l'éclair, mais il a un allié, Soma.

Le soma est la liqueur enivrante que l'homme lui offre dans le sacrifice [3], et que dans l'atmosphère ou dans le ciel lui préparent les prêtres célestes.

Roi des plantes dont il incarne en lui toutes les vertus de vie et de force [4], il est l'ambroisie (*amṛitam*) qui donne aux dieux leur vigueur et leur immortalité, c'est en buvant le soma que le mortel lui-même atteint la vie éternelle : « nous avons bu le soma, nous sommes devenus immortels »! De soma le prêtre gorge son dieu, pour qu'il soit vaillant et irrésistible, c'est dans l'ivresse du soma qu'Indra abat Vṛitra [5].

---

1. Le dieu et le démon peuvent revêtir la forme de tous les êtres qui rappellent l'éclair ou la nuée par leur couleur, leur mouvement ou leur forme.

2. Nous ne citons que les plus fréquents de ces équivalents : nous en rencontrerons dans la suite nombre d'autres.

3. Elle est extraite aujourd'hui de l'*Asclepias acida*.

4. « The simple-minded Arian people, whose whole religion was a « worship of the wonderful powers and phenomena of nature, had no « sooner perceived that this liquid had power to elevate the spirits, and « produce a temporary frenzy, under the influence of which the indi- « vidual was prompted to, and capable of, deeds beyond his natural « powers, than they found in it something divine : it was to their « apprehension a god, endowing those into whom it entered with god- « like powers, the plants which afforded it became to them the king of « plants » (Whitney, *Journal of the American Oriental Society*, III, 299 sq.).

5. Voir Muir, V. 258, sq. C'est au Soma qui croît dans le ciel que les eaux qui en tombent doivent leurs vertus. Le Soma terrestre lui-

De là le couple Indra-Soma, les deux dieux agissant de concert : « O Indra-Soma ! à vous deux, vous avez conquis le soleil, à vous deux le ciel, vous avez abattu toutes ténèbres et tous ennemis. O Indra-Soma, vous faites briller l'aurore ; ô Indra-Soma, vous tuez Vṛitra, le serpent qui enveloppe les eaux ; le soleil a suivi votre pensée, vous avez lancé les courants des rivières, vous avez étendu les vastes Océans[1]. »

De là Soma, passant au premier rang, abat le *Paṇi*[2], avec Indra pour compagnon. Il passe enfin à l'indépendance absolue : il est par lui-même tueur de Vṛitra (*vṛitra-han*), conquérant du soleil (*svar-shâ*), conquérant des eaux (*ap-sâ*), il crée en coulant le tonnerre retentissant du ciel et la haute lumière commune à tous les hommes.

§ 88. Les dieux ne vivent pas seulement de *soma* et de *miyedha*, de liqueur et de viande ; ils vivent aussi de toute parole qui sort de la bouche du fidèle. Si le soma leur donne la force, la louange de l'homme leur donne l'ardeur, leur rend leur courage ou l'exalte. C'est par l'hymne que les fils de Gotama l'appellent à leur secours ; il aime les chants, la belle louange ; sous les cantiques, il grandit (*vâvṛidhâna*) ; c'est le chantre qui lui met dans la main la foudre dont il vise les redoutes ennemies ; nul ne résiste à sa force divine, quand à l'ivresse du soma s'ajoute celle de l'hymne. C'est à la voix des prêtres Angiras qu'il arrache aux ténèbres l'aurore, le soleil et les vaches.

même vient du ciel : le faucon de l'éclair l'a de là apporté sur terre, malgré le Gandharva qui le garde, malgré Tvashtar qui résiste, malgré l'archer démoniaque Kriçânu qui le poursuit de sa flèche (Kuhn). Deux de ces mythes sont indo-iraniens : au Gandharva védique répond le *Gañdarewa* zend ; *Kriçânu* est le roi Kereçâni que Haoma a renversé. Tvashtar seul est purement védique. Tvashtar, selon nous, n'est qu'une forme de l'Asura du ciel, c'est Varuṇa-*formateur* : Indra lui arrachant le Soma, c'est l'éclair arrachant son trésor au ciel qui le retient, et Tvâshtra, le démon fils de Tvashtar, tué par Trita, fils des eaux, est un démon *varenien*, ne différant de l'Aji dont il a tous les traits physiques (comparer Yaçna 9. 25 et RV. 10. 8, 8), de l'Aji tué en Varena par Thraêtaona, fils des eaux, que parce qu'en lui le démon est conçu comme fils du ciel où il paraît. Nous reviendrons ailleurs sur ce point.

1. RV. 6. 72, 1. sq.
2. *Paṇi* « l'avare » : c'est le démon qui garde pour lui seul les trésors qu'il possède et refuse de les partager. Cette conception peut s'étendre aux dieux, qui prennent alors un caractère équivoque, demi-démoniaque : tels le Gandharva, Tvashtar.

La prière, formule ou cantique, s'érige comme Soma en pouvoir indépendant : elle devient toute puissante sur la nature, et sur le dieu même qu'elle avait d'abord invoqué ou exalté[1]. Il est des paroles entendues des dieux qui font tomber la pluie, et par leurs prières les prêtres sucent le lait de la terre et du ciel; c'est en chantant leurs *mantra* que les prêtres *Atri* ont trouvé Agni ; il y en a qui ont inventé un *sâman* avec lequel ils allument le soleil. C'est par la prière que se succède l'ordre régulier des temps; la nuit et l'aurore font le tour du monde sur les ailes de l'hymne (*chandas-pakshe*). Aussi l'hymne est-il conquérant et tueur de démons comme Soma : c'est en chantant les paroles divines que nos pères, pour la première fois, ont brisé la pierre de l'étable et poussé hors les vaches de l'aurore : ces paroles victorieuses, tueuses de démons, on les entend retentir dans le grondement du tonnerre, cette voix (*vâc*) « qui naît au sein des eaux, du « front de son père, qui tend l'arc du dieu pour tuer l'impie, et « qui pénètre le ciel et la terre[2]. »

Par suite, l'exploit mythique passe du dieu à la prière, comme il avait passé à Soma. Le *brâhman*, « l'Élévation », c'est-à-dire « la prière qui s'élève » *ûrdhvâ dhî*, ou, comme dit encore le Rig avec la racine même du mot brahman, *brihatî dhî*, s'incarne dans le dieu *Brahmanas-pati* ou *Brihas-pati* « le maître de l'Élévation, de la prière », qui, comme Soma et pour les mêmes raisons, tantôt aidant Indra, tantôt aidé de lui, tantôt à lui seul, ouvre l'étable, brise la montagne, lâche le torrent des eaux enfermées dans les ténèbres, dévoile le ciel. C'est la prière, le Brâhman, qui deviendra plus tard le principe suprême du panthéisme indien.

§ 89. Telle est la lutte mythique dans les Védas. La lumière, les eaux, les vaches, les femmes, enlevées par le serpent, sont reconquises par le dieu lumineux, ayant pour armes ou pour alliés l'éclair, Soma, l'hymne. La lutte se passe dans la nuée, aux bords de la rivière, dans la forêt, sur la montagne.

II.

§ 90. Le Mazdéisme a fait un double emploi des éléments

---

1. La prière de l'homme est en général d'accord avec le cours de la nature : il demande la pluie dans la sécheresse; or, la pluie suit la sécheresse; la lumière dans les ténèbres ; or, la lumière suit les ténèbres : le vœu satisfait se croit obéi et s'érige en puissance.

2. RV. 10. 125, 6.

mythiques que lui fournissait la religion indo-iranienne. D'une part, il conserve fidèlement les récits mythiques tout faits qu'il en avait reçus, sans leur faire subir d'autre transformation que de les convertir de mythes en légendes, de sorte que les vieux drames mythiques des Indo-Iraniens, descendant de la scène céleste sur la terre, s'espacent dans le temps et forment par leur succession l'histoire héroïque de la Perse ancienne. D'autre part, il combine à nouveau les traits mêmes que lui fournissent ces mythes, pour faire, d'une façon systématique, l'histoire de la lutte cosmique, depuis les origines du monde jusqu'à la fin des temps. Ainsi, d'une part, le Serpent orageux persiste et se continue directement dans le serpent mythique et légendaire de l'Avesta, *Ajis* Dahâka; d'autre part, il se reproduit parallèlement dans Ahriman, mais en s'y mêlant à une conception nouvelle, celle d'un souverain du mal, d'un contre-créateur. Ahriman peut donc se définir : *Ajis* mis à la hauteur de Çpeñta-Mainyu, et tous ceux des actes d'Ahriman, qui ne sont pas calqués sur ceux d'Ormazd, sont actes d'Aji. Avant donc de nous attaquer directement à Ahriman, étudions Aji.

§ 91. Le mot *Aji* (pour *Azi*) est la forme zende du védique *Ahi*, et, comme lui, signifie *serpent*. Comme nom propre, il désigne le serpent mythique et est en général accompagné de l'adjectif *dahâka*, synonyme et équivalent du védique *dâsa* « démon », épithète d'Ahi[1]. Les mythes du serpent, relativement peu développés dans le Rig-Véda, qui est resté trop près de la source naturaliste, et qui n'a point su faire d'Ahi un nom propre, ont pris une grande extension dans l'Avesta; l'Avesta a réuni sur la tête d'Aji une série de mythes du même ordre, qui sont pour la plupart tombés en légendes. Ces mythes peuvent se ranger en trois classes, selon l'adversaire d'Aji Dahâka; ses trois adversaires sont Âtar, Traêtaona, Yima.

---

1. La voyelle radicale diffère de quantité; mais le Rig possède, à côté de la forme commune *dâsa*, une forme qui a la brève, *dasa* (6. 21, 11 : ye manum cakrur uparam *dasâya*); ce n'est point une licence poétique exigée par la mesure, car le mot *dasyu*, qu'on ne peut songer à séparer de *dasa*, a la brève, et d'ailleurs ce qu'on appelle licence poétique n'est en général qu'un droit ancien tombé en désuétude. C'est à cette forme *ancienne* dasa, à laquelle la langue védique ne recourt que sous la pression de la nécessité, que remonte le zend dahâka. Le suffixe ajouté -*âka* est le suffixe -*âk* du pehlvi.

§ 92. Dans la lutte contre Âtar, le caractère naturaliste du mythe est encore transparent. « Alors s'avança, enveloppé de « splendeur, Atar, le fils d'Ahura-Mazda, se disant : « Je vais « saisir cette inextinguible lumière[1]. Et par derrière fondit Ajis, « aux trois mâchoires, impie, songeant à l'éteindre.

« Laisse-la voir, ô Atar, fils d'Ahura-Mazda ; si tu retiens « l'inextinguible lumière, je fondrai sur toi, si bien que tu « n'auras plus à éclairer la terre créée par Ahura, à défendre « les mondes de l'Asha[2].

« Alors Atar ouvrit ses mains, craignant pour la vie, tant Aji « était effrayant.

« Alors fondit en avant Aji aux trois mâchoires, impie, se « disant : « Je vais saisir cette inextinguible lumière ; alors, « derrière lui, vint, enveloppé de splendeur, Atar, fils d'Ahura-« Mazda, qui s'écria :

« Laisse-la voir, Aji aux trois mâchoires, impie ; si tu retiens « cette inextinguible lumière, je te pénétrerai dans le derrière, « je t'éclaterai dans la mâchoire, si bien que tu n'auras plus dans « la suite à faire tes incursions sur la terre créée par Mazda, à « porter la mort dans les mondes de l'Asha, » et Aji ouvrit les « mains, craignant pour la vie, tant Atar était effrayant.

« La lumière se gonfle et ruisselle[3] dans la mer Vouru-kasha ; « alors la saisit le *Fils des eaux* aux chevaux rapides ; il la « convoite, le Fils des eaux aux chevaux rapides : « je veux « saisir cette inextinguible lumière, l'emporter au fond de la mer « profonde, au fond des rivières profondes. » — Nous adorons le

---

1. Il ne s'agit pas de la lumière en général, mais du *kavaêm qarenô* « ou lumière souveraine », c'est-à-dire de la lumière qui donne la souveraineté à celui sur qui elle descend (le *farr* de Firdousi, le *Khureh* des modernes ; voir Spiegel *Eranische Alterthumskunde*, II, 44) ; mais tous ceux qui sont cités dans l'Avesta, comme le possédant, sont des dieux ou des héros légendaires, autrefois mythiques ; disputer la lumière souveraine, c'est tout simplement disputer la lumière : le héros règne en souverain par cela seul qu'il l'a saisie.

2. *Fra thwâ paiti apdtha nôit apaya uzraocayâi* ; la valeur verbale de apâtha (préfixe *â*, racine *pat*) est rendue évidente par la réponse symétrique d'Atar : *nôit apaya a-fra-patâi*. Il faut probablement lire *apathâ* (ou *apatâ*).

3. *Frapinaoiti*, de *fra-pinu* = védique *pra-pinv*. *Pra-pinv* s'emploie en parlant de la lumière aussi bien que des eaux. A *qarenô frapinaoiti* répond exactement *pinvate svar* (RV. 5. 83, 4) ; la métaphore est complète dans *sûryam apinvo arkais* : « tu as fait ruisseler le soleil de lumière » (9. 97, 31).

« Seigneur qui est dans les hauteurs, souverain, lumineux, le
« Fils des eaux, aux chevaux rapides[1]. »

L'on reconnaît tous les éléments de la vieille lutte mythique : d'une part, le dieu lumineux, Atar ou *Apãm-Napât*, le Feu ou le fils des Eaux ; d'autre part, le serpent ravisseur : la lutte a pour théâtre le Vouru-kasha « la mer aux larges abîmes[2] » qui est la demeure du lumineux fils des eaux, c'est-à-dire l'océan *atmosphérique* de l'orage[3].

La lutte mythique, sous cette forme, est encore très-près des origines naturalistes. L'enjeu n'a point changé, c'est toujours la lumière qu'un démon veut enlever : le caractère vrai du héros est rendu plus sensible que dans la lutte védique par le nom qu'il porte : Atar, le Feu ; le héros indien, Indra, est déjà dégagé de l'élément matériel ; il est une personne. Mais inversement, le démon, Ahi, qui dans les Védas n'est toujours que le serpent du nuage, a déjà oublié son caractère dans l'Avesta. Aji est déjà une personne, il est d'ores et déjà capable d'avoir une histoire, et par suite de tomber dans la légende.

§ 93. Il y tombe absolument quand le héros à son tour devient une personne, dans le mythe de Thraêtaona. « Thraêtaona tua
« Aji Dahâka, aux trois mâchoires, aux trois têtes, aux six
« yeux, aux mille énergies, très-puissant, *drug*[4] démoniaque,
« fléau assaillant les mondes, la *drug* la plus puissante qu'ait
« créée Aṅra-Mainyu contre le monde matériel, pour faire périr
« le monde de l'Asha[5]. » L'ancien serpent du nuage est devenu ici un fléau terrestre, vaincu par un héros terrestre. Mais ni le héros ni la lutte n'ont été terrestres de tout temps : en effet, d'une part, le héros est de la famille des *Athwya*, littéralement *des Fils de l'Eau*, c'est-à-dire qu'il est l'équivalent d'Apãm-Napât, d'Atar, du combattant lumineux de la nuée ; d'autre part, la lutte a pour théâtre « le Varena aux quatre angles, pour lequel naquit
« Traêtaona, meurtrier d'Aji Dahâka », c'est-à-dire que l'enjeu de la lutte était l'*Ouranos*, le Ciel, que le serpent orageux a saisi, et d'où le repousse le dieu lumineux, sorti des eaux du nuage[6].

---

1. Yasht 19. 47-52.
2. Vouru-kasha serait en védique *uru kaksha;* cf. RV. 6. 45, 31 : *urus kaksho* gàṅgyas « le large abîme de la Gaṅgà » (le Gange).
3. Voir §§ 98 et 175 une autre version de cette lutte d'après les sources arméniennes.
4. Voir § 215.
5. Yaçna 9, 25, sq. — 6. Cf. p. 69.

Dans la légende héroïque du livre des Rois, Aji Dahâka[1] est devenu un usurpateur qui s'est emparé du trône, et Traêtaona est le héros libérateur; l'objet de la lutte seule a changé : les deux combattants, sous leurs titres nouveaux, continuent la lutte mythique dans tous ses détails et tel des traits conservés par Firdousi nous reporte plus près des origines que l'Avesta même : *Purmâyeh*, la vache merveilleuse, à la robe éclatante et aux mille couleurs, qui a nourri Feridun[2] de son lait et que tue l'homme à la face de serpent, nous rappelle immédiatement la vache céleste de la nuée, et le fils des Eaux, nourrisson de la vache, remonte de sa royauté et de ses luttes terrestres à la royauté et aux luttes atmosphériques.

Thraêtaona est un héros indo-iranien. Dans les Védas, sous le nom de *Trita Aptya* « Thrita, le fils des Eaux » et de Traitana[3], « il a dompté le démon aux trois têtes, aux six yeux, (*triçîrshânam shal-aksham*) et a lâché les vaches »; là, il a gardé pleine conscience de sa valeur primitive, mythique et naturaliste.

§ 94. Aji, détrôné par Thraêtaona, avait usurpé sur Yima. Le démon sombre est vaincu par la lumière, mais c'est que tout d'abord il l'avait vaincue elle-même.

De ses rapports avec Yima, retenons pour l'instant un seul trait, qui permettra de ramener ici encore les deux héros à leur forme primitive. Dans le Shâh Nâmeh, Aji Dahâka, après son usurpation, enlève les deux filles de Yima; Feridun les délivre et

---

1. Sous le nom de Zoh'h'âk (= Dahâka modifié par l'étymologie populaire qui y reconnut l'arabe *zah'h'âk* « le rieur », de la racine *zah'ika* « rire » (la même qui a donné le nom d'Isaac); la forme plus complète *ajdahâ* est restée nom commun et signifie « dragon ». Pour l'histoire du mythe de Thraêtaona, voir l'étude de M. Roth dans la Zeitschrift der Deutschen morgenlændischen Gesellschaft, II, 216.

2. Forme persane de *Thraêtaona*.

3. Le nom Traitana n'est qu'un dérivé de Trita; les deux mots semblent signifier l'*humide* (Cf. Τρίτων). L'Avesta connaît aussi Thrita; mais le mazdéisme a utilisé la présence de ces deux noms pour dédoubler le héros. Thrita devient « le premier des guérisseurs » (Vendidâd 20). Trita-Traitana est le fils des Eaux conçu comme prêtre du Soma (9. 32, 2; 37, 4, etc.); de même Thrita-Thraêtaona (Yaçna 9. 28, 30); or, Soma-Haoma est le remède universel (RV. 1. 90, 6; Yaçna 9. 66 sq.); donc Thrita-Thraêtaona pouvait être à la fois guérisseur et héros : les rôles ont été répartis. La répartition n'a pas été parfaite : de là, Thraêtaona invoqué contre la *maladie* en même temps que contre le *serpent*. Yast 13. 131.

c'est sous leurs yeux qu'il terrasse le démon; d'autre part, d'après le Bundehesh, « Yimeh, la sœur de Yima, devint l'épouse d'un démon, et sous le règne d'Aji Dahâka, chaque jeune fille épousait un démon[1] »; ces deux renseignements, différents dans le détail, mais concordants dans leur donnée générale, nous montrent que l'enjeu de la lutte, c'est la possession de la *gnâ*, de la Femme; Yimeh restera-t-elle à son frère, à son époux[2]? ou deviendra-t-elle la proie du démon, du serpent[3]? Le héros est vaincu, « la lumière souveraine l'a abandonné[4] » et Yimeh, tombée aux mains de son vainqueur, a été rejoindre la *dâsapatnî*, l'*ahigopâ* védique; elle devient, elle aussi, « la proie

---

1. Bundehesh, chap. 23.
2. Yimeh est sœur de Yima : mais, en langage mythique, sœur et épouse sont synonymes, le couple du dieu et de la déesse s'exprimant soit par le titre d'époux, soit par le titre de frères. Au couple mazdéen de *Yimeh-Yima* répond le couple védique de *Yama* et de *Yamî* « les deux jumeaux ». Le mariage des deux jumeaux est indo-iranien : car l'hymne védique où Yama repousse l'amour de Yamî, *au nom de la morale*, prouve l'existence de mythes où il ne le repoussait pas : cet hymne, qui appartient à la partie la plus récente du Rig-Véda (10ᵉ livre, hymne 10) est une protestation, et par suite une confirmation. Peut-être y a-t-il eu un temps où l'inceste était passé, en Inde comme en Perse, des mœurs célestes dans les mœurs terrestres. L'organisation politique des tribus, l'isolement des clans, ne suffit pas à expliquer la sainteté dont cette union (le *qaêthvôdatha*) jouissait dans la Perse antique; il fallait qu'il y eût encore et surtout le sentiment d'un devoir religieux, d'un modèle divin à suivre, d'une ὁμοίωσις Θεῷ.
3. Quoique devenu homme et roi, Zohak est toujours pour ses captives le *Serpent* : « Nous sommes, disent-elles à Féridoun, deux filles inno- « centes, de race royale, que la crainte de la mort lui a soumises; mais « comment pourrait-on supporter, ô roi, de se coucher et de se lever « avec un serpent pour compagnon ? » (*Bâ gufti mâr;* Livre des Rois, éd. Mohl, I, 100-101. A travers tous les progrès de l'anthropomorphisme, reparaissent les *ahigopás*. Ces vers de Firdousi ne donneraient-ils pas l'explication de ces mots de F. Maternus (de errore profanarum religionum 5) : Persae et Magi ... mulierem triformi vultu consistunt monstrosis eam serpentibus illigantes? Peut-être faut-il déplacer *triformi vultu* et le placer près de *monstrosis* et l'on aura le *Aji thrizafan* des textes zends.
4. Yast 19. 32 sq. La chute de Yima est amenée par le péché. Selon Firdousi, il s'est déclaré dieu; l'Avesta est moins précis : la lumière souveraine s'est éloignée de lui sous la forme d'un oiseau, lorsqu'il a commencé à aimer les paroles fausses et mensongères. C'est l'équivalent du mythe de Bhrigu, qui méprise Varuna comme étant plus savant que lui (cf. page 74), du mythe de Meshia proclamant mensongèrement a divinité d'Ahriman (§ 234).

du serpent, l'épouse du démon », jusqu'au moment où sonnera l'heure de sa délivrance, où le démon à son tour s'évanouira devant la marche victorieuse d'un dieu nouveau, d'un vengeur, jusqu'au moment où Féridun, le Fils des Eaux, terrassera le serpent et tirera de sa prison la vierge lumineuse.

§ 95. Tels sont les principaux mythes concernant Aji : en tout et partout, il dérive directement de l'Ahi indien[1], du serpent nuageux des Védas, soit qu'il dispute la lumière, soit qu'il tue la vache, soit qu'il enlève la vierge céleste. Le développement légendaire ne fait que changer les noms des objets et des combattants, sans changer les choses mêmes et leurs rapports. Mais en même temps, ce développement explique pourquoi Ajis n'est point devenu le souverain du mal, le principe mauvais. Du moment qu'il avait été entraîné dans le courant légendaire, déchu à une royauté terrestre, puis humaine, il ne pouvait plus prétendre au rôle souverain dans l'empire du mal ; il n'était plus qu'un des héros du mal, il n'en était plus le dieu. Mais en même temps que la légende le déformait de toutes les façons, par une de ces contradictions si fréquentes dans les mythologies, qui sans cesse remaniées d'un autre côté et dans un autre sens, conservent toujours par des hasards inévitables quelques-uns des traits primitifs, la légende respectait et proclamait en lui l'attribut essentiel du démon mythique, l'*immortalité*. Quand Thraêtaona l'eut vaincu, il ne put le tuer et l'enchaîna au Demavend : ce n'est qu'à la fin du monde qu'il périra. En effet, le démon de l'orage ne meurt pas, ne peut pas mourir. On le voit toujours, après sa défaite, reparaître et prendre sa revanche. Aji ne disparaît donc qu'à la fin des temps ; il disparaît avec Ahriman[2], parce qu'au fond Ahriman n'est qu'Aji, Aji opposé à Çpeñta-Mainyu. C'est ce que nous allons vérifier en exposant le récit de la lutte cosmique.

Cette lutte a deux instants décisifs : l'invasion d'Ahriman, son expulsion. Entre ces deux points extrêmes, se place le fait qui doit préparer la victoire définitive d'Ormazd : l'apparition de Zoroastre, la prédication de la loi. Nous étudierons dans trois chapitres successifs l'invasion d'Ahriman, la lutte d'Ahriman et de Zoroastre, l'expulsion d'Ahriman, les trois faits essentiels de la vie du monde et qui constituent la *dynamique* du système ; un quatrième chapitre sera consacré à la *statique* du système, c'est-à-dire, aux rapports d'Ormazd et d'Ahriman avec l'universalité des êtres.

1. Ou pour parler plus exactement *indo-iranien*.
2. Voir §§ 186 sq.

CHAPITRE III.

INVASION D'AHRIMAN.

Sommaire : I. Position respective des deux adversaires. §§ 96-99.
    II. Invasion d'Ahriman d'après le Bundehesh. §§ 100-114.
    III. Invasion d'Ahriman d'après Plutarque. § 115.
    IV. Faits cosmogoniques concomitants à l'invasion d'Ahriman. §§ 116-121.
    V. Meurtre du Taureau. §§ 122-128.
    VI. Meurtre de Gayomert, le premier homme. §§ 129-151.

I.

§ 96. Les deux principes. Leur siége. — § 97. Lieu de leur mêlée, le Vâi : dérive du Vâyu indo-iranien, c'est-à-dire de l'atmosphère, où se rencontrent le dieu et le démon dans l'orage. — § 98. Le Vâi est-il identique au Μίθρα Μεσίτης de Plutarque? — § 99. Victoire finale de la lumière.

§ 96. Ormazd, dans les hauteurs, réside, avec l'omniscience et la bonté, dans la lumière infinie; Ahriman, dans l'abîme, réside, avec l'ignorance et la méchanceté, dans les ténèbres infinies. « Entre eux est le vide que l'on appelle Vâi. C'est là qu'a lieu le mélange des deux principes[1]. »

Ormazd, on le sait déjà, est dans les hauteurs et dans la lumière infinie parce qu'il a été autrefois le ciel lumineux; et c'est parce qu'il est lumière qu'il est omniscient et bon[2]. Ces

---
1. Bundehesh 1. 6 sq., 14, 15.
2. Voir §§ 34, 67 sq.

qualités se retrouvent dans Ahriman en projection négative : Ormazd étant dans les hauteurs et dans la lumière infinie, Ahriman est dans l'abîme et dans les ténèbres infinies ; Ormazd étant omniscient et bon, Ahriman est ignorant et méchant. Ce n'est point que l'on ne puisse trouver, dans une certaine mesure, dans la conception même du démon indo-iranien, le germe des attributs prêtés à Ahriman : le Rig-Véda connaît « les ténèbres inférieures » *adharam tamas*, où le fidèle demande que soient engloutis ses ennemis[1] ; et il est possible que, déjà dans la période indo-iranienne, le spectacle de la lumière qui plane dans les hauteurs du ciel et se brise à l'obstacle infranchissable de la terre, eût amené la conception de ténèbres au-dessous de nous s'opposant à la lumière qui est au-dessus de nous, de ténèbres dans l'abîme à la lumière dans les hauteurs. Mais c'est l'œuvre propre du mazdéisme d'avoir, d'une part, fait de cet élément vague et incertain un principe déterminé et consistant, en donnant aux ténèbres d'en bas l'infini que possède la lumière d'en haut, et d'autre part, d'avoir opposé d'une façon systématique ces ténèbres à cette lumière.

Il en est de même des attributs de méchanceté et d'ignorance. Dans le Rig-Véda, le démon qui enlève la lumière et les eaux est trop peu personnel, trop peu réfléchi, pour s'élever à cette *volonté de mal* qui domine dans le démon iranien. Celui dont le nom est le plus près d'exprimer quelque chose de pareil, *Çamvara* « celui qui emprisonne le bien », ne montre pas en fait une perversité plus haute ni plus large que Vritra ou Ahi. Les seules expressions générales du mal sont *Mṛityu* « la Mort » et *Nirṛiti* « la Destruction » : « ne nous livre pas à la mort, ô Soma, puissions-nous voir le soleil se lever ! que nous vienne une vieillesse déroulée au sein des jours ! qu'au loin s'en aille la *Nirṛiti* »[2] : mais, ni *Mṛityu* ni *Nirṛiti* ne dérivent de démons, ce sont des puissances redoutées, mais révérées et divines[3] : l'idée de méchanceté n'y entre pas : le védisme connaît des forces mauvaises, il ne connaît pas de forces méchantes. En était-il de même dans la période indo-iranienne, ou bien est-ce que l'Inde a oublié le passé et prélude déjà à ses systèmes d'un calme suprême ?

1. RV. 10. 152, 4.
2. RV. 10. 59, 4.
3. Mrityu est identique à *Agni-Yama*. La Nirriti est *devî*. — *Tyagas*, identique pour la forme à l'*ithyêgô* zend, n'est que nom commun dans les Védas. Le mot n'avait point de valeur consacrée dans la langue indo-iranienne.

Dans un cas ou dans l'autre, le mazdéisme a précisé : son démon fait le mal pour le mal : sa méchanceté est « désir de destruction »; tout ce que créera Ormazd deviendra la mire de son effort, sa méchanceté est *organisée* par la bonté d'Ormazd. L'ignorance pouvait également sortir directement du démon ténébreux. Le même instinct psychologique qui met science dans la lumière pouvait mettre ignorance dans les ténèbres, et si le dieu lumineux sait tout parce qu'il voit, on pouvait dire aussi bien : « le démon ténébreux ne sait rien, parce qu'il ne voit rien ». Ahriman est en effet appelé « ténébreux et *aveugle* », mais c'est là une idée propre au mazdéisme, semble-t-il, non reçue, au moins sous cette forme précise, de la période antérieure; il l'a développée sous la pression d'Ormazd, et, l'analogie dépassant la vérité mythique, l'ignorance d'Ahriman se moule sur l'omniscience d'Ormazd : Ormazd prévoit et connaît d'avance les conséquences de ses actes; Ahriman agit sans prévoir et ne connaît les conséquences que quand il les subit[1].

§ 97. Entre Ormazd et Ahriman s'étend un vide, le Vâi. C'est là qu'a eu lieu le mélange des deux principes, la *mêlée*[2].

Le mot *Vâi* se retrouve, combiné avec la préposition *añtar* (entre), dans le mot *andarvâi* « l'atmosphère », littéralement « le vâi qui est entre (le ciel et la terre) ». Le mot *vâi* répond au zend *vayu*, au védique *vâyu*; qu'est-ce donc que *vayu* et *vâyu* ?

Le mot Vâyu, dans les Védas, est en général un nom propre : c'est le nom d'une divinité presque constamment invoquée avec le dieu ordinaire de l'orage, Indra. A la fin de la période védique, il lui est devenu identique : « la lumière a trois formes, dit le Nirukta : terrestre, elle est *Agni*; atmosphérique, elle est *Indra* ou *Vâyu*; céleste, Sûrya ou Savitar (le soleil) ». La trinité védique s'exprime donc soit par la formule Agni-*Indra*-Sûrya, soit par la formule Agni-*Vâyu*-Sûrya.

Comme nom commun, *vâyu* est le vent et la région du vent, la région où se meuvent les oiseaux et les vaches atmosphériques. Il est de là permis de conclure : Vâyu-chose est le vent et la région du vent, et Vâyu-personne est le dieu d'orage, désigné comme agissant dans le vent, dans la région du vent.

Dans l'Avesta, *Vayu* est un dieu qui agit dans les hauteurs

---

1. C'est ce qu'on appelle l'*akher dânish* « præpostera scientia ».
2. Le *gumîzishn*.

(*uparô-kairyô*), un dieu qui frappe, un dieu conquérant, conquérant de la lumière, anti-démoniaque ; dieu à la lance aiguë, à la large lance, à la lance pénétrante, tout lumineux ; fort entre les forts, rapide entre les rapides ; un dieu retentissant, aux anneaux sonores, au casque d'or, à la queue d'or, au collier d'or, au chariot d'or, à la roue d'or, aux chaussures d'or, à la ceinture d'or, à l'arme d'or [1].

Ces traits transparents prouvent combien l'Inde a raison d'identifier Indra et Vâyu ; on reconnaît tout l'attirail du dieu d'orage, lumineux et bruyant, et *Vayu*, comme *Vâyu*, est le dieu orageux conçu comme habitant dans la région du vent. C'est comme dieu orageux, et par suite comme vainqueur de démons, qu'Ahura-Mazda lui offre le sacrifice, en implorant son secours : « Donne-moi, ô Vayu qui agis dans les hauteurs, de « frapper ces créatures d'Aṅra-Mainyu et que nul ne frappe « celles de Çpeñta (Ahura) ! [2] »

Mais Vayu n'est pas seulement le dieu de l'atmosphère, c'est aussi, comme le Vâyu védique, l'atmosphère même : le nom pehlvi de l'atmosphère *andar-vâi*, « le *vâi* qui est entre ciel et terre », prouve que *vâi* n'est pas seulement nom de personne, mais aussi nom de chose, et, comme tel, il ne peut avoir d'autre sens que celui de « vent, région des vents », c'est-à-dire qu'il est un ancien synonyme de Andar-Vâi. Ce sens ressort d'une des formules du Yast de Vayu : « Nous t'invoquons, ô « Vayu, nous invoquons la partie de toi qui appartient à la « bonne création [3]. » Il est clair qu'il s'agit ici de Vayu chose et non de Vayu personne. Il y a donc deux Vayu [4], deux atmosphères, ou, pour mieux dire, deux parties dans l'atmosphère, l'une appartenant au bien, l'autre au mal.

Or, quel est le lieu du combat mythique dans les Védas ? C'est l'atmosphère. Où le mazdéen, de son côté, envoie-t-il sa prière combattre le démon, terrasser « le Kaqaredha, le Kayadha, le ravisseur, le Zañda, le Yâtu » [5] ? C'est « entre le ciel et la terre », c'est-à-dire dans l'atmosphère. C'est dans l'atmosphère que se rencontrent le dieu lumineux et le démon ténébreux, et par suite, la mêlée des deux principes dans le Vâi n'est plus autre chose que l'ancienne mêlée des deux héros de

---

1. Yasht 15, 45 sq.
2. Yasht 15, 3.
3. Yasht 15, 5.
4. Cf. § 244, notes.
5. Yaçna 60. Voir § 103.

l'orage au sein de l'atmosphère. Cette formule parsie : « les deux principes se mêlent dans le vâi » dérive de celle-ci, expression de mythes indo-iraniens : « le dieu et le démon de l'orage font leur mêlée dans la région de Vâyu ». Sans doute, pour le Parsi, ce vide, où se mêlent la lumière infinie et les ténèbres infinies, n'est plus l'atmosphère ; ce n'est plus un monde visible, que le doigt du fidèle puisse montrer, et s'opposant comme autrefois aux deux autres mondes visibles, la terre et le ciel. Le Vâi a changé, parce que ses deux vis-à-vis ont changé : le ciel a fait place à la lumière infinie qui a projeté en face d'elle, à la place de la terre, les ténèbres infinies ; mais les fonctions mêmes du Vâi n'ont pas changé ; c'est toujours le lieu où se rencontrent dans la mêlée les deux vieux adversaires, aujourd'hui transformés de personne ténébreuse ou lumineuse en principe de ténèbres ou de lumière. Le Vâi du Bundehesh dérive donc directement, sans solution de continuité, du Vâyu indo-iranien, du Vâyu visible et atmosphérique[1]. Le Yasht des Férouers sait encore que tout l'effort de la lutte entre Çpeñta-Mainyu et Añgra-Mainyu porte entre ciel et terre[2] ; c'est entre ciel et terre que va la formule, pour abattre Añgra-Mainyu, le démon à la mauvaise création, tout de mort[3], et, sous la métaphysique parsie, le vieux naturalisme mythique des Indo-Iraniens perce de toute part à fleur de terre.

§ 98. C'est ici le lieu d'examiner une indication de Plutarque, qui a fait écrire beaucoup de dissertations inutiles. Après avoir dit qu'Oromazès ressemble surtout à la lumière parmi les choses sensibles, et Areimanios aux ténèbres et à l'ignorance, il ajoute : « Entre les deux est Mithra ; c'est pourquoi les Perses l'appellent aussi le médiateur (Μεσίτην)[4]. »

Le paragraphe précédent a montré que « entre les deux », ἀμφοῖν μέσον, comme dit le document grec, traduisant fidèlement le pehlvi *acsân miyân*, il y a, non *quelqu'un*, mais *quelque chose*, Vâi, l'atmosphère. Comment l'écrivain grec a été amené à confondre le Vâi avec Mithra, qui a si peu de rapport avec lui, le Minokhired nous l'explique. Mithra, devenu le dieu de la bonne foi, de la vérité, est comme tel le premier des juges infernaux, et toutes les fois qu'une âme quitte le corps, disputée par les

---

1. Preuve de l'existence de la division tripartite du monde dans l'ancienne religion iranienne (cf. page 81).
2. Voir plus haut, page 85.
3. Yaçna 60. 5.
4. Isis et Osiris, § 46.

bons génies et les démons, quand, avant de passer au paradis ou de tomber en enfer, ses actions sont pesées dans la balance de Rashn, « la *médiation* (miājī) est exercée par Mithra, Çraosha, Rashnu ». Mithra est donc bien médiateur, comme le veut Plutarque, mais au sens moral, non métaphysique, à la façon des Minos et des Rhadamanthe, non à la façon du Vâi. L'indication inexacte de Plutarque est donc née de la combinaison de deux indications exactes : il connaissait l'existence d'un intermédiaire entre les deux principes, et il savait que Mithra était médiateur : mais à l'époque où il écrivait, Mithra était fort connu et le Vâi n'offrait guère de sens à un Grec; de là, Mithra médiateur entre les deux principes.

Cette erreur était d'autant plus naturelle, qu'il semble que cette médiation morale de Mithra, ce rôle de juge, il l'ait étendu même en dehors du cercle de la mort, et peut-être qu'à l'époque de Plutarque existaient des mythes où Mithra paraissait comme arbitre entre Ormazd et Ahriman. L'évêque arménien Eznig, qui écrivait au V⁰ siècle, raconte qu'un jour « Arhmèn convia Ormizt « à un repas; Ormizt y étant allé, ne voulut pas manger que « d'abord leurs fils ne se fussent battus; et le fils d'Arhmèn « ayant terrassé le fils d'Ormizt, (les deux pères) furent à la « recherche d'un juge, et n'en trouvèrent pas; puis ils firent le « soleil pour qu'il devînt leur juge[1]. » Or, à l'époque où écrit

---

1. Eznig, *Refutatio haeresiarum*, page 94 de la traduction Levaillant. Ces fils d'Ormitz et d'Arhmen sont Atar, le seul fils connu d'Ahura Mazda, et Ajis dont le Bundehesh fait un fils d'Ahriman (chapitre 3). C'est là une version intéressante du combat d'Atar et d'Aji (voir p. 103); la lutte se livre à l'occasion d'un festin : nous retrouverons plus loin des exemples de festin-orage et sous une forme plus proche des origines (§ 175). La lutte se termine par la création du soleil; c'est en effet par là que se termine toujours la lutte d'orage : « faire naître le soleil » (*sûryam ganayan*) est dans les Védas un des mérites ordinaires du dieu vainqueur (RV. 2. 19, 3); le mythe iranien transforme cette création banale du soleil, qui se reproduit dans toutes les luttes d'orage, en un acte accompli une fois pour toutes, en fait historique, cosmogonique (Cf. §§ 116 sq.).

Une autre différence, c'est que la création, œuvre du dieu dans les Védas, est ici faite en commun par les deux adversaires : conception légitime, car sans le démon il n'y aurait pas à créer le soleil. Le mythe entier se résume donc en trois formules mythiques : 1⁰ Quand le ciel s'allume dans l'orage, on dit : voici Ahriman qui allume sa cuisine (cf. § 175); 2⁰ pendant l'orage : voici aux prises Atar et Aji; 3⁰ quand le soleil reparaît : les deux adversaires en ont assez, ils créent le soleil. Quant au rôle d'arbitre prêté au soleil, cf. § 239 fin.

Eznig, Mithra est depuis longtemps déjà devenu le soleil; donc Mithra était arbitre même entre dieux et démons. S'il avait déjà cette fonction dans les documents consultés par Plutarque, l'erreur de l'écrivain grec ne s'explique que plus facilement et n'est plus une erreur que par la place où elle paraît et le sens qui lui est donné.

Reprenons l'exposition du Bundehesh.

§ 99. « Ormazd sera toujours, Ahriman ne sera pas toujours. La souveraineté et la création d'Ormazd vivront dans l'éternité, celles d'Ahriman disparaîtront. » Autrement dit, la lutte cosmique doit finir, comme finit la lutte mythique dont elle est l'extension. Dans l'orage, le démon ténébreux est toujours vaincu et disparaît devant le dieu de lumière : même dénouement pour la lutte étendue à toute la durée de l'univers : la lumière vaincra et restera.

II.

Sommaire : § 100. Récit de l'invasion d'Ahriman d'après le Bundehesh. — § 101. Double création et double lutte : mystique, puis matérielle. — § 102. Dédoublement de la création. Création mystique. — § 103. Dédoublement de la lutte. Lutte mystique. — § 104. La lutte matérielle. — § 105. Lutte contre le ciel. Origine. — § 106. Ahriman et le Serpent. Son regard. — §§ 107-108. Les vainqueurs sont ceux du Serpent : 1° Atar et Vohu-Manô; 2° Asha-Vahista et Verethraghna. — § 109. Ahriman enchaîné. — § 110. Transferts de mythes d'Aji à Ahriman. — § 111. Rôle du Ciel dans la lutte. — § 112. Rôle des Férouers-étoiles. — § 113. Rôle des Férouers-Pitris. — § 114. Conclusion.

§ 100. « Ormazd, par son omniscience, connaissait l'existence d'Ahriman, et ce qu'il méditait et que jusqu'à la fin des choses il se mêlerait au monde pour faire le mal ; il savait quelle en serait la fin et comment elle viendrait. Il créa donc spirituellement les créatures nécessaires : trois mille ans durant, elles furent dans les régions spirituelles, incorruptibles, immobiles, sans atteinte. Ahriman, dans son ignorance, n'était pas instruit de l'existence d'Ormazd, il bondit des abîmes et vint dans la lumière. Quand il vit la lumière d'Ormazd, insaisissable à la Druǵ, dans sa nature de meurtre et de haine il s'élança pour la destruction. Quand il vit la valeur, la force victorieuse, la gloire de son adversaire, en regard de ce qu'il était lui-même, il s'enfuit dans l'obscurité et les ténèbres, il créa nombre de démons et de Druġ, créatures de meurtre, et s'élança à la lutte [1].

« Ormazd savait comment devait finir la chose. Il descendit au devant d'Ahriman et lui offrit la paix en lui disant : Ahriman, sois bienfaisant à ma création, offre-lui l'hommage ; en récompense, puisse la tienne aussi être affranchie de la mort et de la vieillesse, de la faim et de la soif.

« Ahriman se dit : Ormazd est impuissant, c'est pourquoi il m'offre la paix. Il répondit : non, je ne céderai pas, je ne serai pas bienfaisant à ta création, jamais pour faire le bien je ne serai d'accord avec toi, je détruirai éternellement tes créatures, les rendrai ennemies de toi, amies de moi.

« Ormazd reprit : Tu n'es ni omniscient, ni tout-puissant, ô Ahriman ; tu ne peux faire périr ma création et tu ne peux faire qu'elle s'écarte de moi.

« Alors Ormazd, dans son omniscience, se dit : Si je ne fixe un temps pour la lutte, il se pourra qu'il fasse incliner vers lui ma création (c'est ainsi qu'à présent, temps de la mêlée des deux principes, l'on voit des hommes qui font plus de mal que de bien). Il dit donc à Ahriman : Fixe un temps pour la lutte de notre mêlée, fixe-le à 9,000 ans. L'aveugle Ahriman, dans son ignorance, accepta. Ormazd voyait par son omniscience que de ces 9,000 ans, 3,000 iraient à sa volonté, 3,000 à la volonté mêlée d'Ormazd et d'Ahriman, et que dans les 3,000 derniers Ahriman deviendrait impuissant et serait refoulé hors de la création. »

« Alors Ormazd récita les vingt-et-une paroles de l'Ahuna-Vairya. Au premier tiers de la prière, Ahriman, de terreur, courba le corps ; au second tiers, il tomba sur les genoux ; au troisième tiers, il sentit son impuissance, retomba dans les ténèbres et resta dans le trouble pendant 3,000 ans.

« Pendant le trouble d'Ahriman, Ormazd créa le monde. De la bonne lumière cosmique il créa Bahman, puis Ardibehesht, Sharéver, Çapendarmat, Khordâd et Amurdâd. Ahriman avec les ténèbres cosmiques créa Akoman, Andar, Çaval, Nâkhit, Târîc et Zârîc. Des créations mondaines la première fut le ciel ; puis vint l'eau, puis la terre, puis les plantes, puis les troupeaux, puis les hommes [2]. »

« Le premier homme était créé, l'*Homme de bien* (asrûb gabrâ), *Gayomert*. Ahriman, sentant son impuissance devant lui,

1. Bundehesh 2. 10 sq.
2. Bundehesh 3. 10 sq.

demeura 3,000 ans dans l'abattement. Les démons vinrent tour à tour lui dire : Lève-toi, père, portons la guerre dans le monde, de sorte qu'Ormazd et les Amshaspands soient dans l'angoisse et le mal, et ils lui contèrent par deux fois leurs exploits dans le mal, sans ramener le calme dans son cœur. Terrifié devant l'Homme de bien, il ne pouvait faire tomber un cheveu de sa tête. Au bout de 3,000 ans, vint la Djahi qui lui dit : Lève-toi, père, que nous portions la guerre dans le monde, qu'Ormazd et les Amshaspands soient dans l'angoisse et le mal ! et elle conta par deux fois ses exploits dans le mal, sans ramener le calme dans le cœur d'Ahriman, et il ne sortit point de son abattement, dans sa terreur de l'Homme de bien. La Djahi revint et lui dit : Lève-toi, père ! Dans cette guerre, je répandrai le poison sur le corps de l'Homme de bien et du Taureau laboureur, tellement qu'ils ne pourront plus vivre ; je ferai périr leur lumière, je tourmenterai l'eau, l'arbre, le feu d'Ormazd, toute la création d'Ormazd. Elle conta par deux fois le mal qu'elle voulait faire et le cœur revint à Ahriman, qui sursauta de son abattement[1]. Alors Ahriman, avec tous les démons, marcha contre les lumières ; il regarda le ciel ; les démons mirent le ciel en angoisse ; de l'intérieur du ciel, il prit un tiers, puis, semblable à un serpent, il sauta du ciel sur la terre ; devant le ciel, terrifié, il s'enfuit comme un mouton devant le loup. Il vint à l'eau et travailla sous la terre ; il perça la terre et y pénétra. Puis il vint aux plantes, puis au Taureau, puis à Gayomert, puis au feu ; à la façon d'une mouche, il pénétra toute la création. Il rendit le monde en plein midi aussi obscur que dans la nuit sombre. Il couvrit la terre de Kharfaçtar[2], de bêtes mordantes, venimeuses, de serpents, de scorpions, de *Karvâ*, de grenouilles, de sorte qu'il n'y eut pas un espace de la grandeur d'une pointe d'aiguille qui restât vide de Kharfaçtar. Il frappa les plantes qui aussitôt furent desséchées. Il porta le besoin, la douleur, la faim, la maladie et la mauvaise Bûshâçp sur le corps du Taureau et de Gayomert[3], puis il vint sur le feu et y mêla fumée et obscurité. Les planètes avec des milliers de démons vinrent frapper le ciel et entrèrent en lutte avec les étoiles, et la création entière s'assombrit comme un espace que le feu obscurcit tout entier de la fumée qu'il lance, et pendant 90 jours et 90 nuits les célestes Izeds luttèrent dans le monde avec

1. Bund. 8. 7 (chap. 3).
2. Voir § 229.
3. Bund. 9. 13, sq.

Ahriman et les démons. Ormazd les mit en fuite, les Izeds les jetèrent dans l'enfer ; l'enfer est au milieu de la terre, là où Ahriman perça la terre et par où il fit irruption. On bâtit le boulevard du ciel pour empêcher les réactions d'Ahriman. »

« C'est ainsi que le monde se brisa en deux et que commencèrent la rivalité, la lutte, le mélange des principes [1]. »

§ 101. Ce récit se divise en deux parties : premièrement, création d'un monde purement spirituel, attaque d'Ahriman repoussée par la prière ; secondement, création des Amshaspands et d'un monde matériel, attaque d'Ahriman repoussée à main armée.

Y a-t-il là deux ordres de faits absolument différents ? autrement dit, y a-t-il deux créations distinctes portant sur deux ordres différents de créatures ? ou bien, sont-ce les mêmes créatures, qui, créées spirituelles dans la première création, sont créées mondaines dans la seconde ?

Cette distinction de deux créations, l'une spirituelle, l'autre mondaine, rappelle forcément à l'esprit la distinction avestéenne des deux mondes, le monde spirituel et le monde mondain. Cette création « faite spirituellement » (*mînôyhâ*) répond exactement pour l'expression à « l'univers spirituel », *mainyaava çti*, et les « créations mondaines » du Bundehesh, *dâm i gîtî*, répondent exactement à « l'univers mondain » de l'Avesta, *gaêthya çti*.

Ces deux mondes diffèrent essentiellement : le premier, le *monde spirituel*, désigne le monde invisible à l'homme vivant [2], celui des dieux ; le second désigne le monde visible, celui de la vie terrestre. En est-il de même dans le Bundehesh ? non. Les deux actes successifs de création ne répondent pas à la distinction des deux mondes : car dans le second acte, Ormazd crée non-seulement le monde matériel, mais aussi les Amshaspands qui naturellement appartiennent au monde spirituel [3]. Tout indique

---

1. Bund. 11, 9 sq.
2. Mainyava signifie « spirituel », non pas au sens de « non matériel, sans corps », mais au sens de « non perceptible » ou, comme disent les Parses, « invisible » ; c'est le monde invisible à l'homme vivant, le monde des dieux. Il a pris par là le sens de céleste ; il l'a, par exemple, dans le titre du *Minokhired* « intelligence céleste » (qui serait en zend *mainyava kratu* = *âçna khratu*) : *mînô*, forme persane de *mainyava* (non de *mainyu*), signifie « ciel ».
3. La classification en spirituel et mondain a passé aux dieux eux-mêmes. Ce n'est là qu'une extension de l'analogie. Aussi, nulle part une

en revanche que les créatures de la seconde création ne sont pas autres que celles de la première : le récit de celle-ci ne porte pas : « Ormazd créa les créatures *spirituelles* », mais : « créa les créatures *spirituellement*, et elles subsistèrent ainsi trois mille ans d'une existence spirituelle ». Enfin l'écrivain arabe Shahristâni, d'accord avec le Bundehesh, nous apprend qu'Ormazd offrit le choix aux hommes « alors qu'ils n'étaient qu'esprits sans corps, ou bien de rester dans le ciel, ou bien d'être vêtus de corps pour combattre Ahriman. Ils choisirent d'être vêtus de corps »[1]. Concluons donc que ce sont les mêmes êtres qui sont créés d'abord spirituels, puis matériels, et que par suite il y a, non point création de deux mondes différents, mais double création d'un seul et même monde. Quelle est la cause qui a amené ce dédoublement ?

§ 102. On vient de voir que d'une création spirituelle telle que l'entend le Parsisme, il n'y a que le nom dans l'Avesta : là, en effet, l'opposition du monde spirituel et du monde matériel porte sur deux objets différents, non sur deux états différents du même objet. Il semble néanmoins qu'on puisse retrouver dans l'Avesta l'expression génératrice de la conception nouvelle.

Un certain nombre d'objets mythiques sont dits dans l'Avesta *mainyu-tâsta*, ce qui signifie selon les Parses « créé céleste » (*mînoiân tâst*)[2] : tels sont le ciel, la ceinture de Haoma, son *hâvana*, le char de Mithra. Que le mot ait en effet pris ce sens très-anciennement, c'est ce que prouve non-seulement l'interprétation des Parses, qui pourrait être récente, mais aussi son emploi dans l'Avesta, qui le fait toujours suivre du mot *çtehrpaêçah* « brodé d'étoiles ». A-t-il eu ce sens dès le moment de sa formation, c'est ce qu'il est permis de mettre en doute : en effet, *mainyu* n'est pas adjectif, mais substantif, et *mainyu-tâsta* signifie littéralement « *formé par l'esprit* », et répond exactement au védique *manasâ tashtas* « formé par la pensée » ; dès

---

liste des Izeds *mainyava* et des Izeds *gaêthya*. Le seul Ized cité comme *gaêthya* est Zoroastre, qui est le maître (*ratu*) des Izeds mondains, comme Ahura Mazda des Izeds célestes (Vispered 2, 4-7). Il est *gaêthya* parce qu'il est par excellence le dieu en rapport avec les hommes, puisque c'est lui qui leur a donné la loi (§§ 162 sq.).

1. As Schahrastani, trad. Haarbrücker, I, 277 ; Bundehesh 7, 15.
2. Yaçna 9. 81, traduction pehlvie. De même le ciel *mainyu-tâsta* (Yasht 13. 3) devient dans le Bundehesh le ciel créé *pavan mînoiân yeqoyemunisn* « in celesti habitu » (cf. page 19).

lors, le char de Mithra, formé par l'esprit [1], va se ranger auprès du char de Yama formé par la pensée [2], auprès du *garta* de Mitrâ-Varuṇâ, créé par la pensée [3], auprès des chevaux d'Indra, créés par la pensée [4], auprès du char des dieux, attelé par la pensée [5], auprès du char de Sûryâ, fait de pensée (*manasmaya*) [6] : toutes expressions de la puissance créatrice de la pensée qui, chez l'homme par l'hymne et la formule, chez le dieu par la seule force de la volonté, met en mouvement le dieu, lui donne des chevaux et un char.

Mais, sous l'influence de l'adjectif *mainyava*, le mot *mainyutâsta* perdit son sens primitif, pour prendre celui qu'aurait eu *mainyavó-tâsta* « créé spirituellement ». Il suffit d'une expression comme *dāma ·mainyu-tâsta* « création faite par l'esprit (par la pensée d'Ahura) », pour conduire à l'idée d'une création spirituelle, et pour que l'ancienne opposition du spirituel et du matériel passât des deux mondes différents à deux états différents et successifs du monde. De là le dédoublement de la création et la nécessité d'une nouvelle création matérielle.

§ 103. La création étant suivie de l'invasion d'Ahriman, le dédoublement de la première amène celui de la lutte. La création spirituelle est donc suivie d'une lutte spirituelle : Ormazd refoule Ahriman en prononçant *l'ahuna vairya*.

Nous avons dit plus haut la force toute puissante de la prière dans la lutte védique [7]. Cette puissance victorieuse, la prière, la formule la possède au même degré dans l'Avesta, et elle est tueuse de démons en Iran comme en Inde [8]. « Nous envoyons
« *l'ahuna vairya* entre le ciel et la terre [9] ; nous envoyons
« *l'Asha vahista* entre le ciel et la terre ; nous envoyons le
« *Yênhê hâtãm* entre le ciel et la terre ; nous envoyons l'imprécation de l'homme de bien, redoutable, la bonne et redoutable

---

1. Yasht 10. 68.
2. RV. 10. 135, 3.
3. RV. 7. 64, 4.
4. RV. 1. 20, 2 ; 3. 60, 2.
5. RV. 2. 40, 3 ; 7. 69, 2, etc.
6. RV. 10. 85, 12.
7. Voir pages 100 sq.
8. Cf. RV. 78. 1. *Gâyata vritrahantaman* « chantez à Indra un chant très-tueur de démons ».
9. Yaçna 60. Fraêshyãmahi = *pra-ishyâmasi*, de *ish*, envoyer. Cf. le védique : *pra ribhubhyo vàcam ishyê* : j'envoie ma parole vers les Ribhus (RV. 4.33, 1).

« imprécation entre le ciel et la terre, pour combattre et pour
« abattre Añgra-Mainyu avec sa création, lui, le créateur du mal,
« aux mille morts ; pour combattre et pour abattre les *Kaqaredha*
« et les *Kaqaredhi*, le *Kaqaredha* et la *Kaqaredhi*[1] ; pour
« combattre et pour abattre les *Kayadha* et les *Kayêdhi*, le
« *Kayadha* et la *Kayêdhi*[2] ; pour combattre et pour abattre les
« ravisseurs et les violents ; pour combattre et pour abattre les
« *Zañda*[3] et les *Yâtu*[4], etc.... » C'est par la prière, et le sacrifice
qui ne s'en sépare point, que le dieu triomphe : quand le héros
de l'orage, Tistrya, fuit vaincu devant le démon Apaosha, c'est
que les hommes l'ont abandonné : « O Ahura-Mazda, s'écrie-t-il,
« les hommes ne m'honorent point avec un sacrifice et en invo-
« quant mon nom, comme ils le font pour les autres dieux. Si les
« hommes m'offraient un sacrifice en invoquant mon nom, comme
« ils le font pour les autres dieux, ils m'apporteraient la force de
« dix chevaux, de dix taureaux, de dix montagnes, de dix
« fleuves[5]. »

Cette arme de la prière que les hommes mettent dans la main
de leurs dieux, les dieux peuvent la manier d'eux-mêmes, pour
autrui ou pour eux-mêmes : « Alors, moi, Ahura-Mazda, j'offre
« un sacrifice au brillant, resplendissant Tistrya, en invoquant
« son nom, et je lui apporte la force de dix chevaux, de dix tau-
« reaux, de dix montagnes, de dix fleuves..... Tistrya triomphe,
« le démon Apaosha est vaincu[6]. » Ce qu'il fait pour autrui il

---

1. Nom, ou épithète, de démon ; le *kakh* du persan moderne (? *kakh jandeh* : an evil spirit, a demon. Johnson). Le thème est double : *kaqaredha* et *kaqaredhana* (cf. *kaqaredhaini*) ; ce second thème rappelle le védique *yâtudhâna* et laisse supposer que le mot est composé : *kaqare* + *dhana* ou *dha*; le persan *kakh* dériverait non de *kaqaredha*, mais du simple *kaqare*. Quant au sens de ce dernier élément il est difficile de le déterminer : le mot suppose une racine *kaq-kahv*; *kahv* se trouve Yasht 10, 113, il semble avoir le sens de *toucher, heurter* (*yat astrâo kahvân*), quand les épées se touchent ; cf. slave *kas-ati, kos-nõ-ti* « toucher ». *Kaqaredha* signifierait-il « au mauvais contact » (épithète appliquée à la Djahi à qui elle convient en effet ; cf. §§ 145 sq.) ? — A la *kaqaredhaini* répond l'*ʿarûsi kakh* (« fiancée du *kakh* ») de la Perse moderne (voir Vullers s. vv.).

2. Le *kayâd* védique = *kravyâd* « mangeur des chairs » (Benfey, Sâmaveda, glossar s. *kayâd*) ; *kravyâd* est une épithète d'Agni, dévorant les morts sur le bûcher (hymne 16 du livre 10), par suite d'Agni destructeur, demi-démoniaque ; le mot passe de là aux démons de la flamme, *kimîdin* (les dévorants? *kim* + *ad*) et autres.

3. Persan *jandeh*, dans *kakh jandeh*. — 4. Voir § 143.

5. Yasht 8. 23 sq. — 6. Yasht 8. 25.

peut le faire pour lui-même : quand Ahura-Mazda prononce l'*Airyama ishyô*, il devient maître de sa création, Anra-Mainyu tombe impuissant [1], et c'est pour cela qu'il lui suffit de prononcer l'Ahuna-Vairya pour terrasser Ahriman.

De là, la lutte mystique d'Ormazd et d'Ahriman, succédant à la création mystique.

§ 104. La création matérielle est suivie d'une lutte matérielle. Ahriman envahit le ciel, il est refoulé dans l'enfer : entre ces deux faits extrêmes se place une série de luttes partielles contre l'eau, le feu, le Taureau, l'Homme. Analysons ces différents épisodes chacun à part.

§ 105. On a déjà vu, dans la première partie de ce travail, des traces de mythes anciens où le serpent est en lutte, non contre le dieu atmosphérique, comme dans le mythe d'Atar-Aji et dans les mythes d'Indra, mais contre le ciel [2]. Les démons *Varenya* sont les démons qui envahissent le *Varena*, c'est-à-dire l'Ouranos, et le démon varénien par excellence, quoiqu'il n'en porte point expressément le nom, c'est le serpent, c'est Aji, puisque c'est pour le *Varena* qu'est né Thraêtaona, meurtrier d'Aji [3].

Les Védas offrent des traces de ce même mythe, et l'on a vu l'ancien dieu du ciel, Varuna, avec la foudre repousser les démons [4].

Cet ancien mythe indo-iranien d'une invasion du ciel a eu dans le Mazdéisme la fortune qu'y ont eue en général tous les mythes d'orage : il est devenu un fait historique, cela sous deux formes distinctes ; d'une part, il entre dans l'histoire légendaire, le Varena devenant région terrestre, et le serpent personnage terrestre [5] ; d'autre part, il entre dans l'histoire cosmique, devient un fait de la lutte des deux principes, le premier fait de cette lutte.

Les détails donnés par le Bundehesh sont de deux sortes, quant à leur origine : les uns appartiennent aux anciens récits mythiques de la lutte d'orage, les autres sont nés d'idées systématiques récentes ; les premiers sont de source *indo-iranienne*, les seconds

1. Fragment IV.
2. Voir page 69.
3. Ibid.
4. Page 70, note 5.
5. Cf. page 104.

sont *purement iraniens*, ou, pour mieux dire, *purement parsis*. Appartiennent à cette seconde classe tous les traits qui montrent le ciel matériel et les étoiles entrant dans la lutte et s'y substituant aux anciens adversaires du démon, les dieux de l'orage. Ils datent de l'époque où tous les êtres de la création eurent été systématiquement rangés dans le parti d'Ahriman ou dans le parti d'Ormazd [1]. Nous allons passer en revue les différents épisodes de l'une et de l'autre classe.

§ 106. Ahriman marche contre la lumière avec tous les démons : ce sont les *varenya drvañtō* de l'Avesta, les assaillants du ciel. Il *regarde* le ciel : le regard est une des armes d'Ahriman : « Ahura-Mazda dit au Çpitama Zarathustra : moi, « Ahura-Mazda, moi, le créateur des choses bonnes, quand je fis « cette demeure belle, lumineuse, au loin visible [2], alors le ser- « pent me regarda, alors le serpent Añgra-Mainyu qui est tout « de mort, produisit neuf maladies et nonante et neuf cent et neuf « mille et nonante mille maladies [3]. » Ce regard d'Ahriman est ce que d'autres sources appellent *le mauvais œil* ; « c'est avec le mauvais œil lancé sur les créatures qu'Ahriman les a vaincues et corrompues [4]. » Or, le mauvais œil, en mythologie, n'est autre que l'éclair, considéré comme œil du démon ; l'éclair, en effet, est de sa nature un instrument neutre, qui n'appartient pas plus en propre au dieu qu'à son adversaire : le démon n'est pas exclusivement ténèbres, il est aussi lumière, mais lumière sinistre : tels « Aêshma à la lance sanglante, à la lumière sinistre » (*dusqarenō*) [5], et « la Drug ténébreuse, à l'éclat sinistre » (*dus-cithra temanhaêni*) [6]. L'éclair est donc l'arme ou le regard du démon, aussi bien que l'arme ou le regard du dieu : le dragon vaincu par Traitana a sept rayons [7] comme le divin Agni ; ses

1. Cf. §§ 223 sq.
2. *Tat nmânem* la demeure céleste, le *Garôdemânem*, identique au *nmânem* de Çraosha (Yasht 56. 9, 2). — La mention du ciel est suivie des deux mots *uzayêni pârayêni* qui sont probablement dans la bouche, non d'Ahura, mais du fidèle qui lit : « puissé-je y monter (d'ici-bas), puissé-je y aborder ! »
3. Vendidâd 22. 1-6. Akaçat est traduit par le pehlvi *kaçît = nigârît* et non pas *dît*; il y a donc plus que la simple vue, il y a le regard.
4. Eznig, l. c. page 84.
5. Yasht 19. 75.
6. Ibid.
7. *Sapta-raçmi* 10. 8, 8 ; épithète d'Agni 1. 146, 1 ; de Brihaspati 4. 50, 4.

six yeux[1], comme les six yeux d'Agni, ne diffèrent pas matériellement de l'œil des dieux fulgurants, et le regard sanglant qui lance la flamme est un attribut classique de tous les serpents et dragons mythiques ou légendaires. Quand l'éclair pénétrait le ciel, les formules disaient : « Voici le serpent qui jette le mauvais œil sur le ciel, voici le serpent qui regarde le ciel. » Nous retrouverons plus loin les traces de la première formule[2] : la seconde nous est fournie textuellement par les mots cités plus haut : « le serpent me regarda, le serpent Añgra-Mainyu »[3], qui nous révèlent du même coup l'identité matérielle du serpent et d'Ahriman. C'est donc comme serpent de l'orage, comme substitut d'Aji, que l'Ahriman du Bundehesh, envahissant le ciel, le regarde.

Cette identité se soutient dans la suite du récit. Les démons ont mis le monde à l'étroit, Ahriman a pénétré comme une mouche la création entière et le monde est devenu, en plein midi, aussi noir qu'en pleine nuit. Mais bientôt il fuit devant le ciel comme un mouton devant le loup et « saute du ciel sur la terre, semblable à un serpent[4] » ; c'est la chute du démon qui dans le repli anguleux de l'éclair, tombe précipité du ciel dans la terre où il s'engloutit. La Grèce nous offre deux équivalents de ce trait : l'un est la chute du dieu lumineux précipité, Hephaistos ou Apollon ; l'autre, absolument identique au nôtre, est la chute du Titan, précipité par la foudre au sein de la terre où il s'ensevelit.

§ 107. Ahriman est précipité dans l'enfer ; par qui ? Le Bundehesh dit simplement par les Izeds (les dieux).

L'Avesta est plus explicite : « Quand Añgra-Mainyu fit
« irruption dans la création du bon ordre, intervinrent au secours
« du monde Atar et Vohu Manô : ils repoussèrent les coups
« d'Añgra-Mainyu assaillant[5]. »

---

1. Voir plus haut, page 105.
2. Dans les allusions des Gâthas à ceux qui regardent avec le mauvais œil la Vache et le Ciel (32. 10 ; voir plus bas § 123).
3. Le terme traduit par « Serpent » est le zend *mairyô* ; ce mot signifie étymologiquement « l'être de mort », mais la forme pehlvi-persane du mot, *mâr*, dès les textes les plus anciens ne signifie plus que « serpent ». Dans les textes avestéens, bien que le sens étymologique semble encore sensible, il a déjà le même sens, même quand on parle d'hommes et non de démons : l'expression *mairyô-bizañgra* « mairya *à deux pieds* » prouve qu'il ne s'applique à l'homme que par métaphore.
4. Mâr humânak.
5. Yasht 13. 77.

Or, Atar est le feu, et en particulier le feu de l'éclair, et comme tel nous l'avons vu lutter contre Ajis, le serpent, et lui disputer la lumière. Vohu Manô est la bonne pensée, c'est-à-dire la piété, la puissance religieuse, puissance tueuse de démons à l'égal du dieu lumineux, et cela dans l'Avesta autant que dans les Védas ; les êtres qui repoussent l'invasion d'Ahriman sont donc les mêmes qui repoussent le démon orageux dans la période indo-iranienne, et dans la période iranienne elle-même.

§ 108. Précipité dans l'enfer, il y est gardé, nous apprend l'Ulemâ i Islâm, par l'Amshaspand Ardibehesht et par l'Ized Behrâm. Ce détail nous ramène, par un autre chemin, à la même conclusion que le paragraphe précédent : les gardiens d'Ahriman, et par suite ses vainqueurs, sont les adversaires naturels du démon orageux.

Le rôle que l'Ulemâ prête à Ardibehesht (Asha-Vahista) ne lui est pas prêté arbitrairement : l'Avesta présente déjà Asha-Vahista comme un des adversaires les plus redoutés d'Añgra-Mainyu.

« Malheur à moi ! s'écrie le démon ; le dieu Asha-Vahista va
« frapper les plus malades de mes maladies ; il va frapper les plus
« mortes de mes morts ; il va frapper les plus démoniaques des
« démons ; il va frapper les plus réactionnaires de mes réactions ;
« il va frapper les Ashemaogha, ennemis de l'Ordre ; il va
« frapper les plus oppresseurs des oppresseurs d'hommes ; il va
« frapper les plus serpents de la race du serpent ; il va frapper
« les plus loups de la race du loup ; il va frapper les plus mé-
« chants de la race du méchant bipède ; il va frapper l'impiété ;
« il va frapper l'orgueil ; il va frapper la plus chaude des fièvres
« chaudes ; il va frapper les plus mauvais des mauvais regards ;
« il va frapper les plus mensongers des mensonges ; il va frap-
« per la *ǵahi* livrée au Yâtu[1] ; il va frapper la *ǵahi kaqare-*
« *dhaini*. Va s'évanouir la Druǵ, périr la Druǵ, s'enfuir la Druǵ ;
« elle va s'évanouir dans la région du Nord ; tu vas périr et
« disparaître, tu ne pourras plus détruire le monde matériel, le
« monde de l'ordre[2] ! »

Or, Asha Vahista est l'Amshaspand qui veille sur le feu, c'est

1. Voir plus bas, §§ 145 sq.
2. Yasht 3. 14 sq. J'ai supprimé pour abréger les formules doubles qui ne diffèrent que par le nombre du mot régime et par le verbe, et quelques autres de sens incertain.

une forme iranienne d'Atar, avec lequel il est presque constamment invoqué dans les formules liturgiques[1]. C'est donc Atar qu'Ahriman redoute dans Asha Vahista, Atar, l'adversaire d'Aji et le sien.

L'autre gardien d'Ahriman est Behrâm. Behrâm est le nom parsi du génie avestéen Verethraghna. Ce mot est dérivé du zend *verethra-ģan* « victorieux » et signifie « la victoire »; comme nom propre, et c'est ici le cas, c'est le dieu de la Victoire. Behrâm est donc, en apparence, un génie tout abstrait, aussi peu mythique que l'*Uparatât vanaiñti*, « l'Ascendant écrasant » que les formules invoquent avec lui[2]; il n'en est rien. Le mot *verethra-ģan*, d'où dérive son nom, est identique au védique *Vṛitra-han* « tueur du démon », épithète distinctive d'Indra; or, si le mot *Verethra-ģan* a perdu dans l'Avesta le sens précis qu'il avait autrefois, et cela par la disparition du mot *Verethra* comme nom du démon nuageux, du démon *enveloppant*[3]; néanmoins, malgré l'oubli du sens étymologique, Verethraghna n'en a pas moins conservé tous les traits mythiques et naturalistes des anciens dieux *vritrahan*, de sorte qu'il n'est abstrait que par le nom; s'il n'est plus aux yeux des parses que le dieu de la victoire, tout ce qui est dit de lui en fait ce qu'il est étymologiquement, le dieu de la victoire *orageuse*, de la victoire *anti-démoniaque*, *un Indra iranien*. Il paraît tour à tour sous la forme d'un taureau aux oreilles d'or, aux dents aiguës, aux pieds d'airain; d'un cheval lumineux aux oreilles d'or; d'un sanglier, d'un oiseau, d'un bouc, d'un chameau, d'un bel et lumineux jeune homme, d'un beau bélier sauvage, d'un homme à l'épée d'or, d'un vent bel et puissant[4]. La plupart de ces incarnations, nous les retrouvons dans le dieu d'orage védique. Il est le taureau, soit dans ses rapports avec la vache céleste qu'il féconde[5], soit, comme c'est ici le cas, dans ses rapports avec le démon qu'il écrase : *Vṛishan Vrishabhas* « le taureau » est une des épithètes constantes d'Indra, et de même Rudra, une des formes de l'Agni atmosphérique, est *le rouge sanglier du ciel*, et ses fils, identiques à leurs pères, les Maruts[6], sont des sangliers aux dents d'airain.

---

1. Yaçna 1. 12; 2, 18, etc. Cf. Yasht 19. 46.
2. Yaçna 1. 19.
3. Cf. § 216.
4. Yasht 14. 2, 7, 9, 11, 15, 19, 25.
5. Cf. plus bas, § 126.
6. Cf. § 133.

Indra est le *bélier* conquérant du soleil [1]; il traverse l'atmosphère comme un *faucon* éperdu [2], et sous forme de faucon il a du ciel arraché le Soma [3]. Indra est le *jeune homme* ami, le jeune homme impétueux, formidable, qui tue Vṛitra [4]. Enfin l'on a vu que le dieu du *vent*, Vâyu, est un équivalent d'Indra [5].

Les incarnations de Verethraghna sont donc les incarnations ordinaires du dieu d'orage. Il en est deux qui sont particulièrement intéressantes, parce qu'elles lui sont communes, au sein même de la mythologie mazdéenne, avec le dieu en titre de l'orage, Tistrya. Ils viennent l'un et l'autre sous la forme d'un beau cheval rouge, aux oreilles jaunes, à schabraque d'or; ou sous forme d'un beau jeune homme de quinze ans, étincelant, aux blancs regards, aux talons minces [6]. C'est que Verethraghna est identique à Tistrya; ils représentent la même force, le même être, l'être qui dans l'orage abat le démon; seulement Verethraghna a pris une valeur abstraite et générale, Tistrya s'enferme dans une fonction unique et précise. Verethraghna a été ce qu'est aujourd'hui Tistrya, ce qu'est Apām Napât, ce qu'est Atar, l'orageux vainqueur du démon. Aussi comme tout dieu de l'éclair, a-t-il la vue perçante, la vue du poisson de la Raṅha, celle du cheval mâle, celle du vautour d'or [7], tous animaux incarnant le dieu qui est dans la nuée d'orage; aussi porte-t-il sur sa crinière le *qareno* « la lumière souveraine », cette lumière que se sont disputée Atar et Ajis, le Feu et le Serpent. Enfin son identité ancienne avec l'éclair paraît dans un des noms modernes du feu sacré, le feu *Behrâm*.

§ 109. Ainsi donc, Ahriman gardé prisonnier par Ardibehesht et par Behrâm est gardé par deux substituts d'Atar, par deux représentants du dieu victorieux de l'orage. Si ses actes nous ont prouvé qu'il était le serpent, la nature de ses adversaires nous le prouve à son tour.

Ajis vaincu est enchaîné par son vainqueur au mont Demâvend [8]. Il est probable qu'anciennement Ahriman, lui aussi, était enchaîné

---

1. RV. 52. 1.
2. RV. 34. 14.
3. RV. 4. 26-27.
4. RV. 8. 45, 1-3; 7. 20, 1. *gagmis;* 8. 21, 2 *ugra,* etc.
5. Voir pages 110, 111.
6. Pour Verethraghna, Yasht 14, 9 et 27; pour Tistrya, Yasht 8. 13 et 18.
7. Voir plus bas, § 146.
8. Bundehesh 70. 1.

à une montagne. En effet la porte de l'enfer s'appelle « le cou » ou « la tête de l'Arezûra » [1] et il est dit ailleurs que l'Arezûra est une *montagne* aux portes de l'enfer où font sans cesse leurs incursions les démons [2]. Par suite il est possible que cette formule « Ahriman est enchaîné dans l'enfer » ne soit qu'une forme générale d'une formule plus précise ou plus particulière : « Ahriman est enchaîné au mont Arzûr. »

§ 110. Sur la tête duquel des deux, d'Aji ou d'Ahriman, se sont formés les mythes communs ? Il est clair que c'est sur la tête d'Aji, puisqu'il existait déjà dans la période indo-iranienne et que tout ce qu'il fait aujourd'hui dérive directement de ce qu'il faisait alors : Ahriman, au contraire, est un être abstrait et il a tout emprunté, rien créé. Voici dans l'Avesta même un exemple curieux de ces *transferts* de mythes. On a lu plus haut le récit de la lutte d'Atar et d'Aji se disputant le *qarenô* [3] : nous n'avons pas cité le début du récit, le voici : « J'adore la lumière souve-
« raine que se disputèrent *le Çpeñta Mainyu et l'Añra Mainyu;*
« pour elle, l'inextinguible lumière, ils lancèrent l'un et l'autre
« leurs traits rapides. Il lança son trait, le Çpeñta Mainyu ; et
« Vohu Manô et Asha Vahista et Atar, fils d'Ahura Mazda ;
« l'Añra Mainyu lança son trait, et Akem Manô et Aêshma à la
« lance sanglante, et Aji Dahâka et Çpityura qui scia Yima. Et
« alors s'avança Atar, fils d'Ahura Mazda, se disant en lui-même :
« Je veux saisir l'inextinguible lumière, » etc... Suit le récit déjà connu de la lutte entre Atar et Aji, et de la défaite d'Aji. Çpeñta Mainyu et Añra Mainyu ne paraissent plus. Ce morceau est des plus instructifs pour l'histoire du dualisme. Il montre comment l'activité essentielle et réelle appartient aux anciennes divinités mythiques, dont l'on reporte insensiblement les actes aux deux principes abstraits que l'on met en tête de la création. Le fond du mythe ne change pas, Atar et Aji restent toujours les champions réels, mais Ormazd et Ahriman deviennent les champions en titre. Leurs alliés sont les véritables héros : ce sont les divinités ou les démons de l'orage sous leur forme matérielle ou mystique, ancienne ou récente; Vohu Manô et Asha Vahista sont, on le sait déjà, la Bonne Pensée ou Piété et le Feu, deux puissances également anti-démoniaques, auxquelles s'opposent

---

1. Vendidâd 3. 23 ; 19. 140.
2. Bundehesh 22. 16.
3. Pages 103, 104.

par raison de symétrie Akem Manô, la mauvaise pensée, et Aêshma « le dieu à la lance sanglante, à la lumière sinistre », incarnation iranienne du démon orageux conçu comme lumineux ; à Atar s'oppose son adversaire naturel Aji, et Aji entraîne avec lui Çpityura, son *alter ego* dans le mythe de Yima [1].

§ 111. Tous les traits considérés jusqu'ici appartiennent au vieux fonds indo-iranien des mythes orageux. Voici maintenant une série de traits étrangers à ce fonds.

« Le ciel des dieux [2] était prêt à la lutte, tel qu'un guerrier « revêtu de son armure. Le ciel lutta contre Ahriman, soutint la « lutte jusqu'à ce qu'Ormazd eut construit un fort boulevard « partant du ciel et l'enveloppant. Les Férouers des guerriers et « des justes sur des chevaux de bataille, lance en main, serrés « sur le ciel comme cheveux sur la tête, veillaient derrière le « boulevard. Alors Ahriman ne trouva nul passage par où faire « incursion, il vit la défaite des démons et sa propre impuissance, « la victoire finale d'Ormazd et l'éternelle résurrection [3]. »

L'effort d'Ahriman portant avant tout sur le ciel, dont il s'agit de s'emparer, la résistance passa du dieu lumineux, Atar, Verethraghna, Asha Vahista, au ciel lui-même. Quant au rempart matériel construit pour entourer et défendre le ciel, ce n'est autre chose que le ciel même, je veux dire le ciel à nous visible, le firmament, cette barrière infranchissable aux démons, derrière laquelle s'étend la demeure resplendissante « où ne pénètrent ni « nuit, ni ténèbres, ni vent froid, ni vent chaud, ni maladie aux « mille morts, ni souillure créée des daêva, ni nuées [4]. »

Il n'est point difficile de voir qu'ici encore le mazdéisme n'a fait qu'utiliser, en lui donnant une valeur historique, une donnée de naturalisme mythique : de cette idée mythique que le ciel est un rempart infranchissable aux ténèbres, aux démons [5], sort cette

---

1. Cf. § 178.
2. *Mînôi açmân*. On traduit d'ordinaire « l'Esprit du ciel », à tort, je crois : cet Esprit du ciel ne reparaît point ailleurs ; *mînôi* n'a point d'autre sens que *mainyava* ; c'est « le ciel *invisible*, le ciel *céleste*, celui des dieux » opposé au firmament visible, *fabriqué*, *thwâsha*.
3. Bundehesh 15. 1 sq. (chap. 6).
4. Yasht 10. 50.
5. C'est le ἕδος ἀσφαλὲς ἀθανάτων. Le ciel grec est d'airain ou de fer (χάλκεος, σιδήρεος) ; le ciel d'Ahura est fait de *rubis* (*khûnâhîn*) ; *khûnâhîn* signifie littéralement « *airain* couleur de sang » (*qaêna ayanh*) ; il est probable que le ciel d'Ahura a commencé lui aussi par être d'airain.

conception historique : Ahriman ayant attaqué le ciel, Ormazd l'entoura d'un rempart pour le défendre[1].

§ 111. Les Férouers veillaient sur ce rempart, serrés comme des cheveux sur la tête. Les Férouers, dans le parsisme, sont identifiés avec les étoiles : « les étoiles innombrables, dit le Minokhired, sont les Férouers des êtres terrestres[2]. » Il est probable que, dans le passage du Bundehesh, cette identification est faite ou en voie de se faire et que ces Férouers qui, lance en main, se serrent sur le rempart du ciel, comme cheveux sur la tête, sont déjà les étoiles[3], ces étoiles que nous avons vues plus haut assaillies par les démons et les planètes[4] et qui, nous apprend le Bundehesh, sont, au nombre de 486,000, organisées en armée de défense, sous les ordres de quatre étoiles principales placées aux quatre coins de l'horizon[5]. Ce rôle militant des étoiles est récent, il date du jour où le parsisme, poussant jusqu'au bout l'esprit du système, a enrôlé tous les êtres de la création sous les étendards de l'un ou l'autre des deux combattants[6].

Mais ce n'est point parce qu'on les a identifiés avec les astres que les Férouers luttent contre Ahriman, et avant de le repousser à titre d'étoiles, ils l'ont repoussé comme Férouers, comme Esprits. Ahura, en effet, proclame que c'est par leur secours qu'il soutient le ciel, la terre et l'ordre universel, et que sans leur aide la force appartiendrait au démon, l'empire au démon, le monde matériel au démon, point ne cesserait la lutte qui se livre entre ciel et terre, point ne céderait l'Aṅra-Mainyu au Çpeñta-Mainyu[7]; les Férouers assistent Tistrya, le dieu de l'orage, contre le démon Apaosha[8]; les Férouers, « terribles, redou-

---

1. Ce ciel répond au *mur du Diable* (Teufel mauer) de la mythologie allemande (Simrock, *Handbuch der Deutschen Mythologie*[4], p. 45) : Dieu et le diable conviennent de séparer leur domaine par un mur. C'est le même qui, dans une autre légende, sépare du monde des hommes le pays de la vie éternelle.
2. Minokhired 49. 12.
3. Les lances des Férouers sont le dard scintillant des étoiles (image qui n'est pas inconnue à la poésie moderne :
   And the sheen of their spears was like stars on the sea... Byron).
4. Voir page 116.
5. Bundehesh 7. 1 sq. (chap. 2.); cf. plus bas, §§ 223 sq.
6. Voir page 121 et §§ 223 sq.
7. Yasht 13. 2 sq. Cf. page 85.
8. Bundehesh 16. 1 sq. (chap. 7).

tables », sont invoqués dans les batailles ; ils protègent l'homme contre la Druǵ, contre le démon varenien, contre le kayadha qui porte la mort, contre le démon Aṅra-Mainyu : ils montrent leur voie aux étoiles, au soleil, à la lune, aux lumières infinies que les démons veulent arrêter[1]. On voit donc qu'ils ont un rôle personnel dans la lutte mythique, et il devient très-probable que leur entrée en lice est bien antérieure à leur identification avec les étoiles, car dans le Yasht qui leur est consacré et d'où la plupart de ces traits sont pris, l'on ne voit pas la moindre allusion à leur rôle stellaire. Cette vue se confirme si l'on essaie de pénétrer la nature intime et primitive de ces génies.

§ 113. Dans le Parsisme, les Férouers sont la forme spirituelle de l'être, indépendante de sa vie matérielle, et antérieure à elle. Nous en avons eu une preuve déjà plus haut : Ormazd offre le choix aux Férouers des hommes, de rester dans le monde spirituel, ou de descendre sur terre pour s'incarner dans des corps humains[2]. Les hommes ne sont pas les seuls qui aient des Férouers, les dieux en ont aussi, Ahura tout le premier, et la Parole sainte, et le Feu, et les Eaux, et les Plantes, et le Ciel, et d'une façon absolue toutes les créatures d'Ormazd nées ou à naître[3]. Mais ce n'est là qu'une extension tardive[4]. Les Férouers que le Mazdéen invoque le plus souvent sont ceux des fidèles d'autrefois (*paoiryô-tkaêsha*), ceux de ses proches parents et celui de son âme à lui-même[5]. Chaque année, à l'époque dite *Hama-çpatmaêdha*, les Férouers des justes descendent par la ville et durant dix nuits errent en demandant : « Qui nous célébrera ? Qui nous offrira sacrifice ? Qui nous chantera des hymnes ? Qui nous dira les Afrîn ? Qui nous satisfera d'une main qui nous apporte viande et vêtement ?[6] » Aussi les dix derniers jours de l'année se passent en festins auxquels sont invités les ancêtres ; riches troupeaux, riche postérité récompensent qui les honore. Quand du sein de la

1. Yasht 13. 40, 45, etc.
2. Voir page 118.
3. Minokhired 49. 23.
4. L'Avesta, par exemple, invoque les Férouers *des justes* nés et à naître *ashaonãm zâtanãm azdtanãm*; cela devient dans le Minokhired (l. c.) les Férouers *de toutes les créatures* nées ou à naître (*hamôîn dãm u deheshn* i dâdâr Hôrmezd ô gêthî dâd ke zâishnî u ke ca azâishnî heñd).
5. Yaçna 1. 47; 22, 33; 23. 6.
6. Yasht 13. 49 sq.

mer Vouru-Kasha (la mer atmosphérique) se lèvent les Eaux, les Férouers accourent pour envoyer l'eau chacun à ses parents, à son village, à son canton, à sa province, disant : Je veux enrichir, je veux réjouir mon pays[1].

Ce culte et les souvenirs domestiques attachés à toutes ces invocations rappellent nécessairement le culte indien des ancêtres, des *Pitris*.

Or, le rôle anti-démoniaque des Férouers dans l'Avesta s'explique avec une clarté parfaite par le rôle des Pitris dans les Védas.

On sait déjà comment, dans le védisme, le fidèle, par le culte, prière et offrande, prend sa part de la lutte à côté des combattants célestes[2]. Il ne diffère du dieu que parce qu'il vit sur terre : ayant quitté la terre, il est dieu sans réserve et il a droit au culte de l'homme, au culte de ses descendants pour lesquels il a autrefois, en compagnie des dieux, conquis la lumière, *créé le monde*. C'est avec les ancêtres, avec les *Pitris*, que Soma a tendu le ciel et la terre[3]; ce sont eux qui ont d'astres constellé le ciel, comme un cheval noir qu'on pare de pierreries[4]; ce sont eux qui ont mis les ténèbres dans la nuit et la lumière dans le jour; ce sont eux qui les premiers, en chantant l'hymne, ont fendu l'étable des vaches, ont fait sortir les aurores enfermées dans la pierre et conquis la lumière[5]. D'une part donc, sans sortir du mazdéisme, les Férouers apparaissent comme ayant commencé par être simplement les ancêtres; d'autre part, le rôle des ancêtres dans les Védas explique leurs attributs dans le mazdéisme. Concluons donc que les Férouers sont primitivement identiques aux *Pitris*[6], qu'à ce titre ils étaient entrés dans la lutte mythique bien avant

---

1. Yasht 13. 65 sq.
2. Voir page 100.
3. RV. 8. 48, 3.
4. RV. 10. 68, 13.
5. RV. 4. 1. 12 sq.
6. La grande transformation que le mazdéisme a fait subir au culte des Pitris, c'est de séparer le Férouer de l'être qu'il anime, de l'en rendre pleinement indépendant, non-seulement lui survivant, mais antérieur à lui. Les Férouers deviennent même antérieurs à la création : « ils étaient là, debout, quand créèrent le monde le Çpeñta-Mainyu et l'Añra-Mainyu » (Yasht 13. 76). Les Pitris indiens ont pris une indépendance du même genre et arrivent à former une classe d'être particulière, différente des hommes (Voir Muir, I).

la formation du mazdéisme[1], et, à plus forte raison, bien avant que les étoiles y fussent entrées[2].

§ 114. Tel est le récit de l'invasion d'Ahriman selon le Bundehesh. Les traits qui le composent sont de deux sortes : les uns sont ceux-là mêmes qui marquent l'agression et la défaite du démon de l'orage dans la mythologie indo-iranienne ; les autres traits, purement iraniens, se sont ajoutés plus tard au récit primitif, sous l'action d'idées systématiques, mais sans altérer en rien le caractère de la scène, ni rien ajouter à Ahriman : l'objet, les actes, les adversaires, la défaite et la chute d'Ahriman sont l'objet, les actes, les adversaires, la défaite et la chute du serpent mythique. Tous les traits essentiels appartiennent au vieux fonds : la seule chose qui distingue le mythe d'invasion des autres mythes orageux, c'est que ces derniers n'ont point de caractère historique, ils flottent dans le temps et l'espace ; l'autre est placé à l'origine du monde, *c'est un orage préhistorique*.

III.

§ 115. Invasion d'Ahriman d'après Plutarque. L'œuf cosmique.

§ 115. Tel est le récit de l'invasion d'Ahriman d'après le Bundehesh et d'après les Parses modernes. Il en existait d'autres, différant plus ou moins dans les détails. Tel celui que résume Plutarque : « Après avoir créé les six Amshaspands, Hôromazès fit vingt-quatre autres dieux et *les mit dans un œuf*. Les

---

1. Ce rôle anti-démoniaque de l'ancêtre, du fidèle mort, est indo-européen. Aux Férouers assistant le dieu dans la lutte, répondent dans la mythologie allemande les *Einherier*, c'est-à-dire les héros morts sur le champ de bataille, qui, à la fin du monde, se réunissent en armée autour des Ases pour combattre le suprême combat (*Edda*, trad. Simrock [6], page 292).

2. Faut-il dire que les étoiles ont été introduites dans la lutte par les Férouers : « les Férouers luttent contre Ahriman ; les Férouers sont les étoiles ; donc les étoiles luttent contre Ahriman » ? Non. Il y a eu plus qu'un syllogisme. Cf. plus bas § 223 sq. — Pourquoi les Férouers ont-ils été mis dans les étoiles ? Les éléments d'une réponse font défaut. Rappelons qu'en Allemagne les étoiles sont les yeux des Anges (Simrock, l. c. p. 25) et que chez nous les feux follets sont encore les âmes des morts.

créatures d'Areimanios, en nombre égal, *percèrent l'œuf et le mal se mêla au bien*[1]. »

Le symbole de l'œuf n'est pas inconnu aux Parses : « Le ciel « et la terre et les eaux et toutes les autres choses qui sont dans « le ciel, sont faits, dit le Minokhired, à la façon d'un œuf d'oi- « seau. Le ciel, au-dessus et au-dessous de la terre, a été fait par « Ormazd à la façon d'un œuf. La terre, à l'intérieur du ciel, est « comme le jaune dans l'œuf[2]. »

L'œuf, percé par les démons, est-il identique à l'œuf cosmique du Minokhired? Représente-t-il la voûte universelle, le monde, et ces mots : « Ahriman perça l'œuf » signifient-ils « Ahriman perça l'univers »? A cette question, les documents parses ne répondent pas. Notons cependant qu'il est douteux qu'ils aient eu ce sens : que signifierait Ormazd enfermant les dieux dans l'œuf du monde?

A défaut de l'Iran, l'Inde fournit les éléments d'une solution. L'Inde également connaît la comparaison du monde à l'œuf; mais là, l'œuf *est devenu* le monde, il ne l'est pas primitivement.

Voici la théorie de l'œuf cosmique, telle qu'elle est fixée dans les lois de Manu, sous le règne du brahmanisme :

« L'univers était ténèbres, impossible à percevoir, à recon- « naître, à discerner, à connaître, et comme plongé dans un « universel sommeil.

« Alors, Celui qui est par lui-même, le Bienheureux, l'insaisis- « sable, qui rend saisissable ce monde composé d'éléments, le « tout-puissant se manifesta, repoussant les ténèbres...

« Il brilla de lui-même, et, désirant émettre de son corps toutes « les sortes de créatures, il commença par émettre les eaux et il « y déposa un germe.

« Ce germe devint un œuf d'or, ayant le resplendissement du « soleil, et là, de lui-même, naquit Brahma, le père universel de « tout le monde...

« Dans cet œuf, le Bienheureux ayant habité une année, par « le seul acte de sa pensée, divisa l'œuf en deux parties.

« De ces deux parties, il forma le ciel et la terre, et au milieu « le firmament, les huit régions et le siège éternel des Eaux[3]. »

---

1. Isis et Osiris 47 : ἄλλους δὲ ποιήσας τέσσαρας καὶ εἴκοσι θεοὺς, εἰς ᾠὸν ἔθηκεν. οἱ δὲ ὑπὸ τοῦ Ἀρειμανίου γενόμενοι, καὶ αὐτοὶ τοσοῦτοι, διατρήσαντες τὸ ᾠὸν γανωθὲν (? Xylander corrige : διέτρησαν τὸ ᾠὸν, ὅθεν) ἀναμέμικται τὰ κακὰ τοῖς ἀγαθοῖς.
2. Minokhired 44. 8. Cf. Windischmann, *Zoroastrische Studien*, p. 284.
3. Lois de Manu 1. 5 sq.

Dégagée des formules métaphysiques ordinaires, cette conception se réduit à ces mots : « au début, les ténèbres; dans ces ténèbres les eaux, dans ces eaux un œuf d'or, qui en se divisant forme les deux mondes ». Nous remontons par là aux hymnes cosmogoniques du Rig-Véda : « Au commencement des choses les eaux ténébreuses[1]; mais dans leur sein flotte *le germe premier où sont contenus tous les dieux*[2]; dans leur sein flotte Agni, *l'embryon d'or* (hiranya-garbhas), le premier-né des êtres, *qui va créer le ciel et la terre*[3]. Or, toute cette cosmogonie tient dans les formules védiques comme la suivante : « l'uni-
« vers était englouti, était caché dans les ténèbres, le ciel s'est
« révélé à la naissance d'Agni[4] »; autrement dit, c'est la réapparition du monde enveloppé dans les ténèbres, dans les eaux obscures de l'orage, et renaissant avec la lumière contenue en germe dans ces eaux, qui, reportée aux origines, devient création : de là, au commencement, rien que les eaux ténébreuses[5]. Mais ces eaux ténébreuses contiennent le *germe lumineux* qui en se développant va révéler le monde, *l'embryon d'or qui doit créer l'univers*, l'œuf d'or qui en se brisant fera paraître le ciel et la terre. L'identité évidente de l'embryon d'or des Védas et de l'œuf d'or de Manu n'a nullement échappé à l'Inde elle-même : « l'embryon d'or, c'est Pragâpati[6] existant sous forme d'em-

1. RV. 10. 129. 3. Tama âsît tamasâ gûlham agre
   'praketam salilam sarvam â idam.
2. RV. 10. 82. 6. Tam id garbam prathamam dadhre âpo
   yatra devâs samagacchanta viçve.
3. RV. 10. 82.
   Hiranyagarbhas samavartata agre
   Bhûtasya gâtas patir eka asît
   Sa dadhâra prithivîm dyâm uta imâm... (1)
   Apo ha yad brihatîr viçvam âyan
   Garbham dadhânâ ganayantîr Agnim
   Tato devânâm samavartata asur (7).
4. RV. 10. 88. 2. Gîrnam bhuvanam tamasâ apagûlham
   âvis svar abhavag gâte agnau.
5. Principe indo-européen : la Grèce met au début des choses le Chaos, la Nuit, l'Erèbe (équivalent du ragas, Ascoli *Fonologia* § 26, 4°), le Tartare, transformation de l'atmosphère nuageuse (Τάρταρα ἠερόεντα); la cosmologie eddique se ramène au même principe.
6. « Le maître de la génération » un des noms de Brahma ou du premier principe. Tout ce qui est dit d'Agni dans la cosmologie védique est transporté plus tard à Brahma, qui d'ailleurs dérive lui-même d'Agni-Brahmanaspati, d'Agni « maître de la prière ».

bryon dans l'œuf de Bráhma, œuf d'or et contenant le mâle d'or[1] ». L'*œuf* brahmanique ne peut donc être autre chose que *la nuée* qui contient l'*embryon d'or* : or, cette assimilation de la *nuée* à l'*œuf* n'est pas une création brahmanique, elle se laisse poursuivre jusque dans les Védas, où l'œuf est un équivalent de l'étable, de la grotte, de la montagne, c'est-à-dire de la nuée ; comme eux, il contient le trésor lumineux, et pour délivrer les aurores, Brihaspati peut à volonté, soit briser la grotte, soit briser l'œuf :

« Quand Brihaspati avec ses flammes brûlantes a fendu la « demeure de l'impie Vala ; l'enveloppant de ses dents, de sa « langue, il l'a dévoré et a révélé au jour le trésor des aurores ;

« Brihaspati a bien compris que là était cachée dans la retraite « la race des vaches mugissantes ; l'ayant brisée *comme l'œuf* « *d'un oiseau*, il a poussé au dehors les aurores de la mon- « tagne[2]. »

La nuée-montagne n'est ici que comparée à l'œuf : ailleurs elle est l'œuf même : « Par vos belles paroles[3], aiguisez Indra, le « redoutable héros, digne des hymnes : lui qui, avec sa force, « *brise les œufs de Çushna*, puisse-t-il conquérir les eaux « lumineuses[4] ! »

Concluons donc que l'œuf dans les Védas n'est autre que le nuage contenant la lumière. Or, cette valeur de l'œuf a dû être également iranienne, car elle est indo-européenne, et l'œuf védique qui, flottant au sein des eaux, contient la lumière et au sein duquel germe l'embryon d'or, est identique à l'œuf de Léda, pondu au bord des eaux et contenant la lumineuse fille du ciel, la Resplendissante (Ἑλένη) ; par suite, cette valeur, que connaissait déjà la mythologie indo-européenne, et que connaît encore la mythologie védique, a dû appartenir à la période intermédiaire, et la religion iranienne a dû la posséder à ses débuts. C'est à cette valeur primitive qu'il faut remonter pour comprendre le récit de Plutarque.

---

1. Muir V. 15, note 41.
2. RV. 10. 68, 6-7. — Pour le sens de *nâma* « race », voir Mémoires de la Société de Linguistique de Paris, II, 395.
3. *Suvriktibhis* ; peut-être « par vos bons actes religieux » (= zend hvarstâis ; cf. p. 10, note 3 et dans le vers suivant, parallèle à celui-ci, *suadhvaram* « Indra qui a droit à bon sacrifice »).
4. RV. 8. 40, 10. Cf. même hymne, vers 11. Çushna est le démon *desséchant*.

Dans cet œuf Ormazd a déposé les dieux[1] : cet œuf est donc identique au germe védique, « au germe premier où sont contenus tous les dieux »[2] ; en réalité un seul dieu, le dieu lumineux, qui contient en lui tous les autres et le monde.

Cet œuf, qui contient la lumière, peut la contenir ou comme une prison, ou comme une matrice, ou comme une retraite ; s'il est prison, c'est qu'un démon, Çushna ou Vala, y a enfermé la lumière et alors le Dieu, Indra ou Brihaspati, le brise et en retire les aurores prisonnières[3] ; s'il est matrice, en se brisant, il découvrira le ciel et la terre qui deviendront, soit comme dans le brahmanisme, les deux parties de la coque[4], soit comme dans le parsisme (le ciel se prolongeant par-dessous la terre), la coque et le jaune de l'œuf[5]. Dans ces deux conceptions, nous ne sortons pas du naturalisme : mais, si l'on s'arrête à la formule « les dieux et la lumière sont dans l'œuf », sans aller plus loin et sans suivre l'éclosion, l'œuf cessera d'être le germe de la lumière pour en être le siége, pour être la retraite où le dieu l'a mise à l'abri ; l'effort du démon sera donc d'y pénétrer, de s'y insinuer, de le percer pour y entrer ; et alors se produit la mêlée de la lumière et des ténèbres, du bien et du mal. Le récit de Plutarque est la résultante d'une formule indo-iranienne : « les dieux sont dans l'œuf », combinée avec cette formule générale qui a dû dominer tous les mythes d'invasion : « Ahriman pénètre dans la demeure des dieux. »

IV.

Faits cosmogoniques concomitants à l'invasion d'Ahriman.

Sommaire : § 116. Formation des montagnes et de la mer. — § 117. Pourquoi les montagnes se dressent à l'apparition d'Ahriman. Montagne

---

1. Au nombre de vingt-quatre : cf. § 221.
2. Voir plus haut, page 134.
3. Voir plus haut, page 135.
4. Voir plus haut, page 133.
5. Voir plus haut, page 133. L'œuf cosmogonique semble indo-européen. Dans la théogonie orphique, l'œuf est le principe premier (Plutarque, *Symposiacon* II, 3) ; dans Aristophane (les *Oiseaux* 693 sq.), l'Amour sort avec des ailes d'or de l'œuf qui germe au sein des ténèbres premières, alors seulement naît le monde ; tel dans la cosmogonie indienne, l'Amour (Agni-Kâma), « embryon d'or (page 134) », naît le premier des êtres au sein des eaux ténébreuses (10. 129. 4) et crée le monde. Sur l'identité de l'Amour et d'Agni, voir § 131.

= nuée d'orage. — § 118. L'Alborz. — § 119. Confirmation : les montagnes disparaîtront avec Ahriman. — § 120. Formation des mers d'après le Bundehesh. — § 121. Récit correspondant de l'Avesta : est encore le récit d'une lutte journalière sans caractère, cosmogonique.

§ 116. Les mythes d'orage étaient infiniment nombreux. Tous ne pouvaient être utilisés pour les récits de l'invasion. Une répartition se fit peu à peu. Comme les divers mythes d'orage sont rendus au moyen de traits fournis par tels objets ou tels êtres naturels, l'origine de ces objets et de ces êtres fut exprimée au moyen des mythes dont ils avaient fourni les éléments. De là ce fait étrange que l'invasion d'Ahriman amène l'apparition des montagnes et de la mer.

§ 117. « Quand Ahriman fit son invasion et perça la terre, les montagnes parurent sur la terre[1]. »

Traduction en langage mythique : « Quand la lutte orageuse commence, les montagnes se dressent. »

Un des sièges de la lutte orageuse dans les Védas, c'est, nous l'avons déjà dit, la montagne, c'est-à-dire la nuée-montagne; c'est là que sont enfermées les vaches et les aurores prisonnières, eaux et lumière. Les montagnes jouent dans les mythes et les légendes de la Perse le même rôle que dans l'Inde.

De là le culte des *montagnes toutes lumineuses* (pouruqâthrâo)[2], invoquées avec la lumière souveraine, le *qarenô*. De là le mont « dépositaire du *qarenô* » (yadmanomand)[3]; le *qarenô*, on l'a vu, réside dans la mer Vouru-Kasha, c'est-à-dire dans la mer du nuage, et c'est là que le Fils des Eaux le conquiert[4] : s'il réside aussi dans la montagne, c'est parce que la montagne est nuage. De là toutes ces montagnes légendaires où reposent les feux sacrés, représentants de la montagne mythique où brûle le feu atmosphérique : tel l'*Açnavant*, « le mont céleste », où s'est reposé le feu Adar Gushaçp, qui fut le compagnon du roi Huçravah dans sa lutte contre Franhraçyan, c'est-à-dire l'arme du héros mythique et légendaire contre le démon mythique et légendaire[5]; de là le *Roshan,* « le mont lumineux », où réside le

1. Bundehesh, chap. 8.
2. Sirozeh 1. 28 ; Yaçna 1. 41, etc. *Gairinâm ashaqâthranăm pouruqâthranâm kâvayêhêca qarenanhô.*
3. Bundehesh 40. 8. *Yad* est le substitut pehlvi de *qarenô*. C'est sur ce mont *yadmanomand* que s'établit d'abord le feu Frobâ.
4. Voir plus haut, page 103.
5. Bundehesh 41, 15, sq. (chapitre 17).

feu Adar Frobâ[1] ; de là le *Raêvant*, « le mont resplendissant », où, après avoir parcouru le monde, se fixa le *Burzîn mihr*, c'est-à-dire le feu qui parcourt le monde dans sa course orageuse et qui a son siége sur la montagne éclatante de la nuée[2].

Ces montagnes, comme celles de l'Inde, contenaient aussi les captives. En voici une trace perdue dans un coin de bataille du Shâh Nâmeh. On sait que l'épopée persane tout entière est le récit d'une lutte céleste descendue du ciel sur la terre, un mythe devenu légende, dieux et démons s'appelant Iran et Touran. Dans une grande bataille de Kai Khosrou, les Iraniens sont campés sur le mont *Reibed*, les Touraniens sur le mont *Kenabed*[3]. Or, Reibed est dans l'Avesta le mont *Raêvant*, « le Lumineux », c'est le mont où siége le feu Burzîn Mihr ; *Kenabed* est le pehlvi *gnâvat*[4], le sanscrit *gnâvant*, c'est-à-dire le mont « où sont les femmes ». Voilà, perdu dans le fracas de la bataille humaine, un écho lointain du vieux mythe védique où le dieu lumineux reprend les femmes enlevées : l'éclair, sortant de la montagne lumineuse, fend la montagne où sont enfermées les captives.

Dans tous les exemples qui précèdent, la montagne nuageuse est devenue terrestre et le mythe naturaliste légende historique. Un Yasht de l'Avesta, celui qui raconte la lutte du dieu de l'orage, Tistrya, contre le démon de l'orage, Apaosha, maintient la montagne dans sa patrie primitive, dans les hauteurs humides : « Tistrya court dans la mer Vouru-Kasha, rapide comme une flèche qui suit une volonté céleste, allant *de la montagne humide à la montagne lumineuse*[5]. »

---

1. Bundehesh 41, 12 sq. Le mot Frobâ dérive probablement d'un primitif *fraba* = sanscrit *Pra-bhâ*.

2. Bundehesh 42, 1 sq. Ces trois feux ne représentent, il est à peine besoin de le dire, qu'un seul et même être. Il est probable que dans le principe, le Mazdéisme reconnaissait trois feux différents comme le Védisme (feux de la terre, de l'atmosphère et du ciel) ; cette distinction s'étant effacée, il ne resta que la notion de l'existence de *trois* feux (cf. Bundehesh 40, 15) ; on remplit le nombre avec trois noms, trois épithètes différentes du feu atmosphérique, celui qui paraissait le plus souvent dans les récits mythiques. — *Burzîn* n'est qu'un doublet de *Borg*, nom d'Apâm napât (*berezañt*, voir page 142, troisième note). — Dans une autre classification, les feux, rangés d'après leurs propriétés, sont au nombre de cinq (*Neriosengh* ad *Yaçna* 47. 63 ; Bundehesh XVII).

3. Shâh Nâmeh, éd. Mohl. III p. 604.
4. Bundehesh 24, 6, 28 (chapitre 12).
5. Yasht 8, 37. Cf. 38.

§ 118. Enfin, l'ancienne identité de la montagne et de la nuée paraît dans la plus célèbre des montagnes avestéennes, le *Hara berezaiti*, l'*Alborǧ* des Parses.

Voici les principales données des textes sur le Hara :

La première montagne qui s'éleva fut le Hara berezaiti; elle entoure la terre et atteint le ciel[1]. C'est sur l'un de ses sommets, le Taêra, que se lèvent soleil, lune et étoiles[2]. C'est de l'un de ses sommets, le Hukairya, que descendent les flots de la grande déesse des Eaux, Ardvi-Çûra-Anâhita[3]; enfin, c'est là qu'un dieu a déposé le Haoma[4].

Tout ce qui est dit du Hara est dit, soit dans l'Avesta, soit dans les mythologies sœurs, de la mer orageuse. Le Hara entoure la terre : ainsi fait aussi la mer Vouru-Kasha[5], ainsi fait le fleuve Océan. La mer entoure l'univers, parce qu'elle couvre le ciel qui enveloppe cet univers; la montagne entoure la terre, parce qu'en qualité de montagne nuageuse, elle a commencé par entourer le ciel[6].

Du sommet du Hara se lève le soleil[7]; c'est, en effet, du sein de la montagne nuageuse qu'il sort, dans l'orage ou à l'aurore; c'est sur sa cime que dans la tempête se dresse Indra[8], et comme le dieu du soleil Savitar, « la montagne donne le regard »[9]. De là, dans la mythologie brahmanique, la montagne derrière laquelle se dresse le soleil, l'*udayagiri*: le Hara joue le même rôle, pour la même cause. Montagne d'où se lève le soleil, montagne où reposent les feux sacrés, mer où repose la lumière souveraine, sont trois noms, trois formes d'un seul et même objet, la nuée.

---

1. Bundehesh 21. 11, 22. 7.
2. Bundehesh 22. 3.
3. Bundehesh 22. 10.
4. Yaçna 10. 27.
5. Bundehesh 21. 1.
6. « Le Hara a pris 800 ans pour atteindre toute sa hauteur : en 200 ans il a atteint le ciel des étoiles ; en 200 ans le ciel de la lune, en 200 ans le ciel du soleil ; en 200 ans la lumière éternelle » (Bundehesh 21. 11 sq.). Le chiffre de 800 est arbitraire ; les subdivisions sont amenées par la distinction des quatre cieux. Le Hara sert de demeure aux dieux : il porte la demeure de Mithra, cette demeure où n'arrivent ni nuit, ni ténèbres, ni vent froid, ni vent chaud, etc. ; il répond en cela à l'Olympe.
7. Et par extension, la lune et les étoiles. Le sommet du Hara s'appelle Taêra. Ce mot semble mutilé de çtaêra (rocher, Yaçna 10. 30).
8. *Parvate-shthá*. RV. 6. 23, 2.
9. RV. 10. 158. 3.

Du Hara berezaiti descendent les eaux d'Ardvi-Çûra-Anâhita, la grande rivière céleste, qui descend sur terre des étoiles[1]; chose aisée à comprendre, si le Hara est la nuée céleste. Le Haoma a été déposé par un dieu sur le Hara; or, le Haoma croît dans les eaux d'Ardvî-Çûra[2] : preuve nouvelle de l'identité des fonctions du Hara et de la nuée, preuve nouvelle que c'est dans les mêmes régions que résident l'une et l'autre et qu'elles sont matériellement identiques. Si nous en venons au nom même du Hara, nous y trouvons écrite en toutes lettres cette identité. On traduit d'ordinaire ce nom par le mot « montagne » et l'on y reconnaît le sémitique *har*, qui se serait glissé dans la langue mythique de l'Avesta, l'on ne dit ni quand, ni comment, ni pourquoi. L'on a supposé *à priori* que *Hara* signifie montagne parce que le Hara en est une, erreur habituelle aux étymologistes de chercher le sens des mots dans la valeur actuelle de l'objet qu'ils désignent. L'on a ainsi négligé de remarquer que la montagne en question ne s'appelle pas seulement « *hara berezaiti*, le haut *hara* », mais aussi « *berez haraiti*, la hauteur *haraiti* »; le parallélisme des deux expressions laisse voir que *haraiti* n'est pas nom propre, mais adjectif participial comme *berezaiti*; or, pour la forme, *haraiti* est le participe présent d'une racine *har*, en sanscrit *sar* « couler », et *haraiti berez* est « la hauteur ruisselante »[3] : par suite *Hara* est le substantif dont *haraiti* est le participe, et répond pour la racine et le sens au védique *saras*, pour la forme au sanscrit *sarâ*. Ainsi, *hara berezaiti* et *haraiti berez* signifient respectivement « la mer des hauteurs » et « la hauteur marine », et ce qui a fait du *hara berezaiti* une montagne, ce n'est point l'idée qui est dans *hara haraiti*, mais celle qui est dans *berezaiti berez*. Le *Hara* pouvait donner aussi bien un océan qu'une montagne; mais il aurait fait double emploi avec le Vouru-Kasha, il s'érigea en montagne.

§ 119. Ainsi les montagnes se sont dressées à l'invasion d'Ahriman, parce que les montagnes nuageuses se dressent dans la mêlée d'orage. Le fait mythique devient fait cosmogonique; il est descendu sur terre et reporté aux origines.

Si les montagnes qui apparaissent avec Ahriman ne sont

---

1. Yasht 5. 85, *haca avatbyô çtarebyô*.
2. Bundehesh 64. 2.
3. Equivaut au védique « *parvatas sarishyan*, la montagne qui va ruisseler » (2. 11, 7).

autres que les montagnes de la nuée, nous devrons nous attendre à les voir disparaître avec lui : les montagnes nuageuses s'évanouissent sous les coups de l'éclair quand l'orage finit ; nous les verrons en effet, à la défaite finale du démon, se fondre dans la flamme[1].

Passons à la formation des mers.

§ 120. « Le jour où l'ennemi fit son invasion, Tistrya se mit en devoir d'accomplir ses fonctions. L'eau fut emportée par l'action du vent. Tistrya avait pour auxiliaires Bahman, l'Ized Hom, l'Ized Borǵ, les Férouers des justes. Il parut sous trois formes : homme, cheval, sanglier ; chaque fois, durant dix jours et dix nuits, planant en pleine lumière et agissant. Chaque goutte d'eau était de la grosseur d'une tasse : toute la terre fut couverte à hauteur d'homme. Les bêtes malfaisantes dont Ahriman l'avait couverte[2] furent tuées et noyées dans les trous de la terre : le vent fit retirer les eaux à ses extrémités et ainsi se forma la mer Vouru-Kasha.

« Les bêtes mortes restant dans la terre engendrèrent corruption et poison ; pour l'en purifier, Tistrya entra dans la mer sous forme d'un cheval blanc, au long sabot. Contre lui vint le démon Apaosha, cheval noir au noir sabot. A une parasange de distance, il fit fuir Tistrya terrifié ; Tistrya implora Ormazd, Ormazd lui donna force et vigueur, et Apaosha s'enfuit devant lui. Les gouttes d'eau tombèrent, grosses comme des têtes de bœuf, comme des têtes d'hommes ; deux démons luttaient, Apaosha et Çpeñǵaghra ; la massue du feu Vâzista porta, et Çpeñǵaghra poussa un grand cri, celui-là même que l'on entend encore aujourd'hui dans l'orage. Tistrya fit pleuvoir dix jours et dix nuits ; le poison des bêtes enfouies dans la terre se mêla aux eaux, les eaux devinrent salées, car la semence de ces bêtes les avait corrompues en y séjournant. Alors le vent poussa les eaux trois jours durant aux extrémités de la terre et de là se formèrent vingt-trois petites mers[3]. »

Cette exposition assez confuse qui semble formée de deux récits, l'un racontant la formation de la mer Vouru-Kasha, le second celle des petites mers, ne comprend en réalité qu'un seul et même fait, la formation des mers : mais comme on a décom-

1. Voir plus bas, § 188.
2. Voir plus haut, page 116.
3. Bundehesh, chapitre 7.

posé ce fait en deux, production de la grande, production des petites, le récit primitif s'est décomposé également : on a répété certains détails et réparti les autres tant bien que mal.

§ 121. L'Avesta offre un récit qui rappelle de beaucoup celui du Bundehesh : c'est le récit de la lutte de Tistrya et d'Apaosha. Tous les traits essentiels de la lutte s'y retrouvent. Tistrya vient trois fois sous trois formes : jeune homme de quinze ans, lumineux, aux blancs regards; sanglier aux sabots d'or ; cheval aux oreilles jaunes, à schabraque d'or ; il lutte avec Apaosha « le démon qui éteint », il est vaincu, il se lamente : « si les hommes l'invoquaient, lui offraient le sacrifice, il serait fort, il vaincrait » ; il implore Ahura ; Ahura lui offre le sacrifice, lui rend la force, Apaosha est vaincu ; « Victoire, s'écrie Tistrya ; le torrent des eaux va descendre sans obstacle sur les terres, sur les prairies ensemencées ! » Et les eaux vont, conduites par les vents, dans les voies que leur trace Haoma, et se répandent sur les sept Karshvar, réparties par le Fils des Eaux, par le Vent, par la Lumière qui réside dans les eaux et par les Férouers des justes[1]. »

De même les acteurs de la lutte avestéenne se retrouvent tous dans la lutte parsie : le vent, Haoma[2], le Fils des Eaux, devenu l'Ized Borǵ dans le Bundehesh[3], les Férouers. Le Bundehesh ajoute en plus le feu Vâzista, qui, nous apprend la tradition, est le Feu de l'éclair[4], et Bahman qui joue dans cette lutte le même rôle que dans la lutte de Çpeñta-Mainyu et d'Añgra-Mainyu, se disputant le *qarenô*[5].

1. Yasht 8.
2. Haoma a toutes les vertus antidémoniaques de Soma (voir pages 99, 100) : comme lui il donne la force victorieuse à qui le boit (Yaçna 9. 53 sq.) ; il vainc le démon, soit comme allié du dieu Tistrya, soit directement (il dompte Franhraçyan et le livre enchaîné à Huçravah ; cf. § 178).
3. Nériosengh ad Yaçna 1. 15. Ce nom de Borǵ n'est autre que l'épithète zend d'Apãm Napât, *berezañt* « qui s'élève dans les hauteurs ». Notons ici ce qu'est devenu son autre épithète *aurvat-açpa* « aux chevaux rapides » ; « Borǵ, dit Nériosengh, est la source de l'eau *aruanda* qui produit les plus beaux chevaux (açvâs sundarataràs) » ; il serait téméraire, sur la foi de ce renseignement, de chercher sur la carte la place où l'on logeait le Fils des Eaux ; *ces chevaux de l'Aruanda* sont nés d'un non-sens de Nériosengh, qui a transformé « les chevaux *aurvant*, c'est-à-dire rapides », en « chevaux *de l'aurvant* ».
4. *Vidyud-rûpa* (Nériosengh ad Yaçna 17. 66).
5. Voir plus haut, pages 123-124.

Mais à côté de toutes ces ressemblances, il y a entre les deux récits une différence capitale et qui montre à nu le mécanisme qui a formé la cosmologie mazdéenne : ce qui est lutte cosmologique dans le Bundehesh est lutte journalière dans l'Avesta. L'Avesta raconte, non comment les mers se sont formées au début des temps, mais seulement comment les eaux, longtemps réclamées par la terre en sécheresse et les animaux en souffrance, sont répandues par la pluie d'orage sur les sept Karshvar qu'elle ranime. Il s'agit si peu de décrire la formation de la mer, que cette mer Vouru-Kasha, dont la formation est le résultat de la lutte dans le Bundehesh, en est le théâtre dans l'Avesta. C'est vers la mer Vouru-Kasha que se dirigeait Tistrya, quand il a rencontré Apaosha, c'est là qu'il revient après la victoire; c'est là qu'il rassemble les nuées qui poussées par le vent se répandent sur la terre aux sept Karshvar. Bref, dans le récit de l'Avesta, l'orage, qui fait tomber les eaux, n'est pas encore préhistorique. Le Bundehesh n'a eu qu'à reporter aux origines le fait mythique ordinaire, pour le transformer en fait cosmogonique. Cela ne veut pas dire que la forme cosmologique soit postérieure à la rédaction du récit de l'Avesta. Les deux récits, naturaliste pur et cosmologique, peuvent co-exister; la seule chose que l'on veuille établir, c'est que le récit cosmologique a été précédé et sort d'un récit naturaliste pur.

Ce n'est point au reste du récit de l'Avesta que sort directement le récit du Bundehesh. Voici des traits propres au Bundehesh : les eaux lancées par Tistrya détruisent les bêtes malfaisantes, les bêtes à morsures, les bêtes à venin, semblables à des serpents, les scorpions, les grenouilles dont Ahriman a couvert la terre, alors qu'il avait rendu le monde en plein midi noir comme en pleine nuit[1]. Ces bêtes malfaisantes, nées dans l'orage, sont des dédoublements et des substituts du serpent : le serpent, bête qui mord et empoisonne, amène dans la ménagerie démoniaque les bêtes à venin, les bêtes à morsure, les scorpions, et la grenouille qui chante si bien quand Parǵanya la ranime[2], est une hôtesse naturelle de la nuée, où nous aurons occasion de la retrouver au service d'Ahriman[3].

Ce n'est donc point sur la terre, comme le prétend le Bundehesh, qu'Ahriman a jeté toutes ces bêtes, c'est là où est le

1. Cf. page 116.
2. RV. 7. 103. 1 sq.
3. Cf. § 145.

serpent, c'est-à-dire dans les régions d'en haut, et c'est là que primitivement les tuait Tistrya. De même, le poison dont la terre est infectée par elles n'est autre que le poison du serpent, poison qui infecte le nuage et non la terre[1], et dont le Bundehesh profite pour expliquer la saumure du nuage descendu, c'est-à-dire de la mer.

Revenons à Ahriman. Ses deux premières victimes furent le Taureau, et Gayomert, le premier homme.

Occupons-nous d'abord du Taureau :

V.

Meurtre du Taureau.

SOMMAIRE : § 122. Meurtre du Taureau. — §§ 123-124. Vache et Taureau = Nuée. Preuves fournies : 1° par les mythes et les légendes ; 2° par la liturgie. — § 125. Germe du Taureau = Pluie. — § 126. Couples mythiques. — § 127. La lune dépositaire du germe du Taureau. — § 128. Le véritable meurtrier du Taureau est Az, le Serpent.

§ 122. Le premier des êtres vivants fut *le Taureau, créé unique,* « torâ evakdât ». « Ahriman porta sur lui le besoin (âz et niyâz), la souffrance, la faim, la maladie et la mauvaise Bûshyâçta ; sous les coups du démon, le Taureau dépérit, s'amaigrit et mourut. Quand il mourut, de chacun de ses membres sortirent 55 sortes de graines et 12 sortes de plantes salutaires. Ce qu'il y avait dans son sperme de clair et de puissant fut porté dans la sphère de la lune, et là, purifié dans la lumière de l'astre, on en forma deux êtres de même espèce, mâle et femelle, d'où vinrent sur terre 272 sortes d'animaux[2].

Au moment où il mourait, l'âme du Taureau, Goshurun, sortit du corps, se plaça devant lui et, d'une voix forte comme celle de mille hommes, cria à Ormazd : « A qui as-tu confié l'empire des créatures, que le mal ravage la terre et que les plantes sont sans eau? Où est l'homme dont tu avais dit : je le créerai pour prononcer la parole secourable »? Ormazd répondit : « Tu es malade, Goshurun; malade du mal qu'Ahriman a porté sur toi. Si cet homme avait pu être créé aujourd'hui, Ahriman n'en

---

1. Cf. § 124, fin.
2. Bundehesh 10. 8 ; 20. 1 sq.

serait pas venu à telle violence ». Goshurun alla au ciel des étoiles et se plaignit de même, puis au ciel de la lune et se plaignit encore, puis au ciel du soleil. Alors Ormazd lui montra le Férouer de Zoroastre et lui dit : je le créerai dans le monde pour dire la parole de secours. Goshurun fut satisfait et accepta de nourrir les créatures[1]. »

Les divers mythes contenus dans ces lignes sont anciens. Dans l'Avesta, la lune est dite *gao-cithra* « contenant le germe du Taureau », ce qui assure l'authenticité du mythe correspondant du Bundehesh ; l'âme du Taureau, *géus urvan*, est invoquée sous le nom de *Drvâçpa*, comme divinité protectrice des animaux[2], ce qui explique les dernières lignes citées du Bundehesh : enfin, la partie la plus anciennement rédigée de l'Avesta, les gâthâs, connaissent déjà la plainte du Taureau, et le mythe du meurtre était dès lors déjà si populaire que ces mots « tuer le Taureau[3] » étaient devenus une formule proverbiale pour dire « agir dans les voies du démon ».

§ 123. Qu'est-ce donc que ce taureau créé unique ? Qu'est-ce que le meurtre du taureau ?

Notons d'abord que l'être désigné par le Bundehesh sous le nom de Taureau créé unique (*torâ evakdât, gâus aêvô-dâta*) est aussi femelle dans l'Avesta et nommé « *la vache créée unique* »[4]. Son âme est invoquée comme divinité féminine, Drvâçpa : or, ceci n'est point dû à une conception féminine de l'âme, le nom de l'âme, *urvan*, étant masculin, de sorte que Drvâçpa ne peut devoir son genre qu'au sexe même de l'être qu'il désigne.

Nous avons déjà signalé souvent l'identité védique de la vache et de la nuée. Cette identité, dont la conscience est si vive dans les Védas, l'Avesta ne la sent plus ; mais nombre de traits bizarres la rappellent. Quand l'Avesta parle des méchants qui livrent la vache au démon[5], cette métaphore devenue toute morale et religieuse nous reporte aux mythes de la vache enlevée par le

---

1. Bundehesh 12. 1 sq.
2. Yasht 9.
3. Ou la vache ; voir plus bas pages 146 et 149.
4. Géusca aêvôdâta*tayâo*, Yasht 7. 0 ; Sirozeh 1. 12.
5. Yaçna 43. 20. *Gãm karapã uçikhscâ aêshmâi dâtâ* : « le méchant et l'uçig livrant la vache à Aêshma ». Les *uçig* dans les Védas reconquièrent la vache sur le démon ; ici ils la livrent au démon. Tout se concilie dans une formule équivoque : « les uçig ont *enlevé* la vache ».

démon et à la plus ancienne mythologie indo-iranienne. Quand l'on voit le fidèle *trouver la vache* en suivant l'Asha[1], l'on se rappelle aussitôt tous ces dieux et héros védiques, Indra, Brihaspati, les Angiras, en quête des vaches enlevées et les *retrouvant* (gâm vind) par la prière dans la grotte du ravisseur. Les méchants qui regardent d'un œil sinistre la vache et le soleil[2], ont été tout d'abord les méchants d'en haut, dont le mauvais œil foudroie ou voile la vache nébuleuse ou le soleil.

A côté de ces formules qui ont cessé d'être mythiques, subsistent des légendes parallèles aux mythes indiens. Thraêtaona, l'*âthwya*, c'est-à-dire *le Fils des Eaux*, le vainqueur du serpent, est nourri du lait de Purmâyeh, la vache bigarrée[3]; tous les membres de la famille des Atwya, *Çyâktorâ, Bortorâ, Çpittorâ, Ramaktorâ, Portorâ* « l'homme aux vaches noires, aux vaches blanches, aux troupeaux de vaches, aux vaches nombreuses[4] », marquent inscrit, dans le rapport de leur nom de famille et de leurs noms particuliers, le rapport étroit de la vache et de la nuée. Le mythe des vaches enlevées fut aussi bien iranien qu'indien : « au jour de Mihr, dit Cazvini, se célèbre la « fête du *kâw-kîl* : ce jour-là, dit-on, un corps de Perses se « sauva du pays des Turcs et ramena les vaches qui avaient été « enlevées[5] ». Turcs et Perses sont ici comme toujours les substituts des démons et des héros d'autrefois : *kâw-kîl* est la transcription arabe du persan *gâv gil*[6] « les vaches de la montagne » et nous retrouvons ici dans tous ses détails, descendu à l'étape légendaire, le vieux mythe indo-européen de Paṇi, de Vala, de Géryon et de Cacus, des vaches enlevées par le démon et reconquises par le héros. Concluons donc que l'équation vache = nuée est iranienne aussi bien qu'indienne : aujour-

---

1. Yaçna 50. 5. Vîçvâ tâ pereçâç *yathâ ashât hacâ gâm vîdat* : « s'enquérant de toutes choses qu'il faut pour trouver la vache en suivant l'*asha* » : cela se calquerait en sanscrit védique : *yathâ ritât-saca* (ritena) *gâm vindat*.

2. Yaçna 32. 10 : hvô mâ nâ çravâo môreñdat yé acistem vaênanhê aogedâ gâm ashibya hvarecâ. « Celui-là me fait périr, moi et mes paroles, qui est puissant à jeter le mauvais œil sur la vache et sur le soleil » (cf. plus haut, page 122).

3. Voir plus haut, page 105.

4. Cf. Justi. *Handbuch der zendsprache* s. v. *âthwya*.

5. Cité dans Layard, *Mémoire sur deux bas-reliefs mithriaques* p, 107, note 1.

6. L'arabe, n'ayant pas le son g, transcrit par k le g persan.

d'hui encore la nuée s'appelle en persan *dâyeh* « la nourrice » ; la langue sait encore que la pluie est le lait de la vache céleste, preuve qu'il y a eu un jour où la mythologie le savait aussi [1].

§ 124. Cette ancienne identité de la vache et de la nuée, attestée par les formules et les légendes, nous en trouvons une preuve nouvelle, indirecte, mais non moins convaincante, dans la liturgie mazdéenne. Les purifications légales se font avec du *gaomaêza*, c'est-à-dire de l'urine de taureau ; « elle purifie le corps frappé par les démons [2] ». Or, toute pratique religieuse suppose un mythe sous-jacent dont elle est la mise en action, la représentation dramatique ; c'est la représentation humaine d'actes supra-terrestres : on croit produire le fait désiré en reproduisant l'acte qui dans le monde supérieur amène le fait analogue [3] : si donc sur terre l'urine du taureau purifie le corps frappé par le démon, c'est qu'elle produit le même effet dans la sphère d'en haut, ce qui l'identifie avec la pluie d'orage et fait du taureau l'animal de la nuée. Cette conclusion, on le voit, repose sur deux inductions : 1º la pluie est l'urine d'un animal céleste ; 2º l'urine d'un animal céleste tue le démon. L'existence de la première conception est bien connue ; elle est indo-européenne et il en est resté des traces en France même dans la mythologie populaire ; pour son existence dans les mythologies d'Asie, nous renvoyons à un hymne védique d'un réalisme outrageux, le troisième de l'Atharva. La Perse enfin possède et cette conception et la seconde qui en dérive tout naturellement, et elle nous les présente réunies, c'est-à-dire formant le mythe même que l'in-

---

1. Cf. § 163, note.
2. Vendidâd 19. 69 sq.
3. Les pratiques survivent toujours, plus ou moins longtemps, au mythe qui les produit et qu'elles expriment. Le culte d'une religion est donc l'expression d'une religion antérieure, et l'on peut lire sous le culte d'une période la mythologie des périodes qui précèdent : aussi l'étude comparée des cultes indo-européens et la restitution du culte indo-européen livreraient une mythologie plus ancienne que celle que livre la comparaison directe des mythologies, c'est-à-dire plus ancienne que celle qui vivait au moment de la séparation des races aryennes : la science peut donc espérer, à la lumière du culte, de descendre dans l'étude des religions à des couches plus profondes que dans celle des langues : celle-ci s'arrête à la surface indo-européenne ; l'autre pourra plonger plus avant.

duction nous fait lire sous la liturgie, avec cette seule différence qu'il le met sous le nom d'un animal autre que le taureau, sous le nom d'un autre être merveilleux : l'Ane à trois pieds. « L'Ane à trois pieds demeure au milieu de la mer Vouru-Kasha. Il a six yeux perçants, dont il frappe et atteint les bêtes malfaisantes qu'il anéantit également avec sa corne d'or. Quand il plonge le cou dans la mer Vouru-Kasha, qu'il y cache ses oreilles, il la met toute en mouvement et la fait bouillonner jusqu'à ses côtes. Quand il urine dans la mer, toutes les eaux qui coulent sur les sept Karshvar de la terre en sont purifiées. Si l'âne à trois pieds n'avait été créé dans les eaux, toute l'eau de la mer aurait été perdue par le poison qu'Ahriman y aurait mis pour détruire les créatures d'Ormazd. Tistrya, avec l'Ized Borǵ, amène de la mer les eaux au secours de l'âne à trois pieds[1] ». Le fait que cet âne merveilleux réside dans la mer Vouru-Kasha, c'est-à-dire dans la mer atmosphérique ; les six yeux perçants et la corne d'or dont il frappe les bêtes malfaisantes de cette mer, identiques aux mille yeux d'Agni[2] et à la corne d'or du cheval védique[3], son action commune avec Tistrya, c'est-à-dire avec le dieu de l'orage, avec l'Ized Borǵ, c'est-à-dire avec le Fils des Eaux ou l'éclair[4], prouvent qu'il appartient à cette grande ménagerie mythique, où le dieu fulgurant de la nuée vient emprunter tour à tour ses déguisements. Les flots de liquide qu'il lâche sur les sept Karshvar de la terre purifient la mer du poison qu'Ahriman y dépose : lisons : « du poison que le serpent y dépose[5] » et tout devient

---

1. Bundehesh 44. 4 sq. (chapitre 19 init.).
2. RV. 1. 79, 12. L'âne a trois pieds parce qu'il couvre les trois mondes. Cf. les trois pieds de Purusha ; cela ne l'empêcherait pas au besoin d'en avoir mille, comme le même Purusha ou comme Indra. Il est inutile de rappeler que le *pied* est primitivement le rayon du soleil ou de l'éclair. — Cf. les animaux à trois pattes dans la mythologie allemande (Simrock l. c. 467, 479).
3. RV. 1. 163, 9. Cf. les cornes d'Agni.
4. Voir page 142 n. 3.
5. Le poison n'est point la représentation mythique d'un objet réel ; il ne répond à aucun élément naturaliste : il est *induit*. Il ne manque pas en mythologie d'êtres de ce genre. Par exemple, la poule aux œufs d'or : le naturalisme ne fournit que l'œuf d'or qui paraît tous les jours à l'horizon, le soleil ; de ces œufs d'or, on conclut à l'existence d'une poule qui les pond. De là, dans une conception plus rabelaisienne, « la bête merveilleuse », dont parle Nicolas de Troyes, « qui faisoit de sa matière les gros lingos d'or dont le roi estoit enrichi et tout le pays..... mais tant il y avoit que jamais cette beste ne *ponnoit les lingos d'or que*

clair : le démon, à titre de *serpent,* a empoisonné les eaux : la pluie d'orage qui tue le serpent détruit le poison qui se dissout dans les eaux. Voilà pourquoi l'urine de l'âne à trois pieds a ce merveilleux effet de purifier les eaux.

§ 125. L'on comprend à présent pourquoi l'urine de taureau purifie le corps frappé par le démon. Il a donc existé des mythes où le taureau et la vache sont les animaux de la nuée, et par suite c'est dans des mythes de cet ordre que nous devons chercher l'explication des récits du Bundehesh sur la mort du Taureau premier-né.

Voici d'ailleurs une formule du Vendidâd qui a consacré un clair souvenir des rapports de cet être :

« Hommage à toi, ô Taureau sacré ! Hommage à toi qui
« accrois ! à toi qui fais grandir ! à toi qui donnes sa part de
« biens [1] au juste excellent et au juste encore à naître ! Toi que
« fait périr la Djahi [2], l'Ashemaogha impie et l'homme méchant et
« ennemi. Venez, ô nuées, venez avec vos eaux qui vont en
« avant, qui tombent, qui posent sur le sol, portant les pluies
« par milliers, par dizaines de mille [3] ».

Le Taureau est donc, comme la montagne, une des formes du nuage : le Taureau Evakdât est l'animal de la nuée, ayant pris une valeur cosmologique et devenu le premier des animaux vivants, comme le Hara est la montagne de la nuée ayant pris une valeur cosmologique et devenue la première des montagnes [4]. Dès lors, toute l'histoire cosmologique du Taureau se résout immédiatement en formules mythiques.

Quand il meurt, de son corps sortent les plantes, de son sperme sont créés les animaux. Le sperme du Taureau est la

---

le jour ne fut venu ». (Le grand Parangon des Nouvelles Nouvelles, éd. Mabille, p. 38). Souvent l'induction crée non plus des *êtres*, mais des *rapports* nouveaux ; voir plus bas, § 126.

1. Ces biens que répartit le Taureau (*dâthrô bakhtem*) sont les mêmes que répartit le Fils des Eaux durant la lutte d'orage, c'est le trésor des eaux (*apãm napâo tão âpo anuhê açtvaitê shôithrô-bakhtão vî-bakhshaiti* Yasht 8, 34). De là la vache *rânyô-çkereti* « qui donne tous les biens désirés, *râtiskartâr* » (46, 3 ; 49, 2) ; c'est l'équivalent de la vache indienne *kâma-duh*, sauf que la personnalité mythique est moins accusée ; le mot est resté adjectif, sans devenir nom propre ; d'images analogues est née en Grèce la chèvre Amalthée.

2. Sur la Djahi, voir § 145.

3. Vendidâd 21, 1. sq.

4. Voir page 140.

même chose que l'urine du Taureau ou de l'Ane à trois pieds, la même chose que le lait de la vache céleste, c'est le liquide fécondant que la nuée répand sur terre : conception de même ordre que celle qui, dans la mythologie gréco-latine, amène le mariage du ciel et de la terre. Et les Védas nous donnent directement le point de départ du développement iranien dans leurs peintures de Parǵanya, le dieu de la pluie d'orage : « en mugissant, taureau « aux flots rapides, il jette sa semence dans les plantes qu'il « féconde, les vents soufflent, les éclairs volent, les plantes « se dressent, le ciel se gonfle, un flot de vie naît au sein de « l'univers entier quand Parǵanya répand sa semence dans la « terre. O Maruts[1], donnez-nous la pluie du ciel, donnez à pleine « ondée les flots du liquide du cheval mâle ! O Parǵanya, mugis, « tonne et féconde, plane sur ton char aqueux[2]. »

De là, dans le mazdéisme, l'origine de la vie sur la terre ramenée au taureau céleste. De son corps naissent les plantes[3] : les Védas nous en ont dit la cause. Quant aux animaux, ce n'est que par extension qu'ils sortent tous de lui, et il est probable qu'on ne lui reconnaissait primitivement d'autres descendants que les taureaux terrestres. Entre lui et les animaux on établit comme intermédiaire un couple, mâle et femelle, soit par condescendance pour les lois ordinaires de la génération, soit plutôt sous l'action des mythes sur l'union du mâle et de la femelle dans la nuée d'orage. Arrêtons-nous un instant sur ces mythes.

§ 126. Dans toute une série de mythes, le dieu qui reprend la lumière ou les eaux est un amant qui reprend son amante, enlevée par le démon, devenue *dâsapatnî*[4]. Dans ces mythes le naturalisme ne fournit que deux traits : l'enlèvement des captives et leur délivrance ; l'idée de l'amour est postérieure et *induite* : elle est si peu essentielle, que l'objet disputé peut rester lumière et eaux sans se personnifier, ou devenir un trésor comme celui des Nibelungen[5]; mais une fois entrée, l'idée de ces amours

---

1. Dieux d'orage. Voir plus bas § 133.
2. RV. 5. 83. Voir tout l'hymne traduit dans Muir, *Sanskrit Texts* V. 140 sq.
3. De là, dans les bas-reliefs mithriaques, les gerbes d'épis qui sortent du corps du Taureau immolé. — Sur la mort du Taureau dans les mystères de Mithra, voir plus bas, § 255, texte et notes.
4. Voir plus haut, page 98 ; cf. Persée, Andromède et le Dragon.
5. Le trésor gardé par le serpent Fafnir. De là toutes les légendes de

et des unions qui en doivent être la suite, subsiste, se développe par elle seule et l'orage devient l'union de l'amant et de l'amante, du mâle et de la femelle ; la réalité de ces amours était d'ailleurs directement attestée par le feu naissant des nuées, par la naissance d'Agni, le Fils des Eaux ; d'autre part, les mythes anciens qui faisaient de la pluie la semence du ciel ou de l'animal céleste, concouraient à transporter dans les régions d'en haut et dans le trouble de l'orage toutes les scènes de l'amour humain. Les Eaux avaient donc un mâle : de là toutes ces amours védiques d'Indra, d'Agni, de tous les héros orageux, de tous « ces taureaux qui se précipitent en mugissant sur leurs femelles. »

Le mazdéisme, comme le védisme, a connu l'union mythique du couple atmosphérique ; il en reste des traces manifestes : « Lorsque l'âne à trois pieds pousse un cri, il engrosse toutes les femelles aquatiques de la création d'Ormazd et fait avorter toutes les femelles aquatiques de la création d'Ahriman[1]. » Laissons de côté les femelles d'Ahriman qui sont là pour la symétrie : ces femelles aquatiques que féconde en poussant son cri l'âne à trois pieds, c'est-à-dire l'animal de la mer Vouru-Kasha, de la mer nuageuse, ne sont que le dédoublement de la femelle qui habite les eaux du nuage et que le mâle, quels que soient son nom et sa forme, féconde dans le fracas de l'orage. Autrement dit, pour ramener l'âne et ces femelles à leur forme la plus commune, ces femelles aquatiques sont le dédoublement de la vache du nuage, l'âne est le substitut du taureau du nuage, et si elles deviennent fécondes quand il pousse son cri, c'est qu'il a commencé d'abord, comme le taureau védique, par les féconder lui-même en mugissant. La preuve que l'âne à trois pieds est bien ici le substitut du Taureau, c'est que même chose est dite absolument dans les mêmes termes d'un animal nommé le Taureau-poisson : lui

---

trésors gardés par les dragons. Des légendes de ce genre ont dû se former autour d'Ajis. Un de ses noms est *Baêvaraçp* « l'homme aux dix mille chevaux » (Bund. 69. 19 ; 24. 12) ; il est ainsi nommé, disent les Parses « parce qu'il se faisait toujours suivre de dix mille chevaux chargés d'or » (Mujmil). Quant à ses chevaux, ils n'ont rien à faire avec cet or : ce sont les chevaux de l'éclair, lesquels appartiennent aussi bien au démon qu'au dieu de l'orage, à Ajis qu'à Kereçâçpa ou à Apãm-Napât ; Ajis est de droit, aussi bien que le Fils des Eaux, un *aurvat-açpa* ; selon Hamza, il est fils d'*Arvandaçp*, selon le Bundehesh de *Khrûtaçp* « l'homme aux chevaux terribles », ce qui revient à dire qu'il est un Arvandaçp, qu'il est un Khrûtaçp.

1. Bundehesh 45. 5. sq. (chapitre 19.)

aussi, quand il lève la voix, toutes les femelles des poissons en deviennent grosses et toutes les bêtes mauvaises des eaux avortent[1] : femelles et Taureau sont devenus poissons parce qu'ils habitent dans les eaux[2], et les formules précédentes reviennent à celles-ci : le Taureau dans l'orage féconde la femelle ou les femelles.

Il suit de là que le couple, vache et taureau, d'où sortent tous les êtres, et qui sort du Taureau unique, lui est en réalité parallèle. La mythologie fournissait, d'une part l'existence du couple, et d'autre part l'idée que le taureau est source de toute vie[3] : dans le récit du Bundehesh, l'instinct historique met les deux notions en accord systématique par la subordination de l'une à l'autre ?

§ 127. Le germe du taureau mourant est reçu dans la lune, la lune est *gao-cithra* « contenant la semence du taureau ». L'origine de cette épithète et de ce mythe semble être dans la croyance qu'exprime le Yast à la lune : « Quand s'allume la lumière de la lune, alors de terre sort sous la rosée la pousse verte des arbres aux couleurs d'or[4] ». Le mot que nous traduisons par « rosée »

---

1. Voilà pourquoi, dans la légende allemande, le tonnerre féconde le frai d'anguille (Simrock l. c. 236), et pourquoi *thunder shall awake the beds of eels* (Shakspeare, Pericles 4. 3, in fine). L'anguille est ici le substitut du serpent dont elle est le diminutif : anguilla-anguis, ἔγχελυς-ἔχις.

2. Le dieu nuageux paraît souvent comme poisson : dans le Bundehesh, il garde sous cette forme le Gaokerena contre les attaques de l'animal démoniaque. En Inde, c'est une des incarnations de *Kâma, l'Amour*, c'est-à-dire d'Agni atmosphérique (cf. la légende de Pradyumna-Mâyâdevî-Çambara ; voir Sénart, *Légende de Buddha*, Journal asiatique 1874, I. 266 ; cf. plus bas, § 131.

3. Le Taureau est devenu la source de la vie dans le Mazdéisme ; la vache a failli le devenir dans le Védisme ; identique à la nuée, qui est dans la cosmogonie indienne le principe premier et universel (pages 134 sq.), elle pouvait faire une fortune identique, tout ce qui naît des eaux naissant de la vache par cela même : ainsi Dadhikrâ, le cheval-soleil, est dit à la fois *abgâ* et *gogâ* « né des eaux » et « né de la vache » ; les dieux de l'atmosphère sont *gogâtâ apyâ* « nés de la vache, aquatiques » ; de là les légendes de dieux nés ou élevés dans l'étable, parmi les bergères (Krishna ; de même Mithra en tant que πετρογενής, en vertu de la synonymie de pierre, montagne, étable ; *adri-gotra*) ; de là toutes les formules mystiques sur la place suprême de la vache (*gos paramam padam*), sur l'essence mystérieuse de la vache (*gos nâma apîcyam*), etc.

4. Yasht 7. 4 ; âat ya*t* mâonhahê raokhshni tâpayêiti misti urvaranãm zairi-gaonanãm zaramaêm paiti zemâ*t* uzukhshyêiti.

est en zend *mîsti,* lequel peut d'ailleurs avoir le sens plus général de pluie, car il signifie littéralement « effusion de liquide » et dérive de la racine *miz,* sanscrit *mih,* indo-européen *migh,* qui a donné en sanscrit, en grec, en latin les verbes *mih-âmi,* ὀ-μιχ-έω, *min-go* et en zend, en sanscrit et en grec les noms du nuage *maêgha, megha,* ὀ-μίχ-λη[1]. Il y avait donc un rapport établi entre l'apparition de la lune et la chute d'un liquide céleste[2] ; joignez à cela les images qu'évoquait le croissant de la lune, corne d'un taureau invisible[3] ; ce double rapport entre la lune et le liquide céleste, entre la lune et le taureau, devait amener aisément des formules où la *mîsti* serait le germe du taureau, *mîsti* et *germe du taureau* n'étant que deux expressions synonymes du liquide céleste : quand la rosée tombait, on disait : « c'est le germe du Taureau qui tombe de la lune » ; de là, la lune dépositaire de ce germe.

§ 128. Nous pouvons passer à présent aux détails de la mort du Taureau.

Ahriman le tue en portant sur son corps le besoin (*âz* et *niyâz*), la souffrance, la maladie, la faim et la mauvaise Bûshyãçta ; ce sont là, il faut l'avouer, toute réserve faite pour Bûshyãçta dont nous ne connaissons pas encore la nature[4], ce sont là des instruments de meurtre bien abstraits et bien peu mythiques. Ils sont apparemment amenés là par le besoin de montrer l'apparition dans le monde des forces générales de destruction qui y agissent, et nous pouvons soupçonner d'avance que ce n'est point la maladie, la faim ni la soif qui ont tué le Taureau. Ce doute devient certitude quand on interroge de plus près le premier terme de cette énumération de fléaux, *âz*. On l'a assimilé très-justement à un démon assez souvent cité dans l'Avesta, le démon Âzi, et comme *âz* signifie en persan « le besoin », on a fait de Âzi le démon du Besoin. Cette conclusion est-elle légitime ? Non. Âzi n'est pas un démon abstrait : la

---

1. A *mih-âmi* répond le lithuanien *myz-ù* (mingo), à ὀ-μίχ-λη le vieux slave *mig-la* (même sens).
2. Unde et Alcman lyricus dixit *rorem Aeris et Lunae filium* (Macrobe, Saturnales 7. 16, fin).
3. « La nuit du jour de Mithra apparaît le taureau du char de la lune, taureau dont les deux cornes sont d'or et les pieds d'argent. Ce taureau se montre un moment et disparaît un autre moment ». Cazvini, l. c. (page 146).
4. Voir § 150.

preuve, la voici : « pendant la nuit, dit le Vendidâd, Âtar réveille le maître de la maison, pour l'aider à repousser le démon Âzi : lève-toi, dit-il, apporte-moi le bois pur, fais-le briller en moi ; sans cela fondrait sur moi Âzi : il se fait fort de déchirer les mondes[1]. » Cet Âzi, qui veut fondre sur Atar, rappelle forcément le vieil adversaire d'Âtar, Ajis Dahâka, le serpent démoniaque[2]. Or, le mot *Aji* dérive d'une forme antérieure *Azi*[3], de sorte que *Azi* n'est que le doublet d'Aji, ou pour mieux dire est le représentant direct du serpent indo-iranien, de l'Ahi védique, représentant plus fidèle qu'Aji, puisque celui-ci est tombé dans la légende et que lui, il reste démon pur jusqu'au bout[4]. Cette identité d'Âzi et du serpent devient palpable, quand on lit, d'une part dans le Minokhired, qu'à la fin du monde seront détruites toutes les créatures d'Ahriman et *en dernier lieu le démon Az lui-même*[5]; d'autre part dans le Bundehesh, que le *dernier démon détruit sera Mâr* « le Serpent »[6].

Il suit de là qu'Azi, le premier cité des meurtriers du Taureau, n'est qu'une des formes, un des noms du serpent. Le Parsisme, à la faveur d'une erreur de langage, a transformé le meurtrier mythique et concret en un personnage abstrait et vague qui entraîna à sa suite toute une série d'abstractions du même ordre[7]. Le Taureau n'était donc pas tué par le Besoin, mais par le Serpent, c'est-à-dire par le vieil ennemi héréditaire et naturel, par l'ancien ravisseur des vaches. L'on comprend à

---

1. Vendidâd 18. 43.
2. De même le Yaçna invoque « les eaux épouses d'Ahura, la mer Vouru-Kasha, les eaux, les bonnes eaux créées par Mazda pour repousser Azi créé par les démons ». Or, la mer Vouru-Kasha et les eaux ont à lutter non contre le Besoin, mais contre le Serpent, contre le démon qui les enlève (Yaçna 67. 18 sq.).
3. *H* sanscrit est régulièrement représenté en zend par *z* ; dans *aji*, *z* s'est altéré en *j* sous l'influence de l'*i*.
4. La longue de *âzi* est, soit amenée par la confusion avec *âz* besoin, soit organique, d'un primitif *âhi* parallèle à *ahi*, ou peut-être d'un primitif *anhi* (cf. ἔγχ-ελυ-ς ang-uis) avec allongement compensatif. — Il se peut d'ailleurs que *âz* « besoin » ait une parenté lointaine avec *ahi*, de même que celle du latin *eg-eo* avec *ang-uis*, la racine étant la même (az), active et prise au propre dans l'un (mettre à l'étroit), neutre et avec sens figuré dans l'autre (être à l'étroit ; cf. Curtius, *Grunzüge*[3] 180).
5. Minokhired 8. 15.
6. Bundehesh 76. 15 (chapitre 31, fin).
7. Az a d'abord entraîné à sa suite *niyâz* (par la rime), puis les fléaux de toutes sortes.

présent ces promesses de la Djahi à Ahriman : « je répandrai sur le Taureau tant de poison qu'il faudra qu'il meure [1]. » Ce poison est le même qui infectait la mer et dont Tistrya et l'Ane à trois pieds la purifient : c'est le poison du serpent, et si le Taureau meurt empoisonné, c'est une nouvelle preuve que c'est le serpent qui le tue.

De même les imprécations des Gâthâs contre ceux qui regardent d'un mauvais œil la vache et le soleil [2], nous font remonter à des mythes où la vache est tuée par le regard du démon, c'est-à-dire par l'éclair [3]. Azi, le poison, le mauvais œil, tous ces traits reportent la scène dans les régions ordinaires de la lutte mythique et confirment l'identité du Taureau avec l'animal de la nuée, et l'identité de son meurtrier avec le démon orageux, avec le Serpent, celui qui lance le poison et le regard sinistre de l'éclair.

Le livre des Rois nous offre enfin l'équivalent exact du meurtre du Taureau par le serpent. La vache Purmâyeh qui a nourri Feridoun, est tuée par Zohâk ; nous avons vu que Purmâyeh est la vache de la nuée et nous savons que le roi *Zohâk* n'est autre que l'*ajdahâ*, c'est-à-dire l'incarnation d'Ajis dahâka [4] ; le meurtre de la vache par Zohâk, par l'Ajdahâ, ou, comme dit Firdousi, par l'homme-serpent, est la version *légendaire* du meurtre du Taureau par *âz* : les deux récits, légendaire et cosmogonique, dérivent d'une même formule mythique, montrant la vache ou le taureau tué par le serpent, *Gâo* tué par *Azi*.

Ici encore, comme dans la formation des mers et des montagnes, tous les traits cosmogoniques se résolvent en traits mythiques. Le Taureau créé unique, dont le germe échappe à la mort pour produire la vie sur la terre, est la forme cosmogonique du taureau du nuage qui maintes fois, sous nos yeux, en mourant, féconde la terre ; et son meurtrier est le même qui maintes fois, sous nos yeux, le tue dans l'orage.

Le mythe du Taureau est un de ceux où l'esprit historique et l'instinct moral du mazdéisme se sont le mieux donné libre carrière. D'une part, il faisait connaître comment la vie animale et végétale fit apparition dans le monde, ainsi que la souffrance, la maladie et la mort ; d'autre part, en divinisant l'âme du Taureau et en faisant d'elle le génie protecteur de la vie, il introdui-

---

1. Voir plus haut, page 116.
2. Voir plus haut, page 146.
3. Voir plus haut, pages 122 sq.
4. Voir plus haut, page 105.

sait dans le mythe une dignité morale toute nouvelle. Le fracas de l'orage, gémissement du mourant qui monte au ciel, comme le cri d'Arès, avec un bruit égal à celui de mille voix[1], devint la plainte du Taureau pleurant au dieu qui l'a créé, et lui portant le cri de la nature dévastée, des plantes desséchées. Mais l'orage n'est pas éternel, la victoire du démon doit prendre fin, un vengeur est annoncé, et l'âme du Taureau se console en entrevoyant le Férouer de Zoroastre.

Si maintenant l'on cherche à déterminer la part exacte d'Ahriman dans la mort du Taureau, on voit qu'elle est nulle dans le principe. Le meurtrier réel, c'est le serpent, comme dans la lutte pour la lumière le champion réel des ténèbres était le serpent[2]; mais dans un cas comme dans l'autre, Ahriman est devenu le héros *en titre*, et s'ajoutant à cela l'erreur du langage, l'ancien et réel meurtrier en est arrivé à n'être plus qu'une arme inanimée dans les mains du meurtrier nominal.

VI.

Meurtre de Gayomert, le premier homme.

SOMMAIRE : § 129. Gayomert, le premier homme, tué par Ahriman. — § 130. Gayomert est l'*Homme d'en haut*, le héros d'orage *homme*. — § 131. Premier homme = homme d'en haut. — § 132. Son nom. — § 133. (Gayô) *Maratan* et les Maruts. — § 134. Conclusion. — § 135. Equivalence mythique de Gayomert et du Taureau. — § 136. Cette équivalence se marque dans le mythe de Tahmurath. — § 137. *Descente de la vie* sous Tahmurath. — § 138. Tahmurath dompte Ahriman. — § 139. Tahmurath dévoré par Ahriman. — § 140. Tahmurath trahi par sa femme. — § 141. Le démon femelle, identique à la vierge divine : Sûryà. — § 142. Les Péris. — § 143. Yâtus et Péris. — § 144. La Péri Knâthaiti. — § 145. La Djahi. — § 146. L'amant de la Djahi. — §§ 147-148. Rôle de la Djahi dans le meurtre de Gayomert, du Taureau. — § 149. Ahriman n'est point le véritable meurtrier. — § 150. La Bûshyâçta. — § 151. Conclusion. Ahriman n'est que le héros nominal des exploits qui lui sont attribués.

§ 129. En même temps que le Taureau, Ahriman attaquait le premier homme, Gayomert.

Ici comme pour le Taureau, avant de faire une enquête sur le meurtre, informons-nous de ce qu'est la victime.

---

1. Cf. page 98 et § 165.
2. Voir pages 127 sq.

Voici comment le Bundehesh raconte la création et la vie du premier homme :

« Ormazd prit de la sueur : le temps de dire une prière et il en fit un corps de jeune homme de quinze ans, brillant, de haute taille. Quand Gayomert fut né, il vit le monde noir comme la nuit, la terre n'ayant pas une place de la grandeur d'une tête d'aiguille qui fût vide de bêtes malfaisantes, le firmament en branle, lune et soleil en mouvement, les dêvs mazéniens[1] en lutte contre les étoiles. Ahriman porta sur son corps le Besoin (*âz* et *nyâz*), la souffrance, la faim, la maladie et la mauvaise Bûshyâçta ; il jeta sur lui le démon Açtô-Vidhôtu avec mille démons de mort ; mais le temps fixé n'était pas venu ; quand Ahriman fit son invasion, Gayomert avait encore trente ans à vivre et à régner. Il vécut donc trente ans, puis succomba[2]. En mourant il laissa tomber sa semence : purifiée dans la lumière du soleil, deux tiers en furent confiés à l'Ized Nairyô-Çaṅha, Çpeñta-Armaiti prit l'autre tiers, et quarante ans après le premier couple humain sortit de terre sous forme d'un arbrisseau Reiva, l'arbrisseau ayant quinze feuilles, et eux l'âge de quinze ans[3]. »

§ 130. L'on reconnaît tout d'abord un trait important commun au mythe du Taureau. Les races humaines naissent de Gayô-Maratan[4] mourant, absolument de la même façon que les animaux du Taureau : Gayô-Maratan est pour l'homme ce qu'est le Taureau pour le reste de la nature vivante, l'un le premier créé des animaux, l'autre le premier créé des hommes[5] ; ils meurent l'un et l'autre sous les coups du même ennemi, et leur mort à l'un et à l'autre est également et semblablement féconde. L'on est par

---

1. Les démons *mâzainya* sont souvent cités avec les démons *varenya* ; les Parsis en ont fait une espèce particulière de *dêvs*, ceux qui habitent le Mâzendéran ; il est plus exact de dire que le Mâzendéran est ainsi nommé parce qu'on en a fait le siége des *mâzainya* ; *mâzainya* lui-même n'est probablement qu'une épithète de démon, dont on a fait plus tard le nom d'une classe artificielle : *mâzainya* est l'adjectif d'un substantif *mâzana* qui est peut-être le grec μάγγανον « charme magique » : *daêva mâzainya* signifierait « le daêva *sorcier* » ; tel est en effet le caractère prêté par les légendes aux dêvs du Mâzendéran : ce sont avant tout des magiciens, des enchanteurs.
2. Bundehesh 10. 14 sq. (chapitre 3).
3. Bundehesh 33. 5 sq. (chapitre 15).
4. Forme zende de *Gayomert*.
5. Les formules liturgiques les réunissent dans une même invocation : voir plus bas, § 135.

là amené à se demander si le premier Taureau et le premier homme ne seraient pas deux incarnations différentes d'un seul et même être ; autrement dit, si le Taureau étant l'*animal du nuage*, Gayô-Maratan ne serait pas l'*homme du nuage*. Tel est le rôle que lui donnent en effet toutes les circonstances de sa naissance, de sa vie et de sa mort.

Gayô-Maratan est fait avec de la sueur (*khoy*, zend *qaêdha*)[1] ; et il en sort lumineux avec des yeux brillants. Dans le Rig-Véda, la pluie est la sueur (*sveda*) du dieu atmosphérique[2] ; Gayô-Maratan, né de la sueur, n'est donc autre chose qu'un Fils des Eaux, c'est-à-dire le dieu qui naît dans les flots d'en haut, et s'il est lumineux, s'il a les yeux brillants, c'est qu'il est un doublet du resplendissant Apãm-Napât ; c'est le beau jeune homme auquel les Védas comparent si souvent le héros lumineux, Indra ou Agni, le jeune homme qui resplendit dans l'éclair. Cela est si vrai que, dans l'Avesta même, le dieu en titre de l'orage, l'éblouissant Tistrya, après avoir apparu sous la forme d'un beau cheval lumineux, aux oreilles jaunes, à schabraque d'or, ou d'un sanglier au sabot d'or, paraît aussi sous les traits « d'un jeune homme de quinze ans, lumineux, aux yeux brillants, *tel que le premier homme*[3] », c'est-à-dire que le dieu de l'orage paraît avec les traits de Gayô-Maratan. C'est parce que Gayô-Maratan naît de la sueur, naît dans l'orage, qu'il voit à sa naissance le monde noir comme la nuit ; nul espace sur la terre vide de bêtes démoniaques, le monde bouleversé par les attaques des démons, se ruant sur les étoiles[4]. Et de même, c'est parce que Gayô-Maratan est l'homme lumineux du nuage qu'Ahriman a été terrifié à sa naissance et est resté plongé pendant trois mille ans dans l'impuissance[5]. Cette terreur d'Ahriman devant Gayomert, c'est la terreur d'Aji devant Atar, c'est la terreur du démon ténébreux devant le dieu lumineux qui naît pour sa ruine.

Selon le Minokhired, Gayomert a tué le démon Arzur[6] ; c'est

---

1. *Old zand-pahlavi glossary*, éd. Hoshengji et Haug, p. 11, ligne 5.
2. Varsham svedam cakrire rudriyâsas. RV. 5. 58, 7. *Sveda* = zend *qaêdha*.
3. Yasht 8. 13 sq.
4. Voir plus haut, page 116.
5. Voir plus haut, pages 115, 116.
6. Minokhired 27. 15. L'on se rappelle que Arezûra est aussi le nom d'une montagne, celle où se réunissent les démons (page 127) ; c'est donc une montagne atmosphérique ; peut-être *arezûra* est-il l'adjectif d'un thème arezur = *raz-ur parallèle au sanscrit *rag-as* (ἔ-ρεβ-ος, gotique

donc un pourfendeur de démons, un dieu Vṛitrahan; il devait l'être, étant le dieu né dans l'orage, le dieu atmosphérique. Selon le livre des Rois, il régna sur la montagne, il fut le *Gil shah* « rex montis ». Ce qu'est cette montagne, nous le savons depuis longtemps : c'est la montagne où il est né, la montagne où naît et où vit tout héros lumineux, c'est cette montagne de la nuée, sur laquelle se dresse Indra et où roulent les bandes des Maruts.

Gayô-Maratan meurt. Il est tué par les mêmes ennemis que le Taureau, par Az, c'est-à-dire par le serpent; sur lui, comme sur le Taureau, la Djâhi a promis de verser le poison. De son corps, dit le Minokhired, a été fait l'airain fondu, *ayôkhshuçt*[1]. Nous avons déjà vu, dès les premières pages de cette étude, que l'airain fondu n'est autre chose que le flot de l'éclair[2]. L'airain fondu est fait du corps de Gayomert, parce que c'est son corps même, et nous voilà éternellement ramenés au dieu lumineux de la nuée. Le rapprochement de Gayomert et du Taureau et leur commune destinée, dérivent donc de l'identité de leur nature, de leur communauté d'origine : taureau de la nuée et homme de la nuée vivent de la même vie, meurent de la même mort, dans les mêmes régions. C'est là une notion, non-seulement iranienne, mais indo-européenne, et l'Edda raconte qu'à côté du premier vivant, Ymir, et en même temps que lui, naquit la vache Audhumbla[3].

§ 131. Gayô Maratan est donc essentiellement, non point le premier homme, mais l'*homme d'en haut*[4], et s'il est devenu le

---

riqis; voir Ascoli, *Fonologia*, § 26, 4°), nom de la *région sombre* de l'atmosphère ; ce thème *raz-ur se retrouverait dans *razura*, la forêt mythique. Le mont Arezûra est la nuée *chose*, le démon Arezûra est la nuée *personne;* c'est le même rapport qu'entre Vala *caverne* et Vala *démon*.

1. Minokhired 27, 18.
2. Voir plus haut, page 34 ; cf. § 188.
3. Edda, trad. Simrock, p. 253.
4. Cette identité du premier homme et de l'homme d'en haut se marque d'une façon frappante dans le récit manichéen sur l'histoire du *Premier homme* (alinsânu-lqadîmu). Créé par le Seigneur du Paradis pour combattre les ténèbres, il s'arme de cinq armes divines : souffle doux, vent fort, lumière, eau et feu; il se revêt du souffle doux, met par-dessus la lumière, puis l'eau, s'enveloppe de l'épouvante des vents, prend le feu pour lance et se précipite au champ de bataille ; Satan appelle à son secours la fumée, la flamme, le feu brûlant, les ténèbres, la nuée, s'en fait une cuirasse et marche contre le Premier homme ; après une longue lutte, il triomphe, lui arrache sa lumière, l'enveloppe de

premier homme, c'est parce que, dans la mythologie indo-iranienne, l'Homme d'en haut et le premier homme sont un seul et même être. D'une façon générale, l'être d'en haut ayant pris la forme d'un grand nombre des êtres d'en bas, l'instinct cosmologique ramène chaque classe d'objets terrestres à l'incarnation correspondante de l'être céleste. De même donc que l'être qui se meut dans la nuée, quand il s'incarne en taureau, donne naissance à la race des taureaux terrestres [1] ; de même, quand il s'incarne en homme, il devient l'ancêtre de la race humaine. C'est ainsi que, dans les Védas, Angiras est l'épithète et le nom d'Agni et que les Angiras sont les ancêtres de l'homme, « nos pères ». C'est ainsi qu'Âyu « l'homme » est né de l'union de Purûravas « le retentissant » et de l'Apsaras « la déesse des Eaux », c'est-à-dire du dieu de l'orage et de la déesse marine. C'est ainsi que *Yama*, le premier homme, le premier mort, est le fils de l'*Apyâ Yoshâ* « de la vierge marine », c'est-à-dire une incarnation de l'Agni atmosphérique, un doublet d'*Apãm napât*. De même dans l'Avesta, *Apãm napât*, « le Fils des Eaux », est présenté directement comme le créateur de la race humaine : « Nous invoquons le Fils des Eaux, aux chevaux rapides, souverain, dans les hauteurs, maître des femmes, lumineux ; dieu mâle, qui a créé les hommes, qui a formé les hommes, qui vit sous les eaux » [2]. Cette formule permet d'entrevoir comment s'est formée, ou plutôt confirmée, l'idée de l'identité du dieu atmosphérique et du premier homme, de l'homme d'en haut et de l'homme d'en bas. Tout d'abord la force d'analogie avait établi un rapport de nature entre la vie et le feu : « A la résurrection, dit le Bundehesh, les éléments rendront, pour reformer le corps, tout ce qu'ils avaient repris au moment de la mort et qu'ils avaient donné dans le principe pour le former : les os reviendront de la terre, le sang reviendra des eaux, les cheveux reviendront des plantes et la vie reviendra du feu » [3] ; l'âme est une lumière qui à la naissance descend du ciel et qui à la mort y retourne [4]. Cette identité de la vie et du feu, expressément indiquée par l'Avesta, ressort non

---

ses éléments (ap. Spiegel, *Die traditionelle Literatur* 186 sq.).

1. De même, le *ratu* ou chef de chaque classe d'êtres n'est que le héros d'en haut imaginé sous les traits fournis par cette classe (voir § 225).

2. Yasht 19. 52.

3. Bundehesh 72. 8. Le feu, en tant qu'il vit dans le corps animé, prend un nom spécial : *Atar vohu fryâna* (Yaçna 17. 64 ; cf. Nériosengh).

4. Bundehesh (chapitre 17, fin).

moins clairement des pratiques indiennes. La production de la vie est assimilée à la production du feu dans le mouvement des *Araṇî*, et c'est en prononçant des formules analogues que l'homme allume la flamme dans le sein de l'araṇî, et la vie dans le sein de la femme[1]. Or, d'autre part, le dieu lumineux d'en haut, le fils des Eaux, naissait et vivait au sein des *femmes* : il était le dieu des femmes, *khshathryô* dit l'Avesta, *gnâvant* dit le Véda ; il était leur amant, leur époux, leur mâle, leur taureau, et dans l'Inde, Agni est Eros, il est l'*Amour*, Kâma[2]. Le feu étant vie et le dieu du Feu étant *Amour*, ce dieu devait facilement devenir source de vie et ancêtre de l'homme. De là, dans les Védas, tous ces représentants d'Agni devenus pères de la race humaine; de là, dans l'Avesta, Apām napāt, l'amant des femmes célestes, devenant le créateur de l'homme, et son substitut humain, Gayô Maratan, devenant le premier homme.

§ 132. Pourquoi Gayô Maratan plutôt que tout autre substitut d'Apām napât, plutôt qu'un des Athwya, que Kereçâçpa, que Zoroastre? A cela son nom répond. *Gayô* signifie « le vivant », *maratan* signifie « le mortel » : son nom correspondait exactement à sa fonction possible et c'est ce qui a fixé cette fonction en lui plutôt qu'en tout autre. Il semble, il est vrai, au premier abord, que cet accord même doive rendre douteuse cette conclusion, qu'un tel nom a plutôt été déterminé par la fonction qu'il ne l'a déterminée, et qu'il faut y reconnaître l'action d'une pensée consciente et systématique ; il semble naturel de penser que c'est seulement quand l'être mythique aujourd'hui nommé « le vivant, le mortel » fut devenu le premier des vivants, le premier des mortels, qu'il en prit, ou pour être plus exact, qu'il en reçut le nom. L'étude des faits prouve le contraire; elle montre que ce nom a, au moins partiellement, une valeur mythique très-ancienne et montre du même coup que parfois les créations apparentes du mazdéisme, toutes abstraites, conscientes et systématiques qu'elles semblent, ne font que continuer inconsciemment les créations concrètes et mythiques de la période indo-iranienne.

1. Kuhn, *Herabkunft des Feuers*, p. 69 sq.
2. Né dans les eaux atmosphériques, Kâma a les attributs de dieu marin : il se transforme en poisson dans la légende de Pradyumna; un monstre marin lui est consacré (le *makara ;* voir plus bas, ₴ 146 notes: il est *makara-ketu*). Cf. Sénart, *Légende de Buddha*, Journal Asiatique 1874, I, 266 sq.

§ 133. Nous ne chercherons pas directement si les Védas connaissent un être ayant les fonctions de Gayô Maratan et dont le nom ait le même sens ou la même forme. Pour avoir chance de succès, ce n'est pas sur les points d'arrivée, mais aussi près que possible des points de départ, que doivent porter les comparaisons ; car il est infiniment rare qu'une même idée se développe dans l'âme de deux peuples absolument de la même façon, et Gayô Maratan peut dériver d'un être indo-iranien sans que cet être soit devenu dans l'Inde ce qu'il est devenu en Perse. Partons donc des traits mythiques de Gayomert et non de sa fonction dernière.

Le trait caractéristique de Gayomert est dans le mode de sa naissance : il est né du *khoy* « de la sueur » ; il est, à ma connaissance du moins, le seul être mythique iranien dont pareille chose soit dite ; y a-t-il un dieu indien né de même, né du *sveda* pour employer l'équivalent védique ? La mythologie brahmanique en connaît un, Ganeça, né de la sueur de *Pârvatî*[1]. Pârvatî « la fille de la montagne » est la forme brahmanique de la déesse de la nuée, de la vierge marine, de l'*apyâ yoshâ* védique. Et en effet, elle est l'épouse de Çiva, le dieu au regard foudroyant, qui est la forme brahmanique d'Agni-Rudra[2], le dieu fulgurant du nuage, et l'époux légitime de la vierge marine, de la fille de la montagne céleste. Donc ces mots « Ganeça est né de la sueur de Pârvatî » signifient : « Ganeça est né de la nuée », et Ganeça est identique à Gayô Maratan par sa naissance[3].

Ganeça est « le chef des bandes, des *Gana* » (gana-îça), c'est-à-dire des troupes divines qui font cortége à Çiva ; or, Çiva dérivant de Rudra, les *gana* de Çiva ne sont autres que les *gana* de Maruts qui, dans les Védas, sont les fils et les compagnons de

---

1. Paulin de Saint-Barthélemy, *Systema brahmanicum*, 173 n. 1. Bien que la source indienne ne soit pas indiquée, le trait a tous les caractères d'authenticité : il est contenu tout entier dans le védique *marutas sindhumâtaras*. Au surplus, ce qui nous importe dans l'espèce, c'est avant tout la valeur *humaine* des Maruts. Le Vishnu Purâna offre un mythe absolument identique, celui de *Mârishâ* naissant de la sueur de Pramlocâ (I. 15). Cf. le mythe de Kvasir, note 3.

2. Sur l'histoire d'Agni-Rudra-Çiva, voir Muir IV, 299-437.

3. La mythologie scandinave a connu cet ordre de mythes : l'homme y naît du bloc de glace *léché* par la vache Audhumbla (Simrock, *Edda*[6] 253) : le premier des sages et des poëtes, Kvasir, naît des *crachats* confondus des Ases et des Vanes terminant leur querelle : ce crachat ne diffère pas de celui de Vayu (*geredi-khivô*), c'est le jet de la pluie d'orage au sein de laquelle chante le poëte de la nuée (*Edda* 298).

Rudra[1], de sorte que Gaṇeça peut se définir le chef des Maruts, le Marut par excellence. Or, les Maruts sont les divinités de la tempête, lumineuses et retentissantes, qui se tiennent sur la montagne, qui, au milieu des flots ténébreux de Parǵanya, roulent sur le char de l'éclair et des vents, font briller leur lance d'or, retentir leurs anneaux d'or et trembler les forêts, les montagnes, les deux mondes. Autrement dit, ces fils de Rudra ne sont autre chose que le dédoublement de Rudra, le dieu lumineux de l'orage se multipliant dans la succession des éclairs et des rafales, et souvent ils sont eux-mêmes directement appelés *les Rudra*. Aussi ont-ils les naissances ordinaires du dieu atmosphérique, ils sont *go-mâtaras, pṛiçni-mâtaras* « Fils de la Vache, Fils de la Vache bigarrée », c'est-à-dire fils de la nuée, ou comme disent encore les Védas, employant l'expression directe, *sindhu-mâtaras* « les Fils de la Rivière », ce qui confirme la conclusion du paragraphe précédent, à savoir que le chef des Maruts, *Gaṇeça*, en naissant de la sueur de Pârvatî, est né de la rivière atmosphérique.

Passons à présent au nom des Maruts. Ce nom nous est expliqué par d'autres noms parallèles : les Maruts et Rudra sont dits *maryâso divas* « les hommes du ciel »; le mot *mar-ya* ne diffère de *mar-ut* que par le suffixe, de sorte que le mot *marut* signifie littéralement « l'homme » et les Maruts sont pour parler avec les Védas « *ces hommes* qui lancent l'éclair en guise de pierre et vont dans l'impétuosité des Vents, ébranlant la montagne[2] », ce sont « les hommes du ciel » *svarṇarâs*[3], c'est-à-dire les héros de l'orage sous forme humaine.

Revenons à présent à Gayô Maratan; son identité de naissance avec Gaṇeça le place à côté des Maruts : il est né de la sueur, c'est-à-dire des eaux d'en haut, et ils sont nés de la rivière, c'est-à-dire des eaux d'en haut; comme eux il est dieu de l'orage, et comme eux il habite la montagne; ce sont là, il est vrai, des traits qui peuvent appartenir à tout dieu de l'orage, quel qu'il soit : mais entre Gayô Maratan et les Maruts, il y a un trait par-

---

1. L'Inde brahmanique n'ignore pas que les *Gana* sont les *Maruts* : Çiva est *sa-marud-gana* « accompagné des *Gana* de Maruts » (Muir IV, 364).

2. RV. 5. 54. 3. *Naro* açmadidyavo vâtatvisho *marutas* parvatacyutas.

3. Les *maruts* sont devenus dans la mythologie classique les dieux du vent, et le mot *marut* a pris le sens de vent. Le *marut* révèle sa vie surtout dans le bruit et le mouvement du vent : le milieu où il se meut a fini par modifier sa nature et jusqu'à la valeur de son nom.

ticulier de ressemblance : c'est l'équivalence de leur nom. Le mot *maratan* « homme » est un développement par le suffixe secondaire *an* d'un primaire *marat* parallèle à *mar-ut*, autrement dit, non-seulement *maratan* et les *maruts* représentent le dieu de l'orage, le fils des Eaux, mais ils le représentent et le désignent comme *l'homme d'en haut*. Concluons que dans la période indo-iranienne le dieu orageux était conçu sous forme humaine et désigné sous le nom de *marat* ou *marut* « l'homme[1] ».

§ 134. Or, tout Dieu de l'orage étant virtuellement ancêtre de la race humaine, il est naturel que le mazdéisme, avec cet instinct de précision qui est son caractère propre, ait fixé cette qualité sur celui de ces dieux qui précisément était « l'homme, l'homme du ciel ». Certes *maratan* n'était point, nous le verrons bientôt, le seul ancêtre de l'homme ; mais il fallut choisir, et son nom décida en sa faveur, tandis qu'en Inde le titre de premier homme, sous l'empire d'autres circonstances, passait à un autre fils de la Nuée, Yama, et que les Maruts, les hommes du ciel, les frères de Gayomert, restaient dans leur patrie première, sans descendre dans l'humanité terrestre.

Quand l'Homme céleste fut devenu le premier homme, on ajouta à son nom le mot *Gaya* « vivant » : c'est là la seule part d'action réfléchie et systématique dans l'histoire de Gayô Maratan[2].

On voit encore clairement dans toute cette histoire de Gayomert le passage du mythe à l'idée cosmogonique. *L'homme d'en haut*, que maintes fois nous voyons naître et agir dans les eaux de l'orage, ayant sa naissance reportée aux bornes lointaines du temps, devient le premier homme ; sa mort à laquelle maintes fois nous assistons dans l'orage, où nous voyons le dieu lumineux éteint par les mille démons ténébreux qui se ruent sur lui[3], empoisonné sous les flots de poison que vomit le serpent, sa mort, reculée comme sa vie, devient l'inauguration de la mort, le premier acte du démon « qui brise les os animés de vie », Açtô-Vidhôtu[4], et enfin la première victoire d'Ahriman.

---

1. Il est difficile d'établir la forme précise du nom dans la période indo-iranienne ; la forme *marat* a plus de chance d'être indo-iranienne.
2. Voir cependant § 135.
3. Voir pages 116, 157.
4. Voir page 157.

§ 135. On le voit donc, si la destinée du Taureau et de Gayô Maratan est identique, mourant sous le même ennemi, et la vie sortant d'eux de la même façon, c'est qu'ils sont en réalité un seul et même être, deux formes différentes du même personnage atmosphérique, conçu tantôt comme le Taureau d'en haut, tantôt comme l'Homme d'en haut. Aussi, les formules liturgiques les réunissent-elles dans une même invocation : « J'invoque le Férouer du Taureau et celui de Gaya [1]. — Hommage au Taureau ! Hommage à Gaya ! [2] » L'on pourrait même s'attendre à rencontrer des mythes où l'Homme et le Taureau seraient en rapport plus étroit, où l'Homme, né de la sueur, serait aussi le fils du Taureau, de la même façon que les Maruts, fils de la rivière, sont aussi fils de la vache ; peut-être même le premier des deux noms de Gayomert, *Gaya*, ne signifie-t-il point « le vivant », mais est-il une mutilation de *gavya* de sorte que Gayô Maratan serait « l'homme né du Taureau », ou en langue védique « le Marut né de la vache » et que la formule *Nemô géus nemô gayêhê* deviendrait : « Hommage au Taureau ! Hommage au fils du Taureau ».

§ 136. Si cette hypothèse reste plus que douteuse pour le cas particulier de Gayomert [3], il existe néanmoins un mythe où le rapport du Taureau et du premier homme est plus clairement indiqué ; c'est le mythe de *Tahmurath* ou *Takhma Urupa*. Nous allons analyser ce mythe, parce qu'Ahriman y joue également un rôle, et un rôle plus accusé que dans celui de Gayô Maratan, et parce qu'il jette quelque lumière sur certains détails des deux mythes précédents que nous avons laissés de côté jusqu'ici, je veux dire sur le rôle de la Djahi et de la Bûshyâçta.

§ 137. Takhma Urupa est un des premiers rois de l'Iran, de la dynastie de Paradhâta [4]. « Il domina sur la terre aux sept

---

1. Yasht 13. 86.
2. Yaçna 67. 63. Cf. Vispered 24. 3, etc.
3. Au point de vue phonétique, la chute de *v* dans *gavya* n'a pas d'analogie (ce serait donc un fait non d'altération phonétique, mais de corruption : dû à une action extra phonétique, le sens de *maratan?*). En second lieu, le rapprochement du Taureau et de Gayomert ne prouve que le parallélisme de leurs fonctions et non un rapport d'origine entre les deux. Ils ont été créés ensemble (*Mujmil al Tewarikh*, Journal Asiatique 1841), comme Ymir et Audhumbla ; mais l'on ne voit pas qu'ils soient créés l'un de l'autre.
4. Les *Pesh-dâd* du Parsisme. Les deux premières dynasties mythiques

Karshvar, sur les démons et les hommes, les *Yâtus* et les *Pairikas*, les ennemis, les aveugles et les sourds ; il terrassa démons et hommes, Yâtus et Pairikas, et monta Aṅra Mainyu sous forme de cheval, pendant trente années, d'un bout à l'autre de la terre[1]. » Au bout de trente ans, il périt dévoré par sa monture.

Jusqu'ici Takhma Urupa et Gayô Maratan n'ont qu'un trait de commun : c'est de succomber au même ennemi, après l'avoir tenu impuissant de longues années ; car si Takhma abat les démons et enchaîne Ahriman, Gayô Maratan a tué le démon Arezûra[2] et il a tenu Ahriman dans l'impuissance, d'abord pendant trois mille ans[3], puis pendant trente ans[4]. Ce rapport ne suffit pas pour les rapprocher plus étroitement que les autres héros lumineux ; car c'est la loi de la plupart de ces héros, de succomber après un règne victorieux[5] ; destinée de la lumière qui, après avoir en souveraine illuminé le ciel, s'éteint dans la nuit d'orage : tel Yima « le beau Yima, le brillant Yima », après longue splendeur, voit la lumière quitter son front et meurt déchiré, sous la scie du Serpent.

Mais le Bundehesh nous a gardé un mythe qui fait de Takhma Urupa un doublet de Gayô Maratan et lui fait place dans cette classe particulière des héros lumineux qui sont devenus les ancêtres de l'homme : « C'est sous le règne de Takhma Urupa que les hommes « ont passé du Qaniratha aux autres Karshvar sur le dos du tau-

de l'Iran sont les *Paradhâta* et les *Kavi* (en parsi *ké*). *Kavi* est un ancien nom indo-iranien *du chef, du sage; paradhâta* signifie « créé auparavant » et les Paradhâta ne diffèrent pas essentiellement, quant à leur valeur primitive, des *pûrve pitaras* védiques, des *paoiryô-tkaêsha* avestéens ; ce sont les héros légendaires d'autrefois enrôlés dans l'histoire et rangés chronologiquement. Entre un *kavi* et un *paradhâta*, il n'y a pas plus de différence essentielle qu'entre les *kavi* et les *pûrve pitaras* dans l'Inde ; même fonds mythique, mêmes personnages sous l'un et l'autre titre, sous le *Ké* Khosrou et le *Peshdâd* Féridoun : seulement l'esprit historique de l'Iran a tiré profit de l'existence de ces deux noms et a échafaudé là-dessus une chronologie : les *Paradhâta*, en vertu de leur nom, devaient ouvrir la marche et former la première dynastie ; les Kavi fondent la seconde. Les Parses ont naturellement oublié le sens de *paradhâta* : ils en ont fait « ceux qui les premiers ont rendu la justice. »

1. Yasht 19. 28 sq. Cf. Yasht 11. 12.
2. Cf. plus haut, page 158.
3. Cf. page 116.
4. Cf. page 157.
5. Cf. § 172.

« reau Çarçaok »[1] ; ce mythe dérive d'un mythe plus ancien : « l'homme descendant du ciel, dans la personne de Takhma Urupa, sur le dos du Taureau Çarçaok ».

En effet, d'une part, c'est par le Taureau Çarçaok que doit à la résurrection se produire l'immortalité[2] ; s'il rapporte la vie aux hommes à la fin des siècles, il est probable qu'il la leur a apportée au début ; d'autre part, tous les détails que nous possédons sur ce mythe nous reportent à une scène atmosphérique, à une scène de *descente* et non de *passage* : « Au commencement du monde, dit le Bundehesh, Ahura Mazda créa trois lumières pour la protection du monde. Quand les hommes passèrent du Qaniratha dans les autres Karshvar, au milieu de la mer Vouru-Kasha, en pleine nuit, le vent éteignit les lumières des trois lanternes que les hommes avaient allumées sur le dos du Taureau ; alors les trois lumières d'Ahura parurent à la place des lanternes, jusqu'à ce que le jour vînt et que les hommes eussent franchi la mer[3]. » La scène se passe dans le Vouru-Kasha, c'est-à-dire dans la mer atmosphérique ; cette lumière qui s'éteint sous le vent remplacée par une lumière nouvelle, jusqu'à ce que vienne le jour et que la traversée soit finie, nous renvoie aux scènes d'orage où la lumière s'éteint dans le vent et la nuit et que les lumières de l'éclair[4] remplacent jusqu'à ce que le jour reparaisse. Dans cette mer où nage le dieu sous toutes ses formes, Taureau, poisson, taureau-poisson, âne à trois pieds, cheval, faucon, homme ; *dans cette mer, flotte, navigue l'Homme d'en haut sur le dos du Taureau nuageux*[5]. De là un mythe de la *descente de l'homme*, expliquant son origine autrement que le mythe de Gayomert ; comme celui-ci suffisait pour expliquer la présence de la vie sur la terre, le mythe de la descente de l'homme dut prendre une autre fonction ; et comme à côté du Karshvar connu où nous habitons l'arithmétique mythique avait créé six autres Karshvar[6], six terres à nous inaccessibles, le Taureau Çarçaok

---

1. Bundehesh 40. 17.
2. Bundehesh 40. 1 ; 65. 8. Cf. plus bas, § 255.
3. Bundehesh 40. 17 sq.
4. Le nombre de ces lumières est donné par l'empire du nombre trois, par l'existence des trois mondes, cf. p. 138 n. 2 ; le Parsisme, en reconnaissant dans ces trois feux le feu Gushâçp, le feu Froba, le feu Burzin mihr, n'a fait que choisir trois des incarnations de l'éclair, trois de ses épithètes, pour remplir le cadre fourni par la formule.
5. Tahmurath est là un Phrixos, sans Hellê.
6. Cf. page 81.

servit à peupler ces terres de fantaisie, le mythe qui expliquait l'origine de la vie servit à en expliquer la propagation dans l'univers, le mythe de *descente* devint mythe de *passage*.

Ce passage s'est fait sous le règne de Tahmurath : cela signifie que l'homme descendu n'est autre que Tahmurath lui-même, que Tahmurath est le premier homme, un doublet de Gayomert[1], autrement dit l'Homme d'en haut.

C'est ce que confirme l'histoire de ses rapports avec Ahriman.

§ 138. Ahriman était resté trente ans impuissant devant Gayô Maratan, impuissance du démon orageux devant le dieu lumineux, tant qu'il dure ; dans le mythe de Tahmurath cette impuissance devient servitude ; Ahriman enchaîné sert de monture au héros :
« Le puissant Tahmurath, dit la légende parsie, avait enchaîné Ahriman ; trente ans durant, il resta dans les liens, vil et méprisé ; le glorieux souverain mettait sur lui la selle et en guise de cheval le montait. Chaque jour à l'aurore, sitôt qu'il s'éveillait, le brave roi étendait la selle sur Iblis et chevauchait vers l'Alborz ; chaque jour, par trois fois, couraient autour du monde le cheval et le héros, et quand le cheval s'élançait, il lui frappait la tête d'un coup de sa massue. Dans la mer et sur la montagne, dans la plaine et par les cavernes, trois fois par jour courait le cheval ; sur les escarpements du mont Alborz et sur les pentes en abîme il le lançait sans terreur[2]. »

Le lieu des courses du héros et du démon, la mer et le mont Alborz, nous transporte immédiatement dans les régions nuageuses, et Tahmurath, chevauchant d'un bout de la terre à l'autre, se révèle là encore comme le héros orageux qui dans sa course rapide parcourt les deux mondes dans toute leur étendue et fouille l'espace d'une extrémité à l'autre ; la massue dont il frappe le démon n'est pas de nature autre que celle dont Tistrya, dans l'orage, assène un coup sur la tête de Çpeñğaghra[3], enfin la forme que revêt Ahriman est celle même d'Apaosha, l'adversaire de Tistrya, qui fond sur le dieu sous la forme d'un cheval noir[4]. Tahmurath, chevauchant dans la mer, sur le dos d'Ahriman, est identique à Tahmurath, naviguant dans la mer Vouru-Kasha,

---

1. Un Gayomert en rapport direct avec le Taureau (cf. page 165).
2. Rivâiet cité par M. Spiegel, *Die traditionelle Literatur der Parsen*, p. 317 sq.
3. Voir plus haut, page 141.
4. Yasht 8, 21. Cf. plus haut, page 141.

sur le dos du Taureau [1] : selon que le nuage est considéré comme contenant la lumière ou l'emprisonnant, il est divin ou démoniaque; dans le premier cas, c'est sur un animal divin que le héros chevauche; dans le second, c'est sur un démon; donc, en style mythique, sur un démon vaincu, qui le subit.

§ 139. Mais l'asservissement d'Ahriman ne peut durer : le héros lumineux doit périr, s'engloutir dans la nuit [2]. Un matin, le roi selle sa bête, la monte, fait sa course, arrive à la haute montagne ; alors le démon précipite le roi de la selle, ouvre la gueule, l'avale, l'engloutit et s'enfuit rapide comme le vent [3]. La lumière disparaît dans la nuée : *l'animal de la nuée a dévoré l'être lumineux:* telle, dans les Védas, la caille tournante du soleil (*vartikâ*), dévorée par le loup [4]; tel, dans l'Edda, Odhin, dévoré par le loup Fenrir, le loup démoniaque de la nuée « dont les yeux et les narines lancent le feu et dont la gueule béante touche le ciel d'une mâchoire et la terre de l'autre »[5]. L'éclair chevauchant sur la nuée, la nuée engloutissant la lumière : tels sont les deux points extrêmes du mythe de Tahmurath [6].

1. Voir page 167.
2. Voir page 166 et § 172.
3. Spiegel l. c., p. 319 sq.
4. RV. 1. 112. 8, 116. 14 etc. Même image sous le mythe de Hellê, engloutie dans la mer.
5. Eddá, trad. Simrock [6], pp. 291, 292.
6. Un des traits caractéristiques de Tahmurath était d'être *azinavañt* : *azinavañtem bavâhi yatha* takhmô urupa, disent les formules de vœu de l'Afrin Gahanbar : « puisses-tu être *azinavañt*, comme Tahmurath » (Yasht 23. 2). La lecture et l'étymologie du mot sont douteuses, mais le sens ne l'est pas : le Mujmil dit que Tahmurath fut surnommé *rîbâvend*, c'est-à-dire « celui qui a une armure complète » (Journal asiatique, 1841, 1. 166); M. Spiegel observe justement que rîbâvend n'est que la transcription en lettres arabes, mal ponctuées, d'un thème *zinavant* que donnent les variantes (traduction de l'Avesta III, LVII) ; d'autre part, il est évident que le sens donné par le Mujmil n'est pas une invention de l'auteur, mais qu'il est de tradition. Tahmurath est *zinavant* « tout en armes », pour la même raison qu'Athênê, πολεμήϊα τεύχε' ἔχουσα (cf. page 34). Quant à son nom même, le sens en est plus douteux: la forme zende est *Takhma urupan* : *takhma* signifie « rapide »; *urupan* semble identique au persan *rûbâh* « renard ». Rappelons que le renard est chez les Germains, à cause de sa couleur, une des incarnations du dieu fulgurant; il est consacré à *Thor*, le dieu du tonnerre « à la barbe rousse » (Simrock, Handbuch 236); cf. le renard de Tecmesse.

§ 140. Mais entre les deux personnages principaux, Tahmurath et Ahriman, paraît un intermédiaire, la femme. C'est par l'indiscrétion de sa femme que Tahmurath périt : à l'instigation d'Ahriman, qui lui a promis des présents sans pareils, elle demande à son mari si, dans ses courses par les escarpements et les abîmes de l'Alborz, il n'éprouve jamais un sentiment de terreur. « Jamais, répond Tahmurath, par monts ou par vaux, je n'ai peur de ma puissante et rapide monture ; cependant, quand sur le mont Alborz elle passe en s'élançant tête baissée, alors j'éprouve une grande terreur, j'ai peur que son élan ne me fasse malheur, j'élève ma lourde massue et, avec un grand cri, je lui assène sur la tête un coup de ma massue pour qu'il passe ce lieu en toute hâte [1]. » C'est le lendemain, à l'endroit fatal, qu'Ahriman démonte le roi et le dévore.

Nous avons déjà dit que dans toute une série de récits, la lutte mythique passant du naturalisme à l'anthropomorphisme a pour objet, non plus la possession de la lumière, mais la possession de la femme[2] ; le démon l'a enlevée, le héros son amant, son époux légitime, la reprend, la délivre. Une fois cette donnée posée, tous les jeux de la passion humaine se transportèrent dans les hauteurs. La créature lumineuse qui disparaît pouvait aussi bien *s'être livrée au démon qu'avoir été enlevée par lui*; de là, dans l'ordre des mythes féminins, toute une classe de mythes où la femme a trahi son mari, l'a livré au démon. Dans celui de Tahmurath nous n'avons qu'une forme très-affaiblie de cette conception : ce n'est point par crime de volonté qu'il est trahi ; « elle avait grand dévouement pour son mari », et si elle n'a pu résister à la promesse des cadeaux sans nombre, moins coupable que ses sœurs de Grèce, Eriphyle et Clytemnestre, elle a été faible et non perfide ; elle a été, la légende le répète à satiété, la

---

1. Cette terreur de Tahmurath descendant de la montagne tête baissée, c'est la terreur d'Indra qui tremble dans sa victoire même, la terreur du dieu qui, dans l'éclair, tombe des hauteurs : « Quel vengeur « du serpent as-tu vu, ô Indra, que l'ayant tué, la peur est entrée dans « ton cœur, que tu as traversé les quatre-vingt-dix-neuf rivières, tra- « versé l'atmosphère comme un faucon terrifié » (RV. 1. 32, 14). Cette terreur d'Indra est sans danger, puisque l'adversaire est mort : dans toute une série de mythes, le moindre signe de crainte est fatal au héros. Une légende allemande, celle de Thedel de Walmoden, offre une analogie remarquable avec le mythe de Tahmurath : Thedel voyage sur le *cheval noir du diable;* au moindre signe de terreur, il doit périr (Simrock, *Handbuch* 180).

2. Pages 98, 105 sq.

complice inconsciente du Maudit, et, comme sa sœur de Germanie, Kriemhilt[1], elle a livré le secret de son mari sans savoir qu'elle livrait sa vie. Mais un détail conservé par la légende la renvoie directement dans le cycle démoniaque: quand elle eut rapporté à Ahriman les paroles de son mari, le démon lui donna aussitôt des présents inouïs qui charmèrent son cœur, et en dernier lieu le *dashtân* (les menstrues); or, ce dernier présent est celui-là même qu'Ahriman fit au début du monde au démon femelle Djahi, sa fille, quand elle lui offrit de tuer le Taureau et Gayomert[2].

Nous pouvons à présent comprendre le rôle qu'ont joué dans leur mort et que joueront dans le reste de la lutte *Djahi*, la *Bûshyãçta* et, d'une façon générale, les démons femelles, les *Pairikas*.

§ 141. Le démon femelle, avons-nous dit, n'est autre que la vierge céleste trahissant son mari. Cet ordre de mythes n'a pas, que je sache, de représentants directs dans le Rig-Véda: mais, ici comme souvent, la liturgie supplée au silence de la mythologie directe, et *l'hymne de l'épithalame* laisse percer à chaque vers l'idée génératrice de ces mythes:

« Soma, le premier, t'a prise pour épouse (ô femme); le Gan-
« dharva fut le second; Agni a été le troisième, et le fils de
« l'homme est ton quatrième époux.

« Soma l'a donnée au Gandharva, le Gandharva l'a donnée à
« Agni, Agni ensuite me l'a donnée avec richesse et avec enfants.

« Restez ici (ô époux), ne vous séparez pas! Ici atteignez toute
« la durée de la vie, jouant avec vos enfants, vos petits enfants,
« au sein du bonheur, dans votre maison.

« Que Praǵâpati[3] vous fasse naître une descendance! Que jus-
« qu'à la vieillesse Aryaman vous tienne attachés l'un à l'autre.
« Entre dans le monde de ton mari, ô femme, sans lui apporter
« le malheur: sois bonne à nos bipèdes et à nos quadrupèdes.

---

1. Quand Sifrit eut tué le serpent (Fafnir) au pied de la montagne, il se baigna dans son sang et en devint invulnérable, mais une large feuille de tilleul vint à tomber entre ses épaules : là seulement il resta vulnérable : Kriemhilt, inquiète, révèle le secret à Hagene, qu'elle croit dévouée à Sifrit et qu'elle prie de veiller sur lui dans la bataille : « elle pensait prolonger ses jours et c'était travailler à sa mort » (Nibelungen 842 sq.. éd. Lachmann).

2. Bundehesh 9. 8.

3. Praǵâpati « le maître de la génération ».

« Ne sois pas femme au regard sinistre, tueuse de mari (*agho-*
« *ra-caxus, apatighnî*); sois bienfaisante pour les troupeaux,
« sois bienveillante, de belle lumière, féconde en mâles, ayant
« l'amour des dieux, douce; sois bienfaisante pour nos bipèdes et
« nos quadrupèdes[1]. »

L'épithalame tourne à l'exorcisme; le prêtre fait moins appel à l'amour de la femme qu'il ne conjure sa haine et une puissance de mal qui est en elle. Or, cette puissance vient de ce que, femme, elle est le substitut, l'incarnation de la femme, de la vierge céleste, *Sûryâ*; avant d'appartenir à l'homme, comme femme d'en bas, elle a appartenu comme femme d'en haut à l'homme d'en haut, Soma, Gandharva, Agni, et c'est du dieu, son premier époux, que l'homme la reçoit : « Je te prends par la main,
« pour qu'avec moi comme époux tu vieillisses; Bhaga, Arya-
« man, Savitar, Puramdhi, tous les dieux t'ont donnée à moi,
« pour que tu règnes dans la maison. O Pûshan, amène la femme,
« la femme très-bienfaisante, en qui les fils de l'homme déposé-
« ront le germe; ô Agni, c'est à toi qu'au commencement l'on a
« amené Sûryâ dans l'appareil nuptial; rends-la à ton tour,
« épouse aux époux, et donne-lui postérité[2]. »

De ces lignes, capitales pour l'histoire du mariage dont elles expliquent le caractère sacré[3], nous ne retenons ici qu'un fait, c'est que la femme étant, d'une part, le substitut ou mieux l'incarnation de la femme d'en haut, et d'autre part, un être redoutable, armé d'une puissance de mal, il s'en suit que la femme d'en haut, *l'apyâ yoshâ, l'apsaras,* « la vierge marine », est à ses heures *démone* aussi bien que *déesse*. De là la transformation possible de toute déesse atmosphérique en être démonique. *L'apsaras,* qui dans le Rig-Véda est toute divine, épouse du Resplendissant, *Vivasvat,* épouse du Gandharva, mère d'Agni-Yama, d'Agni Vasishtha, devient dans la suite une créature équivoque, toujours

---

1. RV. 10. 85, 40 sq.
2. RV. 10. 85. 35 sq. Sûryâ (= *Svar-yâ), « la femme du *svar*, du ciel », ailleurs *duhitar divas* « la fille du ciel ». A Sûryâ répondent en grec Ἥρα et Ἕλλη. (Le *y* primitif est assimilé dans la seconde forme et compensé par l'allongement de la voyelle dans la première.)
3. Le caractère divin de la femme ne se trouve pas seulement chez les Ariens d'Asie : Inesse quin etiam (feminis) *sanctum aliquid* et providum putant (Germani)..... Auriniam et complures alias venerati sunt, non adulatione, *nec tanquam facerent deas* (Tacite, Germania 8). Le caractère démoniaque de la femme est également indo-européen. Déesse ou démone, parce qu'elle est la femme d'en haut qui est l'une et l'autre.

belle, mais malfaisante, séduisante et corruptrice, bayadère d'amour de la cour céleste, tentatrice éternelle des saints, « arme délicate d'Indra, qu'il lance contre les rishis dont les austérités l'effraient »[1], et dans les bras desquelles, pour leur damnation, ils oublient durant neuf mille ans l'heure de la *Sandhyâ*[2]. Une des apsaras s'appelle *Ugram-paçyâ*, « Torva-tuens »; c'est-à-dire que la déesse en devenant *démone* a reçu du démon « le regard sinistre » avec lequel il tuait, le regard de l'éclair; elle reçoit de lui aussi le poison qu'il lançait comme serpent; de là les légendes sur la *Visha-Kanyâ* « la vierge au poison » dont les baisers font mourir[3].

§ 142. A *l'apsaras* démon répond dans le Mazdéisme la *Pairika*, la Péri des modernes. Les Pairikas sont les nymphes démoniaques qui dérobent aux hommes et aux dieux les eaux célestes: elles volent entre le ciel et la terre, au sein de la mer Vouru-Kasha[4], où Aṅra Mainyu les a lancées pour arrêter les étoiles porteuses de la pluie[5]; Apaosha femelles, c'est contre elles en même

---

1. Vikrama-Urvaçî, éd. Calcutta, page 3.
2. Vishnu Purâna 1. 15.
3. Ces légendes ne se présentent en Inde que sous une forme déjà altérée : « Une des merveilles de l'Inde est l'herbe el-bîsb (*visha*, poi-
« son). Quand un roi indien en veut à la vie d'un ennemi, on prend
« une fille qui vient de naître ; on commence d'abord par mettre de
« cette plante dans son lit, puis sous ses vêtements, enfin dans le
« lait dont elle se nourrit ; cela jusqu'à ce qu'elle soit grande et
« puisse commencer à en manger sans en être incommodée. Alors on
« l'envoie avec des présents au roi auquel on en veut ; quand il a com-
« merce avec elle, il meurt. » (Morgenlændische Deutsche Gesellschaft 15, 94 sq. Cf. *Mudrârâkshasa*, p. 42 sq., éd. Calcutta ; *Kathâsaritsâgara*, traduction Brockhaus II, p. 42; Lassen *Indische Alterthümer* II, 283). Cette préparation savante est toute d'explication : la mythologie grecque offre un équivalent mâle de la vierge au poison, resté encore très-près des origines : ce n'est autre que Minos : frappé d'un charme par la jalousie de Pasiphaé, il porte la mort à toutes ses amantes : de son corps sortaient des *serpents*, des *scorpions*, des *scolopendres* (ὁ γὰρ Μίνως οὔρεσκεν) ὄφεις καὶ σκορπίους καὶ σκολοπένδρας, καὶ ἀπέθνησκον αἱ γυναῖκες ὅσαις ἐμίγνυτο Antonin. Lib. 41. ap. Preller, Griechische mythologie II[3], 122, 3). Le poison de la Visha-Kanyâ n'est pas acquis, il lui est *inné*, c'est le poison du *serpent* atmosphérique, et elle-même est la *femme-serpent*.
4. Yasht 8. 8 : pateṇti aṇtare zãm açmanemca zraya vourukashaya.
5. Yasht 8, 39. Yào uzâoṇhat aṇrō mainyus (mamanus) çtârãm afscithranãm viçpanãm paiti eretéē. — C'est dans ces mots çtârãm.... paiti-

temps que contre Apaosha qu'Ahura, il le déclare lui-même, a créé Tistrya qui les abat, qui les repousse de son souffle, loin de la mer Vouru-Kasha, pour que les nuées apportent les eaux qui font l'année féconde[1]. En tant qu'elle dérobe les eaux, la Pairika se nomme *Mûs* « la voleuse » : « Nous invoquons les eaux bonnes, très-« bonnes, créées par Mazda, créatures d'Asha ; des bonnes eaux, « nous invoquons la sève et la graisse qui font courir les eaux, « croître les arbres, qui luttent contre Âzi, créé par les daêvas, « pour résister à la Voleuse (Mûs), cette Pairika, pour l'abattre, « la refouler, repousser ses coups[2]. »

Si l'on se rappelle qu'Âzi n'est autre que le serpent, on n'hésitera pas à se dire que ce rapprochement du serpent et de la Pairika n'est pas accidentel. Y avait-il un mythe de la Péri, amante du serpent? A tout le moins, un mythe de la Péri, amante du démon ; c'est ce que laissent entendre les formules qui réunissent avec une rare constance dans une même action ou dans une même imprécation les *Yâtus* et les *Pairikas*.

§ 143. Le Yâtu est dans les Védas le démon conçu comme revêtant toutes les formes, chien, vautour, chouette, etc. C'est le *démon sorcier*[3]. Telle a dû être aussi la valeur ancienne du Yâtu mazdéen ; il est vrai que le mot sous sa forme moderne, *ĝâdû*, ne désigne guère que le sorcier humain, et il a déjà ce sens dans l'Avesta, au moins dans un passage : « Nous adorons Tis-« trya que ne saurait atteindre Aṅra Mainyu, ni Yâtus et Pai-« rikas, ni Yâtus humains, et que ne peuvent saisir pour le tuer « tous les daêvas réunis »[4] ; mais ce passage même, du même coup, montre que le mot *Yâtu* désigne le sorcier d'en haut avant de désigner le sorcier d'en bas, tout comme le nom de Gayô Maratan a désigné l'homme d'en haut avant de désigner l'homme d'en bas. Au couple du Yâtu et de la Pairika répond exactement le couple védique du Yâtu mâle et du Yâtu femelle, du *Yâtu-dhâna* et de la *Yâtu-dhânî* ; c'est la contre-partie du couple de

---

eretéé qu'il faut chercher l'explication de l'épithète *çtare-keremdo* appliquée aux Pairika (Yasht 8. 8) ; peut-être « qui jette un sort sur les étoiles ». Cf. sanscrit *kri-tyá*.

1. Yasht 8. 49-56.
2. Yaçna 67. 18 sq. Comme amenant la sécheresse, la stérilité, la Péri s'appelle Dujyâirya (Yasht 8. 52) ; les Achéménides invoquent contre elle la protection des dieux ; inscription H, éd. Spiegel 44.
3. Cf. Weber, *Indische Studien* IV, 399 sq.
4. Yasht 8. 44.

l'Apsaras et de Vivasvat, de la Vierge des eaux et du Resplendissant.

Mais la nymphe démoniaque n'est qu'un déguisement de la nymphe divine. C'est la même créature, qui est démoniaque ou céleste, selon qu'elle se donne au dieu de ténèbres ou au dieu de lumière. Aussi, garde-t-elle toujours l'attribut divin de la vierge des eaux lumineuses, la *beauté;* beauté fatale et souveraine ; beauté d'Apsaras, irrésistible et affolante; beauté de la Méduse qui séduit Poseidon avec ses cheveux d'or et fascine de son regard. « Belle comme une Péri » disent les chansons persanes ; « visage de Péri, âme de dêv », dit Firdousi du héros touranien. La beauté était un attribut tellement essentiel de la Péri, que, par elle, la nymphe démoniaque remonte dans la légende populaire au monde des dieux : les Péris sont déjà dans Firdousi les bonnes fées, belles et douces, que Moore et Hugo ont fait aimer à l'Europe ; nous les voyons dans le Livre des Rois, promptes à venger sur le dêv noir la mort de Syâmek, accourir sous les drapeaux d'Hoshëng, de celui-là même qui, au temps de l'Avesta, demandait à Ardvi Çûra Anâhita « la grâce d'abattre victorieusement les démons et les hommes, les *Yâtus et les Péris* »[1]. L'Iran séduit a pardonné à leur beauté, plus généreux que pour la Méduse ne le fut la Grèce, fidèle à la haine d'Athênê[2].

§ 144. Ce retour du démon au dieu est visible dans l'histoire de la Péri *Knãthaiti*. L'Avesta ne parle d'elle que deux fois : dans un passage, Zoroastre dit : « Puissé-je frapper la création « des daêva, puissé-je frapper la *Pairika Knãthaiti* jusqu'à ce « que naisse Çaoshyaç, le tueur de démons...[3] » ; Çaoshyaç, le Sauveur, est le héros qui doit terminer la lutte universelle par l'écrasement définitif des démons[4] : la Pairika est donc ici l'in-

---

1. Yasht 5. 22.
2. L'art moderne a reconnu la déesse : dans la Méduse de Vinci, sous le masque infernal, le *divin* éclate dans chaque trait :
      Its horror and its beauty are divine...
      ... it is less the horror than the grace
      Which turns the gazer's spirit into stone,
      'Tis the melodious hue of beauty thrown
      Athwart the darkness and the glare of pain
      Which humanize and harmonize the strain,
      'Tis the tempestuous loveliness of terror.... (*Shelley*).
3. Vendidâd 19. 18.
4. Voir plus bas, § 180 sq.

carnation du mal, et toute démoniaque. Un second passage nous fait connaître que la *Pairika Knãthaiti* fut créée dans le *Vaêkereta yim Dujakôshayana* et qu'elle s'attacha à Kereçâçpa[1]. L'expression *Vaêkereta yim Dujakôshayana* semble signifier littéralement « le précipice de Vayu [2], habitation du Pervers »[3]... Nous reconnaissons la région mythique du Vâi où se fait le mélange des deux principes, ténèbres et lumière[4], le Vâi, siége primitif de la lutte mythique; la Pairika Knãthaiti naît là, parce que c'est la patrie de la vierge marine, divine ou démoniaque. L'être auquel elle s'attache est *Kereçâçpa*, un des héros favoris de l'Avesta, un des plus illustres pourfendeurs de démons[5]. L'Avesta ne nous dit point quels furent ses rapports avec la Péri[6] : un poëme persan, le Çâm Nâmeh[7], le montre amoureux de la belle Péri Dokht[8] et poursuivant longtemps en vain sa conquête à travers mille résistances, qui viennent tantôt du père qui la garde, tantôt d'elle-même. Le caractère démo-

---

1. Vendidâd 1. 33 sq.

2. *Kereta* serait le sanscrit *karta*. Ce précipice est la fosse de la nuée, *kûpa*, où tombe le héros lumineux (RV. I. 105. 17); c'est un équivalent de la caverne. — Cf. Bréal, Géographie de l'Avesta, p. 11.

3. Le Pehlvi, rapprochant *shayana* du persan *sâyeh*, traduit : « aux ombres mauvaises » ; le sens est autre, mais non la conclusion qui en découle.

4. Voir plus haut, pages 111 sq.

5. Voir plus bas, § 175.

6. Dans le Parsisme, la Péri Knãthaiti devient le démon de l'idolâtrie qui corrompt Kereçâçpa ; cette intrusion des idées religieuses dans les images mythiques n'est point rare dans l'Avesta, ni absolument inconnue dans le Rig-Véda. Ainsi, la destruction des forteresses de Franhraçyan par *Huçravas* dans la mer *Caêcaçta*, exploit qui n'est autre que la destruction des forteresses atmosphériques, des *puras* d'un *Çambara* iranien par un *Kutsa* iranien, devient la destruction d'un temple d'idoles par un pieux mazdéen. De même, dans le Rig, le démon, le *dasyu*, est maintes fois assimilé à l'*ayaǵvan*, « celui qui ne sacrifie pas » et la lutte naturaliste fait place à une lutte religieuse. — Le rôle de la Péri corrompant la piété du héros est analogue à celui de l'*apsaras* dans l'épopée classique de l'Inde (v. s. page 173).

7. Analysé par M. Spiegel dans la Zeitschrift der Deutschen morgenlændischen Gesellschaft III, 245 sq.

8. *Dokht* signifie fille. Péri Dokht peut signifier « fille de la Péri » ; mais il est plus probable que Dokht est son nom ; ce nom rappelle la *duhitar divas*, « la Fille du ciel » des Védas, un des noms de Sûryâ, la vierge lumineuse ; la mère de Zoroastre se nomme Dughdho (voir plus bas, § 158), ce qui est le même nom. La Péri est une *duhitar divas* démoniaque, et la *duhitar divas* est une Péri divine.

niaque de la Péri est presque entièrement effacé, et la légende est revenue aux termes du mythe ancien : une vierge divine, retenue par le démon et conquise par le héros[1]; la réunion finale est désirée par elle comme par lui, mais certaines de ses résistances, non justifiées ni expliquées, nous font remonter à une conception plus ancienne, où c'est pour le perdre que la Péri entraîne à sa poursuite son amant[2].

§ 145. Le caractère divin qui n'a pu entièrement quitter la Pairika est absolument disparu dans la *Djahi* : le côté sinistre est seul resté.

Le mot *Djahi* est tantôt nom propre et désigne le démon femelle qui tue Gayô Maratan et le Taureau ; tantôt nom commun et signifie « femme de mauvaise vie, courtisane[3] » ; dans ce dernier sens on emploie surtout l'adjectif *ǵahika*, dérivé de *ǵahi*, littéralement « femme de la Djahi. » Le sens du nom commun réagissant sur le nom propre, la Djahi est aux yeux des Parses le démon de l'Impudicité. Mais, ici comme souvent, l'abstraction est au terme, non à l'origine du mythe, et la Djahi est, non pas une personnification abstraite, mais une personne mythique, réelle et concrète. Il nous suffit d'entendre les Parses nous dire que le regard de la Djahi-femme *dessèche les eaux*[4], pour en conclure que la Djahi-démon est, comme la Pairika, une des nymphes démoniaques qui enlèvent les eaux, et pour lui donner place à côté de la fille au regard sinistre, de la *ghora-caxus* du Rig-Véda[5], dans le groupe des vierges démoniaques de la nuée. C'est ce que confirme l'épithète ordinaire de la Djahi, *yâtumaiti*

---

1. Le démon qui retient la vierge lumineuse dans la prison (nuage, grotte, palais) est tantôt son ravisseur (Râvana, Paris), tantôt son frère (Cacus ; Kaanthos), tantôt son oncle (Kansa ; Amulius) ou son père (Acrisios) ; c'est ici le dernier cas.
2. La Pairika est identique en nature à l'*apsaras* ; il ne serait pas impossible que les deux noms le soient aussi primitivement. *Apsarâ*, forme parallèle à *apsaras*, pouvait devenir en zend soit *afshara (cf. drafsha = drapsa) soit *aspara avec inversion (comme dans *âthwya* pour *âp-tya*). Il est dit de Kereçâçpa qu'il tua *Pitaonem aspairikem* (Yasht 19. 4) ; cela serait « Pitaona, l'homme à l'*apsarâ* » ; mais comme il y a en zend une particule *as* « beaucoup, grandement », qui commence un grand nombre de mots, *as* sembla ne point faire partie du mot, qui, en se décomposant, donna naissance à la *Pairika*.
3. Zand-pahlavi glossary, éd. Hoshengji-Haug 4. 10.
4. Rivâiet, ap. Spiegel, Traduction de l'Avesta II, XXXII.
5. Voir page 172.

« livrée au Yâtu ». Le mot *yâtumant* a, il est vrai, suivi le mot *yâtu* dans son altération de sens : la Djahi *yâtumaiti* est pour les Parses « la Djahi adonnée à la sorcellerie », et avec ce passage perpétuel du ciel à la terre qui fonde la morale humaine, un des traits de la femme *djahi*, de la femme de mauvaise vie, c'est d'exercer la sorcellerie (ĝâdûî)[1] ; mais le *yâtu* étant primitivement le démon même, la Djahi livrée au *yâtu* n'est point d'une façon vague et générale la Djahi sorcière, c'est la Djahi amante du Yâtu.

§ 146. Cet amant démoniaque de la Djahi n'est pas une pure création de l'induction : le Bundehesh le connaît et nous décrit sa naissance : « Quand la Djahi eut ranimé par ses paroles le courage abattu d'Ahriman, celui-ci lui dit : Que désires-tu, que je te l'accorde? Elle répondit : Un homme ; donne-le-moi. Ahriman prit un corps de grenouille mâle, en fit un jeune homme de quinze ans et le présenta à la Djahi qui assouvit son désir[2]. »
Or, la grenouille est une des incarnations du démon mythique dans l'Avesta : « dans les eaux de la mer Vouru-Kasha, dit le Bundehesh, pousse, sur la montagne, le Gaokerena qui doit, à la résurrection, produire l'immortalité. Ahriman a créé contre lui, dans les abîmes des eaux, une grenouille qui doit détruire le Hom blanc. Pour lutter contre cette grenouille, Ormazd a créé dix poissons *kara*, qui nagent sans cesse autour du Hom, de sorte qu'il y en a toujours un qui lui tient tête[3]. » Le lieu et l'objet de la lutte nous révèlent au premier abord que poisson et grenouille sont les incarnations du dieu et du démon des eaux atmosphériques. Les dix poissons *kara* sont un dédoublement d'un poisson unique, le *kara* de l'Avesta, lequel réside dans les eaux de la *Ranha*, « rivière aux rives lointaines, profonde, aux mille flots », un des substituts du Vouru-Kasha, une des formes de l'océan atmosphérique[4]. Ce poisson est doué d'une vue merveilleuse et à travers la Ranha aperçoit un objet de l'épaisseur d'un cheveu[5], chose peu étonnante, puisqu'il n'est autre que le dieu des flots d'en haut, le Fils lumineux des Eaux, Atar, nageant dans la mer atmosphérique[6]. La lutte des dix poissons et de la grenouille

---

1. Spiegel l. c.
2. Bundehesh 9.9.
3. Bundehesh 42. 15 ; cf. plus haut p. 143.
4. Yasht 14. 29 ; 16. 7.
5. Ibid.
6. On a déjà vu plus haut que le poisson est de même une des incarna-

n'est donc autre que la vieille lutte mythique d'Atar et d'Aji, du héros lumineux et du serpent.

§ 147. La grenouille mâle dont le corps donne naissance à l'amant de la Djahi n'est donc autre que le démon même, un des substituts du serpent. Or, les faveurs de cet amant sont le prix du sang de Gayô-Maratan; le mythe de Gayomert se ramène donc à une conception très-voisine, dans les traits essentiels, de celle que nous avons reconnue dans le mythe de Tahmurath[1]. Tahmurath, trente ans victorieux du démon, périt par le fait de sa femme, séduite par le démon; Gayomert, trente ans victorieux du démon, périt sous les coups d'une femme, amante du démon; si on laisse de côté les différences psychologiques qui distinguent les deux personnages féminins, différences qui tiennent, non à la nature même des personnages, mais au développement différent qu'ils ont dû suivre dans les centaines de mythes créés sur la même donnée, le rôle de la Djahi est absolument identique à celui de la femme de Tahmurath; et si l'on fait attention que la Djahi-femme est l'épouse infidèle[2], il deviendra très-vraisemblable que la Djahi-démon a été autrefois l'épouse de sa victime. Le poison qu'elle répand sur Gayô-Maratan lui donne place à côté de la Vierge au Poison[3]; le regard sinistre dont la Djahi d'en bas frappe les êtres terrestres[4], et dont par suite la Djahi d'en haut a dû frapper les êtres célestes, en fait une sœur de la femme Démon du Véda, « la femme au regard sinistre, qui tue l'époux ». En un mot, Gayomert tué par la Djahi rentre dans la classe des héros que la femme tue pour le démon[5].

tions d'Agni (page 161, n. 2) et que c'est pour cela qu'il a pour symbole le poisson Makara. Il est possible que l'identité du *makara* et du *kara* aille jusqu'au nom : *kara* est toujours accompagné de *maçyô* « poisson » : *karô maçyô*; l'expression ancienne était sans doute *makarô maçyô* : les deux mots commençant par la même syllabe, il s'est produit une mutilation du même ordre que celle qui a réduit en zend **maidhya-yâirya* à *maidhyâirya* ou en latin **vivipera* à *vipera*.

1. Voir plus haut, pages 170 sq.
2. Page 177.
3. Pages 113 et 173.
4. Page 177.
5. Le sens du mot *ġahi* est inconnu. Le mot transcrit en sanscrit pourrait donner **hasî* (cf. ġan = han), de la racine *has* rire. Le tonnerre est souvent le rire ou le ricanement du dieu ou du démon (voir page 191, note 1). La *ġahi* serait « la rieuse », parente en cela, comme en tant d'autres traits, de la formidable rieuse de l'Inde, Durgâ-Pârvatî, sor-

§ 148. Tout ce qui est dit de Gayô-Maratan pouvait être dit du Taureau : car c'est un seul et même fait qui se produit dans la mort du Taureau et dans la mort de l'Homme. Aussi la Djahi, en même temps qu'elle attaque l'Homme, attaque aussi le Taureau; de même l'hymne védique, en même temps qu'il prie la nouvelle épouse de n'être point « tueuse de mari », la prie aussi d'être « bienfaisante pour les bipèdes et les quadrupèdes »[1]; car la vierge marine peut tuer, tue la vache du nuage aussi bien et en même temps qu'elle tue son amant, l'homme du nuage.

§ 149. Tous les développements que l'on vient de lire supposent que la Djahi est la meurtrière immédiate de Gayô-Maratan et du Taureau. Dans le Bundehesh, elle ne fait que promettre de les faire périr; l'honneur du meurtre même appartient à Ahriman qui porte sur leur corps Az, la faim, la soif, la maladie et la mauvaise Bûshyâçta. Mais la seule promesse de la Djahi prouve qu'elle pouvait faire ce qu'elle annonçait, autrement dit qu'il y avait des mythes où Djahi tuait le Taureau ou Gayô-Maratan. C'est ce que prouve d'ailleurs directement une invocation déjà citée : « Hommage à toi, ô Taureau sacré, hommage à toi, « Taureau bienfaisant! hommage à toi qui accrois! hommage « à toi qui fais grandir! hommage à toi qui donnes sa part de « biens au juste excellent!... toi que fait périr la Djahi[2]. » Mais Ahriman devant, dans l'esprit général du système parsi, être lui-même l'agent du mal, la Djahi n'a plus que l'initiative du projet et s'efface derrière Ahriman.

§ 150. Il nous reste encore à parler d'un autre meurtrier de Gayomert, la mauvaise Bûshyâçta. Son nom termine l'énumération des fléaux portés par Ahriman sur le corps de Gayomert et du Taureau. Le premier de ces fléaux, Az, nous l'avons vu plus haut, n'est rien autre que le serpent lui-même, le meurtrier de droit de Gayomert[3]; mais, transformé par une erreur du langage en personnage abstrait, le Besoin, il a appelé à sa suite toute une série de fléaux de même ordre. Bûshyâçta est-elle une

tie comme la *ǧahi*, de la vierge marine, restée déesse, il est vrai, mais terrible, méchante et demi-démoniaque, comme son époux, Rudra, au ricanement sinistre.

1. Voir pages 171 et 172.
2. Voir plus haut, page 149.
3. Page 154.

abstraction de ce genre ou un être mythique et concret? Le mot est un nom propre, ce qui établit déjà une présomption qu'il y a là autre chose qu'une abstraction.

L'Avesta lui donne deux épithètes qui ne peuvent non plus convenir qu'à une personne mythique concrète : elle est *zairina* et *dareghô-gava* « jaune et aux longues mains ».

Gayomert n'est point sa seule victime : elle fond aussi sur Kereçâçpa, ce qui semble faire d'elle une sœur de la Péri Knāthaiti[1], de sorte qu'elle appartiendrait comme la Djahi elle-même au cercle des démons féminins de l'orage. Ceci expliquerait pourquoi elle est *zairina* et *dareghô-gava* : de l'éclair elle tient le jaune reflet et la longue atteinte, comme de l'éclair la Djahi tient le regard sinistre. Aussi le seul passage de l'Avesta qui donne quelque détail sur elle la met en rapport avec Azi, le serpent : « Au troisième tiers de la nuit, le Feu, fils d'Ahura-Mazda, « appelle à son secours le saint Çraosha : « viens, ô saint Çraosha, « à la belle taille; apporte-moi[2] quelque morceau de bois purifié « de tes mains lavées; Azi, créé par le démon, m'assaillirait, qui « se flatte de bouleverser le monde. » — Alors le saint Çraosha « éveille l'oiseau Parôdars[3], et l'oiseau lève la voix à l'approche « de la puissante aurore : « levez-vous, s'écrie-t-il, ô mortels, « récitez l'*ashem yat vahistem*; mort aux démons! Voici que « fond sur vous Bûshyāçta aux longues mains : elle rendort le « monde matériel, à peine éveillé à la lumière; ô mortel, un « long sommeil ne te convient pas[4]. » L'on a conclu de ces derniers mots que Bûshyāçta est le démon du sommeil, empêchant l'homme d'accomplir ses devoirs religieux : mais c'est là une valeur abstraite et dérivée; pour devenir le démon femelle du sommeil, Bûshyāçta a commencé par être un démon femelle qui plonge dans le sommeil, non le fidèle de tous les jours, mais le fidèle mythique, et c'est pour cela que la lutte contre Bûshyāçta se trouve mêlée à une lutte contre Azi, le serpent. Autrement dit, à côté des mythes où le dieu lumineux meurt frappé soit par

---

1. Cf. page 176.
2. Le texte porte *măm... paiti baraiti* « il m'apporte... »; mais les deux passages parallèles (44, 47) ont l'impératif et ici même la traduction pehlvie traduit comme s'il y avait *bara* ou *baratu*; c'est cette dernière leçon qu'il faut adopter : *i* et *u* sont souvent confondus dans les manuscrits et l'*i*, une fois fixé à la finale, a amené l'*i* d'épenthèse avant le *t*.
3. Le coq.
4. Vendidâd 18. 48 sq.

le démon, soit par la *démone,* il a dû exister un mythe où sa mort est un sommeil, versé sur lui par la *démone* Bûshyăçta[1]. Ce mythe existe; c'est celui de Kereçâçpa: le Bundehesch raconte que « la mauvaise Bûshyăçta fondit sur lui, le secoua au milieu de la chaleur[2] » et qu'il restera endormi jusqu'à la fin du temps; alors il se réveillera et tuera Aji Dahâka. Bien qu'il ne soit pas dit expressément que c'est Bûshyăçta qui l'endort, le rôle qu'elle joue dans l'Avesta prouve jusqu'à l'évidence que c'est elle, et par suite, rentrant dans le cercle des *démones,* prenant place à côté des Pairika, à côté de Knăthaiti[3], de la Djahi, elle devient la Djahi, la Péri, la vierge démoniaque, endormant son amant lumineux, pour le livrer au démon.

§ 151. Des développements précédents sort cette conclusion que le meurtrier de Gayô Maratan et du Taureau n'est point Ahriman: c'est Az, c'est la Djahi, c'est la Bûshyăçta; c'est le Serpent et la Vierge démoniaque; seulement, comme Ahriman est devenu l'agent universel du mal, les anciens meurtriers mythiques ne sont plus que ses instruments. Ici, comme dans tous ses autres exploits, au-dessous de l'action nominale du dieu abstrait du mal, se retrouve l'action réelle des anciens héros du mal, concrets et mythiques. Soit donc qu'il dispute la lumière souveraine, soit qu'il corrompe les eaux, qu'il fasse surgir les montagnes, périr le Taureau, périr le premier homme, les coups d'Ahriman sont les coups des anciens démons de l'orage, dont il n'est que le prête-nom.

1. Origine : le héros lumineux ne brille plus, il a fermé les yeux, il est *endormi ;* de là, deux séries de mythes : 1° il est tué pendant son sommeil (cf. les mythes d'Agamemnon et de Deïphobe); 2° il se réveillera (cf. § 176 fin).
2. C'est-à-dire au milieu des flammes (de l'orage). Telle Sigurdrifa (Brunehild) *endormie* dans *l'enceinte de feu* du Wafurlogi.
3. La *Knăthaiti,* l'amante de Kereçâçpa (v. s. p. 176) est par suite un doublet de la Bûshyăçta ; serait-ce là l'explication de son nom : « celle qui endort », κνώσσουσα *κνώτ]ουσα?

CHAPITRE IV.

LUTTE D'AHRIMAN ET DE ZOROASTRE.

I. § 152. Ahriman lutte directement contre Zoroastre. — § 153. Zoroastre, le premier fidèle. — § 154. Premier fidèle = Premier homme = Homme d'en haut; 1° dans les Védas. — § 155. 2° dans l'Avesta. Equivalence de Zoroastre et de Gayomert. — § 156. Equivalence de Zoroastre et de Yima. — § 157. Equivalence de Zoroastre et d'Atar. — § 158. Naissance et enfance de Zoroastre = Naissance et enfance du dieu d'orage. — § 159. Sa naissance est la ruine du démon. — § 160. Son arme matérielle : pierre-éclair. — § 161. Son alliance, nécessaire à Ahura.

II. § 162. Son arme principale est l'arme mystique, la Prière. — § 163. Lutte d'Ahriman et de Zoroastre. — § 164. Lutte en dialogue, par énigmes. Akhtya et Yôista. — § 165. Origines de cet ordre de mythes. — § 166. Tentation de Zoroastre. Tentation du Buddha. — § 167. Indépendance des deux mythes. — § 168. Origines. Tentation de Saramâ.

III. § 169. Révélation de la Loi. — § 170. Zoroastre, législateur. — § 171. Ahriman a-t-il été dès le début l'adversaire de Zoroastre et son unique adversaire?

I.

§ 152. La vie du monde doit finir comme finit tout orage, par la victoire du Dieu lumineux[1]. Nous avons vu Ahriman, dès son invasion, repoussé du ciel, refoulé dans l'enfer[2]: logiquement, l'histoire du monde est finie, la lutte a eu son terme naturel.

---

1. Voir page 114.
2. Voir pages 123 sq.

Mais comme, d'une part, la mythologie possédait un nombre infini de mythes et de légendes sur la lutte du dieu et du démon, que d'autre part le mal règne encore *aujourd'hui*, Ahriman, quoique vaincu et refoulé, doit reparaître sans cesse· agissant, dans une éternelle alternative de victoires et de défaites, qui se placeront entre la défaite initiale et une défaite finale sans lendemain.

Toutes ces luttes, que l'instinct historique de l'Iran a classées chronologiquement, ne sont qu'une seule et même lutte, toujours identique de fond, mais toujours présentée avec des détails autres; les deux héros éternels, dieu lumineux et démon ténébreux, paraissant sans cesse sous un nom nouveau, une forme nouvelle, dans des circonstances nouvelles. Dans la plupart de ces récits, Ahriman ne paraît pas en personne, car ces récits sont plus anciens que lui; ils sont nés d'une mythologie concrète et directe, tandis que lui-même est né d'une mythologie abstraite et réflexe, et il n'est point l'adversaire direct et primitif de tel héros déterminé. Il plane, il est vrai, au-dessus de toutes ces luttes, et les démons de chaque combat sont devenus ses créatures, mais ils sont seuls en scène ou au premier rang. L'adversaire de Yima et de Thraêtaona n'est pas Ahriman, c'est Aji; de Huçravah, Frañhraçya; de Yôista, Akhtya; de Kereçaçpa, Çrvara[1].

Dans trois luttes seulement Ahriman est directement en jeu : contre le Taureau et Gayô-Maratan, contre Takhma Urupa, contre Zoroastre. Nous avons vu que dans la première, les véritables meurtriers sont le Serpent et la Vierge marine; mais comme il s'agit là d'une lutte reportée aux débuts du monde, aux débuts du mal, ayant un caractère cosmogonique, Ahriman a pris le premier rôle[2] par une nécessité logique. Il est plus difficile d'expliquer ses rapports avec Takhma Urupa. Tandis que pour Gayomert, le récit même de l'attaque d'Ahriman nous apprend les noms des adversaires anciens du héros, ici rien de tel. Il est probable que les formules primitives lni donnaient comme monture un certain démon, un certain daêva, auquel les formules récentes, pour donner une idée plus haute du héros, ont substitué le roi des démons en personne.

Dans la troisième lutte, celle de Zoroastre et d'Ahriman, Ahriman est bien l'ennemi direct et principal, et l'on ne conçoit pas que Zoroastre en ait d'autre. Zoroastre, incarnation de la loi, du bien

---

1. Voir pages 104 sq. et ⁊⁊ 164, 175, 178.
2. Voir pages 156 et 182.

moral, ne peut guère avoir d'autre adversaire que l'être qui incarne le mal moral. Ici la lutte change de caractère et nous sortons, en apparence du moins, de la lutte des forces naturalistes pour entrer dans celle des forces morales et religieuses.

§ 153. Avant d'aborder la lutte, arrêtons-nous au héros : qu'est-ce que Zoroastre ? Ecoutons l'Avesta :

« Nous adorons la sainteté et la Fravashi du saint Zarathustra, le très-bienfaisant ;

« Le premier qui ait bien pensé, le premier qui ait bien parlé, « le premier qui ait bien agi ; le premier prêtre, le premier guer- « rier, le premier laboureur ; le premier qui ait reçu la nouvelle, « le premier qui l'ait fait connaître ; le premier qui conquière, « qui ait conquis la Vache, l'Asha, la Parole, l'obéissance à la « Parole, l'Empire et tous les biens créés par Mazda, issus de « l'Asha ;

« Qui fut le premier prêtre, le premier guerrier, le premier « laboureur ; qui le premier arracha la roue aux mains du démon « et du mortel méchant ; qui le premier de l'univers matériel fit « retentir l'*Ashem* destructeur du démon, qui se proclama ado- « rateur de Mazda, sectateur de Zarathustra, ennemi du démon, « fidèle d'Ahura ;

« Qui, le premier de l'univers matériel, prononça la parole « ennemie du démon, fidèle d'Ahura ; qui, le premier de l'uni- « vers matériel, proclama la parole ennemie du démon, fidèle « d'Ahura ; qui, le premier de l'univers matériel, déclara toute « création du démon indigne de sacrifice et de glorification ; « puissant, donnant tout bien-être, premier fidèle, parmi les « nations ;

« Lui, en qui fut entendue toute formule, toute parole d'Asha, « Seigneur et Ordonnateur des mondes, chantre de l'Asha très- « grand, très-bon, très-beau : interlocuteur de la Loi[1], la plus « excellente des choses qui sont.

« Lui, que tous les Amesha-Çpeñta, d'accord avec le soleil, « d'une âme fidèle, d'une conscience croyante, appelaient de leurs « vœux, pour être le Seigneur et l'Ordonnateur des mondes, le « chantre de l'Asha très-grand, très-bon, très-beau ; l'interlocu- « teur de la Loi, la plus excellente des choses qui sont.

« Lui, à la naissance, dans la croissance duquel se réjouirent « les eaux et les plantes, à la naissance, dans la croissance

---

1. Cf. §§ 169, 170.

« duquel grandirent les eaux et les plantes ; à la naissance,
« dans la croissance duquel crièrent au bonheur toutes les
« créatures du monde de l'Asha.

« Bonheur à nous ! Il est né, le prêtre, le très-bienfaisant
« Zarathustra ! Il va nous offrir les libations et faire la jonchée
« du barecman, lui Zarathustra. Voici que va s'épandre la bonne
« loi mazda-yaçnienne sur les sept Karshvar de la terre [1]. »

Ce passage peut se résumer en ces mots : Zarathustra est le *premier Fidèle*, et comme tel, il abat le démon par l'arme mystique, la prière, le culte.

§ 154. Or ces mots « Zoroastre est le premier fidèle » reviennent à ceux-ci : « Zoroastre est le *premier Homme*, Zoroastre est l'*Homme d'en haut* »; car, dans la langue de la religion indo-iranienne, premier Fidèle, premier Homme et Homme d'en haut sont un seul et même être.

On a déjà vu plus haut l'identité védique de l'Homme d'en haut et du Premier homme; on a vu que Yama, le premier homme, est une forme du Fils des Eaux, et que Angiras, nom d'Agni, est aussi le nom de l'ancêtre[2]. Or, Yama, premier homme, a porté sur terre la tradition du culte en même temps que celle de la vie, et le premier il a tendu « le fil du sacrifice »[3]; les Angiras ne sont pas seulement les ancêtres, ce sont encore les prêtres antiques[4]; Manu, le premier homme, est aussi le premier prêtre, et « les hommes d'aujourd'hui allument Agni comme l'a fait Manu, Agni porte leur sacrifice aux dieux comme il l'a fait pour Manu[5] ». C'est que le premier homme n'est autre qu'Agni incarné et qu'Agni lui-même est le pontife par excellence, le premier Atharvan, le premier chanteur d'hymnes, le premier prêtre[6]; c'est lui en effet qui, sous sa forme terrestre, porte aux dieux l'offrande humaine dans la colonne de sa flamme, l'hymne dans les crépitements de ses feux qui montent, et qui, sous sa forme atmosphérique, lance la formule sacrée dans le retentissement de l'orage.

---

1. Yasht 13. 87 sq.
2. Voir page 160.
3. RV. 7. 33. 9, 12.
4. RV. 1. 107. 2 ; 121. 1, etc.
5. RV. 5. 21. 1, etc.
6. RV. 10. 88. 4, 8.

§ 155. Même identité dans l'Avesta. L'invocation à Zoroastre, plus haut citée, suit immédiatement une invocation à Gayô Maratan, ainsi conçue : « Nous invoquons la Fravashi du saint Gayô-« Maratan, *qui le premier entendit la pensée et les préceptes* « *d'Ahura Mazda,* et de qui il forma la postérité des nations « aryennes, le germe des nations aryennes[1]. » Ainsi Gayomert « est un Zoroastre avant Zoroastre, le Bundehesh le désigne « maintes fois sous le nom de *Asrûb Gabrâ* « l'Homme de bien, « l'Homme d'Asha (par excellence)[2] », et en mourant, il prêche « les bonnes œuvres[3] ». Zarathustra n'est donc pas seul le premier qui ait connu la loi d'Ahura, et celui qui est en titre le premier des humains est en même temps le premier des fidèles, le premier homme d'Asha. Or, d'autre part, comme Zoroastre n'est pas seulement le premier prêtre, mais aussi le premier guerrier, le premier laboureur, comme il a eu trois fils qui ont été l'un le chef des prêtres, le second le chef des guerriers, le troisième le chef des laboureurs[4], ce qui revient à dire que de lui sont sorties les trois parties de l'humanité, on peut conclure que de même Gayô-Maratan n'est pas seul le fondateur de la race humaine et que celui qui est en titre le premier des fidèles est en même temps le premier des humains. Il semble donc que Gayô-Maratan et Zarathustra fassent doublet, et que, par une de ces répartitions dont la mythologie offre autant d'exemples que le langage, on ait laissé perdre à Gayô-Maratan le privilège de cette première révélation, à Zarathustra le titre de premier homme et fait prendre ainsi aux mythes synonymes des valeurs différentes.

§ 156. Gayô-Maratan n'est point le seul ancêtre qui puisse disputer à Zoroastre le titre de premier fidèle, l'honneur d'avoir le premier connu la Loi :

« Zarathustra demanda à Ahura Mazda : ô Ahura Mazda, « Esprit très-bienfaisant, créateur des mondes matériels, saint ! « Quel est le premier des hommes avec qui tu te sois entretenu, « ô Ahura Mazda, avant moi, Zarathustra ? »

« Ahura Mazda répondit : « Le beau Yima, maître des beaux « troupeaux[5], ô saint Zarathustra, est le premier homme avec

1. Yasht 13. 87.
2. Cf. page 115.
3. Bundehesh 11. 8.
4. Bundehesh 79. 15.
5. *Hvãthwô*. Ce n'est point le ποιμήν λαῶν des Grecs, mais le *gopati*

« qui avant toi je me sois entretenu, moi, Ahura Mazda. Je
« lui ai enseigné la loi qui vient d'Ahura, la loi de Zarathustra,
« et je lui ai dit, moi, Ahura Mazda : viens à moi, ô beau Yima,
« fils de Vivanhvat, pour être celui qui dira et portera ma loi. »
« Alors le beau Yima me répondit, ô Zarathustra : « Je ne suis
« pas fait, je ne suis pas instruit à dire et à porter ta loi[1]. »

Cet abandon de l'attribut de législateur prouve que Yima y avait droit comme son frère védique Yama[2], et cela au même titre, comme premier homme, car si Yima ne l'est plus dans le Mazdéisme à l'état formé, il a commencé par l'être, et les traits essentiels de sa légende font de lui, comme de Yama, l'Homme d'en haut[3] et le premier homme[4]. Quand Zoroastre fut devenu le législateur en titre, on imagina que Yima avait refusé de porter sur terre la révélation qu'il possédait, et, comme Gayô Maratan, il laissa la loi tout entière à Zoroastre.

§ 157. — Le caractère sacerdotal du premier homme, d'*Atar incarné*, est donc aussi visible dans l'Avesta que dans les Védas; celui d'Atar lui-même l'est beaucoup moins. C'est que tandis qu'Agni, dans les Védas, est toujours invoqué comme l'intermédiaire établi entre l'homme et le dieu, comme celui qui va et vient entre les deux races portant l'offrande et rapportant la richesse, la lumière et les eaux, en un mot, comme le médiateur, le prêtre; Atar, au contraire, est invoqué pour lui-même, il est objet direct de culte. Il ne paraît donc point comme prêtre. Ses équivalents, Apām napât, Tistrya, Verethragna, l'Ane à trois pieds, le Poisson de la Rañha, le Taureau, le Taureau-poisson, n'offrent point non plus ce caractère, parce qu'ils sont les démembrements d'Atar conçu exclusivement sous ses différents aspects matériels, soit comme le Fils des Eaux, soit comme le dieu qui donne les eaux, soit comme celui qui abat les démons, soit comme l'animal divin qui se meut dans les hauteurs marines. Mais une de ses incarnations animales, celle de l'*oiseau*, nous rend en lui le révélateur. « L'oiseau *Karshiptan*, dit le Bundehesh, habite dans le ciel, il serait le roi des oiseaux s'il habitait la terre, il a

---

des Védas : l'Homme d'en haut est de naissance « le maître des vaches ».

1. Vendidâd 2. 1 sq.
2. Voir page 186. Il a d'ailleurs été, comme Zoroastre, « entendu dans l'Irān vêg » (çrutô airyênê vaêganhi cf. 170 fin, note).
3. Cf. pages 106 n. 2.
4. Voir § 185.

porté la loi dans le royaume de Yima et il récite l'Avesta dans la langue des oiseaux[1]. L'oiseau *Asha-Zusta* a l'Avesta sur la langue, et, quand il récite la formule, les démons tremblent[2]. Le faucon *Ahûm-çtut* a, le premier, enseigné; il avait cent disciples[3]. L'identité de l'oiseau et du dieu qui vole dans l'éclair est bien connue : Indra vole comme un faucon à travers les airs, et c'est sous forme de faucon qu'il a apporté le soma[4]; l'Iran aussi sait que ce sont de puissants oiseaux qui ont apporté le Haoma sur les hautes crêtes du Hara[5] et il sait que les faucons blancs tuent les *serpents* ailés[6]. Or, c'est parce qu'il est incarnation de l'éclair que l'oiseau est science et révélation; *science,* parce qu'il a le regard pénétrant, qui perce de loin[7], le regard de flamme et qu'il approche des places mystérieuses où est le dieu[8], plus près que l'homme, plus près que tous êtres vivants : *révélation,* parce qu'il parle, parce que son cri éclate dans le tonnerre et court dans le ciel, en messager des dieux[9].

Si donc Atar n'est plus l'Atharvan par excellence, il l'est encore dans ses incarnations. Il l'est dans Gayô Maratan, dans Yima, dans Karshiptan; dans l'homme-dieu, dans l'oiseau-dieu.

---

1. Vendidâd 2. 138 sq. Bundehesh 46. 11 ; 57. 20.
2. Bundehesh 46. 18.
3. Yasht 13. 97.
4. Cf. page 126. Odin, ancien dieu d'orage comme Indra (il est le représentant de Vâta-Vâyu; cf. Zimmer dans la Zeitschrift für deutsches Alterthum 19. 164 sq.), se transforme en aigle pour enlever l'ambroisie (Kuhn, *Herabkunft*; Simrock, *Edda*[6] 300).
5. Yaçna 10. 29.
6. Bundehesh 47. 9. Cf. § 228.
7. Le regard du vautour au collier d'or (Yasht 14. 33). Les Védas, exaltant la science de Varuna, disent que nul ne l'atteint, pas même ces oiseaux qui volent au ciel (1. 14. 6). — Odin a sur l'épaule deux corbeaux qui lui disent à l'oreille toutes les nouvelles qu'ils entendent ou qu'ils voient (Simrock, *Edda*[6] 273); on l'appelle pour cela le dieu aux corbeaux; peut-être plus anciennement était-il lui-même « le dieu corbeau », le corbeau savant.
8. Ce que les Védas appellent « la place de l'oiseau » *padam ves;* telle, dans le *Mantic uttair* (poëme soufi, publié et traduit par M. Garcin de Tassy), la place mystérieuse et inaccessible du Simurgh, l'ancien faucon mythique (çaêna meregha), devenu l'incarnation de la science universelle, de la science suprême (et par là, pour le poète soufi, de l'être suprême).
9. De là, le rôle des oiseaux dans les auspices : avant d'étudier la volonté des dieux dans le vol et le cri des oiseaux, on l'a étudiée dans le vol et le cri de l'oiseau-éclair.

§ 158. Si c'est parce qu'il est le premier homme, l'homme d'en haut, que Zoroastre est le premier fidèle, l'Atharvan par excellence, on doit s'attendre à retrouver en lui tous les caractères d'Atar incarné, toutes les qualités du héros lumineux.

Tout d'abord, il en a la naissance : il naît comme lui, comme tous les hommes d'en haut, dans les hauteurs et dans les eaux : il est né « dans la *montagne, dans les eaux de la Dareǵa*[1] », semblable au Fils des Eaux « dieu des hauteurs et dieu marin[2] », semblable au dieu orageux des Védas qui est né « sur la voûte des montagnes, au confluent des rivières[3]. » Son père est Pourushaçpa, « l'homme aux nombreux chevaux », c'est-à-dire l'un de ces êtres qui courent dans l'atmosphère traînés par les chevaux lumineux, un *aurvat-açpa*[4], et sa mère Dugdha, « la Fille », prend place à côté de celle que les Védas appellent *Duhitâ divas* « la Fille du ciel », c'est-à-dire à côté de la vierge céleste et lumineuse[5]. Ce couple dont naît Zarathustra sur la montagne, dans la rivière, est l'équivalent des couples védiques de Vivasvat et de l'Apyâ Yoshâ, de Purûravas et de l'Apsaras.

Sa naissance a été pénible, comme celle de tout dieu qui se dégage de la nuée convulsive. Les démons se sont jetés sur le sein de sa mère enceinte et, avec des rugissements, lui ont déchiré le ventre pour en retirer l'enfant. Mais la lumière du soleil dissipant les ténèbres, les démons sont tombés comme les feuilles au vent d'automne, et du sein de sa mère, dont le cœur, dans la longue attente des derniers temps, tressaillait comme la nuée, Zoroastre, seul de tous les hommes, est sorti en riant[6];

---

1. *Dareǵya paitizbarahi nmânahê pourushaçpahê*, Vendidâd 19. 15; cf. 19. 37 et Bundehesh 79. 9.

2. *Berezañtem upâpem*.

3. *Upahvare girînâm samgatheca nadînâm dhiyâ vipro aǵâyata*. RV. 8. 6. 28.

4. Un doublet d'Apãm Napât, l'*aurvataçpa*, et, à part le caractère démoniaque, de *Baêvaraçpa (v. s. page 151 note).

5. Identique, moins le caractère semi-démoniaque, à la Péri *Dokht*, amante de Kereçaçpa (v. s. page 176, note 8). — L'on peut objecter que ces noms Pourushaçpa et Dugdha ne sont plus que des noms propres et que leur valeur ne prouve rien sur le caractère des personnages qui les portent : mais le lieu de leur demeure prouve le contraire, et de même toutes les légendes sur Dugdha.

6. *Zerdusht Nâmeh* 4. 5 ; et Pline, *Hist. Nat.* VII. 16; Anquetil, *Zend Avesta* I. 2, p. 10. Cet accord de Pline et du Zerdusht Nâmeh est une forte présomption en faveur de l'antiquité du fond du Zerdusht Nâmeh, malgré l'époque récente de sa rédaction (fin du XIIIᵉ siècle);

seul de tous les hommes, mais non seul des dieux ; car tout dieu orageux peut naître ainsi, et les Maruts védiques naissent dans le rire de l'éclair[1]. Mille prodiges signalent son enfance, prodiges nécessaires qui ne sont que les traits mêmes de sa naissance ; jeté dans les flammes, il dort tranquille au milieu d'elles[2] : ne sont-elles pas son berceau et son élément? Il est exposé sans périr au sabot des chevaux et des bœufs, de tous ces troupeaux déchaînés dont on suit le galop furieux dans les grondements du tonnerre et la course échevelée des nuées. Les loups veulent le déchirer ; comme un Héraclès, il les repousse de son geste d'enfant, et les brebis descendent de la montagne pour le nourrir jusqu'au lever du soleil du lait de leurs mamelles[3], ce lait des eaux nuageuses dont la vache védique allaite Agni, son nourrisson, et dont la vache eddique, Audhumbla, allaite Ymir. Comme Agni enfin, il a dû vivre au milieu des *Eaux Femmes,* des *gnâs* nuageuses ; de là, la légende des femmes qu'il fait passer à pied sec sur le fleuve[4]. Il a la vue pénétrante du poisson Kara, du

cette présomption devient certitude partout où la légende s'explique par les mythes védico-avestéens. L'on peut dire que la légende de Zoroastre, telle que la fournit le Zerdusht Nâmeh, était arrêtée bien avant les Sassanides.

1. *Haskârâd vidyutas pari gâtâ maruto*, RV. 1. 23. 12. L'éclair est le rire du ciel, des dieux ; on l'entend dans le tonnerre (« *I laugh as I pass in thunder* » dit le *Nuage* de Shelley) : de là « le rire *inextinguible* » des dieux homériques : ἄσϐεστος γέλως. Les modernes ont répété l'expression sans la comprendre ; pour Homère, ou mieux, pour les premiers inventeurs de l'expression, le rire des dieux est inextinguible, non parce qu'il n'en finit pas, mais parce qu'il est *flamme*. Et c'est ainsi que le rire fulgurant qui, il y a trois ou quatre mille ans, s'allumait sur les lèvres de Zeus, de Zoroastre et des Maruts, est devenu la longue et bruyante hilarité d'un habitué du Palais-Royal.

2. Zerdusht Nâmeh 8. Cf. l'enceinte de flamme qui entoure la chambre où demeure Gerda (*Edda*[6] 96) et le palais où dort Sigurdrifa (183).

3. Zerdusht Nâmeh 9. 10. 11.

4. Zoroastre était arrivé avec ses parents au bord d'un fleuve. N'apercevant pas de bateau, son cœur fut serré de douleur : il voyait avec peine que des femmes qualifiées seraient obligées de paraître nues devant la multitude qui était sur le rivage. Son premier dessein fut de revenir sur ses pas ; mais ayant pleuré devant le seigneur, sa prière fut exaucée, et il marcha sur les eaux avec toutes les personnes qui l'avaient suivi. Ils passèrent le fleuve sans ôter leurs habits, comme un vaisseau qui fend l'eau. Vous eussiez dit que Zoroastre leur avait construit un pont (Anquetil, l. c. 19). Cette légende se ramène à

cheval mâle, du vautour au collier d'or, toutes incarnations du dieu au regard fulgurant[1].

§ 159. L'on conçoit à présent pourquoi sa naissance et sa croissance sont saluées par les acclamations des eaux et des plantes. C'est qu'il est identique à l'être qu'ailleurs elles appellent de leurs vœux sous le nom de Tistrya : « Quand se lèvera pour nous l'éclatant, le resplendissant Tistrya? Quand les sources, avec la force d'un cheval, coulant en flots débordés vers les belles contrées, les belles prairies, pousseront-elles d'une puissante poussée jusqu'à la cime des plantes??[2] ». Et quand Tistrya est vainqueur : « Bonheur à moi ! s'écrie-t-il. Bonheur, eaux et plantes ! Bon-« heur, loi Mazda-Yaçnienne ! Bonheur à vous, ô nations ! A « vous, vont venir, sans rien qui les arrête, les flots mouvants[3]. » C'est ainsi qu'à la naissance de l'Agni védique, le ciel a reparu, et « de son amitié se sont réjouis les dieux, la terre, le ciel, les « eaux et les plantes[4]. »

C'est que le moment où naît Zoroastre est, comme pour tout Dieu orageux, le moment même où les démons sont les maîtres, et sa naissance est leur ruine. De même que Gayomert naissant voit le monde noir comme la nuit, les astres branlant, les démons à l'assaut des étoiles, et que sa naissance frappe Ahriman d'impuissance et le précipite dans l'enfer[5]; de même, à la naissance de Zoroastre, règnent les démons, et sa naissance les terrifie et met un terme à leur règne : « Car il est l'être le plus vigoureux, le plus rapide, le plus énergique, le plus tueur de démons, dans la création des deux esprits ; c'est le plus adonné à l'*asha*, le plus souverain, le plus resplendissant, le plus victorieux[6],

---

deux idées mythiques : 1º *le héros passe le fleuve à pied sec* : tel dans l'Avesta, Viçtauru, le Naotara, passant le Vîtanuhaiti (Yasht 5. 76); tels, dans le Rig-Véda, les Bharata passant la Vipâç (3.33) : en effet, le héros, fils des Eaux, est *upâpô* « vivant dans les eaux », il s'y meut donc sans se noyer ; 2º *se mouvant dans les eaux, il se meut avec les Femmes* : dans la légende parsie, ce dernier détail, si scabreux dans les légendes indiennes, devient tout édifiant.

1. Yasht 16. 7 ; 10. 13.
2. Yasht 8. 42 ; cf. 8. 5.
3. Yasht 8. 29.
4. Tasya devâs prithivî dyaur utâpo
aranayann oshadhîs sakhye asya
RV. 10. 88. 2.
5. Voir page 115.
6. Yaçna 9. 47. Yasht 19. 79.

le plus vaillant des hommes, Kereçâçpa lui-même est moins vaillant que lui[1], et il force à s'enfuir sous la terre tous les daêvas qui, avant lui, sous corps d'homme, faisaient leurs incursions sur cette terre[2]. Malheur, s'écrient les daêvas. Il est né, le saint Zarathustra de la maison de Pourushaçpa! Comment trouver à le faire mourir? C'est lui la massue qui abat le daêva, c'est lui le contre-daêva, c'est lui la Druǵ de la Druǵ. Abattus les adorateurs des Daêvas, la Naçu créée du daêva, la Fourbe mensongère! Ils courent, ils se précipitent les *daêvas,* les *darvands* malfaisants, au fond du monde ténébreux, horrifique, infernal[3]. »

§ 160. L'arme avec laquelle il abattra le démon est avant tout la prière. Mais il en a d'autres. « Zarathustra se dit : les daêvas, « les darvands malfaisants complotent ma mort. Zarathustra se « leva, Zarathustra s'avança, brandissant des pierres dans sa main, « des pierres grandes d'un *kata,* les ayant reçues, lui, le saint « Zarathustra, du créateur Ahura Mazda. — « Sur quel point « brandis-tu cette arme, sur quel point de cette terre, large, « ronde, aux extrémités lointaines, toi qui es dans la Dareǵa, « sur la montagne, dans la maison de Pourushaçpa? » Zara-« thustra répondit à Aṅra Mainyu : « Misérable Aṅra Maynyu, « je veux frapper la création du démon; je veux frapper la « *Naçu,* créée du daêva, etc.[4]. »

Ces pierres que brandit Zoroastre ne sortent pas d'une autre carrière que les pierres lancées contre les démons ou par les démons, par Agni, par les Maruts, par Indra, par Vṛitra[5]; ce sont les pierres de feu que lance la fronde du ciel[6], et pour remonter à l'origine naturaliste, c'est « la flamme avec laquelle Brihaspati frappe, *comme avec une pierre,* les hommes du démon[7]. »

---

1. Yasht 19. 38.
2. Yasht 19. 80 ; Yaçna 9. 46.
3. Vendidâd 19. 143.
4. Vendidâd 19. 10. 19. Voir tout le morceau § 163.
5. RV. 7. 104. 20, 25 ; 2. 14. 2 ; 3. 30. 16 ; 1. 54. 4 ; 1. 80. 13, etc.
6. RV. *divyâ açanis* (1. 143. 5 ; 176. 3) ; *açanimân dyaus* (4. 17. 13).
7. RV. 2. 30. 4. Brihaspate *tapushâ açnâ iva* vidhya
vṛikadvaraso asurasya vîrân.

Si l'on se rappelle que les Arabes identifient Abraham et Zoroastre, on n'hésitera pas à voir ici l'origine de la légende de la lutte d'Abraham et de Satan : Satan voulait le *tenter* (cf. § 163), il le repoussa à coups de pierres ; Satan en fut surnommé « le Lapidé » (*ar-raǵîmu,* par ex.

§ 161. Zarathustra est donc le dieu que nous avons déjà rencontré sous tant de noms et tant de formes : Tistrya, Verethraghna, Apām Napât, Âne à trois pieds, Atar, Gayô Maratan. C'est le dieu qui se manifeste dans la lutte de l'orage, c'est l'Homme lumineux caché dans la nuée[1].

On se rappelle la plainte du Taureau mourant : « Où est l'homme dont tu disais : je le créerai pour prononcer la parole secourable? » Ahura lui montre le Férouer de Zoroastre : « je le « créerai dans le monde pour qu'il prononce la parole de secours[2]. » Ici Zoroastre est entièrement dans la main d'Ahura. Dans un autre passage déjà cité, il constitue un pouvoir indépendant du dieu suprême. « Donne-moi, dit Ahura s'adressant à Ardvi-Çûra, donne-moi, ô bonne, très-bienfaisante Ardvi-Çûra, l'Immaculée, que j'amène le fils de Pourushaçpa, le pur Zarathustra, à penser suivant ma loi, à parler suivant ma loi, à agir suivant ma loi[3]. »

Ce passage est très-ancien pour l'idée ; Ahura, le créateur, se souvient des temps où il n'était pas encore le maître absolu de tous les êtres et où il était encore à la merci des dieux inférieurs ; en effet, dieu du ciel, il frappe le démon avec son Atar[4] ; mais si Atar ne veut point s'allier à lui, si la flamme refuse de sortir du ciel, si Zoroastre refuse de suivre la loi d'Ahura, le ciel tombera au pouvoir des démons. C'est ainsi que les dieux védiques, tremblant, adorent Agni quand il reste dans les ténèbres[5], car c'est

Coran II, 31). C'est donc à Zoroastre qu'il doit aussi probablement d'être jeté au feu sans périr (XXI, 69).

1. Le sens du nom même de *Zarathustra* est inconnu. Ce n'est point faute d'étymologies : on en compte une vingtaine ; en voici une vingt-et-unième. La syllabe *thus* peut dériver d'une forme antérieure -*tvat*- ; en effet, *t* s'aspire régulièrement devant *v* ; *t* devant *t* se change régulièrement en sifflante ; enfin *va* se contracte souvent en *u*, de sorte qu'une forme *zaratvat-tra doit donner *zarathvastro* ou *zarathwaçtra* et peut donner *zarathustra*. *Zaratvat* se décompose en *zarat-vat, qui répond pour la forme au védique *harit-vat*, de la même façon et dans la même mesure que le zend *marat* (dans *maratan*) répond au védique *marut* (voir p. 164) ; le mot *harit-vat* signifie « qui a des (chevaux) rouges », en parlant du soleil ; le sens primitif de *harit* est « rouge, doré », synonyme de *hari*, zend *zairi*, et de la même racine que *hiranya*, zend *zaranya* « or ». *Zaratvat* signifierait donc « rouge, couleur d'or » ; la finale *tra* serait un suffixe de comparatif contracté (?) et le nom entier serait simplement une des mille épithètes du héros lumineux.

2. Voir plus haut, page 145.
3. Plus haut, page 85. — 4. Plus haut, page 33.
5. RV. 6. 9. 7. Viçve devâs anamasyan bhiyânâs
            tvâm agne tamasi tasthivânsam.

lui qui les délivre de l'angoisse, lui qui conquiert pour eux le libre espace; Varuṇa, Mitra, les Maruts lui chantent des cantiques; et c'est par lui que triomphent Varuṇa aux lois inflexibles, Mitra, Aryaman[1].

II.

§ 162. Tous les traits considérés jusqu'ici, par cela même qu'ils rangent Zoroastre dans la classe des hommes d'en haut, des représentants de l'Agni atmosphérique, ces traits, dis-je, ne sont point ce qui constitue son caractère propre, sa personne, puisqu'ils n'appartiennent pas exclusivement à lui. Le trait propre à Zoroastre, c'est d'être le héros sacerdotal, le dieu prêtre, et de faire surtout avec l'arme *mystique,* la Parole, la Prière, ce que les autres substituts d'Agni font surtout avec l'arme *matérielle,* l'arme lumineuse. « C'est lui le premier homme qui ait adoré
« l'excellent Asha, qui ait sacrifié à Ahura Mazda, sacrifié aux
« Amesha Çpeñta ; lui à la naissance, dans la croissance duquel
« se réjouirent, grandirent les eaux et les plantes, à la naissance,
« dans la croissance duquel Aṅra Mainyu s'enfuit loin de la
« terre large, ronde, aux extrémités lointaines. Ainsi parla
« le misérable Aṅra Mainyu aux mille morts : Tous les
« dieux réunis ne peuvent m'abattre malgré moi, Zarathustra
« à lui seul m'atteint malgré moi. Il me frappe avec l'*Ahuna*
« *vairya* d'un coup de massue aussi lourd que si c'était la pierre
« longue d'un *kata*, il me brûle avec l'*Asha vahista* comme
« avec l'airain fondu, il me fait fuir loin de cette terre, lui le
« seul qui puisse me faire marcher, le Çpitama Zarathustra[2]. »

L'on voit ici le passage de la lutte matérielle à la lutte spiri-

---

1. Voir les textes dans Muir V, 215. De là le mythe d'Agni fugitif, se cachant dans les bois et refusant de reparaître : les dieux à grand peine le fléchissent.

L'idée de ce mythe est pré-védique : Atar, lui aussi, refuse de descendre sur terre et veut rester dans le ciel (*Rivâiet*, cité par M. Spiegel, *Traditionelle Literatur*, page 333-4). Son refus est motivé par des raisons de morale et de religion, la crainte d'être souillé par les hommes : mais ceci n'est que l'explication mazdéenne du refus. — Si l'on songe à l'identité d'Erôs et d'Agni-Kâma, on ne craindra peut-être pas de reconnaître un écho lointain de la même idée dans l'idylle d'Amour fugitif (Ἔρως δραπέτης). A la base de ces trois mythes, une formule : « la lumière *refuse* de reparaître », traduction de ce fait : la lumière *tarde* à reparaître.

2. Yasht 17. 18.

tuelle, du Zoroastre lumineux au Zoroastre prêtre. Les pierres d'un kata, c'est-à-dire l'éclair[1], et l'airain fondu, c'est-à-dire l'éclair[2], sont remplacés par l'*Ahuna vairya* et l'*Asha vahista*, c'est-à-dire par la formule.

Ces deux éléments de la lutte, l'élément matériel et l'élément mystique, se trouvent réunis dans le récit désigné à tort sous le nom de *Tentation de Zoroastre*, et qui est le récit le plus complet de la lutte de Zoroastre et d'Ahriman. Ahriman envoie d'abord la Drug pour tuer Zoroastre, elle est repoussée par l'*ahuna*; il intervient à son tour directement et il est repoussé d'abord à coup de pierres, puis à coup de formules. Voici ce récit :

§ 163. « Du fond de la région du Nord, du fond des régions du
« Nord, s'élança Aṅra Mainyu, aux mille morts, le démon des
« démons. Et il dit, le misérable Aṅra Mainyu aux mille
« morts : « Drug[3], rue-toi sur le saint Zarathustra, tue-le. » La
« Drug fondit sur lui, démon de la Bûiti[4], coup de la mort[5],
« infernal[6]. Zarathustra récita l'Ahuna Vairya : *Yatha ahu*
« *vairyô*... la Drug confondue s'enfuit, démon infernal.

« La Drug dit à Aṅra Mainyu : Aveugle Aṅra Mainyu, je ne
« vois moyen à faire périr le très-bienfaisant Zarathustra : trop
« grande est la splendeur du saint Zarathustra. » Zarathustra,
« du fond de son âme, devina, comprit et se dit : « les *daêvas*, les
« *drvants* malfaisants se concertent pour ma mort. » Zarathus-
« tra se leva, Zarathustra s'avança, non troublé par le mauvais
« Esprit, par la fureur de ses questions haineuses[7], brandissant
« des pierres dans la main, des pierres grosses d'un *kata*,

---

1. Voir page 193.
2. Voir pages 34, 159 ; cf. § 188.
3. Incarnation femelle du mal : védique *druh*, cf. plus bas, § 215.
4. *Bûiti-daêvô*. Le sens de Bûiti est inconnu. De ce nom il faut sans doute rapprocher les autres noms de daêva, *bûidhi*, *bûidhija* (= bûidhi + za = sscr. *ǵa*). De là se dégage une racine *bû*, la même peut-être qui se retrouve dans le nom de la Bûshyâçta ou Bûskyâçta (Bû-skyâç-ta).
5. *Ithyêǵô* marshaonem. M. Spiegel a rapproché très-justement *ithyêǵô* du védique *tyaǵas* : mais il me semble impossible de voir dans *tyaǵas* l'expression collective des forces du mal (*Eranische Alterthumskunde* II, 120).
6. *daojâo*, adjectif de *dujanh* « enfer » ; cf. Vendidâd 19. 147 où l'enfer est appelé *anhus temanhô daojanhô* « le monde ténébreux, infernal » : *dujanh* = *duj-anhu* (cf. § 194).
7. Voir plus bas, § 164 sq.

« qu'il avait reçues, lui, le saint Zarathustra, du créateur Ahura-
« Mazda. — « Sur quel point brandis-tu cette arme, sur quel
« point de cette terre large, ronde, aux extrémités lointaines,
« toi qui es dans la Dareġa, sur la colline, dans la maison de
« Pourushaçpa ? » — Zarathustra répondit ainsi à Aṅra Mainyu :
« — Misérable Aṅra Mainyu, je veux frapper la création du
« Daêva, frapper la Naçu créée par le daêva, frapper la Pairika
« Knāthaiti, en attendant que naisse Çaoshyāç, tueur de démons,
« du sein de la mer Kāçu, du fond de la région d'aurore, du fond
« des régions d'aurore.

« Le créateur du mal, Aṅra Mainyu, répliqua : « Ne fais pas
« périr ma création, ô saint Zarathustra ! N'est-ce pas toi le
« fils de Pourushaçpa, que ta mère a enfanté d'une offrande[1] ?
« Eh bien ! renie la bonne loi Mazda-yaçnienne ; tu obtiendras
« toutes les faveurs qu'a obtenues le Meurtrier[2], maître des
« nations. » — Zarathustra répondit : « Non je ne renierai point
« la bonne loi Mazdayaçnienne : non ! quand éclateraient mon
« corps, ma vie et mon âme !

« Le créateur du mal, Aṅra Mainyu, reprit : « Par la parole de
« qui frapperas-tu, par la parole de qui repousseras-tu, par quelle

---

1. Que ta mère a enfanté d'une offrande » : traduction hypothétique de « *barathryât haca zâvishi* (ou *zâvis*) ». *Zâvis* serait équivalant au védique *havis* (offrande de lait et de soma) et il y aurait une allusion au mythe rapporté par Shahristâni : « Dieu déposa l'âme de Zoroastre dans un arbre qu'il fit croître au plus haut du ciel et qu'il transplanta ensuite au sommet d'une montagne dans l'Adarbaigân. Là, il mêla l'âme de Zoroastre avec le lait d'une vache : ce lait, bu par le père de Zoroastre, devint sperme, puis chair dans le sein de la mère » (trad. Haarbrücker 1. 281). Il y a là deux mythes différents : le premier dérive des vieilles formules qui font naître Agni de l'*arbre*, de la *montagne* (arbre = montagne = nuée ; cf. p. 98) ; Firdousi en garde des souvenirs. Le second, qui seul nous intéresse, est d'origine différente, liturgique et non exclusivement naturaliste : le lait de vache est, dans les Védas, tantôt le lait de la vache nuageuse, tantôt le lait mêlé à l'offrande du soma : or, d'après le Yaçna (9. 40 sq.), Zoroastre est né à Pourushaçpa en récompense de sa piété, pour avoir pressé le Haoma : de là ce second mythe qui revient à dire : « Zoroastre est né du Haoma », mythe à la fois liturgique et naturaliste, car Pourushaçpa, comme Vivanuhant, comme Athwya, comme Thrita, est prêtre atmosphérique, non terrestre ; le Haoma qu'il presse est le Haoma d'en haut dont la sève coule dans la pluie, et ce lait de vache, devenu sperme, n'est par suite qu'un des nombreux symboles de la pluie qui fait naître le dieu lumineux. L'Inde connaît des mythes analogues de fécondation par le liquide sacré.

2. Voir § 166.

« arme ceux de la bonne création[1] frapperont-ils ma création à
« moi, Aṅra-Mainyu ? » — Le très-bienfaisant Zarathustra répon-
« dit : Le mortier sacré, la coupe sacrée, le Haoma, la parole dite
« par Mazda, voilà mes armes par excellence ; avec cette parole je
« la frapperai, avec cette parole je la repousserai, avec cette arme
« ceux de la bonne création[2], ô misérable Aṅra-Mainyu. Me l'a
« donnée Çpeñta-Mainyu, il me l'a donnée dans le temps sans
« borne ; me l'ont donnée les Amesha-Çpeñta, tout souverains et
« tout sages. » Zarathustra fit retentir l'*Ahuna vairya* ; le
« saint Zarathustra récita : *Tat thwâ pereçâ*......[3] »

Ahriman, à ces mots, troublé et confondu, s'enfuit dans l'enfer
où il resta longtemps dans la stupeur [4].

Ce récit offre deux particularités auxquelles il est nécessaire de
nous arrêter : d'une part, la lutte est accompagnée d'un dialogue,
et il semble un instant que c'est ce dialogue même qui constitue
la lutte : « Zarathustra s'avança, *sans se laisser troubler* par
« le mauvais Esprit et *par la fureur de ses questions hai-*
« *neuses* » ; d'autre part, Ahriman essaie de séduire Zoroastre.
Qu'est-ce que ce dialogue ? Qu'est-ce que cette séduction ?

§ 164. La lutte en dialogue n'est pas sans exemple dans
l'Avesta même. L'Avesta parle d'un héros, *Yôista Fryânanām*
qui « aux bords de la Raṅha, offrit en sacrifice à Ardvi Çûra
« l'Immaculée, cent chevaux mâles, mille bœufs, dix mille mou-
« tons. Il lui demandait cette grâce : Donne-moi, ô bonne, très-
« bienfaisante Ardvi Çûra, l'Immaculée, que je triomphe de
« l'Akhtya, le malfaisant, être des ténèbres, et que *je réponde*
« *aux quatre-vingt-dix-neuf questions que m'adresse avec*
« *fureur et avec haine*[5] l'Akhtya malfaisant, être des ténèbres.
« Ardvi Çûra, l'Immaculée, lui accorda cette faveur [6]. »

---

1. *hukeretâṅhô* ; ou peut-être « les fidèles », *hukereta* étant *hukeret* =
védique *sukrit* passé dans la déclinaison vocalique.

2. La frapperont, la repousseront. — 3. Vendidâd 19. 1-36.

4. Minokhired 57. 29. Cf. Vendidâd, fin (43 sq. éd. Westergaard) ;
les mots *tat thwâ pereçâ* ne terminent point la scène : Ahriman est
vaincu par l'*Ahuna*, mais sa défaite n'est achevée que par la *révélation*
qui suit, par l'entretien d'Ahura et de Zoroastre (37-43). Cf. plus
bas, § 169.

5. Khrujdranām tbaêshô-iristanām (lire tbaêshô-parstanām) yat mām
pereçat Akhtyô. La variante tbaêshô-pairistanām, l'incidente yatpereçat,
enfin la formule du Vendidâd *khrujdya* (instrumental de *khrujdi*) tbaêshô
parstanām concordent à autoriser et à imposer la correction proposée.

6. Yasht 5. 81.

Des deux parts, des *questions furieuses* et *haineuses* sont l'arme des démons. Les épithètes du démon Akhtya sont *dujdāo* « le malfaisant » et *temaṅhão* « le ténébreux », épithètes fréquemment données à Ahriman, et la seconde à Ahriman seul ; le nom même d'Akhtya, littéralement « le démon aux maladies », en fait un substitut d'Aṅgra Mainyu, qui a amené sur terre les 99,999 maladies[1]. Les interlocuteurs sont, comme dans la lutte de Zoroastre, au bord d'un fleuve ; non point de même nom, il est vrai, mais de même nature, la Raṅha, ce fleuve dans les eaux duquel nage le poisson merveilleux[2], dont les bords ont vu, tant de fois, se livrer la bataille mythique, et derrière lequel, dans les Védas, les démons Panis retiennent les vaches dérobées[3]. L'on est donc conduit à supposer que le dialogue par questions est une des formes du combat mythique, et que c'est là qu'on en doit chercher les origines. Voici qui confirme cette conclusion.

Un livre parsi, le Djosht i Fryān[4], consacré au récit de la lutte d'Akhtya et de Yôista, raconte qu'un magicien, Akhat, attaque la ville du roi Djosht i Fryān, menaçant de la détruire s'il ne résout les énigmes qu'il lui posera. Un personnage nouveau intervient dans la lutte, c'est *la sœur* de Djosht, femme d'Akhat ; elle prend parti pour son frère contre son mari, le magicien, qui, irrité, la tue. On reconnaît immédiatement le type bien connu de la vierge enlevée à son époux légitime, à son frère, et devenue l'*épouse du démon ;* on reconnaît la *dâsapatnî* védique, la Yamî du Bundehesh, sœur de Yima, devenue l'épouse d'Aji Dahâka, l'homme-serpent[5] ; et ce seul trait, par-dessus tous les traits

---

1. Voir page 122.
2. Voir page 178. — 3. Voir page 204.
4. Publié et traduit par MM. West et Haug. Les Parsis lisent le titre *Goshti Fryān*. *Gosht* fait la paire avec *ganâ* (voir plus haut, page 92, note 3). *y* initial se transforme en *ǵ* et non pas en *g* (cf. *ǵavân, ǵâdû, ǵâvîd, ǵav, ǵâm* = zend *y*avan, *y*àtu, *y*avaêtât, *y*ava, *y*âma).
5. *Yôista fryânanām* rentre donc dans le groupe des représentants d'*Apām Napât*, des incarnations d'Atar. Ceci explique peut-être son nom : *Yôista*, forme de superlatif (ce que confirme le génitif pluriel qui en dépend), est la forme zende du védique *yavishtha* « le plus jeune », l'une des épithètes les plus fréquentes, on pourrait presque dire l'un des noms d'Agni (Agni est le plus jeune des dieux parce que sans cesse on le voit renaître). *Fryâna* signifie *l'ami*, et répond pour la racine et le sens au védique *priya*, autre épithète caractéristique d'Agni ; il lui répond aussi par l'emploi et la valeur mythique, puisqu'il sert de nom propre à l'un des cinq feux (vohu-*fryâna*). *Yôista fryânanām* répondrait à un védique *agnir yavishthô priyânâm* (ou mitrânâm).

bourgeois, terre à terre et scholastiques, du roman édifiant de rédaction moderne, nous reporte à la plus ancienne mythologie arienne et pose l'identité fondamentale d'Akhtya, Aji, Angra Mainyu, de Yôista, Yima, Zarathustra. La lutte par énigmes de Yôista et d'Akhtya, et par suite celle de Zoroastre et d'Ahriman, n'est donc qu'une forme nouvelle de la vieille et éternelle lutte de Yima et d'Aji, du dieu lumineux et du Serpent. Autrement dit, cette lutte peut se présenter sous la forme d'un dialogue, et d'un dialogue d'un genre spécial où le démon pose une énigme que le héros doit deviner sous peine de mort.

§ 165. Les origines de cette conception sont d'une clarté parfaite : elle naît quand, au lieu de regarder la lutte dans la lueur de l'éclair, on l'écoute dans le fracas du tonnerre.

Le tonnerre est la voix du dieu ou du démon ; nous l'avons reconnu dans le cri de l'Ane à trois pieds ou du Taureau-poisson qui féconde les vierges marines[1], dans la plainte du Taureau mourant qui monte au ciel avec fracas[2], dans le hurlement du démon Çpeñgaghra, râlant sous la massue de Tistrya[3]. Mais le tonnerre n'est pas seulement monologue, il est dialogue : les grondements de l'orage sont aussi les voix de la querelle qui se heurtent et se répondent : « Indra, de sa voix, couvre la voix furieuse du démon qui réplique »[4], et Typhée de ses cent têtes de serpent lance des paroles étranges, s'entretenant avec les dieux[5].

Ces voix sont étranges et obscures, ce sont des énigmes : lancées par le dieu, ce sont des messagères de la volonté céleste, Διὸς ἄγγελοι, des oracles : habile l'homme qui les comprend ; lancées par le démon, ce sont des énigmes que le dieu résout : le dernier grondement de l'orage devient la parole victorieuse du dieu, qui a le dernier mot du dialogue, d'Œdipe lançant la réponse qui force le Sphinx à mourir[6], de Yôista résolvant les énigmes

---

1. Voir page 151.
2. Page 156.
3. Page 141.
4. RV. 10. 23. 5.
5. Hésiode, *Théogonie* 825 sq. Voir Bréal, *le Mythe d'Œdipe* (Revue archéologique 1863, II 207 sq.).
6. Bréal, ibid. — Le nom du démon orageux, Çpeñgaghra, doit peut-être s'interpréter par le nom du sphinx : Çpeñgaghra se décompose en Çpeñga-ghra *σφιγγο-ghra* (cf. le démon Çpiñgaurusha = Çpiñga-uruska) ; la deuxième partie du composé reste obscure.

d'Akhtya et prononçant un dernier mot[1], devant lequel s'évanouissent Akhtya et son armée.

Revenons au récit du Vendidâd : « Zoroastre s'avança, non « troublé par le mauvais Esprit, par la fureur de ses questions « haineuses, brandissant des pierres dans sa main, des pierres « grosses d'un *kata* » ; ces deux lignes présentent réunis deux aspects différents de la lutte qui chacun pouvaient fournir à deux mythes distincts. Il y a un Œdipe dans Zoroastre et un Sphinx dans Ahriman ; mais avec son ordinaire tendance à l'analyse et à la répartition, la mythologie a ici laissé tomber ce trait pour le développer ailleurs plus complétement, isolant dans Yôista, comme la Grèce dans Œdipe, le dieu qui dénoue l'énigme du dieu qui lance l'arme de feu, et incarnant dans Akhtya, comme la Grèce dans le Sphinx, le *logicien* ténébreux caché dans le démon.

§ 166. Nous passons au trait de ce dialogue qui a valu au récit tout entier le titre de *Tentation de Zoroastre*.

Ahriman offre à Zoroastre de renoncer à la loi de Mazda et lui promet en retour « les faveurs qu'a obtenues le Vadhaghna, maître des nations », c'est-à-dire, pour parler comme le Minokhired, « la domination universelle pendant mille années, comme l'a eue Ajis Dahâka, le Vadagan, maître des nations[2]. » Cette tentative de séduction rappelle d'une façon frappante une autre tentation célèbre, celle du Buddha, le Çâkyamuni, par le démon Mâra. A peine le Buddha est-il entré dans la carrière sainte que Mâra est pris de terreur : « Si celui-là va me surmontant et annonce au monde la délivrance, voilà mon royaume qui se vide[3]. » Pour terrifier Çâkya, il revêt la forme d'un serpent, mais en vain ; il envoie contre lui une armée infernale de démons qui lancent les éclairs et la foudre, amoncellent les nuées, soulèvent les rafales, font crouler les montagnes, rôdent en hurlant autour du Bodhisattva : le Çâkya demeure inébranlé ; les montagnes lancées s'arrêtent au-dessus de sa tête en dais de fleurs, les ruisseaux flambants de poison en nimbe de gloire[4].

Après la violence, la séduction. Mâra envoie ses filles, les Apsaras ; Çâkya convertit les charmeuses démoniaques. Il lui promet la souveraineté universelle : peine vaine, Mâra est vaincu

---

1. Ici, c'est une *formule*.
2. Minokhired 57. 25. Vadhaghna signifie « le meurtrier ».
3. Minayeff, grammaire pâlie, trad. Guyard, p. V.
4. Rgya tch'er rolpa, trad. Foucaux I, 283 sq.

et les rayons qui s'échappent du Buddha, souverain du monde, éteignent le feu des huit enfers [1].

Des deux parts, devant Çâkya comme devant Zoroastre, même terreur du démon à l'apparition du saint divin, même recours à la violence, puis à la séduction ; même résistance victorieuse, couronnée par l'écrasement du démon.

§ 167. Il est curieux de voir ainsi aboutir au même point, dans une conception spirituelle presque identique, deux religions parties d'un même naturalisme. La ressemblance est telle qu'un éminent représentant des études bouddhiques, M. Minayeff, se fondant en outre sur la ressemblance qui existe entre le nom du démon indien « *Mâra* » la mort, et l'épithète fréquente d'Ahriman, *Mairya* « l'être de mort », a voulu établir entre les deux mythes un lien historique, et fait remonter à la religion indo-iranienne la lutte du bon et du mauvais principe, celui-ci étant déjà désigné alors sous le nom de *Mâra-Mairya*. Si l'on entend par là que la lutte de Çâkya avec Mâra et celle de Zoroastre avec Ahriman dérivent toutes deux de la lutte indo-iranienne du dieu contre le démon, c'est s'arrêter à mi-chemin, car cette lutte est déjà indo-européenne et il faudra aux couples Çâkya-Mâra, Zoroastre-Ahriman, joindre les couples Apollon-Python, Sigurd-Fafnir. Le rapport qui existe entre le nom du démon *Mâra* et l'épithète d'Ahriman *Mairya* prouve simplement que les idées de mort s'attachent à l'un et à l'autre, comme elles s'attachent ou peuvent s'attacher à tout démon, et c'est là un rapport trop simple et trop vague pour établir entre les deux êtres un lien plus étroit de parenté qu'entre eux et Fafnir ou Python [2]. Il n'y a donc pas à parler d'une identité historique entre les deux mythes, il y a seulement une combinaison analogue d'éléments primitivement identiques [3].

---

1. Minayeff, l. c. VI.
2. D'autant plus que *mairya* n'est que l'épithète et non pas le nom d'Ahriman ; de plus, *mairya* n'est même pas identique à *mâra*. Je ne parle pas du sens de *mairya* qui est en réalité « serpent », parce qu'au moment de l'unité il devait avoir encore le sens étymologique.
3. La lutte à coup de pierres contre Ahriman et la lutte contre le Bûiti-daêva répondent à la lutte de Çâkya contre le serpent et contre l'armée des démons. Si les Apsaras essayent de séduire Çâkya, Zoroastre aussi a dû subir des attaques du même genre ; c'est ce que semblent accuser ses menaces contre la Péri Knâthaiti (page 197).

§ 168. Il est probable qu'on n'aurait jamais songé à établir entre ces deux mythes un rapport plus étroit qu'entre tous les autres mythes de même nature, n'était le trait qui donne aux deux scènes leur caractère tout particulier de gravité morale et religieuse : je veux dire *la tentation repoussée*. Le Bouddhisme est ici entré beaucoup plus loin que le Mazdéisme dans la voie psychologique : le démon ne se contente pas d'offrir à Çâkya les biens matériels du monde : il attaque le saint par sa sainteté même : « Tu es maigre, tu es défait, la mort est à tes côtés ; il y « a en toi mille parties de mort, une seule de vie. Vivant, la vie « est le grand bien ; vivant, tu pourras faire de bonnes œuvres, et « suivant la voie de sainteté, faisant brûler les sacrifices, tu « accumuleras un trésor de mérites[1]. »

Ce trait d'une profondeur singulière est certainement récent, et il date d'une époque où le Buddha a pris pleine conscience de son caractère moral et sacré[2]. Mais la promesse de l'empire universel est un trait infiniment plus archaïque et, comme on l'a vu, il se retrouve dans l'Avesta. Ce trait est-il indo-iranien, c'est-à-dire y avait-il déjà dans la période d'unité un mythe du démon offrant au héros pour prix de son alliance la souveraineté universelle ? La chose est douteuse ; les promesses de séduction ne pouvaient porter que sur l'objet même de la lutte et il n'y a point, que je sache, de mythe védique où l'objet contesté soit « l'empire du monde ». Mais le Rig-Véda nous présente la forme primitive de ces tentations dans le dialogue des *Panis* et de *Saramâ* : les Panis ont enlevé les vaches célestes, Indra et les Angiras envoient Saramâ pour les réclamer ; les Panis essayent de corrompre la messagère en lui promettant sa part du butin :

LES PANIS.

« Que désire Saramâ, qu'elle est arrivée jusqu'ici ? Longue est « la route et sinueuse au lointain. Que nous veut-elle ? Qu'a-t-elle

---

1. Minayeff, l. c. VI.
2. Autre point où le Mazdéisme est plus archaïque, plus près des origines naturalistes : Zoroastre est attaqué *dès sa naissance* : ce qui le prouve ce sont les paroles d'Ahriman s'enfuyant (v. s. 193) ; sa naissance est en effet l'instant même de la lutte ; dans le récit bouddhique la tentation n'a lieu que quand Çâkya entre dans la voie religieuse, commence sa carrière de Buddha : la lutte, étant devenue toute morale, ne peut plus se passer à l'instant de la naissance, et se reporte à l'instant de la naissance spirituelle. Dans le Zerdusht Nâmeh, la tentation est reportée à l'instant où Zoroastre a eu la révélation, et le mythe descend ainsi complètement à l'étage bouddhique.

« à se tant presser[1]? Comment as-tu franchi les flots de la Rasâ[2]?

SARAMA.

« Messagère envoyée d'Indra, je viens réclamer, ô Panis, vos « grands trésors. Voilà qui m'a protégée des terreurs et de la « chute, et comment de la Rasâ j'ai franchi les flots[3].

LES PANIS.

« Quel est-il, ô Saramâ? quelle figure a-t-il, cet Indra, mes- « sagère de qui tu nous es venue du lointain? Qu'il vienne, avec « lui nous ferons amitié, il sera le gardien de notre troupeau.

SARAMA.

« Je ne sache pas qu'on puisse le duper, et c'est lui qui dupe[4], « celui en messagère de qui me voici venue du lointain : point ne « lui échappent les rivières profondes; tués par Indra, vous dor- « mirez à terre, ô Panis.

LES PANIS.

« Ces vaches que tu demandes, ô Saramâ, elles volent aux « extrémités du ciel, ô ma bonne. Qui les lâcherait sans com- « battre? Et nous aussi, nous avons des armes aiguës.

SARAMA.

« Vous êtes invincibles en paroles, ô Panis. Eh bien ! fussent « impénétrables à la flèche vos misérables corps, fût inaccessible « le chemin qui conduit à vous, ce n'est ceci ni cela qui vous « épargnera les coups de Brihaspati.

LES PANIS.

« Ce trésor, ô Saramâ, repose dans la pierre, ce trésor de « vaches, de chevaux, de richesses. Les Panis le gardent, qui « sont de bons gardiens. C'est en vain que tu es venue où tu n'as « rien à trouver.

SARAMA.

« Eh bien, vont venir ici les rishis, aiguisés par le Soma, « Ayâsya, les Angiras, les Navagva; ils se partageront les « vaches de votre étable et les Panis revomiront les paroles qu'ils « viennent de dire.

---

1. *paritakmyâ*, cf. zend *tac* « courir », *takhmô* « rapide ».
2. La Ranha de l'Avesta.
3. Comparer, pour le mouvement, le dialogue du géant Thrym avec Loki envoyé pour réclamer le marteau de Thor, dérobé par le démon (Edda, trad. Simrock[6] 82 sq.).
4. Cf. (Varuna) *yam na dipsanti dipsavas* « que ne trompent point ceux qui veulent le tromper ». Comparer ces mots du Coran : « les Juifs ont rusé (contre Dieu), Dieu a rusé à son tour et c'est le plus habile en fait de ruses (3. 47) ».

LES PANIS.

« Avoue, Saramâ, que c'est contrainte par la violence des
« dieux que tu es venue ici. Je veux faire de toi notre sœur ; ne
« t'en retourne pas ! nous te donnerons, ô ma bonne, ta part du
« troupeau.

SARAMA.

« Je ne sais que c'est frère ni sœur : avec Indra, soit ! et avec
« les terribles Angiras. Ils veulent les vaches, ils ont désiré que
« je vienne ici ; hors d'ici, Panis, et au large !

« Loin d'ici, Panis, et au large ! laissez les vaches aller, mu-
« gissantes, suivant la loi, les vaches cachées qu'ont découvertes
« Brihaspati et Soma et les pierres [1] et les rishis inspirés [2]. »

Tel est le dialogue qui précède la grande lutte, entendu dans
les premiers grondements de l'orage, dans ces voix lointaines,
aux longues et molles inflexions, aux sonorités soudaines, me-
naçantes, ironiques, caressantes, comme d'un homme qui s'irrite,
qui ricane, qui supplie, qui flatte, qui séduit. Quand l'objet disputé
est la possession des vaches, le démon corrupteur promet part
du troupeau ; quand l'objet de la lutte grandira et que c'est
l'empire du monde qui sera en jeu, le tentateur promettra
la royauté universelle. Des deux parts de l'Himâlaya la séduction hausse ses promesses avec l'enjeu de la lutte, et à l'heure
où retentissent à l'oreille de Zoroastre les mots du Maudit : « tu
auras l'empire du monde, mille ans durant », le Buddha entend
la voix de Mâra lui disant : « dans sept jours, le char de perles [3]
arrivera chez toi et tu régneras sur les quatre grands dvîpas et
sur les deux mille districts [4]. »

Ainsi se résolvent dans les éléments ordinaires de la lutte
mythique tous les traits de la lutte de Zoroastre et d'Ahriman :
d'une part, lutte à main armée, le héros lançant la pierre de la
fronde céleste, d'autre part, lutte de paroles, le héros lançant
la formule irrésistible, ou dénouant l'énigme, ou couvrant la voix

1. Les pierres sacrées avec lesquelles le prêtre broie le soma : comme
tous les instruments du culte, elles partagent la puissance du culte
même. Comparer les paroles de Zoroastre (page 198) : « le mortier,
la coupe sacrée, etc., voilà mes armes. »
2. RV. 10. 108. Cet hymne a été aussi traduit par M. Max Müller
dans les Nouvelles Leçons sur la science du langage ; page 207 de la
trad. française.
3. Symbole du pouvoir.
4. Minayeff, l. c. VI.

tentatrice : d'une part, mythes de l'éclair ; de l'autre, mythes du tonnerre.

III.

§ 169. Cette victoire de Zoroastre sur Ahriman est, au point de vue parsi, le grand fait de l'histoire du monde : *Zoroastre va apporter la loi.*

Cette loi, Zoroastre la tient d'Ormazd qui la lui a révélée dans des entretiens. Quand ont-ils eu lieu ? La fin du récit de la Tentation nous l'apprend : Zoroastre, pour repousser Ahriman, récite l'*Ahuna*, puis le *Tat̰ thwâ pereçâ*, c'est-à-dire l'hymne du Yaçna où Zoroastre passe en revue tous les mystères du monde et en demande l'explication à Ahura [1] : vient ensuite une série de questions auxquelles le dieu répond, sur le moyen de repousser la Drug̃, Ahriman, l'impureté, et sur le sort des âmes après la mort [2]; c'est seulement après ces réponses qu'est décrite la déroute d'Ahriman et des daêvas et qu'éclate leur cri de désespoir : « il est né, le saint Zarathrustra, la massue qui abat les démons, le contre-démon, etc. » [3]. Il suit de là que la révélation et la lutte se passent dans le même moment, sont un seul et même événement, autrement dit, que dans ce même grondement de tonnerre où éclatent les voix d'Ahriman et de Zoroastre se menaçant, retentissent aussi les voix de Zoroastre et d'Ahura s'entretenant. Ce qui confirme cette induction, c'est que le lieu des entretiens est le lieu même de la lutte : Zoroastre interroge, « assis sur la colline, dans les eaux de la Daregâ » [4]. Une ligne du Vendîdâd nous fait connaître « la *Forêt* des questions saintes, la *Montagne* des questions saintes » [5] ; ce qui prouve que ces questions de Zoroastre sont les voix de la Forêt, de la Montagne, de la Rivière, tous noms de la région nuageuse. « Cette voix nuageuse », cette *vâc âmbhriṇî* [6], comme disait l'Inde, n'est point toujours menaçante ou plaintive ; c'est aussi la parole du dieu annonçant ses volontés, proclamant ses oracles, *messagère*

---

1. Voir plus haut, page 27.
2. Vendîdâd 19, 39, 69, 89.
3. Ibid. 143. Voir page 193.
4. Ibid. 37.
5. Vendîdâd 22. 53.
6. Hymne 125 du dixième livre. Il est inutile de dire qu'il n'y a pas plus à chercher l'origine de *Vâc* dans le Λόγος, que celle de l'Intelligence céleste dans la Σοφία.

qui court dans le ciel [1], disent les ṛishis ; Διὸς ἄγγελος, dit Homère. De là à en faire la révélation de la loi divine il n'y a qu'un pas : çà et là, le Védisme le franchit. Mitra et Varuṇa chantent dans la pluie et *proclament la loi du riṭa*[2] : mais pressé d'arriver à l'idéalisme transcendant du Brahmanisme qui perce de toute part dans les vers des vieux ṛishis, il transforme la voix divine en voix-déesse, parole toute-puissante qui règne dans l'univers, qui le crée et qui deviendra une des puissances souveraines du Brahmanisme.

Le Mazdéisme se fixe à l'idée de la voix révélatrice. Ces voix de la Montagne, de la Forêt, de la Rivière, qui avaient déjà été tour-à-tour la plainte du Taureau mourant, le cri de détresse de Tistrya, la menace d'Aji, le hurlement de Çpeñġaghra, l'énigme d'Akhtya, la réponse de Yôista, le défi d'Ahriman, ou sa promesse, la formule écrasante de Zoroastre, de Yôista et d'Ormazd [3], ces voix sont à présent la loi qui descend [4].

1. RV. 1. 173. 3.
2. *ritam â ghoshatho brihat*. RV. 1. 151, 4. 6 ; 8. 25. 4 ; les chanteuses chevelues (*Keçinîs*, les nuées) répondent à leur chant par des clameurs. — Le tonnerre est le chant du ciel : de là, dans la mythologie brahmanique, les Gandharva, les amants des Apsaras, transformés en musiciens célestes ; de là, dans l'Avesta, le ciel d'Ormazd devenant le *garô demânem* « la maison des chants ». Ajoutez à cela la flûte des Maruts, la flûte de Yama et les chants qui enveloppent l'arbre où il trône. — L'Edda offre un équivalent de cette proclamation de la Loi : Sigurdrifa, la vierge céleste endormie dans l'enceinte de flamme du Wafurlogi (dans la nuée en feu), chante à Sigurd, à son réveil, les maximes de la sagesse et les secrets des runes (Edda, Simrock [6] 184).
3. Et les chants du paradis.
4. Cette loi comprend avant tout, comme il est naturel, les formules puissantes qui écrasent le démon, le *Yênhê hâtãm*, le *Ashem Vohu*, et cet *Ahuna-vairya* avec lequel nous avons vu Zoroastre et Ormazd foudroyer Ahriman. Or, comme c'est la voix qui, en anéantissant le démon, fait reparaître, fait paraître le ciel et la terre, autrement dit les *crée*, la formule devient, sinon créatrice du monde, au moins antérieure au monde. « Zarathustra demanda à Ahura Mazda : ô Ahura Mazda, « Esprit très-bienfaisant, créateur des mondes matériels, saint ! Quelle « est la parole que tu m'as prononcée, ô Ahura Mazda, avant que fût « le ciel, avant les eaux, avant la terre, avant le taureau, avant les « arbres, avant le Feu, fils d'Ahura Mazda, avant l'homme d'Asha (Gayo- « mert), avant les Daêva, les Khrafçtra et les hommes, avant tout l'univers « matériel, avant tous les biens créés par Mazda, qui ont leur semence « dans l'Asha. » — « C'est l'*Ahuna-vairya*, répond Ahura..... Cette « parole où est l'*ahu* et le *ratu*, je l'ai prononcée avant la création de ce « ciel, avant les eaux, avant la terre, avant les arbres, avant la création

§ 170. Nous pouvons à présent nous faire une idée de la formation du rôle de Zoroastre. Zoroastre est l'homme d'en haut dont la naissance est la ruine du démon ; mais l'homme d'en haut est à la fois éclair et tonnerre, *lumière et parole*, *héros et prêtre* ; la loi de répartition, sans effacer le héros dans Zoroastre, fait dominer le prêtre ; il n'est plus foudre, il est formule, loi, révélation. Mais comme d'une part, Ahura Mazda est devenu le souverain universel et a tout ramené à lui, que d'ailleurs, comme dieu du ciel, il pouvait, lui aussi, faire entendre la parole, de sorte que la révélation était aussi bien voix du ciel que voix de l'Homme d'en haut, une subordination s'établit, et la révélation de Zoroastre, au lieu d'être directe et immédiate, n'arrive plus sur la terre que comme l'écho d'une voix plus haute, comme l'interprète de la volonté souveraine. D'autre part, Zoroastre, comme tous les hommes d'en haut, étant entraîné dans le courant de la légende, doit prendre place à une heure déterminée de l'histoire du monde, doit tomber dans la chronologie. Etant l'incarnation de la Loi, ayant prononcé le premier la formule qui chasse les démons, il devient le fondateur d'une religion, le destructeur de l'idolâtrie.

Nous n'avons pas à poursuivre sur ce terrain l'histoire de Zoroastre, à montrer comment la lutte des héros et des démons devient la lutte d'Iran et de Touran, comment la lutte céleste pour la lumière devient lutte terrestre pour la foi, et comment les anciens héros, alliés du dieu-lumière, deviennent les prosélytes du dieu-foi. Il nous suffit d'avoir montré qu'il n'y a dans la mission de Zoroastre rien de plus que dans celle de tous les héros orageux jusqu'ici étudiés : tous sont ou peuvent être des révélateurs, puisque tous ont *la parole* [1]. Ce caractère, isolé et devenu

---

« du Taureau quadrupède, avant la naissance de l'homme d'Asha, « avant le soleil..... » (Yaçna 19. 1. 3, 16). Ici le Mazdéisme va déjà aussi loin que le Brahmanisme, plus loin que l'hymne védique à *Vâc Ambhriní* ; il ne sait plus que la parole ne peut être antérieure au ciel, au Taureau, aux Eaux, aux démons, parce qu'elle sort du ciel, qu'elle naît des eaux, qu'elle est la voix du Taureau, qu'elle répond au cri du démon ; toutes ces choses, la parole védique les sait encore, car « elle va avec les Rudra (Maruts), elle tend l'arc de Rudra pour lancer la flèche mortelle contre l'ennemi du Brahman, elle est née du front du père, elle sort du sein des eaux ; c'est de là qu'elle va pénétrer les deux mondes, toucher le faîte du ciel, souffler sur l'univers par delà le ciel, par delà la terre. »

1. Tels Yima et l'oiseau Karshiptan ; cf. p. 188. De cette ancienne

centre de figure, a créé un personnage sans analogue dans les mythologies d'Europe. Zoroastre est donc une création purement mazdéenne ; mais les éléments dont il est fait, toutes les mythologies les possèdent et les Védas en particulier : que Bṛihaspati descende dans la légende et l'on aura Zoroastre. Enfin, parmi les combinaisons infinies des vieux éléments mythiques que nous présente le développement des religions indiennes, il en est une qui a produit un véritable Zoroastre, c'est-à-dire un Bṛihaspati légendaire, fondateur de religion, c'est le Bouddhisme. Comme souvent dans deux langues sœurs, le mouvement phonique s'exerçant sur des éléments de même origine, amène à l'existence deux formes identiques et pourtant indépendantes, ainsi parfois le mouvement mythique, agitant des éléments de même origine, fait paraître en même temps, dans le ciel de deux religions, deux figures nouvelles, à la fois indépendantes et identiques. Zarathustra et Çâkyamuni sont frères en Bṛihaspati.

§ 171. Ahriman a-t-il été de tout temps l'adversaire de Zoroastre ?

Il est probable qu'au moment où les idées de révélation se trouvèrent décidément fixées sur le nom de Zarathustra, Ahriman existait déjà, de sorte que Zarathustra, incarnation de la loi, ne pouvait guère avoir d'autre adversaire qu'Ahriman, incarnation du mal que la loi détruit ; ceci n'empêche pas que la légende de Zoroastre ait pu connaître bien des démons, autres et plus primitifs : on ne le voit point en lutte avec le Serpent, mais il frappe la Péri Knāthaiti [1], ce qui nous reporte à des mythes de première formation et prouve que Zoroastre a eu pour adversaires autre chose que des démons abstraits. Mais ces traits de mythologie directe se sont effacés peu à peu, sous les traits dessinés par les nécessités du système.

---

prédication, Yima a gardé l'épithète de çrûtô airyênê vaêĝahi (Vendidâd 2. 42) « entendu dans l'Iran veĝ » ; épithète qui appartient également, et à plus forte raison, à Ormazd (ibid. 2. 43) et à Zoroastre (Yaçna 9. 44). Sur l'Iran veĝ, voir § 185.

1. Vendidâd 19. 18 ; voir plus haut, page 197.

CHAPITRE V.

EXPULSION D'AHRIMAN.

I. § 172. Mort de Zoroastre. — § 173. Alternatives de défaites et de victoires. — § 174. Vainqueurs de la lutte finale : 1° Héros endormis ; 2° Fils futurs de Zoroastre.

II. § 175. Kereçâçpa ; ses exploits. — § 176. Sa mort. — § 177. Khumbya (Vasish*t*ha, Persée). — § 178. Aghraêratha (Fra*n*hraçyan : les frères ennemis). — § 179. Autres immortels.

III. § 180. Fils futurs de Zoroastre. Çaoshyant. — § 181. Double rôle de Çaoshyant : défaite du démon, résurrection. — § 182. Les Précurseurs. — § 183. Premier précurseur : Osh*e*dar Bâmî ; sous-précurseurs : Behrâm Var*g*âvand et Peshotan. — § 184. Deuxième précurseur : Osh*e*dar-Mâh. — § 185. Yima et l'hiver Malkosh. Dédoublement du Yama indo-iranien. — § 186. Lutte finale d'après le Bahman Yasht. A*j*i seul paraît. — § 187. Lutte finale d'après le Djâmâçpî. A*j*i seul paraît. — § 188. Lutte finale d'après le Bundehesh : se résout en mythe d'orage. — § 189. Çaoshyant : est avant tout le héros de la résurrection. — § 190. Résurrection : une aurore transportée à la fin des temps. — § 191. Résurrection de Gayomert. — § 192. Conclusion.

I.

§ 172. La révélation a écrasé Ahriman, mais c'est sa destinée et sa nature, quel que soit son adversaire, le Taureau, Gayomert, Tahmura*t*h, Zoroastre, de prendre toujours, après une première défaite, une revanche sanglante contre son vainqueur. Pendant trente ans, il est impuissant contre le Taureau ; pendant trois mille ans, il tremble devant Gayomert ; pendant trente ans, il ronge le frein sous l'éperon de Tahmurath : mais à la fin le Taureau périt sous ses coups, Gayomert succombe et Tahmurath est dévoré. La pierre et la voix de Zoroastre le plongent dans l'enfer : mais Zoroastre lui-même doit périr à son tour. Selon une légende conservée par les Homélies Clémentines [1], il périt foudroyé par le démon : selon Firdousi, il est égorgé par les Touraniens dans le sac de Balkh où le feu sacré qu'il avait allumé s'éteint dans le sang de ses prêtres [2] ; ces deux données si différentes concordent en réalité et l'une explique et confirme l'autre ; l'une est la version mythique, l'autre est la version légendaire. Zoroastre meurt sous l'éclair, arme du démon, lance du Touranien d'en haut. Il meurt sous l'éclair, parce que l'éclair est aussi bien l'arme du démon que l'arme du dieu ; il meurt, parce que l'orage est aussi bien la mort du dieu lumineux que son triomphe, suivant que l'imagination se reporte au règne de la lumière qui a précédé ou au règne de la lumière qui suivra. C'est pour cela que la vie de tous ces Hommes d'en haut s'ouvre dans un orage, et après un long règne de lumière se ferme dans l'orage. Leur mort et leur naissance sont un seul et même fait mythique reporté aux deux bornes d'une vie triomphale.

§ 173. Mais la mort de la lumière n'est jamais longue ; l'orage

---

1. Selon les *Recognitiones Clementinae* (4. 27, 29), Zoroastre était un magicien qui, voulant se faire passer pour dieu, faisait sortir des flammes des étoiles (*ex stellis* ; ce rôle des étoiles est récent ; cf. § 224 ; il amène l'étymologie de *Zoroaster = vivum sidus*) ; à la fin, le démon qu'il consultait, fatigué de ses fréquents appels, le foudroya. — Les Perses recueillirent ses cendres *tanquam fulminei ignis reliquias* et leur rendent un culte perpétuel comme étant un feu divin tombé du ciel (*tanquam divinus e cœlo lapsus ignis* ; Windischmann, *Zoroastrische Studien* 306. sq. 7) ; ce dernier trait, qui se retrouve aussi dans les Homélies, est capital ; il prouve l'identité de Zoroastre, le premier Atharvan, avec Atar ; c'est un reste précieux des anciens mythes indo-iraniens sur *la descente du Feu*, apporté par l'Atharvan, ou mieux par Atharvan.

Selon les *Homélies Clémentines*, Zoroastre est foudroyé par le démon auquel il arrache par des exorcismes « le feu de la souveraineté » τὸ τῆς βασιλείας πῦρ ; le lecteur reconnaît immédiatement ce *Kavaêm qarenô* « cette lumière de souveraineté » que se sont disputée Atar et Ajis (v. s. pages 103 sq.) ; Atar, on se le rappelle, a d'abord été vaincu, puis vainqueur ; ici les deux moments sont confondus, et Zoroastre meurt dans sa victoire.

2. Mohl, *Fragments relatifs à la religion de Zoroastre*, page 34, dernier vers.

même où elle succombe est la condition de son retour ; autrement dit, en langage mythique : le *héros disparu trouve toujours un successeur*, un vengeur. Le Taureau meurt, mais Zoroastre naîtra : Tahmurath est dévoré par Ahriman, mais Yima le retire du ventre du démon[1] ; la lumière engloutie émerge tôt ou tard et toujours un dieu paraît pour la retirer des entrailles de la nuit.

Entre la lumière morte et la lumière renaissante, l'imagination établit un rapport de parenté[2]. Le vivant est en général le frère du mort ou son fils. C'est ainsi que Tahmurath est retiré des entrailles d'Ahriman par Yima, son frère : Uryâkhshaya, tué par Hitâçpa, est vengé par son frère Kereçâçpa, qui tue le meurtrier ; Çyâvarshâna, tué par Franhraçyan, est vengé par son petit-fils Huçravah ; Airyu, tué par ses frères[3], est vengé par son petit-fils Manuscithra. C'est que la victime et le vengeur sont un seul et même être, à deux instants de son existence : c'est la même lumière qui meurt et qui revit. C'est toujours le même dieu qui, après une défaite momentanée, triomphe ; mais comme, exprimée en mythe, cette défaite devient la mort du héros, le héros de la revanche doit être un personnage autre que le héros de la défaite ; de là son dédoublement en deux personnages dont l'un victime, l'autre vengeur ; de là ces successions d'Epigones dont l'histoire forme en se déroulant l'épopée iranienne, et qui tous, sous l'infinie diversité des noms et des formes, jouent le même drame, vengeurs de la même cause, victimes du même crime, frères jumeaux échelonnés sur le chemin des siècles.

§ 174. Mais si le héros mourant renaît pour mourir encore, il y aura victoire et défaite à l'infini, et jamais ne viendra le jour de la victoire éternelle et définitive, de la victoire sans lendemain. Il faut donc une revanche reportée à la fin des siècles. Cette revanche peut se produire de deux façons : ou bien le héros, tué par le démon, n'est pas mort réellement et attend endormi le jour du réveil et de la vengeance ; ou bien l'héritier qui le venge, au lieu de paraître immédiatement, ne doit paraître qu'à la fin des siècles. De là deux séries de mythes qui se sont fondues, mais primitivement distinctes. Dans la première, la défaite finale du démon est

---

1. Riväiet ap. Spiegel, *Traditionelle Literatur* 323 sq.
2. Ou d'amitié : Thésée dégagé de l'enfer par Hercule.
3. Mythe des frères ennemis : dieu et démon sont frères, tous deux ont la même mère, la nuée (Dânu) ; cf. plus bas, § 178.

l'œuvre de héros morts aujourd'hui, qui se réveilleront à la fin des siècles ; Kereçâçpa, Peshôtanu, Khumbya, Aghraêratha, etc. ; dans la seconde, elle est l'œuvre d'un fils de Zoroastre qui naîtra à la fin des siècles : Çaoshyant.

La première série s'est fondue dans la seconde, qui avait l'avantage de donner à l'histoire du monde une unité singulière, en rattachant au nom de Zoroastre les deux grands événements de cette histoire, la descente de la loi et son triomphe définitif : les héros réveillés deviendront les alliés de Çaoshyant, mais ils avaient primitivement une action indépendante, ils se suffisaient à eux-mêmes et les deux séries doivent s'étudier séparément.

II.

§ 175. Kereçâçpa offre le type le plus complet des héros de la première série.

Kereçâçpa est un *Çâma*, c'est-à-dire un de ces héros qui rendent à l'homme le *çam* « le Bien ravi par le démon » ; c'est un jeune guerrier, armé de la massue et, comme Vayu, le dieu d'orage, il est « agissant dans les hauteurs » (*uparô-kairyô*) ; il s'appelle « l'homme au cheval maigre » (Kereça-açpa), et la preuve que ce cheval maigre est identique au cheval rapide du Fils des Eaux, l'éclair, c'est que Kereçâçpa a tué le Serpent, et cela dans des circonstances bizarres qui prouvent qu'il ne s'agit point là d'un exploit devenu de style, mais d'un mythe ancien et authentique. « Il tua le serpent Çrvara, dévoreur de chevaux, dévoreur
« d'hommes, dégouttant de poison, jaune, jaune d'un poison qui
« coulait sur lui sur un pouce d'épaisseur ; sur lui Kereçâçpa
« faisait chauffer ses aliments dans l'airain ; à l'heure de midi le
« serpent prit feu, sursauta, se rejeta hors de l'airain, fit jaillir
« l'eau bouillonnante, et de terreur recula le vaillant Kereçâçpa. »
Il est aisé de reconnaître dans ce récit étrange la fusion de deux mythes distincts : dans l'un, l'orage est, comme dans le mythe ordinaire, une lutte contre le Serpent ; dans l'autre, d'ordre tout différent, c'est un festin qu'on prépare ; l'éclair qui lèche la nuée, les eaux qui en ruissellent sont devenus la flamme qui cuit les mets divins, l'eau bouillante qui déborde du vase [1]. Ce mythe est loin d'être sans analogue dans les mythologies sœurs : Indra,

---

1. *Ukhâ cid Indra yeshantî prayastâ phenam asyati.* RV. 3. 53. 22. Cf. Indra tuant le démon Namuci avec l'écume des eaux (8. 14. 13).

encore enfant, debout sur son char nouveau (c'est-à-dire sur la nuée d'orage qui vient de se former et où il vient de naître), fait cuire un sanglier gigantesque [1], et sans sortir de l'Iran même, c'est dans un festin, on se le rappelle, qu'éclate la querelle des deux fils d'Ormazd et d'Ahriman, Atar et Aji [2]. Le mythe de Kereçâçpa est né de la combinaison de ces deux formules d'orage : « Kereçâçpa tue le serpent ; — Kereçâçpa fait cuire son repas, l'eau déborde » [3]. Dans l'une et dans l'autre formule Kereçâçpa est le héros d'en haut, le dieu de l'orage [4].

1. *Arbhako na kumârako'dhi tishthan navam ratham*
Sa pakshan mahisham mrigam pitrê mâtre vibhukratum.
RV. 8. 58. 15.

2. Voir plus haut, page 113, note. — Un mythe de ce genre a dû exister pour Yima : Ahriman vient lui demander l'hospitalité et dévore tout ce qui est dans la cuisine, puis il dévore taureaux, bœufs, chevaux, brebis, jusqu'au moment où une formule le met en fuite (Sadder 94). Selon le Yaçna (32. 8), d'accord avec Firdousi, Yima est le premier qui ait enseigné aux hommes à se nourrir de chair : cela revient à une formule mythique : « voilà Yima qui mange le bœuf ». On peut comparer dans la mythologie grecque le festin de Thyeste, qui fait voiler le soleil, les exploits d'Hercule βουφάγος, sa lutte de ripaille avec Lépreos (Athénée 10. 2), le festin des Centaures et des Lapithes; dans la mythologie scandinave, la lutte de Loki et du Feu (*Edda* 281) et l'appétit de Thor. De là enfin la cuisine magique des sorcières (Macbeth IV, 1).

3. La terreur du vaillant Kereçâçpa devant la vapeur qui déborde, c'est la terreur de Tahmurath se précipitant de l'Alborg, c'est la terreur d'Indra traversant, comme un faucon effrayé, les quatre-vingt-dix-neuf rivières.

4. Kereçâçpa avait le feu à son service : toutes les fois qu'il mettait du bois sous son pot pour faire cuire son repas de midi, le feu venait de lui-même et de lui-même se retirait aussitôt le déjeuner cuit : Rivàiet, ap. Spiegel, *Traditionelle Literatur* 346. Ce feu si complaisant rappelle immédiatement le merveilleux marteau Miœlnir qui, lancé par Thor, le dieu germanique de l'orage, revient de lui-même dans la main du dieu. L'Edda s'est mieux rappelé la fonction première de l'instrument, le Parsisme s'en est mieux rappelé la matière. Mais en même temps, ce détail prouve l'antiquité *indo-iranienne* de la légende de Kereçâçpa. On a depuis longtemps signalé l'identité de nom de *Kereçâçpa* et du rishi brahmanique *Kriçâçva*; mais il y a plus que cela, il y a identité de nature. En effet, le Harivança et le Vishnu-Purâna citent Kriçâçva comme étant le père des *çastra-devatâ*, c'est-à-dire de ces traits animés et vivants qui sont au service des dieux ou des héros et les servent comme des personnes (Vishnu P. trad. Wilson, page 123 ; Harivança, trad. Langlois I, 18). Donc, dès la période indo-iranienne, il y avait un héros *Karçâçva* ou *Kriçâçva* dont l'éclair était l'arme

Ce n'est point là son seul exploit : il a tué le Gañdarewa aux talons d'or qui, gueule béante, fondait pour l'anéantir sur le monde de l'Asha[1]. Il a tué Çnâvidhaka aux griffes meurtrières, aux vaches merveilleuses, qui se disait en lui-même : « je viens de naître, je ne suis pas encore dans la force de l'âge : si j'y arrive, du ciel je ferai mon char et la terre en sera la roue ; je ferai descendre le Çpeñta Mainyu de son éclatant paradis ; je ferai monter l'Anra Mainyu de son horrifique enfer ; je les attacherai tous deux à mon char, le Çpeñta Mainyu et l'Anra Mainyu, si point ne me tue le vaillant Kereçâçpa.... Le vaillant Kereçâçpa le tua ». Ce Titan est la contre-partie de l'Indra védique qui, à peine né, remplit de sa splendeur le ciel et la terre[2] ; c'est le démon orageux et nuageux qui en un instant enveloppe ciel et terre, dieux et démons, semblable au Typhos des Grecs qui accomplirait une œuvre terrible le jour de sa naissance et deviendrait le maître des mortels et des immortels si le vaillant héros n'était là pour le foudroyer[3], semblable aux deux fils du dieu des eaux, Othos et Ephialtes, qui à l'âge de neuf ans avaient neuf coudées de ceinture, neuf aunes de stature, qui essayèrent d'escalader le ciel et auraient réussi s'ils avaient atteint l'âge de puberté ; mais le fils

intelligente. — Quant à l'idée première du mythe, elle est indo-européenne.

1. Le Gandharva védique est l'homme d'en haut, gardien du soma. Tout gardien peut devenir démon, s'il garde pour lui seul son trésor, s'il est *avare* (Pa*n*i) ; tel Tvash*t*ar qu'Indra, son fils, foule aux pieds pour lui arracher le soma. Il semble que le Gandharva lui-même ait eu affaire à Indra : « Indra lui a fait lâcher prise dans les abîmes de l'atmosphère » (Abhi at*r*inad abudhneshu ra*g*assu 8. 66. 5). Dans l'Avesta, le Gandharva est passé tout au démon ; il réside comme de juste dans les flots, dans ceux du Piçanah, de la Ra*n*ha ou de la mer Vouru-Kasha (Yasht 5. 38, 15. 27 ; Rivâiet l. c.). Une formule étrange semble faire de lui le fils d'Ahura : uiti açti gafyô âhûiris, uiti aêvô gafyô paitis uiti gañdarewô upâpô : « C'est l'habitant des abîmes, fils « d'Ahura (âhûiris, cf. Vâru*n*is « fils de Varu*n*a »), c'est le maître « unique des abîmes, c'est le *g*añdarewa qui habite dans les eaux « (Yasht 15. 28) ». Ceci nous reporte à Ahura dieu du ciel, et comme tel père du démon, quelque chose comme Tvash*t*ar (Varu*n*a ? cf. p. 99, note 5), père de Tvâsh*t*ra, le voleur de soma (Muir. *Sanskrit Texts* V, 230), ou comme Varu*n*a, père d'un Bh*r*igu devenu entièrement démoniaque (page 74).

2. Ou l'équivalent direct de Tvâsh*t*ra qui menaçait de « devenir tout l'univers » quand Indra le tue (Muir V, 233) ; ou du loup Fenrir, qui des deux mâchoires de sa gueule béante touche la terre et le ciel (*Edda* 291).

3. Hésiode, Théogonie 820 sq.

de Zeus et de Lêtô les fît périr l'un et l'autre avant qu'un léger duvet eût ombragé leurs tempes [1].

Ce vainqueur « le plus vaillant des hommes après Zarathustra » [2], est lui aussi, comme l'est ou peut être tout héros d'orage, l'héritier, le vengeur d'un dieu mort avant lui. Quand la lumière souveraine quitta le beau, le brillant Yima, c'est lui qui l'a saisie [3], et selon quelques-uns, il était un descendant de Yima [4]. Il avait un frère, Urvâkhshaya, « un fidèle qui avait fait la loi » [5]; ce précurseur de Zoroastre, ou pour mieux dire, ce doublet de Zoroastre, de Gayô-Maratan, de Yima, a été tué par Hitâçpa « l'homme à la touffe dorée » [6]; Kereçâçpa a vengé son frère aux bords de la rivière atmosphérique, aux bords de la Ranha, siège de tant de combats, de tant de meurtres et de vengeances [7].

§ 176. Après avoir vengé Urvâkhshaya, son frère, comme Yima a vengé Takhma Urupa, son frère, comme Thraêtaona a vengé Yima, son prédécesseur, comme Huçravah a vengé son ancêtre Çyâvarshâna, comme toute lumière qui reparaît au sortir de la nuée d'orage venge la lumière qui s'y est engloutie, il doit périr à son tour, lui aussi, comme a péri Urvakhshaya, comme a péri Takhma Urupa, comme a péri Yima, comme a péri Çyâvarshâna, comme périt tout dieu de lumière.

Nous avons déjà vu comment il meurt : un Touranien le frappe de sa lance pendant son sommeil; il était endormi, semble-t-il, par la Bûshyâçta [8]. Nous avons reconnu déjà la nature de ce mythe : le héros est livré endormi par la vierge démoniaque aux coups de l'ennemi : tel Agamemnon livré à Egisthe par Clytemnestre, Déiphobe à Ménélas par Hélène [9].

---

1. Odyssée 11. 305 sq.
2. Mashyānām ughranām aoĝistô *anyô Zarathustrât* (Yasht 19. 38; cf. page 193).
3. Yasht 19. 38.
4. Selon le Muĝmil.
5. *Tkaêshô dâtôrâzô* (Yaçna 9. 32).
6. *Zaranyô-puçem* (Yasht 19. 41); cf. *Gull-topp*.
7. La tradition connaissait encore d'autres exploits de Kereçâçpa (Yasht 19. 41 sq; Minokhired 27. 50 sq.), mais ils ne sont qu'indiqués par un mot. Ceux que les Rivâiets décrivent plus longuement rentrent dans le cercle ordinaire : il tue à coup de flèches l'oiseau Kamak qui de ses ailes étendues obscurcissait le monde et interceptait la pluie (Spiegel, *Trad. Lit.* 343 sq.).
8. Voir pages 181 sq.
9. Son meurtrier se nomme Niyàz. Nous connaissons déjà ce nom;

Mais lui, ce n'est ni un fils ni un frère qui le vengera, c'est lui-même. Mort, il vit encore. 99,999 Férouers des justes veillent sur son corps. Au jour voulu, la lumière souveraine descendra sur lui du ciel. Quand Thraêtaona eut vaincu Aji, il l'enchaîna au mont Demavand. Il lui avait été impossible de le tuer : le démon vaincu ne meurt jamais, puisqu'il reparaît toujours [1]. A la fin des temps, à l'orage final, Aji brisera ses fers et ravagera le monde ; alors Kereçâçpa, réveillé, le tuera [2].

Ces légendes de héros endormis ne sont pas rares dans la mythologie indo-européenne : l'origine en est claire. La lumière s'engloutit dans le nuage : puis soudain, le héros lumineux, pleuré comme mort, reparaît triomphant : il n'était donc qu'endormi. De là, dans la victoire des ténèbres, l'attente d'un réveil. La lumière est éteinte, le dieu est mort : mort ? non, endormi : *il se réveillera*. L'imagination populaire, qui aime à mettre une espérance dans les lointains de l'avenir, s'empare de ces formules et se berce à leur son d'une félicité future. Chez les peuples tourmentés d'un rêve national, c'est l'attente d'une ère nouvelle ; chez les autres, plus fidèles à l'inspiration première, toute religieuse et mythique, c'est l'attente d'un triomphe définitif et éternel du bien, de la lumière, de la vie. Le premier cas est celui de l'Allemagne, de la Bretagne, de la Serbie ; le second, celui de la Perse ancienne. Le roi à la *barbe rousse* [3] dort dans la caverne

---

c'est un des fléaux portés par Ahriman sur le corps de Gayomert et du Taureau avec Az, la faim, la souffrance, et la Bûshyăcta ; nous avons vu que Niyâz « le besoin » n'avait été amené dans cette énumération que par la rime et par une erreur de langage, et que le vrai meurtrier était Az, le serpent (page 154). Le Touranien Niyâz ne serait-il pas tout simplement Az lui-même, déguisé en Touranien ; ce qui rend plausible cette hypothèse, c'est que Kereçâçpa réveillé doit précisément tuer Ajis Dahâka, c'est-à-dire Az. Formule primitive : Az a tué Kereçâçpa, mais Kereçâçpa le tuera.

1. Voir page 107.
2. Voir § 187.
3. Frédéric n'est probablement dans la légende qu'un substitut du dieu d'orage Thor, le dieu à la *barbe rousse* :

>   The light thou beholdest
>   Stream through the heavens
>   In flashes of crimson,
>   Is but my red beard
>   Blown by the night-wind
>   Affrighting the nations !

(Longfellow, *The saga of king Olaf*. I. *The challenge of Thor*.)
On ne cite pas, il est vrai, de mythe de Thor *endormi :* mais Thor est

et quand auront cessé de voltiger autour de la montagne les corbeaux (de la tempête), il se relèvera et l'arbre flétri reverdira[1] ; Arthur, blessé à mort, repose dans Avalon, l'île merveilleuse : la fée Morgain a promis de le guérir et il en sortira un jour pour régner de nouveau sur le monde[2] : le héros serbe, Marko Kraliévitch, dort dans la caverne où Dieu l'a transporté au fort de la bataille : il a enfoncé son sabre dans la pierre de la voûte : le sabre en sort peu à peu ; quand il tombera, Marko réveillé reparaîtra dans le monde[3].

Le Mazdéisme en plaçant le réveil du héros aux limites du temps, à la consommation des siècles, résout le problème de la victoire sans lendemain.

§ 177. L'on conçoit que cette légende du héros endormi pouvait se former sur bien d'autres têtes ; Kereçâçpa n'est pas le seul qui attende dans le sommeil l'heure de la lutte dernière. Dans la même plaine de Peshyânçâi où il dort, repose *Khumbya*

---

souvent absent, ou voyage à l'étranger, et les mythes d'*absence* sont synonymes des mythes de *sommeil* : à cette question : où est le dieu ? on répond soit : « il est endormi », soit : « il est dans les contrées lointaines » (cf. plus bas, §§ 179, 183).

1. La légende a gardé une valeur cosmologique dans une autre version ; c'est pour la lutte qui précède le jugement dernier que Barberousse se réveille (Simrock, Handbuch 149).

2.   I am going a long way
    With these thou seëst (les trois reines d'Avalon)...
    To the island-valley of Avilion ;
    Where falls not hail, or rain, or any snow
    Nor ever wind blows loudly : but it lies
    Deep-meadow'd, happy, fair with orchard-lawns
    And bowery hollows crown'd with summer sea,
    Where I will heal me of my grievous wound.
    .... Merlin sware that I should come again
    To rule once more....

(Tennyson, *Morte d'Arthur*), cf. Thomas Malory, *La mort d'Arthur*, The historie of King Arthur, éd. Wright III, 331 sq.

3. Dozon, *Poésies populaires des Serbes* 68. En Grèce même, Epiménide ne diffère d'Arthur, de Barberousse et de Kereçâçpa que par la prédominance du caractère sacerdotal sur le caractère héroïque : c'est le dieu prêtre au lieu du dieu héros : un Zoroastre endormi. Zoroastre lui-même offre un trait analogue : sa retraite de vingt années dans le désert (Pline, *Hist. Nat.* XI, 42) ; il ne s'y nourrit que de lait et de fromage ; c'est la nourriture naturelle d'Agni qui vit du lait des vaches atmosphériques et de celui des offrandes humaines (dadhi, âçir).

Parshatgâo. De ce héros le Bundehesh ne nous apprend qu'une chose, c'est qu'il fut nommé *Khumbya* « l'homme à la cruche », parce qu'il fut élevé dans une cruche par crainte d'Aêshma[1]. Cette ligne bizarre suffit pour nous éclairer sur la nature et les relations du personnage. Le Rig Veda connaît lui aussi un héros né dans *la cruche* (kumbha), c'est *Vasishtha*, une des formes d'Agni :

« O Vasishtha, Mitrâ-Varuṇâ t'ont vu t'envelopper dans la
« lumière de l'éclair; et tu as encore une autre naissance : c'est
« quand Agastya t'a apporté parmi les hommes.

« Tu es encore fils de Mitrâ-Varuṇâ, né, ô Brahman, de la
« pensée, d'Urvaçî; goutte tombée par la force divine de la
« prière, les dieux t'ont déposé dans la plante.

« Lui, l'Intelligent, qui connaît les deux mondes, Vasishtha
« est né de l'Apsaras. Etant au sacrifice, sollicités par la prière,
« Mitra et Varuṇa ont ensemble dans la cruche jeté leur germe :
« c'est du sein de cette demeure, c'est de là, disent les sages,
« qu'est né Vasishtha[2]. »

Ce passage d'apparence si étrange énumère cinq des différentes naissances du Feu :

1° Il est descendu de l'éclair.

2° Il est apporté sur terre par un dieu qui n'est autre que le Feu incarné; ce dieu qui s'appelle, tantôt *Bhṛigu* « le Fulgurant », tantôt *Atharvan* ou *Atri* « l'homme du Feu », tantôt *Angiras*, est ici nommé *Agastya*, nom formé de la même racine qui a donné le nom d'*Agni* et des *Angiras*, et qui signifie, comme Atharvan « le Fils du feu, l'Igné. »

3° Comme fils des eaux, de la vierge du nuage, il est né de l'Apsaras.

4° Comme naissant à la prière de l'homme, comme tombant du ciel par la force de la ferveur, il est né d'Urvaçî « le désir[3] ».

5° Enfin le nuage étant comparé à une cruche, *Kumbha*, comme ailleurs il est comparé à une outre, à un tonneau, *Kavandha*[4], c'est le *Kumbha* qui se trouve recevoir le germe du dieu

---

1. Bundehesh 69. 2.
2. RV. 7. 33. 10 sq.
3. Cf. plus bas, § 200. La combinaison des formules 3 et 4 a transformé Urvaçî en Apsaras, la *gnâ* mythique en *gnâ* matérielle ; c'est un exemple du passage de la mythologie abstraite à la mythologie concrète.
4. Voir page 34, note 2.

du ciel; de là Vasishṭha engendré dans la cruche du nuage, substitut grossier de la divine Apsaras.

Il est probable que la forme de cette dernière naissance est déjà altérée dans le Rig Veda; c'est de la cruche que sort Vasishtha, mais ce n'est pas là qu'il est engendré; la juxtaposition des deux formules : « Vasishṭha est né du germe du dieu du ciel »; « Vasishṭha est sorti de la cruche » a fait de celle-ci le lieu même de la conception; mais primitivement Vasishṭha naissait non du *Kumbha*, mais de l'Apsaras qui y demeure. C'est ainsi que Persée est conçu dans la chambre d'airain où Danaê est enfermée [1], mais c'est au sein de Danaê qu'il est conçu, des flots d'or que lance le dieu du ciel fulgurant.

La légende de Khumbya est restée, comme celle de Persée, à l'étage primitif. Il n'est point « fils de la cruche », il y a été élevé, c'est-à-dire qu'il y est né, qu'il en sort. Khumbya est donc un fils des Eaux, un Vasishṭha, un Persée, un héros de la lutte orageuse [2]. De même que Persée à sa naissance est enfermé dans *le coffre* par la haine du père méchant, c'est-à-dire du démon [3], c'est aussi la haine du démon qui tient Khumbya caché dans la cruche, la haine d'Aêshma « à la lumière sinistre, à la lance sanglante » : tant que règne le démon orageux, le héros lumineux reste caché dans la prison du nuage. Mais il n'y restera pas éternellement. Le Yasht des Férouers invoque le Férouer de *Fradhâkhsti le Khumbya* pour résister à Aêshma à la lance

---

1. Cette chambre d'airain est la prison de nuage où l'Apsaras est enfermée : telles les murailles d'airain où Indra naissant est enfermé (4. 27. 1). L'exposition de Persée et de sa mère dans le coffre qui vogue au sein de la mer irritée, n'est qu'un dédoublement du premier mythe. — Dănaê est une Dànu, une *Dânavâ* (?) divine. Dans le Rig-Véda, Dànu est le nom de la nuée, conçue comme mère de Vritra (1. 32), et les Dânava sont les démons de la nuée; de même semble-t-il dans l'Avesta où les Férouers sont invoqués pour abattre les coups des Dànu Touraniens et pour abattre le *Verethrem dânunăm* (Yasht 13. 38); mais le nom commun *dânu* désigne encore l'eau comme bienfaisante. Dănaê est donc une proche parente de la Dànu védique, une *apyâ yoshá* : elle est d'ailleurs de la famille des Danaïdes, qui sont peut-être, de toutes les héroïnes grecques, celles qui ont le mieux conservé les traits de l'*apsaras* : elle descend de Danaos qui a apporté les eaux à la sèche Argos.

2. Khumbya, dieu des nuées, vit au milieu des vaches, il est *parshatgâo* « l'homme aux vaches ruisselantes » (cf. le védique *prishadaçva, prishatîs*).

3. Cf. page 177, note 1.

sanglante, pour résister aux démons qui accroissent Aêshma, aux coups de la haine d'Aêshma [1] »; Khumbya doit donc sortir victorieux de sa prison, c'est-à-dire que la lumière prisonnière rompra sa barrière obscure; c'est le jour où, pour parler comme les Védas, « l'aveugle verra la lumière et, subjuguant le serpent, sortira du pot qu'il brise » [2].

Ce jour est-il déjà venu dans le passé? Khumbya a-t-il une fois déjà forcé la barrière, vaincu Aêshma? Est-ce un exploit passé que la formule célèbre ou un triomphe futur? Il est difficile de répondre dans le silence des textes : mais qu'il soit déjà venu ou non, il viendra ou reviendra à la fin des siècles pour la victoire éternelle : c'est pour cela que Khumbya repose immortel dans le désert de Peshyânçâi.

§ 178. Autre immortel : Aghraêratha. Il a été tué par son frère Frañhraçyan. Frañhraçyan, l'Afrasyâb de Firdousi, est dans la légende héroïque le Touranien par excellence; dans l'Avesta, son caractère purement démoniaque perce encore à chaque mot. Comme Aji Dahâka, et immédiatement après lui, il essaye de conquérir la lumière souveraine qui plane dans les eaux de la mer Vouru-Kasha, dans la demeure du Fils des Eaux, et trois fois en vain il plonge nu dans les vagues pour en retirer la lumière souveraine qui éclaire les terres aryennes. Ayant tué Çyâvarshâna, il est tué à son tour par Huçravah, le petit-fils de sa victime. Il n'est point vaincu par la seule valeur du héros. De même que dans le Rig Veda, Vritra, Çambara, les Panis ne succombent devant Indra qu'il ne soit dans l'ivresse du Soma, qu'il n'ait Soma à ses côtés sur son char [3]; de même que dans l'Avesta, Tistrya triomphe d'Apaosha, avec l'assistance de l'Ized Hom [4]; de même Huçravah n'a triomphé de Frañhraçyan qu'avec l'aide de Haoma; Haoma le lui a livré, enchaîné avec des liens d'airain « au deuxième tiers de la terre [5] », c'est-à-dire au deuxième tiers du monde, le monde intermédiaire, celui-là même où se déroule le combat d'orage, et où est frappé le démon [6]. Le

---

1. Yasht 13. 138.
2. Vy andho akhyad ahim âdadâno *nir bhud ukhachid*. RV. 4. 19. 9. C'est là tout le mythe de Khumbya, rendu plus clair encore par la présence du serpent et de la nuit.
3. Cf. pages 99 sq.
4. Cf. pages 141 sq.
5. Yaçna 11. 21 sq.
6. Cf. page 84.

Touranien Afrasyâb remonte donc de la terre dans l'atmosphère, et, successeur d'Aji dans la conquête du *qarenô*, il prend place près de lui, près du Serpent, sur le trône démoniaque. Cette identité de Franhraçyan avec le Serpent se révèle encore de deux façons, dans ses noms et dans sa destinée : d'une part, il porte l'épithète d'Ahriman et du serpent Çrvara, *mairya*, l'épithète même qui est devenue le nom du *serpent*; d'autre part, il est *immortel :* de même qu'Ajis frappé par Traêtaona ne périra qu'à la fin du siècle, de même Afrasyâb, et les deux vaincus enchaînés périront le même jour, l'on peut dire du même coup [1].

Franhraçyan rentrant dans le cercle démoniaque, sa victime, Aghraêratha, rentre dans le cercle du héros lumineux. Nous rencontrons ici une conception nouvelle des rapports des deux adversaires : ils sont frères et la mort du héros est un fratricide. C'est qu'en effet le démon est, au même titre que le dieu, un Fils des Eaux; l'un et l'autre sortent du même sein, et les Védas savent que *Dânu*, la Rivière, est la mère d'Ahi, de Vṛitra [2]. L'on sait combien cette conception qui prête tant au drame a été féconde dans la mythologie indo-européenne : de là, dans l'Inde, le mythe de Trita précipité dans un puits par ses frères [3]; de là en Grèce, les luttes d'Atrée et de Thyeste, d'Etéocle et de Polynice, au fond desquelles, malgré les ravages de l'anthropomorphisme, perce toujours une vague conscience que la haine des deux frères sort de l'opposition de deux natures, non du choc de deux ambitions; de là en Italie Remus et son frère [4]. L'Iran au mythe de Trita répond par la légende de Roustem précipité par son frère Shaghâd [5]; Yima, que la tradition fait scier

---

1. Bundehesh 74. 3.
2. RV. 32. 9.
3. Le mythe de la chute de Trita est ancien, védique (RV. 1. 105. 17); l'origine naturaliste est claire : ce puits est la nuée où est englouti le soleil. Selon un itihâsa transmis par Sâyana (en tête de l'hymne), il est précipité par ses frères *Eka* et *Dvita ;* les noms des deux frères, « Premier » et « Second », sont artificiels et amenés par le nom de Trita, interprété comme signifiant « Troisième ». Mais le mythe correspondant de Feridoun, le Trita Iranien, prouve l'authenticité de l'itihâsa. Cf. même page, note 5.
4. Par une atténuation dont nous avons déjà eu un exemple dans le mythe de Tahmurath (page 170), le crime peut devenir imprudence : de là, dans l'Edda le beau, le *lumineux* Balder, tué inconsciemment par son frère l'*aveugle*, Hœdhur.
5. Et directement dans le complot des *deux* frères de *Thraêtaona*, le Trita iranien (v. page 105); ils essaient de l'écraser sous la chute

par Ajis Dahâka, l'est, dans l'Avesta, par son frère Çpityura [1]; de là enfin le mythe qui nous occupe. Aghraêratha est devenu Touranien parce que son frère l'est; mais l'Iran n'oublie point son caractère antidémoniaque et Aghraêratha est un juste en Touran.

Il meurt : le démon a tué son frère. Mais tout héros de lumière est immortel et au jour dernier Aghraêratha, qui repose aujourd'hui dans le Çaokavaçt, se relèvera pour la victoire finale.

§ 179. Le Bundehesh cite encore d'autres immortels : Gîv, fils de Godarez, Tuça, fils de Naotara, Nareï, fils de Vîvanhâo, Eberez, le guerrier, Ashavanda, fils de Pourudâkhsti. Il n'est point possible, dans le silence des textes, de démontrer le droit à l'immortalité de chacun de ces héros : les deux plus illustres sont Gîv et Tuça; Gîv rend à l'Iran Khosrou enfant, retenu par Afrasyâb, et il emporte Ardebil, la cité infernale défendue par une armée de démons; Tuça enlève aux Aurva Hunu le palais de Khshathrô-Çaoka dans la région merveilleuse de Kanha [2]; l'un et l'autre sont donc les émules des Kutsa enlevant les forteresses des Çambara et ont par suite leur place légitime à côté des Kereçâçpa et des Khumbya.

A côté des morts immortels se placent les héros qui ne sont jamais morts, mais qui, en attendant l'heure du combat, vivent dans des régions lointaines et invisibles. Au lieu de dire : le démon règne, le dieu est mort; on dit : le démon règne, le dieu est absent [3]. Tel Urvatatnara, fils de Zoroastre, qui a porté la loi dans le Var de Yima et qui y est immortel. Tel, dans le paradis du Kanha, Peshôtanu [4], fils de Vistâçpa, à qui Zoroastre a fait boire une coupe de lait sacré [5], et qui en est devenu immortel, semblable aux dieux de l'Inde qui sont devenus dieux en buvant le Soma dans le ciel; « nous avons bu le Soma, s'écrie

---

d'un rocher. L'issue et la forme diffèrent : le fond est identique et indo-iranien.

1. Yasht 19. 46. *Çpityurem Yimô-kerentem*. *Çpityura* semble signifier « l'homme à la poitrine gonflée ». Cf. p. 128.

2. *Kanha* est phonétiquement le sanscrit *Kansa*, nom du persécuteur de *Krishna*; le Kanha serait-il le palais d'un *Kansa* indo-iranien?

3. De là dans l'Edda les fréquentes absences de Thor : mais dès qu'il revient, malheur aux géants !

4. Sanscrit *Priksha-tanu*?

5. Zerdusht Nâmeh, c. 55. Le lait entre dans la composition du soma védique (*dadhyâçiras somâsas*).

l'Indien, nous sommes devenus immortels![1] » — « par le Haoma blanc, dit le Bundehesh, se produira la vie éternelle[2]. »

Tous ces héros sont l'expression diverse du dieu lumineux disparu, mais toujours vivant. Un démon l'a tué, ou le tient en prison, ou bien il est dans les régions célestes buvant l'ambroisie : mais tôt ou tard il se réveillera, il reviendra et le Serpent périra, quel que soit son nom : Ajis, Aêshma, Franhraçyan.

III.

§ 180. Tout héros endormi ou disparu pouvait devenir, en reportant son réveil à la fin des temps, le vainqueur définitif, le héros de la victoire sans lendemain. Mais, dans les mythologies comme dans les langues, chaque expression tend à se restreindre à une fonction propre, et inversement chaque fonction à se créer son organe propre. Il fallait donc qu'il y eût un Sauveur, n'ayant point de fonction autre que celle-là, et tous ces héros, Kereçâçpa, Khumbya, Aghraêratha, Peshôtanu, étaient trop surchargés des souvenirs d'une vie passée pour se restreindre à une vie à venir. L'idée du Sauveur se concentre donc dans un personnage nouveau, sans passé, dont tous ces immortels ne seront que les auxiliaires. Il se nomme Çaoshyant, c'est le Çoshyos des Parsis.

Mais si ce héros est sans passé, il n'est point sans lien avec les héros du passé. Çaoshyant est le fils non encore né de Zoroastre.

« Trois fois, dit le Bundehesh, Zoroastre s'approcha de Hvôgvi sa femme, et trois fois le germe tomba à terre. L'Ized Neriosengh recueillit ce qu'il avait de brillant et de puissant et le confia à l'Ized Anâhita. Au temps marqué, il se réunira au sein maternel. 99,999 Férouers des purs veillent à sa garde, de peur que les démons ne le détruisent[3]. » On a déjà rencontré un mythe analogue dans l'histoire du Taureau et de Gayô Maratan[4], et l'on en connaît déjà l'origine. Si dans l'hymen du ciel et de la terre, de Jupiter et de Tellus, d'Ouranos et de Gaya, de Dyaus et de Prithivî, le flot céleste, en tombant sur terre, va où il doit ; dans l'hymen de l'homme céleste avec la vierge céleste, il n'arrive à terre que par accident. Dans le mythe du Taureau et de Gayô

---

1. RV. 8. 48. 3.
2. Bundehesh 42. 13.
3. Bundehesh 80. 7.
4. Voir pages 144, 149, 152, 157.

Maratan, la vierge céleste ne paraît pas, et c'est en mourant[1] que l'homme du nuage laisse échapper les flots de vie ; elle paraît dans le mythe de Zoroastre sous le nom de Hvôgvi : de là cette formule : « Zoroastre s'approcha de Hvôgvi, le germe tomba à terre[2]. » Mais d'autres mythes, d'autres formules représentaient Zoroastre, comme tous les hommes d'en haut, s'unissant à la vierge du nuage, à la nymphe des rivières célestes ; de là, par combinaison et coordination des deux mythes, des deux formules, le germe du dieu *déposé* dans la déesse des eaux Anâhita. Les sources arméniennes présentent le mythe sous la dernière forme seulement : « Comme mourait Ormits, il projeta son sperme en « une *source*[3], et près de la fin, de ce sperme doit naître une « vierge et d'elle un enfant (issu) défait grand nombre des « troupes d'Ahrmèn et deux êtres de même espèce s'étant pro- « duits, battent ses troupes et les exterminent[4]. » Soit qu'il y eût des traditions reportant le mythe à Ormazd, soit qu'Eznig ait fait confusion, les deux mythes sont essentiellement identiques et des deux parts le sauveur naît, comme tous les héros, de l'hymen du dieu et de la nymphe, mais d'un hymen au fruit tardif et qui ne doit être fécond qu'à la fin des temps[5].

---

1. La chute de la pluie marque la mort du Taureau de la nuée, de l'Homme de la nuée. C'est en mourant sous les vents et l'éclair que le Taureau, que l'Homme d'en haut laisse échapper les ondées célestes.

2. Hvôgvi a tout l'air d'être, non une Apsaras, mais une *gnâ* mystique, une incarnation de la prière, de la Loi. En effet, elle offre sacrifice à Daêna afin d'obtenir que Zoroastre pense, parle, agisse conformément à la Loi (Yasht 16. 15). D'autre part *Ashi Vanuhi*, autre incarnation de la prière, est l'amante de Zoroastre : « Ta voix, lui dit-elle, à toi qui m'invoques, est la plus belle à mes oreilles parmi les voix qui m'invoquent ; ... prends place à mes côtés, ô droit, ô saint Zarathustra, appuie-toi contre moi sur mon char. » Zoroastre prit place à ses côtés, s'appuya contre elle sur son char : elle le caressa de la main gauche et de la main droite, de la droite et de la gauche, disant « tu es beau, ô Zarathustra, tu es bien fait, ô Çpitâma, avec tes jambes délicates, tes longs bras » (Yasht 7. 17. 21). Or, l'hymen de dieu et de la Prière ayant pour objet la production de la pluie que l'homme demande, si Hvôgvi est un doublet d'Ashi, ce n'est point elle, mais la terre qui doit recevoir le germe du dieu (voir plus bas, §§ 200, 205).

3. La mer *Kãçu* : car d'après le Vendidâd 19. 18 (cf. page 197), c'est de là que doit naître Çaoshyant.

4. Eznig, trad. Levaillant, p. 95.

5. L'Avesta et le Bundehesh ne donnent aucun détail sur la naissance des trois frères. Voici ce qu'en dit le Sadder Bundehesh (ap. Spiegel, *Eranische Alterthumskunde* II, 154) : le germe de Zoroastre est gardé par

Ainsi, le vainqueur de l'avenir, identique au vaincu du présent dans le mythe de Kereçâçpa, est son fils dans le mythe de Çaoshyant. Kereçâçpa tué garde une vie latente qui s'éveillera à la fin des siècles : Zoroastre tué se survit dans un fils qui lui naîtra à la fin des siècles. L'Avesta a gardé conscience de l'équivalence des deux faits : il invoque dans deux paragraphes consécutifs les 99,999 Férouers qui veillent sur le corps de Kereçâçpa et les 99,999 Férouers qui veillent sur le triple germe de Zoroastre[1]. « Kereçâçpa se réveillera », — « un fils naîtra à Zoroastre » : formules identiques de sens, prédisant le même fait, le retour de la lumière, la défaite future et définitive du serpent.

§ 181. L'on doit donc s'attendre à trouver dans le triomphe de Çaoshyant toutes les images ordinaires des luttes orageuses. Mais l'œuvre de Çaoshyant n'est pas seulement de détruire Ahriman : c'est en même temps d'amener le règne éternel du bien, de la lumière, de la vie ; en fait, ces deux choses sont connexes, et tuer le Serpent c'est ramener la lumière, mais il y a là deux ordres d'images différents : les héros étudiés jusqu'ici sont surtout militants, Çaoshyant est triomphant : le héros d'orage, le Kereçâçpa, n'est donc pas tout Çaoshyant :

« Nous adorons la lumière souveraine qui s'attachera à
« Çaoshyant, tueur de démons, et à ses compagnons, lorsqu'il
« ranimera le monde, l'affranchira de la vieillesse et de la mort,
« de la corruption et de la pourriture, le rendra éternellement
« vivant, éternellement accroissant, maître de lui-même ; alors
« que les morts se relèveront, que l'immortalité de vie viendra et
« que le monde recevra la vie au gré de ses vœux ; alors que

---

les Férouers dans la mer Kâçu : dans le voisinage de cette mer est une montagne, « la montagne de Dieu » où habitent toujours nombre de fidèles. Chaque année, à une certaine époque, ils envoient leurs filles se baigner dans cette mer : au temps voulu, une de ces jeunes filles, Bad, deviendra enceinte et au bout de neuf mois donnera le jour à Oshédar Bâmî. De la même façon, de Veh-bad et de Ard-bad naîtront au temps voulu Oshédar Mâh et Çoshyos. — Trois formules mythiques à la base de cette légende : 1° le germe de Zoroastre repose dans la mer Kâçu ; 2° le héros naîtra de la jeune fille dans la mer Kâçu ; 3° la jeune fille se baigne dans la mer Kâçu. Les deux premières formules nous sont données par le Bundehesh et l'Avesta (voir le texte et l'avant-dernière note ; la troisième revient à celle-ci : la mère de Çaoshyant *demeure* au sein des eaux, est la vierge marine.

1. Yasht 13. 61, 62.

« seront soustraits à la mort les mondes qui suivent la loi de
« l'Asha; alors que disparaîtra la Druǵ, si bien qu'elle essaie de
« faire périr le juste, elle et sa race centuple...

« Alors que, de la mer Kãçu, s'élèvera celui qui fait que les
« êtres se relèvent[1], l'envoyé d'Ahura Mazda, le fils de *Vîçpa-*
« *Taurvairi*, qui connaît la science qui tue les démons... Lui,
« avec les yeux de l'Intelligence, fixera en face toutes les
« créatures de la Paêsis[2] à l'éclat sinistre, il regardera tout le
« monde matériel avec les regards de l'Abondance, et son regard
« rendra immortels tous les mondes vivants.

« Avec l'*Açtvat-Ereta*, vainqueur des démons, viendront ses
« amis, aux bonnes pensées, aux bonnes paroles, aux bonnes
« actions, à la bonne religion, aucun n'ayant de la langue manqué
« à sa parole. Devant eux pliera Aêshma à la lance sanglante, à
« l'éclat sinistre; il frappera la Druǵ, à la lumière sinistre[3], fille
« de ténèbres. Akem Manô frappe; Vohu Manô le frappera à
« son tour; la parole menteuse frappe; la parole de vérité la
« frappera à son tour; Haurvatât et Ameretât frapperont et la
« faim et la soif; Haurvatât et Ameretât frapperont la faim ter-
« rible, la soif terrible. Il plie l'artisan du mal, Aṅra-Mainyu,
« frappé d'impuissance[4]. »

On voit que l'arrivée de Çaoshyant est marquée par deux faits :
d'une part, résurrection et règne de l'immortalité; d'autre part,
lutte générale terminée par la ruine du démon. Nous allons commencer par le récit de cette lutte, qui logiquement précède la
résurrection.

IV.

§ 182. Nous possédons trois récits de cette lutte : l'un dans le
Bundehesh, l'autre dans un livre persan, traduit du pehlvi, le

---

1. *Açtvat-eretô.*
2. Ce nom de la *démone* ne reparaît pas ailleurs. Windischmann (*Mithra* 84) en rapproche la *Piçâci* indienne et lit *paêsacyô* : la correction est à la fois trop hardie et insuffisante : car *s* zend ne répond pas à *ç* sanscrit : il suffit de lire *paêç-iso*; les deux formations seraient équivalentes, non identiques; *paêçis* est formé de la racine *piç* avec renforcement et suffixe *is*; *piçâci* d'un thème *piç-a* avec suffixe secondaire *-ac*; cf. *devâc, arvâc, ghritâc, satrâc,* etc. La *paêçis* serait, comme la *piçâci*, la *démone colorée, rutilante* (voir Grassman s. v. *piçañga*), une sœur de la *jaune* Bùshyãçta.
3. Ou « à la race mauvaise », *cithra* signifiant soit « brillant », soit « semence ». Le rapprochement de *duscithra* et de *temanhaêna* « fille de ténèbres » fait préférer le premier sens.
4. Yasht 19. 89 sq.

Djâmâçpî Nâmeh, le troisième dans un livre pehlvi, le *Bahman yasht*. Ces deux derniers complètent le premier en ce qu'ils s'étendent sur des ordres de faits auxquels il ne fait qu'allusion, je veux dire les faits qui précèdent l'arrivée du Sauveur, ceux qui se passent à *l'apparition des deux précurseurs*. A la fin du dixième des douze milléniums ou *hezâr* qui composent la vie du monde, le mal régnant en maître, paraît un des trois fils posthumes de Zoroastre, *Oshedar-Bâmî*, qui rétablit le règne du bien ; à la fin du onzième hezâr, le mal, redevenu maître, est expulsé par le second fils de Zoroastre, *Oshedar-Mâh*; enfin, à la fin du dernier hezâr, après un dernier et terrible déchaînement du mal, paraît le sauveur Çoshyos ; les démons disparaissent et les morts ressuscitent.

Il est aisé de concevoir comment se forma l'idée des précurseurs. Zoroastre, par la force des vieilles formules indo-iraniennes, se trouvait avoir trois fils[1] ; or le Sauveur doit être son fils : restaient deux fils *à utiliser*. On les échelonna dans le temps ; leur rôle ne pouvait différer essentiellement de celui de leur frère ; de là les précurseurs. Cette conception d'ailleurs était bien dans le génie du Mazdéisme qui retrouvait ainsi dans l'avenir du monde ces alternatives de ténèbres et de lumière dont à chaque nom les légendes héroïques lui offraient le tableau dans le passé.

§ 183. Les livres Parsis font des tableaux effrayants de l'état du monde à la veille de l'apparition des précurseurs et du Sauveur. Ils s'attachent surtout au premier précurseur, *Oshedar-Bâmî*, celui dont l'arrivée est la moins éloignée. Les traits de ce tableau sont empruntés au spectacle des ruines politiques et religieuses entassées par les invasions arabe et mongole, les traits mythiques et anciens disparaissent sous les traits d'actualité. Le Bundehesh, qui ne s'occupe que de Çaoshyant, n'a qu'un mot, mais le mot essentiel et décisif: *Ajis Dahâka est déchaîné*; autrement dit, le monde finit dans l'orage, dans la lutte contre le Serpent.

Nous commencerons par les récits parsis, plus récents, et nous

---

1. Il s'approche trois fois de Hvogvi : tel Agni-Purûravas s'approche trois fois d'Urvaçi. La *triplicité* passe fréquemment dans le Védisme, et d'une façon générale dans toute la mythologie indo-européenne, des mondes mythiques aux actes mythiques, et le τριχθὰ δὲ πάντα δέδασται règne dans ceux-ci comme dans ceux-là. Il se peut que dans le cas présent la triplicité soit naturelle et non analogique : d'une formule : « le germe de Zoroastre (la pluie) est tombée dans les trois mondes » on passe à celle-ci : « est tombé triplement ; est tombé trois fois ».

remonterons de là à la forme plus mythique et plus ancienne conservée par le Bundehesh.

« Vers la fin du dixième *hezâr*, dix mille *dêvs* fondront sur l'Iran, étendards déployés. Les jours et les mois deviendront plus courts, la terre se resserrera, les arbres et les plantes n'auront plus leur fécondité. Les guerres et l'impiété ravageront le monde. Des batailles seront livrées où tant d'hommes périront que leur sang suffirait pour faire aller les moulins. L'empire a passé aux Roumi et aux Arabes qui courent sans *Kosti*, et d'eux à des peuples encore plus barbares, qui regarderont comme aussi indifférent de tuer un homme juste ou une mouche. L'empire sera exercé selon la volonté d'Aêshma. En ces temps de deuil, réciter un simple *Ashem Vohu* sera aussi méritoire aux yeux d'Ormazd que pouvait l'être au temps de Vîstâçpa le sacrifice d'un cheval. Au temps même d'Ajis Dahâka et d'Afrasyâb les hommes vivaient mieux et avaient moins à souffrir d'Ahriman ; les villes n'étaient pas alors ravagées par septaines; toutes les cités de l'Iran seront foulées sous le sabot des chevaux et l'on soupirera après la mort comme après la délivrance.

Sous le règne du roi Vacart Varç, de la race d'Aêshma, le Kéanide, de la race des Mukyan, s'étant approché de ses femmes, naîtra Vehrâm Varġâvand qui doit rétablir un instant le règne de la bonne loi ; la nuit de sa naissance, un signe se produira, les étoiles pleuvront du ciel, et quand il sera né une étoile apparaîtra. Son père mourra, on l'élèvera parmi les filles du roi et une femme exercera l'empire. Quand il sera arrivé à l'âge de trente ans, il viendra alors du fond de l'Inde ou de la Chine avec des armées innombrables aux étendards déployés, aux bords du Veh Rûd. Une bataille s'engagera où il mourra tant d'hommes que l'on verra mille femmes pour un homme.

Après lui le mal reprendra, les méchants triompheront, les bêtes dévorantes et les loups rôderont, la rosée sera rouge de sang répandu, les jeunes gens périront, etc., etc.

Alors Ormazd pris de pitié enverra *Peshotan* du fond du *Kang dej* où il règne, il portera secours au pays d'Iran, le mal et l'erreur disparaîtront, la religion et l'équité auront cours et à la fin du hezâr paraîtra le premier fils de Zoroastre, Oshedar Bâmî, né dans le lac Frazdân, qui rétablira la loi et le bien[1]. »

L'on voit que les Parsis ne se sont pas contentés des précur-

---

1. D'après le Bahman Yasht, cité et traduit par M. Spiegel, *Traditionelle Literatur* 130 sq.

seurs ; le précurseur lui-même a deux sous-précurseurs. De ces deux, nous connaissons déjà l'un : Peshotan, le fils de Vîstâçp, qui a gagné l'immortalité en buvant la liqueur sacrée et qui règne dans la région merveilleuse de Kaṅha.

Le premier n'est point, que je sache, cité ailleurs ; mais il offre tous les caractères du héros mythique. Il suffit de ces mots : « il fut élevé au milieu des jeunes filles », pour reconnaître un frère de l'Agni védique qui croît au milieu des femmes, de Kṛishṇa, élevé au milieu des bergères, de Çâkya-Muni passant ses premières années au milieu des quatre-vingt mille jeunes filles nées en même temps que lui ; en un mot un frère de l'*Apām Napât*, « qui vit au milieu des femmes, au milieu des eaux. » Le règne de la femme n'est qu'une autre expression du même fait et c'est le même être, la nymphe du nuage, qui tour à tour est la mère du héros ou sa sœur, comme elle pourrait être son amante. Le roi son père « qui ayant fécondé *les femmes* » engendre Vehrâm, n'est autre que la forme légendaire de l'Agni védique, taureau des femelles qu'il féconde, et la même identité qui existe entre la mère et les filles se retrouve entre le père et le fils[1]. Le nom même du fils indique qui il est : Behrâm varǵâvand c'est-à-dire en zend Verethraghna Varcaṅuhant « le resplendissant Behrâm » ; *varcaṅuhant* est une épithète de Tistrya, le dieu de l'orage, du *Kavaêm qarenô* ou lumière souveraine et des *Kavi* ou souverains mythiques de la race des Kéanides, dont son père reçoit le titre, c'est-à-dire de trois êtres de nature tout anti-démoniaque, et l'on peut se demander si le roi Behrâm n'est point simplement la forme légendaire du dieu Behrâm que nous avons vu plus haut garder Ahriman dans l'enfer et en qui nous avons reconnu un des plus fidèles représentants de l'Indra védique[2].

§ 184. Le hezâr d'Oshedar-Bâmî sera suivi d'un hiver terrible, l'hiver Malkosh. « Il durera trois années, amenant tels froids, telle pluie, tel vent, telle tempête, que le monde se videra, que les hommes et les animaux, quadrupèdes et oiseaux, et les arbres et les semences périront. » Alors sortira du var de Yima une nouvelle race d'hommes avec animaux, plantes et semences, le monde sera repeuplé, ce sera la fin du onzième hezâr, alors paraîtra Oshedar-Mâh, le second fils de Zoroastre, et les créatures mauvaises disparaîtront[3].

---

1. C'est pour cela que le père meurt à la naissance du fils.
2. Pages 125 sq.
3. *Djâmâçpi Nâmeh* ap. Spiegel, traduction de l'Avesta I, 33.

Ici il y a un travail d'adaptation visible. Oshedar-Mâh ne reparaît qu'après que la terre a été dépeuplée et repeuplée, ou du moins on ne voit pas que ce soit lui qui ouvre la porte du Var de Yima. L'on s'est emparé d'une ancienne légende relative à la fin du monde et on l'a fait remonter au temps d'Oshedar-Mâh, pour que l'on eût à dire quelque chose de ce précurseur : cette légende appartient au cycle de Yima et est déjà tout avestéenne. Il importe de s'y arrêter.

§ 185. On a vu que Yama, fils de Vivasvat, l'équivalent védique de Yima, fils de Vîvanhvat, est dans l'Inde une des formes de l'Homme d'en haut, du premier homme[1]. Comme premier homme, il est le premier des morts, il est leur roi et règne sur les ancêtres dans le ciel, dans le royaume de la vie éternelle. Un hymne funèbre, dans le Rig, s'exprime ainsi :

« Présente l'offrande au fils de Vivasvat, au roi Yama, centre
« de réunion des hommes (*Sañgamanam ganânâm*), lui qui est
« mort le premier d'entre les mortels, qui le premier a passé dans
« le monde qui est là-bas... Va-t'en, ô mort, va-t'en par les voies
« antiques, par où, avant toi, sont partis les ancêtres ; tu verras
« là, s'enivrant de la liqueur des dieux, les deux rois[2], Yama et le
« dieu Varuna ; va rejoindre tes pères et Yama, et les sacrifices
« que tu as offerts, au firmament suprême... va trouver tes pères
« qui ont été libéraux envers les dieux et qui boivent en ivresse
« avec Yama[3]. » La demeure de Yama, c'est cette « demeure des dieux », ce *devasâdanam*, que l'on entrevoit au-dessus de l'atmosphère, et d'où l'on entend des voix descendre : « Sur cet
« arbre au beau feuillage où il boit avec les dieux, là, Yama,
« notre Père, maître de nos familles, de son regard appelle nos
« vieillards. Voici la demeure de Yama que l'on appelle la
« demeure des dieux, j'entends sa flûte qui s'enfle, le voici qui
« s'enveloppe de chants[4]. » Premier mort, roi des morts, tel est le rôle dominant de Yama dans l'Inde[5] : les mythes de Yama premier homme, homme d'en haut, sont de plus en plus relégués au second plan[6].

---

1. Voir page 160.
2. Le roi des mortels et le roi des immortels.
3. RV. 10. 14. 1, 2. 7. 10. Voir tout l'hymne dans Muir, *Sanskrit Texts* V, 291.
4. RV. 10. 135. 1, 7.
5. Dans la mythologie brahmanique, il répond au Pluton grec.
6. Le seul mythe important qui reste de cette classe est celui de

Yima, dans l'Avesta, cumule les deux rôles. Homme d'en haut, premier homme, il devient, comme tous ceux de son espèce, roi légendaire d'une royauté terrestre, éblouissante, mais fatalement bornée, et au dénouement sinistre. « Le lumineux Yima, aux « beaux troupeaux, fut le plus resplendissant des mortels nés « pour voir la lumière du ciel : tant qu'il régna, il affranchit de « la mort les troupeaux et les hommes, de la sécheresse les eaux « et les plantes, rendit inépuisables tous aliments. Sous le règne « du brave Yima, il n'y eut ni froid ni chaleur, ni vieillesse ni « mort, ni passion haineuse créée du daêva; père et fils mar- « chaient dans la taille d'un jeune homme de quinze ans, tant « que régnait Yima aux beaux troupeaux, fils de Vîvanhvat[1]. » Mais sa splendeur ne peut durer plus que celle de Gayomert, de Tahmurath, de Kereçâçpa, de Zoroastre; le Serpent guette l'Homme d'en haut et le déchire avec la scie de l'éclair[2].

Mais, à côté de cette royauté terrestre, il exerce une royauté céleste qui n'a pas plus de terme défini que le règne du Yama védique. A la « demeure de Yama » répond le Var de Yima, à la porte rayonnante de lumière, « où il n'y a ni querelle, ni récrimination; ni inimitié, ni hostilité[3]; ni pauvreté, ni fourberie; ni taille infime ni taille courbée; ni dents démesurées ni corps difforme, ni aucun des stigmates imprimés par Anra Mainyu sur le corps des mortels; où une année n'est qu'un jour, où tous les quarante ans de chaque couple naît un couple, où les hommes jouissent d'une félicité parfaite, où l'oiseau Karshiptan prêche la loi[4]. »

Ce var est situé dans l'*Airyana vaêǵah* ou *Irân vêj*; or l'Irân vêj est la région même où, selon l'Avesta, Ahura et les Izeds font réunion (hañgamana) avec Yima et « les mortels excellents[5] »;

Yama-Yamî (cf. page 106, note 2).

1. Yaçna 9. 14 sq. Il n'est point douteux que la description de cette royauté terrestre ne doive beaucoup à celles de la royauté céleste. Le rôle de l'homme d'en haut est simplement de vaincre le démon et non de faire régner l'immortalité. Gayomert et Tahmurath réduisent Ahriman à l'impuissance, mais ne rendent pas l'homme immortel. L'immortalité est le privilége des morts et non des vivants, du roi des morts, non du premier homme.

2. Voir plus haut, page 105.

3. Apâvayô-haredhis : apâvayô de apa-av? M. Spiegel rapproche très-justement *haredh-is* du sanscrit *sridh*; le pehlvi le traduit *arak* (lire *arask* ?)

4. Vendidâd 2. Minokhired 44. 24 sq. 62. 14 sq.

5. Vendidâd 2. 42 sq.

autrement dit, c'est la région même où le Yama védique fait réunion avec les fidèles morts et règne avec Varuṇa : c'est donc, ou pour mieux dire c'était la région où les morts vont jouir de l'immortalité sous le sceptre du premier Homme, du premier mort, c'est le *devasâdanam*, la demeure de Yama et des dieux [1].

Le Var de Yima est donc identique à ce quatrième ciel qui s'étend dans les lumières éternelles et où les justes mazdéens, après la mort, vont boire l'ambroisie aux côtés d'Ahura le dieu du ciel [2], comme vont la boire les justes indiens aux côtés de Varuṇa, le dieu du ciel; il est identique à ce palais d'Ahura, nommé le Garô-Demânem « la maison des chants » parce qu'y retentit le son des chants célestes, comme dans la maison de Yama. Mais ici comme tant de fois le mazdéisme, dédoublant les mythes, a séparé du Garotman le Var de Yima ; ce dédoublement s'est produit quand le vrai titre de Yima fut oublié, quand Gayomert fut devenu le premier homme en titre : on ne comprit plus que les sujets de Yima n'étaient autres que les morts, se rendant pour jouir de l'immortalité auprès de l'ancêtre commun et du dieu du ciel, auprès de Yama et de l'Ahura ; l'on se rappela seulement que des bienheureux vivaient sous Yima dans une contrée merveilleuse, et comme les morts continuèrent à se rendre, comme par le passé, dans le ciel auprès d'Ahura, la population du Var cessa d'être la race humaine, et passant de la mort au royaume de l'immortalité, elle devint une race particulière et surhumaine.

C'est de ce Var qu'à la fin du onzième millenium, la terre étant dépeuplée, sortira une race nouvelle qui la repeuplera. « Ce fut un mérite de Yima, dit le Minokhired, de bâtir le Var : lorsque viendra la pluie Malkosh et que selon la prédiction de l'écriture dépériront les hommes et les créatures d'Ormazd, alors on ouvrira la porte de ce Var, il en sortira hommes, troupeaux et autres créatures d'Ormazd qui remettront le monde en mouvement [3]. »

---

1. Le Var de Yima est situé sur (ou dans) une montagne, le Djemkân (Yimi fodina ; Bundehesh 70. 11) ; c'est le pendant de l'arbre de Yama, arbre et montagne étant équivalents mythiques (cf. page 98). Selon le Minokhired il est situé sous terre (62. 15) ; c'est soit une indication dérivée par induction de la précédente, soit un souvenir ancien de la nature réelle de ce pays ; il n'est point douteux que dès l'époque indo-européenne on se représentait les morts comme vivant sous terre aussi bien qu'au ciel.
2. Cf. § 194.
3. Minokhired 27. 27.

Nous avons là une ancienne version sur la fin du monde et la résurrection : « L'hiver est venu[1], la vie est détruite : le ciel rend les bienheureux, et la vie éternelle commence. » Ce mythe de la fin du monde par l'hiver est comme nous le verrons plus tard un mythe *d'année*, transporté à la vie de l'univers[2]. Mais comme il y avait une autre version, celle de la fin du monde dans l'orage, et que celle-ci avait triomphé et fourni le dénouement du drame cosmique, l'ancienne version ne fut plus qu'une solution transitoire et non définitive. De là ce fait étrange qu'après la descente de cette race supérieure le mal reprend avec une nouvelle énergie, sans que rien en explique la raison[3].

§ 186. Enfin le troisième millenium approche. Ajis Dahâka est déchaîné et ravage le monde ; Kereçâçpa réveillé, le tue.

D'après le Bahman Yasht, « Ahura dit à Çraosha et à Nairyôçanha d'éveiller le corps du Çâma Kereçâçpa. Alors Çraosha et Nairyôçanha l'appelleront par trois fois, et à la quatrième fois le Çâma se relèvera victorieusement et fondra sur Ajis. Une seule formule n'ayant point suffi à émouvoir le démon, il lui assénera sur la tête un coup de la Loi victorieuse et le tuera ; les Drug démoniaques dispersées se précipiteront dans l'abîme et la résurrection commencera[4]. »

1. L'hiver et non le déluge. Dans la forme la plus ancienne du mythe, celle que fournit l'Avesta même, c'est l'*hiver* qui détruit la vie (Vendidâd 2. 46 sq.), ce qui concorde avec cette autre indication du Vendidâd (18), qu'Ahriman répond à la création de l'Irân vêj en contre-créant le Serpent et l'Hiver. La substitution de la pluie à l'Hiver est un des rares emprunts du Parsisme aux doctrines sémitiques : l'emprunt est rendu palpable par le nom même de cette pluie : *Malkosh* est l'hébreu *Malqosh* « pluie d'arrière saison ». Malkosh est devenu dans le Sadder et dans le Sadder Bundehesh le nom du démon qui produit cet hiver.

2. Voir § 238.

3. La construction du Var est ordonnée par Ahura à Yima en prévision de l'hiver final : c'est un exemple curieux de téléologie mythique : on a oublié la nature, l'origine du Var, on l'explique par sa fonction. De là, avec le récit de la Bible, une ressemblance décevante, qui ne tient pas quand on suit l'historique de chacun des traits élémentaires du mythe iranien.

4. Apud Spiegel, *Traditionelle Literatur* 134. — Windischmann applique très-ingénieusement à Kereçâçpa ces lignes de Plutarque : τὸν δὲ ταῦτα μηχανησάμενον θεὸν ἠρεμεῖν καὶ ἀναπαύεσθαι χρόνον, καλῶς μὲν οὐ πολὺν τῷ θεῷ ὥσπερ ἀνθρώπῳ κοιμωμένῳ μέτριον (corrigé en μηχανησόμενον [Markland]... χρόνον καλῶς μὲν οὖν πολύν, τῷ δὲ θεῷ ὥσπερ ἀνθρώπῳ κοιμωμένῳ μέτριον. *Zoroastrische Studien* 234 sq.).

La lutte est toute spirituelle : la Loi est l'arme de victoire ; cette arme nous l'avons déjà vue en action : c'est à coup de formules qu'Ormazd et Zoroastre ont repoussé Ahriman : mais le caractère frappant de ce récit, c'est l'absence d'Ahriman ; dès qu'Ajis est tué, tout est fini, le monde démoniaque croule ; ce sont les anciens héros de la lutte mythique et naturaliste qui se retrouvent en présence : d'une part le héros d'orage, d'autre part le Serpent : le Serpent mort, tout est fini : la résurrection commence, c'est-à-dire que le monde anéanti dans la nuit revient à la vie, le Serpent ténébreux étant évanoui.

§ 187. Même caractère dans le récit du Djâmâçpî, œuvre hétérodoxe cependant et où le dénouement a été modifié dans un sens tout nouveau. « A la fin du monde, Zohâk (Ajis Dahâka) sera déchaîné et répandra la dévastation dans le monde une demi-journée durant. Alors, par l'ordre du seigneur, le glorieux Çâm se relèvera de la poussière pour recevoir la loi de Çoshyos ; il viendra devant Zohâk (le diable) et lui dira : Viens, faisons amitié ! Repens-toi du mal, reçois la bonne Loi, abjure le doute. Il parlera ainsi par trois fois. Et Zohâk, radicalement pervers, lui dira : Viens ! faisons amitié et conquérons le monde. Çâm lui dira : Si tu acceptes la loi, c'est bien ; sinon, je t'écraserai la tête avec cette massue. Zohâk, par peur de Çâm, acceptera la bonne loi ; le mal, la perfidie, l'iniquité s'évanouiront de la terre ; il n'y aura plus ni vieillesse ni mort [1]. »

Laissons de côté cette réconciliation finale, création tardive et scholastique, contraire à la théorie orthodoxe, aux origines du système et à l'esprit même du mazdéisme ; le démon périt et doit périr dans l'impénitence finale, il n'abdique pas, il est anéanti ; les ténèbres de l'orage et de la nuit ne se convertissent pas à la lumière, mais s'évanouissent devant elle. L'on conçoit sans doute que la lutte étant devenue toute spirituelle, la défaite du démon ait pu devenir une conversion ; mais cette conception est propre au Djâmâçpî [2] : la croyance générale du parsisme est restée fidèle aux tendances primitives et n'est point sortie du cadre que lui avait tracé d'avance la mythologie naturaliste.

---

1. D'ailleurs cette conversion à coup de massue diffère fort peu de l'écrasement. Il n'y a pas à s'émerveiller, comme le fait Jean Reynaud, sur la hauteur morale du Mazdéisme.

2. Au temps d'Anquetil une partie des destours croyaient à la réconciliation. (Zend Avesta II, 415, note 3, et la traduction du texte correspondant.)

Mais dans le Djâmâçpî comme dans le Bahman Yasht, les adversaires sont les deux anciens héros de la lutte naturaliste, et ici comme là-bas, c'est le représentant direct du Serpent indo-iranien, de l'Ahi védique dont la défaite décide le triomphe définitif du Bien.

§ 188. Venons enfin au récit du Bundehesh ; il diffère doublement des deux précédents : d'une part, il est plus archaïque, grâce à la présence d'un grand nombre de traits matériels et tout naturalistes ; d'autre part, il l'est moins, en ce que la lutte est ou semble être entre Ormazd et Ahriman. En voici le résumé :

Aji Dahâka vient d'être tué, ainsi qu'Afrasyâb, qui, on se le rappelle, n'est autre qu'un Aji devenu Touranien[1], et qui, en qualité de serpent, ne peut périr qu'à la fin du monde. Alors le feu Armushtin fera couler l'airain fondu sur les montagnes et le fera ruisseler en fleuves sur la terre... Ahura Mazda entrera en lutte avec Aṅra Mainyu, Vohu-Manô avec Akô-Manô, Asha Vahista avec Aṅdra, Kshathra Vairya avec Çaurva, Çpeñta Ârmaiti avec Tarômaiti, c'est-à-dire Nâoṅhaithya, Haurvatât et Ameretât avec Tairica et Zairica, la Vérité avec le Mensonge, Çraosha avec Aêshma[2]. Il ne restera plus que deux démons, Ahriman et le Serpent. Ahura viendra dans le monde pour offrir un sacrifice ; il sera le Zaotar et Çraosha comme Raçpi tiendra la ceinture sacrée. Par cette cérémonie cosmique, ils réduiront au désespoir et à l'impuissance Ahriman et le serpent. Par le passage où il avait fait invasion dans le ciel, il rentrera dans les ténèbres et la nuit. Le serpent à la lumière sinistre se consumera dans l'airain fondu. L'impureté et l'infection de l'enfer seront purifiées dans l'airain fondu. L'enfer où s'est précipité Ahriman sera saisi par cet airain en fusion. Le pays de l'enfer sera rendu au libre espace. La résurrection se fera dans les mondes, l'univers sera à

---

1. Voir plus haut, page 122.
2. Çraosha, « incarnation de la formule, *tanumāthra* » écrase les démons avec l'*ahuna* et le *yaçna haptanhâiti* (56. 9. 5), il a le premier chanté les *gâthâs* et lié le Barsom, c'est le prêtre divin. Son adversaire Aêshma, quoique abstrait pour les Parses, qui font de lui le démon de la colère, a commencé par être démon matériel ; il dirige les incursions des bandes démoniaques (*haêna*), il brandit la lance sanglante, il a la lumière sinistre, il a forcé Khumbya à rester caché dans la cruche de la nuée (voir plus haut, page 219) ; son nom signifie l'impétueux et rappelle le védique *ishmin* épithète de Rudra et des bandes de Maruts. Aêshma pourrait se définir le chef des Maruts démoniaques.

souhait immortel à toute éternité. La terre sera sans impureté, sans pente, égale, la hauteur même du Cikât Cinvat sera aplanie et disparaîtra [1].

Il n'y a pas à s'arrêter sur la lutte qui s'engage entre les génies du bien et les génies du mal correspondants ; cette lutte est imposée par la symétrie du système, mais on ne la *voit* pas ; ce sont des abstractions aux prises avec des abstractions.

Les démons sont vaincus, il n'en reste que deux, *le Serpent* et *Ahriman* ; nous voilà revenus aux termes de la lutte première, à notre point de départ, au moment où Ahriman sous forme de serpent envahissait le monde [2]. Ahriman doit périr avec le Serpent, parce que la véritable lutte est entre la lumière et le Serpent ; tant que le Serpent vit, rien n'est fait, l'orage reste ouvert : dès l'instant qu'il est mort, tout est fini, et la lumière règne. Ahriman, suivant son habitude [3], rentre dans l'enfer et l'on ne s'occupe plus que du Serpent. Celui-ci peut être tué de deux façons, par l'arme mythique ou par l'arme matérielle. Le Bahman Yasht nous a offert un exemple du premier cas, le Djâmâçpî du second : le Bundehesh offre l'un et l'autre : d'une part Ormazd a frappé d'impuissance le Serpent et Ahriman en offrant le sacrifice ; d'autre part, l'arme matérielle entre en action : mais ce n'est plus la massue de Kereçâçpa, c'est *l'airain fondu*, c'est-à-dire le feu même de l'éclair [4]. L'airain fondu coule dans les montagnes, qui s'aplanissent et se fondent ; or, ces montagnes étaient nées, on se le rappelle, à l'apparition d'Ahriman [5] ; et cela parce qu'elles ont commencé par être les montagnes du ciel orageux, les nuées ; lui disparaissant, elles doivent disparaître : elles ne sont que tant que l'orage dure [6], tant que le Serpent vit. Du même coup l'enfer disparaît dans ces flammes, car l'enfer, « la demeure mauvaise », n'est autre que ces montagnes mêmes, ces nuées où siège le Serpent ; la même flamme consume la montagne, l'enfer et le Serpent [7], et met fin par suite au règne du mal. L'expulsion d'Ahriman

---

1. Bundehesh 74. 10 sq.
2. Voir plus haut, pages 122 sq.
3. Voir pages 123 et 198.
4. Voir plus haut, pages 34 et 159.
5. Voir pages 137 sq.
6. L'Inde connaît aussi ces conflagrations de montagne : l'Himavat est consumé par l'œil de Çiva ; Çiva est Agni-Rudra et par suite son œil est l'éclair. — Cf. § 238 bis.
7. Indra tue de sa foudre Ahi (le serpent) appuyé contre la montagne (1. 32. 2).

se résume donc dans ces trois formules d'orage : « l'airain fondu coule, la montagne se fond, le serpent brûle. » Son invasion est un orage mis au début des temps; son expulsion est un orage mis à la fin des temps.

V.

§ 189. Le serpent est disparu : le règne du mal a pris fin. Çaoshyant, le vainqueur en titre, a pris peu de part à la victoire. L'Avesta dit bien, il est vrai, qu'il abattra toutes les haines des démons et des hommes et que devant lui et ses amis plie Aêshma à la lance sanglante [1]; le Bundehesh de son côté dit que les quinze immortels et les quinze immortelles lui ont apporté leur secours [2]; mais, agissant, on ne l'a pas vu. Le véritable vainqueur ce n'est point lui : ce sont ses amis, les immortels, les dormeurs réveillés, Kereçâçpa, Khumbya, Aghraêratha et tous les anciens héros mythiques, vaincus du passé, vainqueurs de l'avenir, qui tombaient sous le coup du Serpent, mais pour remporter une revanche finale : le véritable vainqueur, c'est l'airain fondu, le feu de l'éclair consumant le Serpent. L'on concevrait sans doute que Çaoshyant, le fils de Zoroastre, dirigeât les jets d'airain, comme son père dirigeait les pierres du ciel; mais en fait, bien qu'il porte le titre de Verethraġan, « tueur de démons ou victorieux », il n'est que le vainqueur nominal et en titre. Son rôle est avant tout, non de tuer le démon, mais de ranimer le monde, c'est ce caractère que son nom exprime : il est le Çaoshyant, c'est-à-dire « celui qui doit dilater le monde », lui rendre le bien-être, le Çavah [3]; son œuvre est la *Frashô-kereti*, c'est-à-dire la *réanimation* du monde, la résurrection des morts. Sans doute

---

1. Voir plus haut, pages 226 sq.
2. Le Minokhired cite Ké Khosrou parmi les auxiliaires de Çoshyos : c'est toute justice, puisqu'il est le vainqueur d'Afrasyâb (v. page 221). L'on ne voit pas ce qui a fixé à 30 le nombre de ces immortels. Quant aux immortelles, ce sont sans doute Hvôgvi, l'épouse de Zoroastre, Hutaoça, celle de Vîstâçpa et les mères du sauveur et des précurseurs. D'ailleurs, d'une façon plus générale, tous les fidèles peuvent concourir à la victoire finale, comme ils concourent dans la vie présente du monde aux victoires partielles du dieu : « puissions-nous être, disent les Gâthâs, de ceux qui amèneront le renouveau du monde ! » (*at ca tôi vaêm qyâma yôi îm frashem kerenaon ahûm* 30. 9). Tels les *Einherier* dans la bataille dernière d'Odhin : cf. p. 132, n. 1.
3. Cf. pages 89 sq.

son arrivée est inséparable de l'orage final, et sa figure en reçoit les traits ordinaires des héros anti-démoniaques ; mais il est avant tout celui qui rend la vie, le héros de la résurrection.

§ 190. La résurrection se produit sous nos yeux mêmes, de deux façons : après l'orage, quand le soleil reparaît, et tous les jours, au sortir de la nuit, à l'aurore. Les deux ordres d'images se mêlent dans la *Frashô kereti*, mais les images de l'aurore dominent et la résurrection du monde n'est qu'une aurore reportée au lointain des temps. L'expression qui marque l'attente de la résurrection est calquée sur celle qui marque l'attente de l'aurore. « *Jusqu'à la puissante aurore* », dit le Mazdéen, dans l'attente du jour (*upa çûrãm ushâonhem*) ; *jusqu'à la puissante Frashô-kereti*, dit le Mazdéen, dans la nuit de ce monde, dans l'attente de la lumière éternelle (*upa çûrãm Frashô-keretîm*). Les Parsis maintenant encore appellent la résurrection *fardâ*, « le lendemain ».

Ecoutez d'autre part le Rig-Veda saluant l'aurore :

« Elle a brillé, l'éclatante conductrice des hymnes : sa
« lumière a ouvert la porte du ciel ; mettant en mouvement
« l'univers, elle répand ses richesses de lumière : l'aurore a
« réveillé toutes les créatures ;

« Celui qui est couché pour qu'il marche, chacun pour le
« plaisir ou le bien qu'il poursuit, les yeux à faible vue pour
« qu'ils voient au loin ; l'aurore a réveillé toutes les créatures.

« Elle vient d'apparaître cette fille du ciel, la jeune vierge
« radieuse aux blancs vêtements..., et en brillant elle fait se
« relever tout ce qui a vie, elle réveille tout ce qui est mort.

« Relevez-vous ! Voici venu notre souffle de vie ; les ténèbres
« ont disparu, la lumière vient. Elle a ouvert au soleil la voie où
« il marchera ; nous sommes allés là où la vie se prolonge [1]. »

L'aurore védique est une résurrection de tous les jours : la résurrection mazdéenne est une aurore finale. Aussi Çaoshyant doit-il naître « du fond de la région d'aurore [2], du fond des régions d'aurore [2] », et sa mère, la vierge Eredat-Fedhri « celle qui fait relever les ancêtres » étant mère d'un dieu qui naît à l'aurore, se donne par là comme une sœur de l'aurore

---

1. RV. 1. 113. 4 sq.
2. Voir page 197. De même le sous-précurseur Behrâm Varjâvand vient de la Chine ou de l'Inde, c'est-à-dire de l'Orient (voir plus haut, page 229).

védique. Elle porte encore le nom de *Vîçpa-taurvairi* « celle qui abat tout ennemi » : ce n'est point, comme le dit l'Avesta, « parce qu'elle mettra au jour celui qui abattra toutes les haines des démons et des hommes [1] » ; elle mérite ce nom par elle-même : l'aurore chasse les ténèbres, abat les démons ; « elle est très-semblable à Indra [2] » dit le Rig-Veda ; elle est « celle qui repousse la haine » *Yâvayad-dveshâ* ; « elle vient avec sa lumière, la fille du ciel, abattant les haines, les ténèbres [3]. » Entre la jeune mère et son fils, il n'y a donc pas de différence essentielle pour l'action, et elle est celle qui fait relever les ancêtres, *Eredat-Fedhri*, comme il est celui qui fait relever les êtres, *Açtvaṭ-Eretô*. Seulement les images de la lutte que la lumière doit supporter pour reprendre possession du monde, se sont attachées de préférence au fils, au héros viril, au soleil levant.

§ 191. Mais la résurrection par l'orage a laissé également des traces. « Le premier homme dont le corps se relèvera sera Gayô Maratan. » Ce n'est point par droit d'aînesse et parce qu'il a été le premier homme, mais c'est parce qu'il est l'Homme d'en haut et que sa réapparition est intimement liée à la disparition du démon [4]. Le jour où il a paru, Ahriman, nous l'avons vu, s'est senti impuissant et est rentré sous terre : lumière au ciel, démon sous terre ; à l'instant où Ahriman rentre sous terre, l'homme d'en haut par cela même reparaît. « Puissent, dit une formule, les démons rentrer sous terre et les morts se relever [5] » ; si le mort s'appelle Gayomert, les deux faits sont simultanés et indissolubles. La résurrection de Gayô Maratan n'est pas un bienfait de l'aurore, c'est un triomphe du héros d'orage ; elle s'explique par une formule antique : « Le démon rentrera dans l'enfer, Gayô Maratan reparaîtra ; » formule parallèle à celle dont nous avons vu le développement dans le mythe de Gayomert : « Gayô Maratan parut : le démon rentra dans l'enfer [6]. »

§ 192. Nous n'avons pas à entrer dans le détail de la résur-

---

1. Yasht 13. 142.
2. Indratamâ.
3. RV. 5. 80, 5. cf. 7. 77, 1 ; 78. 2, etc.
4. Suit un détail énigmatique : la moitié de la lumière du soleil éclairera Gayomert, l'autre, le reste des hommes.
5. Fragment 4. 3.
6. Voir pages 115 sq., 157 sq.

rection, des cérémonies sacrées qui l'amènent[1], de la vie future et du jugement dernier. Notre tâche s'arrête à la disparition d'Ahriman. Concluons de l'analyse des deux grands faits de la lutte du monde, invasion du mal, expulsion du mal, que, réduits à leurs traits essentiels, on peut les définir, l'un « un orage qui commence », l'autre « un orage qui finit ».

---

1. Voir néanmoins plus bas, § 255. Cf. § 238.

CHAPITRE VI.

RAPPORTS D'ORMAZD ET D'AHRIMAN.

I. § 193. Ahriman est Aji érigé en principe du mal et modelé symétriquement sur Ormazd. — § 194. Attributs et actes d'Ahriman : projection inverse de ceux d'Ormazd. — § 195. Créations d'Ormazd et contre-créations d'Ahriman.

II. A. § 196. Création des Amshaspands. Haurvatât et Ameretât. — § 197. Vohu-Manô. — § 198. Asha vahista. Le *rita*. — § 199. Khshathra vairya. Le kshatra. — § 200. Çpeñta Armaiti. Epouses mystiques d'Ahura. Armaiti-Aramati; Pareñdi-Puramdhi. — § 201. Conclusion.

II. B. § 202. Attributs matériels conquis par les Amshaspands. Haurvatât et Ameretât donnent le branle. — § 203. Asha Vahista et le Feu. — § 204. Khshathra Vairya et l'airain fondu. — § 205. Armaiti et la Terre. — § 206. Vohu-Manô et les troupeaux.

II. C. § 207. Contre-Amshaspands. Tairica et Zairica. — § 208. Akem-Manô. Çaurva, Nâoñhaithya et Añdra n'ont pris que très-tard et artificiellement la valeur de contre-Amshaspands.

II. D. § 209. Théorie de la révolution religieuse du Mazdéisme. — § 210. Cette théorie ne repose que sur des faits de langage, nullement sur une différence dans les conceptions. — § 211. Añdra et Iñdra. — § 212. Çaurva et Çarva. — § 213. Nâoñhaithya et Nâsatya. — § 214. Daêva (démon) et Deva (dieu). — § 215. Druǵ daêvi. — § 216. Noms des démons. — § 217. Conclusion. — § 218. Les Asuras en Inde. — § 219. Dañhu et Dasyu. — § 220. Conclusion. Point de révolution religieuse.

II. E. § 221. Création de vingt-quatre dieux et de vingt-quatre démons (Plutarque). — § 222. Créations et contre-créations terrestres.

III. § 223. Lutte des étoiles et des planètes. — § 224. Tistrya dieu d'orage et étoile. Pourquoi. — § 225. Tistrya chef des étoiles. —

§ 226. Entraîne les étoiles dans le parti d'Ormazd, jette les planètes dans le parti d'Ahriman.

IV. § 227. Animaux d'Ormazd ; animaux d'Ahriman. — § 228. Sont à Ormazd ceux qui dans les mythes prêtent leur forme au dieu d'orage. — § 229. Sont à Ahriman ceux qui dans les mythes prêtent leur forme au démon d'orage. — § 230. Confirmations par le culte. — § 231. Classification *utilitaire* : postérieure. Contradictions qui en naissent.

V. § 232. L'humanité : double, divine et démoniaque. — § 233. Ramenée à l'unité. — § 234. Le premier péché. — § 235. Maladies. — § 236. Morale.

VI. § 237. Durée limitée du monde. — § 238. Le monde dure une journée ou une année. — 238 *bis*. Parallèles dans les mythologies sœurs. — § 239. Périodes. — § 240. Conclusions.

VII. § 241. Age du dualisme. — § 242. Les Gâthâs.

I.

§ 193. L'on a vu qu'il n'est aucun des actes matériels d'Ahriman qui ne soit acte du démon de l'orage, du Serpent, d'Aji. Ahriman est Aji, mais Aji érigé en puissance suprême, en principe, Aji maître et créateur de la moitié de l'univers, source de tout le mal qui est; c'est le Serpent devenu *Añgra Mainyu*, « Esprit du mal ».

Il suit de là que l'opposition continue qui s'établit entre lui et Ahura n'a pu se produire que quand l'un et l'autre eurent perdu leur caractère primitif et concret et se furent élevés à des attributs généraux et abstraits. L'on a vu en effet, dans la première partie de ce travail, qu'Ahura Mazda a commencé par être le dieu du ciel, et dans la seconde partie qu'Ahriman est une forme du Serpent; or, entre le dieu du ciel et le Serpent il n'y a pas, dans la mythologie indo-iranienne, opposition directe et continue. Sans doute le ciel est considéré parfois comme le théâtre et l'enjeu de la lutte : quelques traits nous montrent Varuṇa et Ahura brandissant la foudre contre le démon, comme un Zeus ou un Jupiter; Aji a été un démon *varenien*, c'est-à-dire un démon qui cherche à conquérir le ciel, et quand Ahriman envahit *le ciel* sous forme de serpent, Ormazd, dieu du ciel, est son adversaire naturel et légitime[1]. Mais le plus souvent la lutte se livre, non dans le ciel, mais entre ciel et terre, dans l'atmosphère; l'adversaire du

---

1. Voir pages 33, 34, 70.

serpent est non le dieu du ciel, armé de l'éclair, mais le dieu-éclair, Indra-Atar. Aussi, dans l'immense majorité des cas, Ahriman a à lutter non contre Ormazd, mais contre Atar et contre les incarnations d'Atar : Gayô Maratan, Zarathustra, Takhma Urupa, Kereçâçpa. Ce qui donc s'oppose dans la lutte d'Ormazd et d'Ahriman, ce ne sont point les personnages eux-mêmes, mais les idées générales et abstraites dont ils sont devenus l'expression, c'est le Çpeñta Mainyu et l'Añgra Mainyu, l'Esprit du Bien et l'Esprit du Mal.

Une fois que l'Esprit du Mal se fut nettement posé en regard de l'Esprit du Bien, il se produisit une large et puissante action de l'analogie, qui eut pour effet d'étendre le cercle d'action d'Ahriman à la mesure du cercle d'action d'Ormazd ; Ahriman grandit à la taille de son rival ; tous les traits qui s'étaient dessinés en Ormazd spontanément et par action mythique, se calquèrent en Ahriman par action d'analogie ; *Ormazd a organisé Ahriman*[1]. Cette action se découvre et dans les attributs d'Ahriman et dans ses actes.

I.

§ 194. Ahura Mazda, dieu du ciel lumineux, trône dans la lumière infinie ; donc Ahriman siège dans les ténèbres infinies. Cet infini des ténèbres est une projection de l'infini, réel et visible, de la lumière céleste[2].

Ahura Mazda habite le Garothman, le Paradis, ce que les Parsis appellent le Behesht, et que l'Avesta appelait « le monde excellent », *vahistô-Ahu* ; Añgra Mainyu doit se créer un palais tout contraire, qui s'appellera « le monde mauvais », *duj-ah* (pour *duj-ahu*), devenu le nom moderne de l'enfer (*duj-akh*).

Le monde excellent ou Paradis est dans la lumière infinie ; donc le monde mauvais ou enfer est dans les ténèbres infinies. Or la lumière infinie est au-dessus de la terre : donc les ténèbres infinies sont au-dessous de la terre et le siège du démon, l'enfer, autrefois atmosphérique, devient souterrain.

Les fidèles qui ont toujours bien pensé, bien parlé, bien agi, et suivi la bonne loi, vont boire la liqueur et la nourriture céleste auprès d'Ahura et des Amesha-Çpeñta[3] ; c'est ainsi que dans le

---

1. Cf. page 96.
2. Voir plus haut, pages 108 sq.
3. Yasht 22. 18.

védisme les *sukṛit,* c'est-à-dire ceux qui ont bien rempli le devoir religieux, vont boire le Soma chez Yama, chez Varuṇa et les dieux [1]. Donc les infidèles, ceux qui n'ont pas suivi la bonne loi, qui n'ont pas pensé, dit et fait ce qu'il faut penser, dire et faire, descendent dans l'enfer auprès d'Añgra-Mainyu qui les nourrit de poison et de mets empoisonnés [2].

Le paradis suprême, la demeure du Çpeñta, est au-dessus *des trois cieux* [3]; donc l'enfer, la demeure de l'Añgra, est au-dessous *de trois enfers*, et chacun de ces trois enfers va se modeler sur les trois cieux.

Le paradis védique s'appelle *sukṛitasya lokas* [4], « le monde de la bonne action » c'est-à-dire le monde où viennent les *sukṛit*, ceux qui ont bien agi, c'est-à-dire bien sacrifié. Le mazdéisme, ayant trois paradis disponibles, les met en parallèle avec les trois vertus liturgiques dont le *sukṛita* est la plus haute et comme le résumé; l'âme du juste arrive en quatre pas au paradis suprême; le premier pas la pose au paradis de la bonne pensée (*humata*), le second pas à celui de la bonne parole (*hûkhta*), le troisième pas à celui de la bonne action (*hvarsta*) [5], le quatrième dans la lumière éternelle [6]. Les trois paradis déterminent trois enfers; un premier pas pose l'âme du méchant dans l'enfer de la mauvaise pensée (*dusmat*), un second dans celui de la mauvaise parole (*dujûkht*), un troisième dans celui de la mauvaise action (*dujvarest*) [7], un quatrième dans les ténèbres infinies.

Même symétrie dans l'ordre intellectuel et moral. Ormazd étant tout lumière, voit tout, est omniscient: donc Ahriman est ignorant. Ormazd voit au loin, voit d'avance, prévoit les conséquences

---

1. Cf. pages 231 sq.
2. Yasht 22. 36.
3. De là, le triple élargissement du monde par Oromazes : εἶθ' ὁ μὲν Ὀρομάζης τρὶς ἑαυτὸν αὐξήσας ἀπέστησε τοῦ ἡλίου τοσοῦτον, ὅσον ὁ ἥλιος τῆς γῆς ἀφέστηκε (Windischmann, *Zoroastrische Studien* 283).
4. RV. 10. 85. 24.
5. Yasht 22. 15.
6. L'Ardâi vîrâf connaît sept paradis; ils sont nés des sept cieux (voir page 81, n. 3).
7. Minokhired 2, 182. Le Parsisme n'a d'ailleurs guère utilisé ses trois premiers paradis ni ses trois premiers enfers. Dans l'Avesta, l'âme ne fait que les traverser sans s'y arrêter, pour se fixer dès l'abord au paradis suprême ou au dernier enfer. L'auteur de l'Ardâi vîrâf essaie d'étager ses sept paradis; mais ce précurseur du Dante ne brille ni par l'imagination, ni par le bon sens, et ses sept cieux ne diffèrent guère, ni par les habitants qu'ils reçoivent, ni par les jouissances qu'ils leur offrent.

avant l'action ; donc Ahriman agit avant réflexion, il est toute imprévoyance et *post-science* (Akher-dânis). On en a eu les preuves dans le dialogue d'Ormazd et d'Ahriman au début de la lutte : c'est du côté d'Ormazd qu'est l'habileté, la prévoyance, le calcul. Mais l'analogie n'a pas créé à elle seule l'ignorance d'Ahriman. Etant ténèbres, il est aveugle, il ne voit pas. « O aveugle Aṅra Mainyu », s'écrie la Druǵ. L'épithète est déjà métaphorique, mais ne l'a pas toujours été[1]. Aveugle est dans les Védas une épithète ordinaire des ténèbres. Ces ténèbres matérielles deviennent ténèbres morales, ignorance. D'Ahriman elles descendent sur l'homme : le mot aveugle prend un sens technique : il désigne l'impie, le rebelle à la loi[2].

§ 195. Même symétrie dans l'action. Tout être, surnaturel ou naturel, est, soit par Ormazd, soit par Ahriman. Aux créations d'Ormazd, créant les dieux et les choses, répondent systématiquement des réactions d'Ahriman créant démons et choses contraires. Ces réactions s'appellent *paity-âra* « contre-mouvement[3] ».

Commençons par les créations d'êtres surnaturels, et tout d'abord par celle des êtres où se marque le mieux cette action de l'analogie ; celle des Amshaspands et des contre-Amhaspands. Nous passerons de là aux créations et contre-créations terrestres. Nous verrons ensuite comment étoiles et planètes entrent à leur tour dans la bataille, comment les animaux se rangent sous l'un et l'autre des deux Esprits et enfin le rôle de l'Homme dans la lutte.

III.

§ 196. Ormazd créa de la lumière cosmique les six Amesha-Çpeñta : Vohu-Manô, Asha-Vahista, Khshathra Vairya, Çpeñta

---

1. Voir plus haut, pages 110 sq.
2. *Çkutara, kavi*. De là l'emploi de *karapan* « sourd » dans le même sens. Ces expressions faisaient partie de la langue religieuse courante : on le voit par le début du manifeste Zoroastrien de Yezdeguerd (v° siècle) : « Vous saurez que tout homme qui habite sous le ciel « (= *hvare-dareça* ?) qui ne suit pas la religion Mazdayaçnienne est « *sourd, aveugle* et trompé par les dévs d'Ahriman » (Elisée, *Soulèvement national de l'Arménie chrétienne*, page 26 de la traduction de l'abbé Garabed).
3. Habituellement rendu par le mot « opposition ».

Àrmaiti, Haurvatât, Ameretât, qui président respectivement aux troupeaux, au feu, aux métaux, à la terre, à l'eau, aux plantes. Ahriman créa des ténèbres cosmiques Ako-Manô, Añdra, Çaurva, Nâoṅhaitya ou Tarô-Maiti, Tauru et Zairica [1].

Nous n'avons pas à revenir sur l'origine de la conception même des Amesha Çpeñta; on a vu comment, au début de la période iranienne, l'Ahura suprême se trouvait être le premier de sept divinités gouvernant le monde; on a vu que le nombre de ces divinités, de ces *Amesha-Çpeñta*, était seul fixé et que la liste elle-même n'était point arrêtée [2].

Cette liste se remplit, dans la période iranienne pure, non avec des divinités concrètes, mais avec des divinités abstraites, parce que l'idée qui dominait dans l'Amesha Çpeñta était l'idée de la divinité morale et bienfaisante, et elles tombèrent au rang de créatures d'Ahura, parce qu'Ahura était devenu le créateur en titre.

Les six Amesha Çpeñta se divisent en deux classes : deux d'entre eux représentent des abstractions matérielles, quatre des abstractions morales; le plus grand nombre d'ailleurs de ces abstractions avaient déjà une valeur religieuse dans la période indo-iranienne.

Les deux de la première classe sont Haurvatât et Ameretât, *Santé* et *Longue vie*. L'on a essayé ailleurs de faire leur histoire et de montrer que ce couple était déjà invoqué dans la période de l'unité indo-iranienne [3].

La seconde classe comprend *Vohu-Manô* « la bonne Pensée », *Khshathra Vairya* « la souveraineté absolue », *Asha Vahista* « l'Ordre excellent », *Çpeñta Armaiti* « la bienfaisante Piété ». De ces quatre divinités une seule est une création purement mazdéenne, c'est la première; les deux suivantes étaient déjà des abstractions définies, ayant peu de chose à faire pour se personnifier, c'est-à-dire pour se diviniser; la quatrième était déjà divinité faite.

§ 197. Vohu Manô, la bonne pensée, est pour Plutarque, Θεός εὐνοίας, dieu de la bienveillance. Il veille en effet, selon les Parses, à ce que la concorde règne parmi les hommes et le Yasht

---

1. Cf. plus haut, page 115.
2. Voir plus haut, pages 42 et 83 sq.
3. *Haurvatât et Ameretât*, 23ᵉ fascicule de la Bibliothèque de l'école pratique des hautes études.

des Amshaspands invoque avec lui Âkhsti, la Paix[1]. Mais ce n'est là qu'une extension de sens : nous avons montré plus haut que la bonne Pensée (*humata*) a été un terme de la morale religieuse avant d'être un terme de la morale humaine, et a marqué la Pensée dirigée vers le bien religieux, appliquée à l'objet du culte[2]. Vohu Manô est donc à l'origine une des puissances du culte : c'est à ce titre qu'il paraît aux côtés d'Atar, le Feu, pour repousser l'invasion d'Ahriman, et aux côtés de Tistrya, le dieu de l'orage, pour repousser Apaosha[3]. Il représente la force de la pensée religieuse, de la ferveur, cette puissance sans cesse en action dans les Védas sous des noms de même racine, *manîshâ*, *mati*, ou sous le nom de *dhî*.

§ 198. *Asha Vahista* est pour Plutarque le dieu de la vérité, ἀληθείας Θεός ; nous avons vu plus haut que la vérité est en effet un des sens partiels et très-anciens du mot *Asha*[4] ; mais la valeur générale et ordinaire du mot est infiniment plus large ; l'*asha* répond exactement pour sa valeur au *rita* védique, marque l'ordre universel, soit dans le monde matériel, soit dans le monde moral, et l'*Asha* est la loi suprême du monde mazdéen, comme le *rita* la loi suprême du monde védique[5]. Le *rita* n'est pas personnifié en dieu dans le védisme, mais il n'en est pas moins objet d'adoration : « Sacrifie pour nous, ô Agni, à Mitrâ-Varuṇâ, aux dieux, au *rita suprême*[6]. » Le *rita* est d'ailleurs plus qu'un dieu, c'est la loi même des dieux. Le deuxième Amshaspand est le *rita* personnifié, l'Ordre-dieu.

§ 199. Le troisième est *Khshathra vairya* « la Souveraineté indépendante ». Le *kshatra*, « la Souveraineté », était déjà dans la période indo-iranienne un attribut consacré des divinités suprêmes, de l'Asura et des dieux qui lui font cortége. Le Rig-Véda célèbre la souveraineté impérissable, indéfectible, inébranlable, incomparable, lumineuse, sublime de Mitra et de Varuṇa ; les *Adityas* sont les rois à pleine souveraineté, les *su-kshathra*, les *kshatriya*. Dans le brahmanisme, le *kshatra* devient un principe défini qui s'incarne dans le roi terrestre ; le souverain

1. Yasht 2. 6.
2. Voir page 11.
3. Voir pages 124 et 141 sq.
4. Voir page 17.
5. Voir le premier chapitre de la première partie.
6. RV. 75. 5.

homme est souverain par la part de *kshatra* que le souverain-dieu dépose en lui. Le mazdéisme le personnifie de son côté. *Khshathra Vairya* est pour Plutarque Θεὸς εὐνομίας « le dieu du bon gouvernement » ; ici encore l'idée morale et toute humaine est récente et d'analogie : le *Khshathra Vairya* est primitivement la souveraineté qui s'exerce sans entrave contre le démon : « donne-nous, disent les Gâthâs, donne-nous la souveraineté puissante dont la force écrasera la Druĝ ! »[1] La souveraineté humaine a pour prototype la souveraineté divine qui se manifeste avec le plus de puissance dans l'écrasement du démon, c'est-à-dire dans l'orage. Aussi, comme nous le verrons, le *Khshathra* a-t-il pour emblème *l'airain fondu*, c'est-à-dire l'éclair[2].

§ 200. Çpeñta Armaiti est pour Plutarque « la déesse de la sagesse », θεός σοφίας ; pour la tradition « la pensée parfaite », *bundak mînesnis*. Cette dernière traduction est grammaticalement exacte ; car Armaiti se compose de *maiti* pensée et de *âr* qu'on ne peut séparer de *âri*, que la tradition traduit « perfection ». Mais il est nécessaire et possible de serrer de plus près le sens du mot. L'Avesta oppose ceux qui pensent *arem* à ceux qui pensent *tarem*[3], et *ârmaiti* à *tarô-maiti*[4] ; *tarem* et *tarô* ré-

---

1. Yaçna 31. 4.
2. Voir plus bas, § 204. Déjà dans l'Avesta, l'idée morale est entrée dans la conception de la souveraineté. Un des attributs du *Khshathra vairya* est la protection du faible (*thrâyôidyâi drigûm*, Yaçna 34. 5) ; mais il s'agit toujours de la souveraineté divine invoquée contre l'oppression des démons, des Khrafçtra et des hommes (*vîçpâis paré daêvâiscâ khrafçtrâiscâ mashyâiscâ*). Un autre attribut est « la miséricorde » *marjdika* ; cf. les formules védiques : *mrlâ sukshatra mrilaya* (7. 89. 1). Voici.les devoirs du bon roi, selon le Minokhired : tenir le pays dans le calme, faire régner la loi et la règle droite, rejeter la loi et la règle mauvaise ; tenir en bon état l'eau et le feu ; faire prospérer le culte de Dieu et les bonnes œuvres, secourir le pauvre et intercéder pour lui, sacrifier à la bonne Loi de Mazda sa vie et tous ses biens ; rappeler à la voie de Dieu celui qui s'en écarte, le mettre en prison, donner de ses biens part à Dieu, aux œuvres pies et aux pauvres, et sacrifier le corps pour le salut de l'âme. Pareille royauté ressemble à celle de Dieu et des Amshaspands (15. 16 sq.).
3. Tarém mãçtã yô im tarém mainyañtã (mainyatã ?)
   anyém ahmât yé hôi arém mainyañtã (mainyatã ?). Yaçna 44. 11.
4. Vainît.... ârmaitis tarômaitim (Yaçna 59. 8). Cf. Bundehesh 76. 8, où Armaiti, à la lutte finale, tue Tarômaiti, et plus bas § 208.

pondent pour la racine et le sens au latin *trans*, et *tarômaiti* est *la pensée qui transgresse* ; *arem*, dérivé de la racine *ar* « s'adapter », répond pour la racine et le sens grammatical au sanscrit *ritam*, et *ârmaiti* est par suite la pensée qui suit l'ordre, qui suit la loi, *ritâvarî mati* dirait le Véda. Armaiti est donc la Prière pieuse, la Piété ; c'est la σοφία, comme le veut Plutarque, mais la σοφία religieuse.

Cette valeur est confirmée par l'emploi du mot comme nom commun et au pluriel : « Nous invoquons cette terre avec les « Femmes, cette terre qui nous porte et ces Femmes qui sont tes « épouses, ô Ahura : les offrandes (*îjâo*), les actes de pureté « (*yaostayô*), les demandes (*frastayô*), les *ârmaiti;* et avec « elles nous invoquons la bonne *ashi,* la bonne *ish,* la bonne « libation, la bonne glorification (*fraçaçti*), la bonne *pareñdi,* « et nous invoquons les eaux qui ruissellent, les eaux savoureuses, « les épouses d'Ahura, etc. [1]. »

Nous connaissons déjà les Eaux, *gnâ* d'Ahura, épouses matérielles du dieu [2] ; voici une nouvelle série d'épouses, idéales, *gnâs* mystiques, les Prières, les Offrandes. Cette conception est un héritage de la période indo-iranienne et dont les titres sont dans le Rig-Véda.

La prière est féconde comme la nuée ; Varuṇa a eu Vasishtha non pas seulement de l'Apsaras, mais aussi d'Urvaçî, le Désir, sous le stimulant du *Brahman*, la Prière [3] ; les dieux sont les taureaux des prières (*matînâm vrishabha*) [4] ; elles s'élancent inassouvies vers le dieu comme à leur mâle [5], et en rut elles rugissent tandis qu'il les féconde [6]. Tout ce qui est fils de la nuée peut donc être conçu comme fils de la prière, de l'offrande, du culte qui rend la nuée féconde et lui arrache ses trésors : Agni, fils des Eaux, est aussi fils d'Idâ « l'Offrande » [7]. D'autre part, c'est une prière puissante et féconde qui retentit dans la voix céleste, dans le bruit du tonnerre, au sein de la nuée ; c'est au

---

1. Yaçna 38. 1 sq. Cf. plus haut, page 35.
2. Cf. plus haut, page 35.
3. Voir plus haut, page 219.
4. RV. 6. 17. 2 ; cf. 9. 86. 19.
5.   Asrigram indra te giras prati tvâm ud ahâsata
       agoshâ vrishabham patim (1. 9. 4).
6.   Avâvaçanta dhîtayo vrishabhasya adhi retasi
       sûnor vatsasya mâtaras.
       Kuvid vrishaṇyantîbhis punâno garbham âdadhat (9. 19. 4, 5).
7. RV. 3. 29. 3.

son des cantiques que chantaient les *gnâs,* épouses des dieux, qu'Indra a tué le serpent [1] ; de là identité mythique dans les fonctions de la *gnâ* matérielle, la Vierge de la nuée, et de la *gnâ* mythique, voix du culte, terrestre ou céleste [2].

Or, toutes ces épouses mystiques d'Ahura, parmi lesquelles sont citées les Armaiti, sont des personnifications de la prière et de l'offrande, la plupart indo-iraniennes, quelques-unes déjà personnifiées dans la période d'unité. Azûiti est le védique *âhuti*, nom de l'offrande, divinisée sous les noms de Idâ et de Bhâratî ; *ish,* dans les deux langues, désigne les présents dont les flots montent de l'homme au dieu et descendent des dieux à l'homme ; *fraçaçti* est la *praçasti* védique, la glorification du dieu. L'une de ces abstractions est plus particulièrement vivante : *Pareñdi* qui, selon la tradition, garde les trésors [3] et roule sur un char retentissant (*raoratha*) ; Pareñdi est pour la forme et le sens le védique *Puram-dhi,* « l'Abondance » [4] : or, Puramdhi marque, comme *ish,* la richesse qui monte de terre au ciel dans le sacrifice, et qui descend du ciel sur terre par le don du dieu, et elle est personnifiée en déesse : « Puisse la favorable Puramdhi se diriger sur nous, pour nous donner les richesses qui viennent sur son char [5]. » L'on comprend dès lors pourquoi la Pareñdi mazdéenne est la gardienne des trésors et pourquoi elle va sur son char retentissant ; c'est le char védique de la prière, ce char qui va et vient entre ciel et terre par le *devayâna* (la voie des dieux), ce char qui porte en haut la prière et l'offrande et rap-

1.   Asmâ id u gnâs cid devapatnîr
        Indrâya arkam ahihatye ûvus (1. 61. 8).

2. Les deux qualités se fondent dans le même personnage : Sarasvatî, déesse des Eaux, devient déesse de l'Eloquence, de la Parole ; comme telle, elle est épouse de Brahman (la Prière). C'est l'inverse d'Urvaçi devenue *gnâ* matérielle, *Apsaras,* de *gnâ* mystique qu'elle était (cf. page 219).

3. Neriosengh ad Yaçna 14. 2 : *nikhâta-rakshakâ.*

4. Pareñdi = Parem-di = *Param-dhi. Le sanscrit *Puram-dhi* a affaibli la voyelle radicale de *par* comme il le fait dans un grand nombre des formes de cette racine (*pûr-dhi, pû-pur-a, pûr-*na, etc.). Un certain nombre de manuscrits donnent la forme *Pâreñdi,* répondant à un primitif *Pâram-dhi, non moins légitime.

Comme adjectif, *puramdhi* est le nom ou l'épithète du Dieu qui apporte la richesse, un équivalent de *Bhaga,* le dieu « libéral » dont il est souvent rapproché.

5.   *Rathirâyatâm uçantî puramdhir*
     Asmadhryag á dâvane vasûnâm. RV. 9. 93. 4.

porte en bas lumière, pluie, ambroisie, postérité et tous les trésors du ciel[1].

Nous venons enfin aux *Armaiti* ; Çpeñta Armaiti est présentée en général comme la fille d'Ahura[2] ; ici les Armaiti sont épouses d'Ahura. Cette dernière relation est plus ancienne que la première qui est de nature abstraite et *induite* ; Çpeñta Armaiti est devenue la fille d'Ahura parce qu'Ahura est devenu le père des Amshaspands[3]. Ce qui confirme cette hypothèse, c'est qu'Armaiti se retrouve dans la déesse védique *Aramati*, personnification de la Prière conçue comme amante du dieu, *gnâ* divine[4], qui, matin et soir, ruisselante du beurre de l'offrande, va se livrer à Agni[5].

1. Les *frastayô* sont les questions adressées à la divinité, qui est la science suprême, et à qui s'adressent tous les êtres. Cf. RV. 10. 82. 3 ; Vendidâd 18. 18. 14, cf. page 24.
Les *yaosti* sont l'incarnation du *yaos* (védique *yos*, expression du bien religieux, correspondant à *çam* le bien matériel). *Ija* répond de sens à l'*idâ* védique ; la relation des deux formes est obscure, la valeur primitive du *d* cérébral étant incertaine. Au même groupe de divinités liturgiques appartient *Ashi Vanuhi* « la bonne Ashi », personnification féminine de l'*Asha*, c'est-à-dire de l'ordre, mais exclusivement de l'ordre liturgique, comme l'indiquent ses relations avec Zoroastre dont elle est l'amante (cf. page 225 n. 2), avec Çpeñta Armaiti dont elle est la fille (Yasht 17. 16), avec Pareñdi dont elle est fréquemment rapprochée. Elle vient par les longs chemins, *dareghô-vârethmanem* (ce sont les *pathas devayânâs* par lesquels vient Aramati. RV. 5. 43. 6) ; elle apporte tous les remèdes qui sont dans les eaux, les vaches (célestes), les arbres ; elle abat les haines des démons et des hommes (Yaçna 54. 3 sq.) ; le bonheur entre dans la maison où elle pose les pieds (Yasht 17).
2. Yaçna 44. 4.
3. Voir plus haut, pages 41 sq.
4. RV. 5. 43. 6. Aramatim.... gnâm devîm.
5.   Upa yam (Agni) eti yuvatis sudaksham
doshâ vastor havishmatî ghrîtâcî.
upa svâ enam aramatis vasûyus. RV. 7. 1. 7.
Remarquer l'épithète *svâ* qui explique peut-être le nom de l'épouse de Zoroastre Hvôgvi (sanscrit *sva-gva*, *gva* suffixe de noms propres comme dans *Nava-gva*, *Atithi-gva*, *Daça-gva*) ; ce serait la Prière (v. s. page 225 n. 2) qui s'unit comme *sienne* à Zoroastre) ; même conception que dans l'hymen de Purûravas et d'Urvaçî. Ce *naturalisme abstrait* est plus ancien que la période indo-iranienne ; Athênê est née de Zeus et de Mêti (Hésiode) ; les Grecs ont fait de ce mythe une simple allégorie : la déesse de l'intelligence naissant de la pensée du Dieu ; tous les détails du mythe contredisent cette interprétation (Hésiode, *Théogonie* 886 sq.), et Mêtis, *fille d'Okeanos*, prend place à côté de Sarasvatî, d'Aramati, d'Urvaçî, comme *gnâ* matérielle et mystique.

§ 201. Ainsi, en résumé, non-seulement la notion de l'Amesha Çpeñta est indo-iranienne, non-seulement le nombre même des Amesha-Çpeñta était fixé dans la période d'unité, mais les six divinités mazdéennes qui portent ce nom sont nées d'abstractions indo-iraniennes ; c'est dans un fonds commun d'abstractions que le Mazdéisme a puisé pour remplir le nombre imposé par la formule constitutive [1].

II. B.

§ 202. Ces divinités abstraites se sont créé peu à peu des attributs matériels.

Ce furent Haurvatât et Ameretât qui donnèrent le branle. On a montré ailleurs comment les deux génies de la Santé et de l'Immortalité se transformèrent spontanément en dieux des eaux

---

1. Ce fonds était considérable et il fallait choisir. De là vient que l'on rencontre dans l'Avesta d'autres divinités de même caractère sans le même titre. En général, la fortune des abstractions élevées au rang d'Amshaspand s'explique par l'importance qu'elles avaient déjà dans la période indo-iranienne. Ainsi, *Khshathra vairya* a un doublet *Fçératu* « la domination absolue » (voir *Haurvatât et Ameretât* p. 28 note) ; mais Khshathra était une vieille et puissante abstraction, si puissante que dans les deux branches de la famille elle a fait fortune ; Fçératu, simple synonyme, ne pouvait lui disputer sérieusement le titre d'Amshaspand. Aramati était une divinité constituée dès la période d'unité ; elle n'avait point à gagner son titre contre les nombreuses concurrentes qui auraient pu le lui disputer, elle n'avait qu'à le maintenir. Une seule aurait pu lutter avec succès contre elle, *Pareñdi*, divinité d'aussi vieille roche : mais une nuée d'abstractions de la même racine, *Vohu Manô*, *Humata*, *Mãthra*, la protégeait. Son épithète de Çpeñta « l'accroissante » (ailleurs *varedaiti*, Yaçna 28. 3 : par la prière *croît* le dieu et l'homme ; cf. l'emploi védique de *vardh*) l'appelait d'avance dans le monde sacré. *Pareñdi* isolée, incomprise, son nom n'étant plus intelligible dans la langue de l'Avesta, oubliait sa valeur, et, ne parlant plus à la conscience religieuse, tombait des régions célestes où elle avait plané sur son char retentissant de cantiques. Quant aux autres abstractions de même ordre, on ne voit pas qu'elles fussent déjà existantes ou déjà divinisées dans la période d'unité. Telles sont *Daêna* « la Religion », abstraction de premier ordre dans l'Avesta et digne autant qu'Armaiti des premiers honneurs, mais de formation récente et tout iranienne, quoique la racine d'où elle dérive, *dhî*, joue un grand rôle dans les Védas, comme nom de la prière ; *ciçti* l'adoration, la *citti* védique ; *râta* le présent de l'homme à dieu ou du dieu à l'homme, équivalent du védique *râti*, de l'indo-iranien *ish*, de l'*idâ* et de l'*ijâ* ; *ashi-vanuhi* (voir page précédente, note 1), *dâtem*, la loi ; *mãthra*, la parole sainte, etc., etc.

et des plantes [1]. On les invoquait contre Tauru et Zairica, c'est-à-dire contre la maladie et la mort ; or, l'on croyait que les eaux et les plantes chassent la maladie et la mort, donnent la Santé et l'Immortalité ; elles deviennent donc l'instrument des deux génies qui, oubliant leur fonction première, et ne se souvenant que des auxiliaires qui les aident, deviennent les souverains des eaux et des plantes et font passer sous leur empire une partie de la nature matérielle.

Comme les formules antiques proclamaient d'ailleurs que les Amesha-Çpeñta veillent sur l'univers [2], grâce au précédent créé par Haurvatât et Ameretât, l'idée s'établit que chaque Amshaspand régnait sur une partie de la nature et les quatre premiers durent se faire par la force de l'analogie leur part de royauté.

§ 203. Asha Vahista règne sur le feu. Dans les invocations il est presque constamment cité avec Atar et nous avons vu devant lui fuir Anra Mainyu [3]. Les Parses, pour qui Asha Vahista est la Pureté parfaite, ne manqueraient pas de dire qu'il est le Feu parce que le Feu est l'élément pur par excellence ; mais ce serait expliquer par une idée moderne un attribut plus ancien que cette idée. Nous savons qu'Asha est, non la Pureté, mais l'Ordre, et le rapport d'Asha et d'Atar est le même que le rapport védique du *rita* et d'Agni, de l'ordre universel et de la flamme du sacrifice. Agni, instrument et agent du sacrifice, est une des puissances qui agissent de la façon la plus continue et la plus palpable pour le maintien du *rita* ; il en est le pontife, le gardien, comme il en est le fils et le premier né. Même rapport, dans l'Avesta, entre l'Asha et la flamme du sacrifice. Quand il est dit que Zoroastre, le premier, célébra l'Asha [4], cela revient à dire, en langage védique, qu'Agni le premier fonda le *rita*. Le rapport intime de l'Asha avec le feu sacré se révèle encore dans le Yasht à Ardibehesht : « Ahura Mazda dit au Çpitama « Zarathustra : certes, pour que tu croisses par l'Asha Vahista, « ô Çpitama Zarathustra, ô diseur d'hymne, d'invocation, d'ap-« pel, de formule, ô sacrificateur, ô bénisseur, ô chantre, il faut « que s'allument les feux éclatants et les cérémonies lumineuses

---

1. Haurvatât et Ameretât, §§ 35-38.
2. Voir page 40.
3. Voir page 124.
4. Voir page 185.

« pour notre sacrifice, pour notre glorification, à nous les Amesha-
« Çpeñta [1]. »

§ 204. *Khshathra vairya* est chez les Parses le roi des métaux, mais dans l'Avesta il n'est mis en rapport qu'avec un seul métal, l'*ayô khshuçta* « l'airain fondu » : « nous adorons Khshathra Vairya, nous adorons l'airain fondu » [2]. Or, l'airain fondu n'est autre que l'éclair [3] ; si donc l'airain fondu est le symbole de Khshathra vairya, c'est que l'éclair est le symbole de la souveraineté, à tout le moins de la souveraineté militante [4] ; c'est en effet, nous l'avons déjà vu, « par son feu brillant, par son airain fondu » [5], qu'Ahura écrase les démons, et c'est aux éclats de la foudre que l'Inde, comme l'Italie, reconnaît le roi du ciel. Or, le *Khshathra* est la souveraineté militante, car c'est à lui qu'on demande la force qui écrase le démon [6].

Du jour où l'*airain fondu* perdit sa valeur symbolique et mythique, qui passa à un symbole nouveau et plus clair de la royauté, le *Kavaêm qarenô*, ou lumière souveraine [7], il ne fut plus qu'un métal et Khshathra devint par extension le roi des métaux [8].

1. Yasht 3. 1. *Vanhãn* subjonctif de *vah* = sanscrit *vas* (ucch). L'épithète de *vahista* n'est peut-être pas non plus étrangère à la valeur prise par Asha : *vahista* répond phonétiquement au védique *Vasishtha*, un des noms d'Agni (voir plus haut, page 219). *Vasista aurait-il été un des noms indo-iraniens du dieu du Feu ?
2. Yasht 2. 7. Cf. Yasht 2. 2 ; Sirozeh 1. 4, etc.
3. Voir pages 34, 159, 237.
4. Triomphante, elle se symbolise dans le *cakhra* « la roue » du soleil. Zoroastre le premier a arraché le mouvement de la roue au démon (voir page 185); Mithra va d'un Karshvar à l'autre *avec la roue de la souveraineté* (rathwya cakhra) et le *qarenô* (Yasht 10. 67). Ce symbolisme est indo-iranien ; de là en Inde les rois de la roue, les Çakra-vartim (voir Sénart, *légende de Buddha*). Serait-ce du *Cakra* que dérivent l'anneau royal et celui qui ceint la figure ailée qui surmonte la personne du roi à Persépolis ?
5. Voir plus haut, page 34. Dans le symbolisme indien de la consécration royale (Râgasûya) le prêtre frappe au visage avec une *plaque de cuivre* « un homme aux longs cheveux assis près du *Sadas*, représentant des démons, des Rakshas chevelus » ; cette plaque de cuivre, « image de l'arme céleste qui déchire la nuée et prépare le triomphe du soleil » (Sénart, l. c. Journal Asiatique 1873, II, 184. sq.), a précisément la même valeur mythique que l'*ayô-khshuçta*.
6. Voir plus haut, page 249.
7. Voir plus haut, page 103 n. 1.
8. *Sapta dhâtûnâm patis* (Nériosengh); c'est pourquoi d'après le *siffat*

§ 205. Çpeñta Armaiti est la déesse de la terre. Etant l'épouse d'Ahura, ancien dieu du ciel, on pourrait s'imaginer qu'il y a là un souvenir d'un de ces mariages mythiques du ciel et de la terre, familiers à la mythologie européenne. De la même façon qu'Urvaçî, la prière, *gnâ* mystique de Varuna, s'est transformée en Apsaras, *gnâ* matérielle, parce que le dieu a pour épouse ordinaire la divinité des nuées, de même Armaiti, la prière, serait, de *gnâ* mystique, devenue l'épouse matérielle du dieu du ciel et par suite la Terre. Mais de ce mariage du ciel et de la terre il n'y a point, que je sache, trace dans l'Avesta [1], et les seules *gnâs* matérielles du dieu sont les Eaux. Mais voici un passage qui jette peut-être quelque jour sur cette transformation.

Selon le Vendidâd, l'homme, qui pendant la nuit se souille involontairement, devient par cela même incube de la Druġ, démon femelle du mal et de l'impureté. Il doit, pour détruire l'effet produit, réciter trois fois l'*Ashem-Vohu* et dire à Çpeñta-Armaiti : « O Çpeñta-Armaiti ! je te confie cet homme, rends-le « moi au temps de la résurrection, connaissant les Gâthâs, con-« naissant le Yaçna, proclamant les instructions d'Ahura, sage, « plein de mérite, incarnation de la parole sainte ; » puis il lui donne le nom de *âtare-dâta*, ou *âtare-cithra*, ou *âtare-zantu*, ou *âtare-daqyu* (donné du Feu, semence du Feu, race du Feu, nation du Feu), ou tout autre nom où entre le mot Atar [2]. Çpeñta-Armaiti « qui préside à la terre en formera un enfant qui dans le ciel sera donné à celui qui a obéi à ce précepte » [3].

Ainsi, par direction d'intention, l'homme souillé substitue à la *démone* succube Çpeñta-Armaiti comme déesse succube, et lui-même a commerce avec elle, non comme homme, mais comme substitut d'Atar : ce qui le prouve, c'est que le fils né de ce commerce s'appelle *semence d'Atar, race d'Atar*, etc. Cette croyance que l'homme, comme substitut d'Atar, peut avoir un fils d'Armaiti, suppose nécessairement que la mythologie connaissait un hymen d'Armaiti et d'Atar ; hypothèse que con-

---

el sirozeh, il règne sur les collines et les montagnes, en même temps que sur les mines d'or et d'argent (Wilson, *The Parsi religion unfolded*, p. 553); tout dieu des richesses est dieu de la montagne : car c'est dans la montagne (du nuage) qu'est renfermé l'or (de la lumière) ; le dieu indien de la richesse, Kuvera, habite le mont Kailâsa.

1. Cf. page 78, note 1.
2. Vendidâd 18. 100 sq.
3. Anquetil, *Zend Avesta* II, 119.

firme directement l'hymen védique d'Aramati et d'Agni [1]. Or, cela étant, pour qu'Armaiti se transformât en déesse de la terre, il suffisait qu'il y eût sur les rapports d'Armaiti et d'Atar un mythe semblable à ceux que nous avons rencontrés pour le Taureau mourant, pour Gayomert mourant, pour Zoroastre [2] : car alors, étant données deux formules, l'une : « Atar s'unit à Armaiti »; l'autre : « le germe d'Atar (la pluie) tombe sur la terre », le rapprochement de ces deux formules devait, ou du moins pouvait, amener l'identification d'Armaiti avec la Terre.

Or, tout mythe d'hymen entre le dieu et une déesse de la prière amène presque nécessairement un mythe de ce genre. Cette déesse, en effet, n'est autre que la prière partie de la terre et qui a pour objet d'amener le flot fécondant, la pluie, sur la place même d'où elle s'élève, la Terre. Le dieu en rut se jette sur la gnâ-Prière, mais c'est la terre qui est fécondée. C'est ainsi que dans l'hymen védique du dieu avec sa fille « ils laissent, en se séparant, tomber une goutte de semence qui mouille la surface, *sur la place du sacrifice* » [3]. Le mythe de Varuna et d'Urvaçî offre absolument la même idée malgré le mélange des deux images de la naissance de l'éclair, et de la chute de la pluie; Varuna s'unit à Urvaçî, « étant sollicité par les prières » et le flot céleste dévie [4]. Enfin le Rig nous présente ces mêmes images sous le nom même d'Aramati : « les flots s'élancent sous l'impulsion de l'im-
« pétueux Rudra (Agni); ils ont bondi *dépassant la grande*
« *Aramati;* de ces flots, le dieu, faisant le tour de l'espace en
« mugissant, féconde toute chose dans le ventre (de la terre) [5]. »

---

1. Voir page 252.
2. Cf. pages 149 sq., 157, 224.
3. RV. 10. 61. 6. Il n'est point dit expressément que la fille du dieu est la *gnâ* mystique, mais les derniers mots l'impliquent et le Bhâgavata Purâna a raison d'y reconnaître *Vâc* « la déesse Voix » (Muir's, *Sanskrit Texts* V, 46 sq.).
4. Voir plus haut, page 219.
5.   Pra rudreṇa yayinâ yanti sindhavas
    Tiro mahîm aramatim dadhanvire
    Yebhis parigmâ pariyann uru gṛayo
    Vi roruvaǵ ǵathare viçvam ukshate. RV. 10. 92. 5.

Sâyana donne à Aramati, ici et ailleurs (8. 42. 3), le sens de *terre;* dans le dernier vers, ce sens est parfaitement inadmissible : ce serait cependant un hasard étrange qu'il eût inventé de toute pièce une valeur qui répond précisément à la valeur iranienne : aussi M. Muir traduit le vers cité : « The waters flow (impelled) by the hastening Rudra, and have spread *over the vaste earth* » (*Sanskrit Texts* IV, 317):

Or, ceci nous donne la forme du mythe caché sous la pratique dont parle le Vendidâd : Armaiti s'unit à Atar, comme Aramati à Rudra-Agni, et le germe du dieu, la pluie, pénètre la terre. De là, transformation d'Armaiti en déesse de la terre.

§ 206. Enfin Vohu-Manô est pour les Parses le dieu qui veille sur les troupeaux. Ce rapport semble tardif et sorti, non de la nature des choses, mais de la seule analogie. Quand les eaux, les plantes, la terre, les métaux, le feu furent rentrés sous la domination de cinq Amshaspands, il ne resta guère de libre que la nature vivante, les animaux ; ils passèrent au dernier Amshaspand inoccupé. Chercher un rapport direct entre Vohu-Manô et les êtres auxquels il préside est peut-être une recherche sans objet.

Un accident de langage favorisa cette adaptation. Le Paradis est souvent désigné sous le nom de « demeure de Vohu-Manô », Vanhéus *demânem* mananhô[1] ; mais cette expression est quel-

---

il me semble difficile de rendre *tiras* par *over*. M. Spiegel admet de même que l'identification d'Armaiti et de la Terre est indo-iranienne (*Eranische Alterthumskunde* II, 38). Les textes védiques ne sont pas assez probants pour reculer aussi loin la transformation d'Aramati : mais, quelle qu'en soit la date, la façon même dont elle s'est produite reste la même, et les croyances védiques en offrent les éléments aussi bien que les croyances iraniennes.

1. A cela plusieurs causes convergentes : en premier lieu, la valeur même de l'Amshaspand : la bonne pensée est la première vertu nécessaire pour être admis au rang des bienheureux ; en second lieu, des actions du langage : Vohu-Manô est souvent nommé, en employant l'adjectif au superlatif, *vahistem* manô, ce qui éveille l'idée du *vahistô ahu*, du Behest ou Paradis (c'est la même cause qui a fait d'Asha *vahista* un des surveillants du Paradis) ; le second élément de son nom, *manô*, favorisait encore cette allusion : le mot rappelait -*mânem* (persan *mân*) demeure (cf. de-mânem, n-mânem) ; il ne serait même pas impossible que la racine *man* eût donné un dérivé *manô* demeure, homonyme de *manô* esprit ; car elle paraît avec la brève radicale dans *men-* (*men-gairim* = garô- *demânem* ; v. Mémoires de la Société de Linguistique de Paris p. 67) et dans *man-tu* (Yaçna 33. 4, parallèle à 33. 3.) ; par là un rapport s'établit mécaniquement entre l'idée de l'Amshaspand « de la bonne, de l'excellente pensée, Vohu manô, vahistem manô » (*mens bona, optima*) et l'idée de la bonne, de l'excellente demeure (*mansio bona, optima*). — De là, la formule *yôi vanhéus â mananhô skyêiñti* « ceux qui habitent chez Vohu-Manô », en parlant des Amshaspands. Vohu-Manô joue le rôle de saint Pierre dans le paradis chrétien : c'est lui qui reçoit les justes à leur arrivée (Vendidâd 19. 102).

quefois remplacée par celle de « Vanhéus *vâçtra* mananhô, pâturages de Vohu-Manô », soit que le mot *vâçtra* eût encore à l'époque où se forma l'expression son sens étymologique de « demeure », soit plutôt par une allusion mythique aux prairies où paissait la vache céleste [1], et aux jardins paradisiaques où le juste attendra la résurrection [2]. L'on conclut de là que Vohu-Manô était le dieu des pâturages, le dieu des troupeaux.

II. C.

§ 207. Quand Añgra-Mainyu se fut posé en face de Çpeñta-Mainyu comme puissance rivale et comme maître d'une partie de la création, la force de l'analogie, en face de six Amshaspands, projeta six contre-Amshaspands, ou daêvas suprêmes. Ahriman créa des ténèbres cosmiques Akem-Manô, Añdra, Çaurva, Nâoṇhaithya, Tauru et Zairica.

Deux des Amshaspands avaient de naissance deux adversaires : ce sont les deux derniers, Haurvatât et Ameretât, génies de la Santé et de l'Immortalité. On les invoquait contre la Maladie et la Mort, personnifiées dans deux démons : Tauru et Zairica. Plus tard, les deux génies ayant passé à l'empire des eaux et des plantes, les deux démons sont entraînés mécaniquement dans ce changement de fortune et deviennent les démons de la Soif et de la Faim, parce que pour le bon sens raisonneur des Parses, oublieux des idées mythiques d'autrefois, les Eaux et les Plantes luttent, non contre la Maladie et la Mort, mais contre la Soif et la Faim [3].

§ 208. Les autres Amshaspands se créèrent des vis-à-vis. Vohu-Manô « la bonne Pensée » n'eut qu'à retourner son nom ; de là, Akem-Manô « la mauvaise Pensée ».

Les autres Amshaspands offraient moins de prise à l'action de l'analogie. Le Bundehesh oppose Çaurva à Khshathra Vairya, Añdra à Khshathra Vairya, Nâoṅhaithya à Armaiti. De ces trois démons, on ne connaît rien que leurs noms ; mais il ne

---

1. C'est le *murghzâr* où paît la vache Purmâyeh : ce sont les bons pâturages *vohû vâçtryâ* que réclame dans les Gâthâs l'âme du Taureau (Yaçna 29. 1).
2. Sadder.
3. Voir *Haurvatât et Ameretât*, §§ 26, 27.

semble pas qu'il y ait un rapport spécial et réel entre Asha Vahista et Çaurva, Khshathra et Añdra, Armaiti et Nâoṅhaithya ; autrement dit, que les trois démons soient les adversaires naturels des génies auxquels ils s'opposent. Ils sont cités deux fois dans l'Avesta ; une fois dans une formule d'exorcisme, dirigée contre Çaurva, Añdra, Nâoṅhaithya, Ṭauru, Żairica[1] ; la seconde fois, dans une énumération de daêvas qui commence avec ces cinq noms et se continue encore assez longtemps[2]. Ni dans l'une, ni dans l'autre de ces formules ne paraît Akem Manô, le contre-Amshaspand de Vohu Manô, ce qui très-probablement ne se serait pas produit si, à l'époque où elles furent rédigées, Çaurva, Añdra, Nâoṅhaithya avaient déjà été des contre-Amshaspands ; l'Avesta, avec ses habitudes de symétrie parfaite, n'aurait pas manqué de mettre en tête le premier des contre-Amshaspands. D'autre part, le récit symétrique de la lutte finale dans l'Avesta[3] ne met sur la brèche, en fait d'Amshaspands, que le premier et les deux derniers, Vohu Manô, Haurvatât et Ameretât, qui terrassent Akem Manô, la Soif et la Faim ; ce qui laisse supposer, en accord avec l'indication précédente, que les trois Amshaspands intermédiaires n'avaient pas encore de vis-à-vis. L'on peut conclure de là, avec un certain degré de vraisemblance, que Çaurva, Añdra, Nâoṅhaithya ne sont pas de naissance les adversaires des Amshaspands auxquels le Parsisme les oppose, qu'ils n'ont pas pris ce rôle spontanément et par le travail inconscient de la religion populaire ; ils y ont été appelés par le travail réfléchi des théologiens qui utilisèrent ce trio de démons pour fournir d'adversaires les trois Amshaspands qui n'en avaient pas encore. Or, les formules où ils étaient suivis de deux contre-Amshaspands laissaient supposer qu'ils jouaient un rôle analogue : il ne restait plus qu'à mettre aux prises les trois démons avec les trois génies, un à un, dans l'ordre même où ils étaient dans les formules.

Un fait prouve d'ailleurs que ces démons n'étaient contre-Amshaspands que de nom. Le Bundehesh, après avoir opposé dans le récit de la création Nâoṅhaithya à Armaiti, lui oppose dans le récit de la lutte finale « *Tarômaiti*, qui est Nâoṅhaithya ». Or, Tarômaiti est à Armaiti précisément ce que Akem Manô est à Vohu Manô, c'est-à-dire qu'il n'est qu'Armaiti re-

---

1. Vendidâd 10. 18.
2. Vendidâd 19. 43, éd. Westergaard.
3. Voir plus haut, page 236.

tourné, Armaiti étant la Piété soumise, Tarômaiti l'Impiété révoltée [1]. Tarômaiti était le véritable et naturel contre-Amshaspand d'Armaiti, sa projection réelle et exacte ; mais comme, d'autre part, les formules avaient fait trouver l'adversaire d'Armaiti dans Nâonhaithya, on se tirait d'affaire en identifiant les deux personnages ; le nom du démon ayant perdu, comme celui de presque tous les démons mazdéens, toute valeur étymologique, acceptait sans résistance toutes celles qu'on avait besoin de lui prêter.

II. D.

§ 209. Quelle était la valeur réelle de ces trois démons considérés en eux-mêmes, avant qu'on les eût rapprochés des Amshaspands, c'est ce qu'il semble impossible de déterminer, ne connaissant d'eux que leurs noms, et encore, inexpliqués. C'est pourtant en grande partie sur ces trois noms que l'on a édifié la théorie de la *révolution religieuse* du Mazdéisme. Voici en quelques mots cette théorie sur laquelle il est nécessaire de nous arrêter, puisqu'elle règne sans conteste et qu'elle a même pénétré dans notre enseignement classique.

« Le nom du démon *Çaurva*, transcrit en sanscrit, serait *Çarva* ; or, Çarva est un des noms de Çiva, dieu de la trinité brahmanique : *Nâonhaithya* serait en sanscrit *Nâsatya* ; or, *Nâsatya* est un nom des *Açvins*, divinités lumineuses dans la religion védique ; enfin *Iñdra*, variante que certains manuscrits donnent à la place de *Añdra*, est exactement le nom d'*Indra*, la divinité védique par excellence. Voilà donc trois êtres, dieux en Inde et démons en Perse, et le mot même qui signifie dieu en Inde, *deva*, est le nom du démon en Perse, *daêva*. Ainsi le dieu de l'une est le démon de l'autre ; or, comme le sens indien est le sens primitif, on doit conclure de là que de la religion de l'Inde à celle de la Perse, il y a l'abîme d'une révolution religieuse accomplie par l'Iran, qui a jeté dans l'enfer les dieux de la veille, les dieux communs de la famille indo-iranienne. On peut supposer que c'est ce schisme religieux qui a amené la séparation de la famille en deux branches. De l'hostilité de ces deux branches une trace est restée dans la langue : le mot *dasyu* qui en zend (*daqyu*) désigne les nations iraniennes, désigne dans les Védas les races infidèles, les ennemis [2]. »

1. Voir plus haut, page 249.
2. Haug, *Gâthâs* ; Bunsen, *Aegypten's Stelle in der Weltgeschichte* V.

§ 210. Une chose qui frappe au premier coup d'œil, c'est que cette théorie repose tout entière sur des faits de langage ; elle se fonde sur l'opposition des sens qu'un même mot a des deux parts, et nullement sur une opposition des conceptions religieuses, ce qui serait pourtant la chose à établir et le seul indice un peu probant d'une transformation radicale. Or, quand l'on compare les conceptions des deux religions, l'on ne voit rien qui trahisse en aucun sens une réaction de l'Iran contre l'Inde. Toutes les divinités et toutes les idées essentielles du Mazdéisme sont aussi bien indiennes qu'iraniennes. Le dieu suprême du Mazdéisme, Ahura, est identique au dieu suprême du Védisme, Varuṇa, et nous les avons vus se confondre l'un et l'autre au sein d'un même dieu indo-iranien, de mêmes attributs, de même caractère, de même ordre. Le groupe des Amesha-Çpeñta, et Mithra, et Atar, se reconnaissent dans le groupe des Aditya, dans Mithra, dans Agni. Les puissances du sacrifice, prière, offrande, Soma, sont aussi divines, exercent un empire aussi incontesté et aussi fécond en Iran qu'en Inde, donnent naissance des deux parts à des nuées de divinités abstraites de même ordre, dont plusieurs communes, et léguées aux deux religions par la religion mère. Des deux parts, c'est la lutte pour la lumière qui fait le fond du drame cosmique ; des deux parts, les mythes d'orage subsistent et non-seulement l'Iran garde les anciens mythes, mais il en développe de nouveaux dans le même sens (Tistrya), preuve que l'esprit qui les avait inspirés dans la période d'unité ne s'est pas éteint depuis la séparation. Si donc il y a eu une révolution religieuse, elle serait du genre de ces révolutions politiques qui respectent religieusement les choses et bornent leur inoffensive ambition à changer quelques noms. Le changement de quatre ou cinq étiquettes, tel serait le grand œuvre des promoteurs de la révolution mazdéenne. Essayons de voir de plus près comment s'est produite cette grande révolution et quelle portée il faut lui attribuer.

§ 211. Rien de moins sûr, tout d'abord, que le rapprochement établi entre le nom du deuxième contre-Amshaspand et celui du

---

2º partie 212 sq. ; Max Düncker, Geschichte des Alterthums II [3], 499 sq. ; Justi, *Handbuch der Zendsprache* V ; Fr. Lenormand, *Histoire ancienne* II. 95 sq. et Cours de sixième. M. Spiegel, dans son grand ouvrage sur les Antiquités Iraniennes, ne s'exprime point nettement sur ce point. Il semble admettre une révolution, mais extérieure, non intérieure, amenée par l'influence sémitique.

dieu védique Indra. On lit le nom du démon iranien *Iñdra*; mais les meilleurs manuscrits portent *Añdra* et, comme l'observe très-justement M. Justi[1], la forme pehlvie ANDR (Andar) suppose un *a* primitif : *iñdra* serait transcrit AINDR. En admettant même cette identité douteuse des deux noms, que s'en suit-il? Que la même épithète peut désigner ici un dieu, là un démon, chose peu étonnante si l'on songe que ce dieu est un dieu de lutte, un dieu redoutable, un dieu qui foudroie[2]. En conclure à l'existence d'un dieu indo-iranien *Indra*, plus tard transformé en démon par les Iraniens, c'est oublier que tous les traits essentiels d'Indra se retrouvent dans Verethraghna[3]. Il n'est tombé en enfer qu'un mot et non un être.

§ 212. Ecartons également le rapprochement de Çaurva et de Çarva. Çarva n'est pas un dieu indo-iranien, il ne paraît que dans le plus récent des Védas, l'Atharva : si l'on repousse cette fin de non-recevoir comme reposant sur un argument négatif, que l'on considère au moins quelle sorte de dieu ce nom désigne : ce dieu est Çiva, autrement dit Rudra-Agni, c'est-à-dire le dieu du feu considéré comme *terrible* (*rudra; ugra*), le dieu aux couleurs démoniaques : c'est, et de là son nom, l'archer dont le trait tue, et dont l'homme est sans cesse par ses prières à détourner la *flèche* (*çaru*)[4]. Si donc Çarva était déjà nom propre dans la période indo-iranienne, il désignait le Feu sous son aspect formidable, le Feu lançant sa *flèche* meurtrière; et rien d'étonnant alors qu'il désigne, ici un démon, là un dieu démoniaque, des deux parts une puissance sinistre.

Mais il y a plus : ainsi que le remarque justement M. Spiegel, il n'est rien moins que certain que le nom du démon iranien soit Çaurva : les deux seules formes que l'on en ait, *çaurum* et *çâuru*[5], ne permettent d'induire qu'un thème *çauru*, lequel répond en sanscrit, non à *çarva*, mais à *çaru*[6]; or, *çaru* signifie « la flèche » et désigne en particulier la flèche fulgurante, la flèche des dieux,

---

1. Manuel s. *Iñdra*. Le mot dont *Añdra* se rapprocherait le plus naturellement serait *añd-a*, aveugle, sanscrit *andh-a*.
2. L'on s'accorde en général à dériver *Indra* de la racine *idh*; Indra serait ὁ αἴθων, épithète qui peut être d'un démon aussi bien que d'un dieu.
3. Voir page 125.
4. Voir le Çatarudriya, ap. Muir IV, 322 sq.
5. Vendidâd 10. 17 et (Westergaard) 19. 43.
6. Spiegel l. c. II, 128.

d'Indra, des Maruts, de Rudra, la flèche dont le fidèle cherche à détourner les coups de lui-même[1] et qui dans la main de Vivasvat[2] devient le symbole de la mort. La comparaison ne porte plus donc entre un démon Çaurva et un dieu Çarva, mais entre le démon çauru et la puissance de mort personnifiée dans l'Inde sous le nom de çaru[3]. Il n'y a plus l'ombre d'une opposition.

§ 213. Sur l'identité phonique du zend *Nâoṅhaithya* et du védique *nâsatya*, nul doute possible, et *nâsatya* est bien une épithète de dieu, *Nâoṅhaithya* un nom de démon. Là s'arrête tout ce qu'on peut dire sur les rapports des deux êtres. Nâsatya est une épithète des Açvins, couple de divinités lumineuses dont le caractère précis n'est pas encore bien défini ; le mot s'emploie toujours au duel[4], comme désignant deux personnes inséparables. Le zend Nâoṅhaitya, au contraire, est au singulier et est un abstrait neutre. Donc, quoi que puissent être et les Açvins et Nâoṅhaithya, ils diffèrent absolument de nature, les Açvins étant doubles et étant des personnes, le démon persan étant simple et pure abstraction. Autrement dit, le *mot indo-iranien* Nâsatya désigne en Inde deux divinités concrètes et en Iran un démon abstrait. Tout ce que l'on pourrait admettre au plus serait l'existence d'un dieu ou de dieux indo-iraniens *Nâsatya* perdus par l'Avesta, dont il ne serait resté que le nom, qui, soit par la valeur équivoque qu'il aurait eue, soit par l'action de l'étymologie populaire, aurait donné naissance à une abstraction mauvaise et par suite à un démon. Pour la langue populaire en effet

---

1. RV. 1. 172. 2.
2. RV. 1. 56. 20. Que la flèche de *Vivasvat* ne nous frappe pas *avant la vieillesse* (mâ no Vivasvato.... çarus purâ ǵaraso vadhît). La *flèche* (primitivement l'éclair) a commencé par tuer le démon, puis est devenue d'une façon générale le trait de la mort.
3. Les attributs de Çauru sont « tyrannie et dureté de cœur ». Il n'y a rien à tirer de là, ce sont simplement les attributs de Khshathra Vairya retournés (voir pages 248 sq.). — L'existence en Iran d'une conception analogue à celle de la *çaru* védique est prouvée directement par le démon *ishusqâthakhtô* qu'une formule exorcise avec *Açtô-vidhôtus*, le démon de la mort (Vendidâd 4. 137 sq.) : *ishusqâthakhtô* est littéralement « la flèche qui agit d'elle-même » ; *ishus* tient cette épithète du temps où, étant encore l'éclair, il était comme tous les symboles de l'éclair, comme le marteau de Thor, comme le feu de Kereçâçpa, comme les çastra-devatâs, doué du mouvement spontané (voir plus haut, page 214, n. 4).
4. Sauf dans un passage de texte douteux (RV. 4. 3. 6).

Nâoṅhaithya pouvait signifier *na-haithya* « le non-vrai, le mensonge[1] ».

§ 214. Arrivons enfin à la plus importante de ces comparaisons, à la seule qui soit vraiment intéressante et instructive, parce que le sens primitif du mot en question est connu et que la valeur qu'il a en zend est précise. Il s'agit de l'indo-iranien *daiva* « dieu », sanscrit *deva*, devenu en zend *daêva* « démon ».

La langue indo-iranienne a trois mots pour désigner les dieux : *Asura, Yaǵata, Deva*[2]. *Asura* désigne la divinité ou les divinités suprêmes ; il signifie « Seigneur » ; *Yaǵata* signifie « celui à qui on doit offrir le sacrifice », c'est le dieu dans ses rapports avec le fidèle, le dieu dans le culte ; enfin *Daiva*[3] signifie « le brillant », c'est le dieu en mouvement, le dieu qui donne la lumière, qui la conquiert, qui s'y révèle, qui s'y incarne.

Dans le Mazdéisme où chaque terme a un sens précis, *Asura* est resté le nom du dieu suprême, et, après l'organisation de la classe des Amesha-Çpeñta, *Yaǵata* est devenu le nom général de toutes celles des divinités qui ne sont pas des Amshaspands. Ces deux noms ont gardé leur sens vivant : *Ahura* signifie toujours « Souverain, Seigneur » et *Yazata* se sait toujours parent de *yaz* « sacrifier », de *yaçna* « sacrifice ». Pour le mot *daêva*, il en est arrivé autrement ; la racine *di* s'est perdue, étouffée par toute une série de racines synonymes, *qan, qar, khshi, ruc, çuc*, et d'autres, fertiles. D'autre part, la religion indo-iranienne avait, comme la religion védique et comme toutes les religions, des formules destinées à apaiser les dieux irrités ou ennemis ; les rishis de cette période cherchaient à détourner, comme le font ceux de la période védique, « la colère de l'*asura* ou des *devas*, le coup des *devas*, le trait des *devas* » (*devânâm heḍas, heḍanam, bhayam, rapas, haras, daivyâ heṭis*) ; il n'y avait pas à cela grand danger ; l'on pouvait par instant prêter aux devas les couleurs sinistres de la haine, on connaissait trop bien

---

1. Cf. les formations persanes avec *nâ*. Les Parses font de Nâoṅhaithya le démon de l'orgueil ; mais c'est parce qu'ils l'assimilent à Tarômaiti, l'adversaire logique d'Armaiti (v. s. 260). Le sens du mot sanscrit est obscur : les commentateurs indiens en font un dérivé de *nâsâ* ; cette étymologie devait être populaire, car les deux souffles de la respiration sont mis sous la protection des Açvins (Atharva).

2. Sur un autre nom de la divinité, Bhaga, voir § 247.

3. De la racine *di* briller (Louis Havet, *Mémoires de la Société de Linguistique* II, 177 sq.).

leur valeur vraie pour s'abuser sur leur compte, et le deva, même voilé de colère, restait toujours le génie lumineux.

Dans la période iranienne, il en fut autrement. L'Iranien peut bien redouter le coup du *yazata*; il sait ce que c'est que le *yazata* et qu'il est *digne du sacrifice*; il peut redouter le courroux d'Ahura, mais il sait toujours qu'Ahura est *le Seigneur*. Mais transportez dans ce milieu où l'Ahura et le Yazata ont accaparé à eux toute la divinité, transportez des invocations adressées à l'Ahura ou à un Yazata, et semblables à celles où le héros védique supplie les dieux « pour que point ne l'atteigne *l'angoisse qui vient de l'homme ni celle qui vient du deva* » (deva-kṛitam, martya-kṛitam āhas) [1], « pour que point ne le frappe *le trait des devas ni des hommes* » (hedo devānām uta martyānām) [2], pour qu'il soit une place forte *contre les attaques des devas et des hommes* [3]; vous aurez l'origine et le sens ancien de ces perpétuelles prières des héros avestéens, demandant aux dieux la grâce de triompher des haines « des daêvas et des hommes » (*daêvanâm uta mashyanâm*) [4]; formules qui sont la reproduction exacte, l'écho fidèle des prières indo-iraniennes, mais où le mot devenu obscur, *deva*, désignant un être qui fait le mal, devait arriver nécessairement à revêtir les couleurs démoniaques : les *daêva* ne pouvaient rester dieux, puisque les dieux se nomment *Ahura, Yazata*, et que les dieux sont bons.

Ces formules indo-iraniennes, qui réunissaient dans une même déprécation la colère des *dieux* et des *hommes*, sont une des causes qui ont donné le branle à la conversion de front des *devas* en Iran.

§ 215. Voici une autre formule qui agit dans le même sens. La langue indo-iranienne connaissait une racine *drugh* « tromper, faire le mal », d'où *drogha* « mensonge »; employée comme mot racine, elle donne dans les Védas le mot *druh*, qui désigne le mensonge, le mal, soit abstrait, soit personnifié en démon, en général en démon femelle. Mais ce démon peut être au service d'un dieu, être *la méchanceté du dieu* qui frappe et « qui trompe, qui veut le tromper »; telles les *druh* sagaces de Mitrâ-Varuṇâ qui poursuivent les crimes des hommes [5].

1. RV. 8. 19. 6.
2. RV. 6. 62. 8.
3. RV. 7. 52. 1.
4. Yasht 10. 34, Yaçna 9. 60, etc., etc.
5. RV. 7. 61. 5. Cf. plus haut, page 64.

A la *druh* védique répond dans l'Avesta la *druǵ*, incarnation femelle de la méchanceté et du mal. Or, la Druǵ a souvent l'épithète de *daêvi* ; pour le Mazdéisme la Druǵ *daêvi* est « la Druǵ démoniaque » ; l'on n'hésitera pas à y voir « la Druǵ divine », c'est-à-dire « qui a rapport aux dieux, qui les attaque » ; c'est un synonyme de l'expression *daêvô-druǵ* « qui trompe les dieux ». Il est vrai que *daêvô-druǵ* lui-même est pour les Parses « la druǵ-démon », *daêva* étant considéré comme apposition à *druǵ*, substantif, et non comme régime de *druǵ*, adjectif verbal ; mais *daêvô-druǵ* doit avoir sens d'adjectif, car c'est une épithète [1], et il ne peut se traduire autrement que les composés exactement construits de même, tels que *mithrô-druǵ* « qui trompe Mithra », *drukhs-vidruǵ* « qui trompe la Druǵ ». La *druǵ daêvi* est donc primitivement la *druǵ* hostile aux dieux. A mesure que le sens de *daêva* s'obscurcit, il arriva que dans l'expression *daêvi druǵ*, la force du substantif tendit à emporter l'épithète incomprise dans le cercle infernal, et la *daêvi druǵ* devenue la *druǵ du daêva* ajouta son action à celle de la formule *daêvanâm uta mashyanâm* pour précipiter les daêvas dans l'enfer.

§ 216. Ce qui favorisait et rendait décisive l'action de ces formules, c'était la nécessité de trouver un terme générique pour désigner les démons. La langue indo-iranienne avait légué pour cela deux termes à l'Iran : *Aji* et *Verethrem* (védique *Ahi* et *Vritra*)[2] ; mais *Aji*, le serpent, était devenu nom propre, nom d'un démon particulier, Ajis Dahâka. Le mot *verethrem vritra* « l'enveloppant », ancien nom du nuage qui enlace la lumière ou les vaches, aurait pu aisément, le sens étymologique s'oubliant, fournir l'expression nécessaire, et dans le Rig-Véda *vritra* s'emploie souvent au pluriel dans ce sens ; mais la présence d'un homonyme *verethrem*[3] « victoire » fit perdre le mot *verethrem* « démon », et le composé *verethra-ǵan* « qui frappe les démons », épithète des dieux anti-démoniaques, se réduisit au sens général et vague de « victorieux » ; on sent bien toujours qu'il s'agissait d'une victoire sur les démons, mais on ne sait plus que le mot lui-même l'exprime.

1. De la *Naçu*, démon femelle de la mort.
2. Voir plus haut, page 97.
3. Sens que possède aussi le sanscrit *vritra*, voir les exemples dans Grassmann s. *vritra* 4. Les deux mots semblent de racine différente, l'une de *var* envelopper, l'autre de *var* écarter.

Dans ces conditions, les démons n'ayant plus de nom et ayant absolument besoin d'en avoir un, puisqu'ils étaient perpétuellement en scène, il fallait que la langue leur en créât un, leur en trouvât un. Or, le langage ne se met pas en frais de création quand il peut trouver dans le fonds existant les instruments nécessaires [1]. Le nom cherché se dégagea de lui-même des formules équivoques que nous avons indiquées.

§ 217. Nous n'avons donc pas dans le *daêva* un dieu devenu démon, mais un mot qui signifiait « dieu » et qui a passé au sens de « démon ». Le changement est dans le mot et non dans les choses, dans le langage et non dans la religion. Les dieux et les démons de l'Iran ne sont pas autres que les dieux et les démons de l'Inde, que les dieux et les démons qu'adoraient ou redoutaient les ancêtres indo-iraniens. Dans cette prétendue révolution religieuse, il n'y a qu'un accident de langage, une curiosité de lexicologie.

§ 218. L'histoire de la religion indienne offre un phénomène absolument semblable et qui s'est produit dans une période historique absolument de la même façon, de sorte que l'on a là,

---

1. Ce n'est point que l'Avesta n'eût créé de nouveaux noms qui peuvent se traduire par le mot démon. Mais ce ne sont que des épithètes descriptives. Elles marquent en général la course tumultueuse des démons dans l'orage ; ce sont *drvant, dregvant, dvarant; drvant* est le participe présent de *dru* « courir », d'où encore le substantif *draoman* qui désigne les *incursions* d'Aêshma à « l'éclat sinistre, à la lance sanglante » et des armées démoniaques qui dressent « l'étendard sanglant » (de l'éclair). Dans le mot *dregvant* (substitut de *drvant* dans les Gâthâs) se cache peut-être la même image ; car il se rattache assez naturellement à la racine védique *dhraǵ* qui marque la course rapide du vent, du faucon, de l'éclair, des Maruts). *Dvarant* est le participe du verbe *dvar* « fondre, s'élancer », qui s'emploie toujours pour marquer le mouvement des démons. C'est probablement la même racine (indo-iranien *dhvar*) qui a donné le védique *dhvar-as*, épithète ou nom de la *druh* (RV. 4. 23. 7). Le sens primitif de *dhvar* est *curvare laedere* (Westergaard, *Radices linguae sanscritae* s. v.) ; c'est du sens de *curvare* que dérive le sens zend, primitivement « se courber en courant » ; de là est resté le dérivé *dvarethra* « pied, jambe ». Ce mot ne signifie point, comme on le croirait d'après le sens ordinaire de *dvar*, « ce qui court », mais « ce qui se courbe » ; ce qui le prouve, c'est le synonyme *zbarethra* formé de la racine *zbar*, sanscrit *hvar* ; laquelle n'est qu'une forme de *dhvar* (l'aspirée s'étant dépouillée de l'élément consonantique), et a conservé en zend le sens de « se courber ».

sous les yeux, et soumises à l'observation directe, les actions mêmes dont l'Iran ne nous présente que les résultats achevés et que l'induction seule a restituées. Le mot *Asura*, qui est le zend *Ahura*, est dans la période brahmanique le nom officiel des démons. Il fut un temps où l'on invoquait ce fait comme une preuve nouvelle de la révolution mazdéenne : le parallélisme était complet : dieux indiens, démons iraniens : dieux iraniens, démons indiens ; il n'y avait à cela qu'un malheur, c'est que le mot *Asura* dans la période védique est le nom le plus auguste de la divinité. Il suit de là qu'au moment de la séparation des deux races, l'Asura était dieu et que la révolution, si révolution il y a, est ici, en réalité, non de l'Inde à la Perse, mais de l'Inde à l'Inde. Y a-t-il eu à l'intérieur de la religion indienne une révolution religieuse qui ait jeté dans l'enfer les Asuras, dieux la veille? Je ne sache pas que personne le soutienne. Il n'y a là qu'un fait de langage. Les *devas*, trahis en Perse par leur isolement, étaient protégés en Inde par tous les dérivés de la racine *di*, *dyu* « le ciel brillant », *div*, *dîp*, *dyut* « briller », *vidyut* « l'éclair », *dina* « le jour », et l'image de lumière attachée à leur nom y retenait l'idée de divinité. D'autre part, l'Asura, le dieu souverain, était la divinité abstraite, morale, vengeresse, sinistre ; Varuṇa a des liens pour enchaîner le pécheur, des *druh* pour le poursuivre, il frappe et ne pardonne pas[1]. Des images de terreur s'étaient donc jointes à ce nom ; le plus grand des Asuras avait mérité de passer au rang des dieux *terribles* (ugra). L'étymologie ne pouvait les défendre ; le sens du mot « souverain, seigneur », à supposer qu'on en eût gardé conscience, était neutre entre le bien et le mal ; il est probable que l'étymologie populaire les trahissait, et faisait voir dans l'*Asura* celui qui enlève le soleil, *a-sûra*, ou celui qui fait le mal, *a-su-ra*; joignez enfin à cela la nécessité de donner un nom général au démon, *Vritra, Çambara, Ahi, Paṇi* étant devenus décidément de simples noms propres, soit de personnes, soit d'espèces particulières, et l'on comprendra comment le nom de l'Asura put devenir le nom du démon. Mais ici encore il n'y a qu'un changement de nom ; nul des anciens dieux Asuras n'est tombé dans l'enfer, ni Varuṇa, ni Mitra, ni les Adityas. Nul changement donc dans les idées, mais seulement dans l'usage d'un mot ; ce mot désignait la divinité morale, c'est-à-dire comme dit l'Avesta en parlant d'un ancien *Asura* indo-iranien, Mithra, « une divi-

---

[1]. Voir plus haut, pages 49 sq.

nité à la fois bonne et méchante »[1] ; peu à peu il n'exprime plus que le côté sinistre de Dieu, le démon. Il est probable que longtemps le mot flotta entre le dieu et le démon, qu'il pouvait exprimer tour à tour l'un ou l'autre, le contexte précisant le sens. Un hymne de l'Atharva s'ouvre par ces mots : « ces Asuras aux pouvoirs magiques, qui vont avec les crochets, les rets d'airain, les liens d'airain... [2] » : est-ce de démons qu'il s'agit ou du dieu Varuṇa et des siens, de ces dieux inévitables et vengeurs, qui saisissent le coupable, si loin qu'il fuie ou qu'il se cache, et l'enchaînent par trois fois de leurs liens invincibles ? Ce vers transporté dans le Rig-Véda serait tout *varounien*, la fin du vers nous apprend seule que ces Asuras sont des démons[3].

§ 219. L'opposition politique que l'on retrouve entre les *dasyu* védiques et les *daqu* iraniennes ne tient pas plus à l'examen. Le védique *dasyu* désigne les races sauvages de l'Inde que les Aryens conquérants rencontrent sous leurs pas, les nègres aborigènes, *la peau noire* (krishnâ tvac), et par analogie les noirs du ciel, ces races nées des ténèbres (*tamovṛidhas dasyûn*) dont tant de fois le guerrier d'en haut, Indra, a forcé les forteresses. Le zend *daqyu*, perse *dahyu*, signifie « nation », mais « nation sujette »; Darius énumérant les provinces de son empire dit : « Par la grâce d'Auramazda, voici les *dahyu* que je tenais soumises par mon peuple persan, qui tremblaient devant moi, qui me payaient tribut »[4] ; autrement dit, *dasyu* désigne les nations ennemies, et *dahyu-daqyu* signifie « nation soumise »[5], de sorte que l'emploi du mot est au fond concordant des deux parts[6].

§ 220. Ici donc comme dans le reste, l'opposition des deux

1. *Tûm akô vahitaçca mithra ahi mashyâkaêibyô* (Yasht 10. 29).
2. Atharva Veda 19. 66.
3. Tâns te randhayâmi hârasâ gâtavedas, etc.
4. Inscription de Persépolis I.
5. De là vient que la Perse n'est point citée parmi les *dahyu* de l'empire. Ces dahyu sont la conquête du peuple persan et de son chef. Le peuple persan est désigné sous le nom de *Kâra*, littéralement « armée » ; cf. le persan *lashkar* « armée » et « peuple ».
6. M. Pott a très-justement rapproché δεσπότης du zend *Danhu-paiti* : le δεσ-πότης est le chef des nations soumises. La parenté de *dasyu* avec *dâsa dasa*, nom du démon, ne peut être mise en doute, si on se reporte au sens classique de dâsa : « esclave » ; le grec δήϊος, *ennemi*, semble donner le sens primitif qui explique tous les emplois de *dâsa, dasyu, danhu*.

branches n'est qu'un fait de grammaire, et c'est sur des accidents de langage que se trouve fondée toute la théorie du schisme religieux. En réalité, rien dans les conceptions mazdéennes qui ne se rattache directement et par un lien continu aux conceptions indo-iraniennes ; partout l'évolution, nulle part la secousse violente, rien d'une révolution brûlant ce qu'elle avait adoré. Sans doute Mazdéisme et Védisme diffèrent ; le contraire serait merveilleux, puisque ces deux développements de la religion d'unité sont des développements séparés et indépendants ; c'est ainsi que le sanscrit et le zend diffèrent, et qu'ils doivent différer parce que ce sont des développements séparés et indépendants de la langue d'unité. Bref, ces mots : « le Mazdéisme est une réaction contre le Védisme » ou « contre la religion indo-iranienne », offrent tout juste autant de sens qu'en offriraient ceux-ci : « le zend est une réaction contre le sanscrit ».

II. E.

§ 221. On a vu dans les paragraphes précédents comment les contre-Amshaspands sortirent des Amshaspands. Il était dans l'esprit du système de faire sortir également le reste des dieux et des démons de la main créatrice du dieu et du démon suprême, création contre création.

Plutarque nous apprend qu'après les six Amshaspands, Ormazd créa vingt-quatre autres divinités et qu'Ahriman produisit un même nombre de démons[1]. L'authenticité de ce renseignement est confirmée partiellement par le Sirouzeh.

Le Sirouzeh est un calendrier de mois, où chacun des trente jours est sous l'invocation d'une divinité spéciale qui lui donne son nom : il est donc possible que cette conception de trente divinités soit réellement mazdéenne. Il est vrai que le Sirouzeh connaît en fait plus de trente divinités ; car, en général, l'invocation de chaque journée en contient plusieurs : par exemple, au jour des Eaux (abân)[2], l'on invoque les bonnes Eaux, puis Ardvî Çûra, puis toutes les Eaux, puis tous les Arbres. Mais en général la première divinité invoquée, qui donne son nom à la journée, peut être regardée comme représentant toutes celles qui suivent :

---

1. ἄλλους δὲ ποιήσας τέσσαρας καὶ εἴκοσι Θεοὺς, εἰς ᾠὸν ἔθηκεν (cf. p. 132 sq.) οἱ δὲ ὑπὸ τοῦ Ἀρειμανίου γενόμενοι καὶ αὐτοὶ τοσοῦτοι...
2. Sirouzeh 10.

ainsi Ardvi Çûra est la déesse même des Eaux après lesquelles on l'invoque, et les arbres sont dans l'Avesta constamment invoqués avec les eaux[1]. Une difficulté plus sérieuse et d'ordre inverse, c'est que les trente jours ne sont pas soumis à trente divinités différentes : le premier jour est consacré à Ormazd, que l'on s'attendrait à voir exclu de la liste si les trente invocations du Sirouzeh répondent aux créations de dieux dont parle Plutarque ; Ormazd est encore invoqué le premier jour de chaque semaine, ce qui réduit les divinités créées à vingt-quatre au lieu de trente. Mais il reste vraisemblable, malgré toutes ces contradictions, qu'il faut chercher dans l'idée qui a produit le Sirouzeh le principe de la conception dont parle Plutarque ; de cette notion : « les trente jours sont sous trente dieux », sortit la conclusion : « il y a trente dieux principaux, et Ormazd a créé trente dieux » ; or, l'on sait d'ailleurs qu'Ormazd a commencé par créer six dieux ; de là : « Ormazd a créé les six Amshaspands, puis vingt-quatre autres dieux ».

D'une contre-création de vingt-quatre démons il n'y a point trace dans l'Avesta ; mais le fait est conforme à l'esprit du Mazdéisme. Les démons sont d'ailleurs dans leur ensemble la création d'Ahriman.

III.

§ 222. Ces contre-créations se poursuivent du monde surnaturel dans le monde terrestre. De là, dans le premier chapitre du Vendidâd, cette énumération des différentes terres créées par Ahura et des contre-créations opposées par Ahriman. Cette énumération comprend à la fois des terres réelles et des terres mythiques : on reconnaît ces dernières soit au fait qu'on leur oppose un être démoniaque, Péri ou serpent, ce qui prouve que ces terres sont simplement la région céleste où se livre le combat classique, soit aux indications données sur leur nature. La première créée est l'*Airyanem vaêǵô*, à laquelle Ahriman oppose le serpent rouge et l'hiver[2] ; quand même nous ne connaîtrions point d'ailleurs le caractère mythique de l'Irân-Vêǵ, le serpent rouge suffirait à nous en instruire. Ce serpent n'est pas différent du serpent Dahâka, pour la défaite de qui Traêtaona naît dans la

---

1. Haurvatât et Ameretât, pages 12 sq.
2. Vendidâd 1. 6 sq. Voir sur toute cette question les pénétrantes analyses de M. Bréal, dans son essai sur la *Géographie de l'Avesta*.

quatorzième création d'Ahura, « le Varena aux quatre angles »[1], une de ces terres, nous le savons déjà, dont la mythologie seule peut trouver la latitude. A la création de la septième terre, Ahriman répond en créant « la Péri Knâthaiti qui s'attacha à Kereçâçpa[2] » : cela laisse penser que cette terre, le *Vaêkeretem yim dujakôshayanem*, n'appartient pas à ce monde terrestre, et l'on a déjà vu plus haut que c'est probablement une des formes de Vâi[3]. Il n'y a pas plus à chercher sur la carte ce pays situé près des eaux de la Raṅha, et où vivent « des peuples sans tête[4] » ; quel que soit le fleuve avec lequel plus tard les géographes indigènes aient pu identifier la Raṅha, nous savons que c'est un fleuve dont le cours n'est point sur terre et dont les riverains sont des dieux ou des démons, dans l'Inde les Paṇis, Saramâ, Bṛihaspati, Indra, dans l'Iran Yôista, Akhtya, Kereçâçpa ; ces peuples acéphales qui habitent près de la Raṅha sont les démons dont le dieu a tranché la tête au bord de la rivière atmosphérique ; ce sont les frères des Vṛitra, des Namuci, des Makha dont Indra fait tomber la tête avec l'écume des flots[5] ; ce sont les frères des « serpents sans tête », *açîrshâno ahayas* dont l'Indien souhaite le sort à ses ennemis[6].

Dans les mêmes régions bleues doit probablement se placer *Urva pouru-vâçtra*[7], « sur la position de laquelle les géographes modernes ne sont pas d'accord »[8]. La discussion prendra fin si l'on rapproche de l'*urva* zend l'*ûrva* védique ; ce pays mystérieux deviendra « l'étable aux riches pâturages », c'est-à-dire l'étable des vaches célestes que les Uçig̃ védiques ouvrent par leurs prières, le parc merveilleux où paît sous l'œil d'un gardien divin la vache Purmâyeh. Les autres contrées, Çughdha, Mouru, Bakhdhi, Harôyu, Vehrkana, Haraqaiti, Haêtumant, Ragha, Hapta Hiṅdavas, sont des contrées réelles, c'est-à-dire des contrées que dès la plus haute antiquité on savait situer[9].

---

1. Vendidâd 68 sq. Cf. plus haut, pages 69, 104.
2. Ibid. 33 sq.
3. Voir plus haut, page 176.
4. Vendidâd 1. 77 sq. *Açâro* : dans la traduction pehlvie « sans chef » asuvâr (lire *asardar*, Spiegel, *Commentaire* I, 47).
5. RV. 1. 52. 10 ; 8. 14. 13 ; 10. 171. 2.
6. Sâma-Veda II, 9. 3. 8. 2.
7. Vendidâd 1. 38. — 8. Justi, *Manuel* s. v.
9. Sogdiane, Merv, Bactres, Haré, Hyrcanie, Arachotus, Helmend, Raï, Indes. Deux régions incertaines : Niçâya et Çakhra. Tel de ces pays a pu d'ailleurs commencer par être terre mythique. Le *haê-*

Les fléaux créés par Ahriman, au fur et à mesure de ces créations, sont : la guêpe qui fait périr les troupeaux ; la calomnie ; la vermine (?) ; le doute ; la grêle et la pauvreté ; les mauvais fléaux ; le péché contre nature ; l'ensevelissement des morts ; les crimes de Yâtu ; l'incrédulité ; l'ensevelissement des morts ; les difformités et les fléaux qu'apporte sur le pays l'ennemi étranger ; les difformités et la chaleur hors de saison. Ces énumérations vagues, abstraites, qui se répètent, montrent le caractère secondaire, tout artificiel et systématique du morceau. L on a dix-huit créations auxquelles il faut, en vertu de la loi de symétrie, opposer dix-huit contre-créations ; on y arrive tant bien que mal, en se répétant si l'imagination fait défaut. Il est clair d'ailleurs qu'il n'y a pas à chercher entre la création et la contre-création un rapport spécial ; si Ahriman répond à la création de Mouru, de Niçâya, de Ragha, en créant la calomnie, le doute, l'incrédulité, cela ne veut point dire que les habitants de Mouru, de Niçâya, de Ragha fussent mauvaises langues, sceptiques, libres-penseurs. Cela est si vrai que pour certains de ces pays, les pays mythiques qui avaient leur contre-création toute donnée, Ahriman se met en frais de créer quelque fléau abstrait et incolore ; au Varena « pour qui naquit Thraêtaona, meurtrier d'Ajis Dahâka », Ahriman oppose « les signes contre nature et les fléaux qu'apporte sur le pays l'ennemi étranger » ; la contre-création du Varena est naturellement Ajis lui-même. De même, celle de la Raṅha, où habite un peuple d'hommes sans tête, n'est point l'hiver et le froid, mais ce peuple lui-même. Les oppositions mythiques ont, dans les deux cas, oublié leur valeur et sont devenues de pures caractéristiques du pays, d'où la nécessité d'en imaginer tant bien que mal de nouvelles.

III.

§ 223. La lutte est partout : dans le firmament, dans la nature, dans l'homme.

Dans le firmament, la lutte est d'étoiles à planètes. L'on a vu,

---

tumant est dit *raêvant qarenanhant*, épithètes ordinaires de Tistrya, du soleil et autres êtres lumineux d'en haut. Ahriman lui oppose les *agha yâtava*, c'est-à-dire les fléaux qui viennent du *yâtu* : « là plus qu'ailleurs l'on va invoquer le yâtu, là sont les êtres les plus adonnés aux yâtu ; là ils se lèvent pour porter la mort et frapper au cœur » (56).

à l'invasion d'Ahriman, les planètes se ruer sur les étoiles [1] ; d'autre part, l'Ulema et les Rivâiets rapportent qu'après la défaite d'Ahriman, sept des démons les plus méchants furent attachés aux planètes [2], ce qui concorde avec cette donnée du Bundehesh que les sept planètes sont en lutte contre sept étoiles qui dirigent les armées des astres [3]. Planètes et étoiles appartiennent donc à l'empire, les premières du mal, les autres du bien, et selon le Minokhired tout le bien et tout le mal qui arrive dans le monde se produit par le fait des douze constellations et des sept planètes [4]. Il semble bien qu'il y ait là une idée chaldéenne, transportée dans le système mazdéen ; mais il n'est pas impossible de dégager ce qu'il y a de purement iranien dans cette conception, dans la formation de laquelle on peut distinguer des époques. Le Yasht de Tistrya en fournit, semble-t-il, le moyen.

§ 224. Le dieu mazdéen de l'orage, le vainqueur du démon Apaosha, le dieu Tistrya, est une étoile : la formule initiale du Yasht à Tistrya porte : « glorification à Tistrya, étoile lumineuse, éclatante [5] ». Si l'idée de la lutte entre les étoiles et les planètes avait déjà existé quand fut rédigée la partie essentielle du Yasht, c'est-à-dire le récit du combat de Tistrya contre Apaosha, il est plus que probable que Tistrya aurait eu pour adversaire une planète et non un simple démon, et qu'au moins la lutte n'aurait pas été, dans tous ses détails, comme elle l'est, la vieille lutte classique d'un dieu de l'éclair et d'un démon ténébreux : Tistrya, dans tout le Yasht, n'a de l'étoile que le nom. Ses épithètes nous reportent à un dieu d'orage, il est rouge, éclatant, visible au loin, pénétrant, il a le *hennissement retentissant* [6], il pénètre de loin avec les rayons éclatants, immaculés, il est *agissant dans les hauteurs ;* certes, nombre de ces épithètes peuvent s'appliquer à une étoile aussi bien qu'à un dieu dont l'éclair est l'arme, mais il en est qui ne conviennent qu'à celui-là, et *uparô-kairyô* « agissant dans les hauteurs », est l'épithète de Kereçâçpa et de Vayu, c'est-à-dire d'êtres tout orageux. Les

---

1. Voir plus haut, page 116.
2. Spiegel, *Traditionelle Literatur* 162 sq. ; Ulema, éd. Olshausen 3 fin.
3. Bundehesh, chapitre 5.
4. Minokhired 8. 17. Cf. § 246.
5. Yasht 8. 0. Cf. Yaçna 1. 35.
6. *Ravô-fraothman* 8. 2 ; voir Mémoires de la Société de Linguistique III, 58.

déguisements de Tistrya sont les mêmes que ceux de Verethraghna et de Vayu; sanglier, cheval, jeune homme, déguisements ordinaires du héros d'en haut [1]. Comment Tistrya est-il devenu étoile? c'est simplement pour la même raison qui fait qu'il est tour-à-tour sanglier, cheval, jeune homme, pour la même raison qui transforme tour-à-tour Verethraghna en sanglier, en cheval, en chameau, en bouc, en oiseau, en bélier, en homme [2]; c'est parce que le héros d'en haut peut être vu par l'imagination sous toutes les formes qu'évoquent devant elle le fracas, le mouvement, le resplendissement de l'orage; et de même que le dieu pouvait être comparé à un beau jeune homme au blanc regard, il pouvait l'être aussi à une étoile éclatante, perçant la nue. C'est là une hypothèse, qui n'exagère en rien l'ordinaire fantasmagorie des mythes d'orage et à laquelle les images védiques prêtent leur toute puissante autorité, quand elles nous font voir les Maruts, c'est-à-dire les hommes de l'orage [3], « brillant avec leurs anneaux, comme le ciel avec ses étoiles » [4]. Or, ces anneaux des Maruts sont, comme leurs lances, comme l'or de leur poitrine, le feu de l'éclair [5]; voilà donc l'éclair comparé indirectement à la lueur scintillante de l'étoile; ailleurs « les Maruts voient au loin, comme des hommes du ciel avec les étoiles » [6].

L'étoile Tistrya n'est donc autre que l'Homme d'en haut, vu dans le *scintillement* de l'éclair.

§ 225. Mais cette identification ne pouvait rester stérile. Le dieu-étoile devait nécessairement devenir le chef des étoiles. Tous les êtres dans le Mazdéisme ont leur chef, leur *ratu*; or, ce *ratu*, en règle générale, n'est autre que le héros d'en haut, imaginé sous la forme de cet être. C'est ainsi que le poisson Kara, le faucon, Gayô-Maratan, Zarathustra, la Darega où est né Zoroastre, le mont Hukairya d'où descend Ardvi Çûra, toutes représentations, toutes incarnations du héros d'en haut ou d'objets célestes, sont les *ratu* des poissons, des oiseaux, des hommes, des montagnes, des fleuves [7]. Tistrya, le dieu-étoile, devait devenir le *ratu* des étoiles, comme Zoroastre, le dieu-homme, est devenu le

1. Voir plus haut, page 141.
2. Voir plus haut, page 125.
3. Voir plus haut, page 163.
4. Dyàvo na stribhiç citayanta khâdino. RV. 2. 34. 2.
5. Cf. RV. 5. 54. 11.
6. Dûredriço ye divyâ iva stribhis. RV. 1. 166. 11.
7. Bundehesh, chapitre 24.

ratu des hommes : « Nous adorons Tistrya, étoile lumineuse, éclatante, qu'Ahura Mazda a établi pour *ratu* et surveillant des étoiles, comme Zoroastre des hommes [1]. » On reconnaît les termes de Plutarque : « en tête des étoiles Ormazd plaça l'une d'elles comme gardien et surveillant, Sirius » [2] : Sirius, parce que les rayons que lance l'étoile-éclair sont rouges.

§ 226. Mais dès l'instant que le chef des étoiles est en lutte contre Ahriman, son armée le suit forcément dans la bataille et voilà la lutte dans le ciel. Jusqu'ici rien que d'iranien. Voici où commence l'anaryen. Les grands savants de Babylone viennent nous apprendre que tout bonheur et malheur dans ce monde se produit par la conjonction des planètes. L'idée devait germer en Iran, le terrain était prêt, mais elle produit des fruits nouveaux. Puisque bien et mal tombent des astres, que d'autre part il y a lutte partout, et que les étoiles, soldats de Tistrya, sont soldats du bien, il faut que les planètes soient au service du mal et qu'étoiles et planètes soient en lutte. Cette conception une fois née, la vue même du ciel devait l'affermir. Elles n'annoncent rien de bon, ces coureuses de nuit, à la démarche traîtresse, qui s'évanouissent et reparaissent soudain, qui rôdent lentement parmi les étoiles, et, tout à coup, avec des bonds rapides, fondent sur elles. De là, au moment de la grande lutte initiale, les planètes se ruant contre le firmament et venant heurter les étoiles [3].

---

1. Yasht 8. 48. Yim ratùm paitidaêmca viçpanãm çtarãm fradathat ahurô mazdâo.

2. ἕνα δ'ἀστέρα πρὸ πάντων, οἷον φύλακα καὶ προόπτην ἐγκατέστησε, τὸν σείριον (De Iside et Osiride 47).

3. Il y a sept planètes ; or, il y a sept grands daêvas ; on mit un daêva dans chaque planète ; mais ici la force du système menait droit à un blasphème : le soleil et la lune sont des planètes. On remédia à la chose en attachant les deux daêvas disponibles à deux astres qui seraient tenus en respect par le soleil et la lune : *muspar* et *gurzihar*. Muspar est la Péri *mûs* (voir plus haut, page 174), elle reçoit l'épithète de *dum- buomand* « munie d'une queue », ce qui semble en faire une comète. *gurzihar* est fixé à la lune : la lecture et la valeur du mot sont inconnues ; la variante *gôzihreh* (ap. Spiegel, *Traditionelle Literatur* 163) laisserait supposer que la forme primitive est le zend *gao-cithra* (cf. plus haut, page 152), ce qui, sans expliquer le rôle de l'objet, expliquerait du moins son rapport avec la lune.

Aux sept planètes devaient par symétrie s'opposer sept étoiles ; ce sont cinq étoiles placées aux cinq points du ciel (est, ouest, nord, sud, zénith) ; plus le soleil et la lune. Les cinq étoiles sont Tistrya, Çatavaêça,

IV.

§ 227. **Même lutte dans la nature.** Il y a des animaux créés par Ahura, d'autres par Ahriman ; et les uns sont en lutte contre les autres. On s'attendrait à trouver dans la première classe les animaux utiles à l'homme, dans l'autre les malfaisants. Cela est vrai en partie : ainsi le chien est placé parmi les premiers comme repoussant le loup et gardant le troupeau ; de même le coq qui réveille au matin pour la prière[1] ; mais, dans la grande majorité des cas, l'animal appartient à Ormazd ou à Ahriman non parce qu'en pratique il est utile à l'homme ou nuisible, mais parce qu'il paraît comme incarnation du héros ou du démon d'orage dans les récits mythiques ; or, son rôle dans ces récits est déterminé, non par ses qualités *morales*, mais par ses qualités *physiques*. Ecoutons le Bundehesh : après avoir énuméré un certain nombre d'animaux mythiques qui résident dans les contrées mystérieuses, l'Ane à trois pieds, le Taureau-poisson, l'oiseau Camrus, l'oiseau Karshiptan, l'oiseau Ashazusta, il ajoute : « Voici d'autres animaux et oiseaux créés pour combattre les Khrafçtra et les Yâtu. De tous les animaux précieux le Vâraghna est le plus précieux. Du faucon blanc, il est dit qu'il tue les serpents ailés. L'oiseau Kaskina tue les sauterelles et a été créé pour les combattre. Le

Haptoiriñga, Vanant et « le grand au milieu du ciel » (Maç i miyân i âçmân). Nous avons vu comment Tistrya est devenu étoile ; Vanant, littéralement « celui qui frappe » n'est qu'une ancienne épithète du héros-étoile (cf. Yasht 8. 12, où l'invocation à l'étoile Vanant, à l'étoile « qui frappe » est suivie de l'invocation à la Force (*ama*), à Verethraghna (la Victoire anti-démoniaque), et à l'Ascendant *qui frappe* « uparatât vanaiñti ». Çatavaêça est devenu étoile par sa coopération avec Tistrya ; le Bundehesh parle d'une mer de ce nom, située près de la mer Vouru-Kasha, donc identique à la mer atmosphérique, et dont le mouvement est sous la direction de l'étoile Çatavaêça (27. 6) : qu'on joigne à cela ces mots de l'Avesta que « les Férouers lâchent les eaux du Çatavaêça sur la terre » (Yasht 13. 43), et l'on reconnaîtra sans peine que primitivement Çatavaêça n'est pas plus une étoile que Tistrya ; c'est la nuée ; son nom signifie « les cent demeures », et, comme les cent forteresses de Çambara, désigne la forteresse de la nuée ; c'est parce qu'il était l'auxiliaire de Tistrya (Yasht 8. 32) qu'il est devenu étoile à sa suite. Haptôiriñga est la grande Ourse ; le « grand au milieu du ciel » semble être la polaire (Justi, *Bundehesh*, *lexique* s. v. *maç*). Sur ces cinq astres, il n'y en a donc que deux qui le soient de nature.

1. Bundehesh 48. 15 ; Vendidâd 13 ; ibid. 18. 34 sq.

Karkaç est créé pour dévorer les cadavres. Le Vâraghna qui est l'étourneau des montagnes, le sanglier des montagnes, le bouc Pâzen, la gazelle, l'âne sauvage et d'autres animaux encore détruisent tous les serpents. Le chien est fait pour combattre les loups, pour protéger les troupeaux. Le renard a été fait pour combattre le dév Khava, la belette pour combattre le serpent Garza et autres Khrafçtra qui habitent dans les trous. Le grand musc est fait pour combattre le ver intestinal ; le hérisson pour combattre les fourmis traîneuses de blé : il est dit : le hérisson urine dans les trous de fourmis et en tue mille ; il détruit leurs trous et aplanit la terre. Le castor d'eau est fait pour combattre les dév qui sont dans les eaux [1]. »

§ 228. La première chose qui frappe dans cette énumération, c'est le grand nombre d'animaux tueurs de serpents. Est-ce par une observation terrestre que les Iraniens ont appris que le Vâraghna, le faucon blanc, le sanglier, le bouc, la gazelle, l'âne sauvage tuent le serpent ? Ou bien est-ce par des formules mythiques qui mettaient aux prises le serpent orageux avec le faucon de l'éclair ou le sanglier du nuage ? L'on n'hésitera pas à conclure dans ce dernier sens, si l'on remarque que tous les animaux qu'on vient de citer prêtent leurs formes, dans les textes avestéens ou védiques, au dieu de l'orage, au vainqueur des démons, au meurtrier du Serpent. L'oiseau Vâraghna est un des déguisements de Verethraghna [2], c'est sous forme d'un Vâraghna que la lumière souveraine s'enfuit de Yima [3] : voilà pourquoi le Vâraghna ou étourneau des montagnes tue le serpent.

Le démon de l'orage, se mouvant dans l'atmosphère, a droit à des ailes aussi bien que son adversaire : de là les *serpents ailés* tués par le faucon blanc (*bâz i çipîd*).

Le sanglier et le bouc sont, on se le rappelle, des déguisements de Verethraghna [4] ; la gazelle ne paraît pas dans l'Avesta, mais

1. Bundehesh 47. 7 sq.
2. Yasht 14. 19.
3. Yasht 19. 35. *Vâra-ghna* signifie « qui bat de l'aile » ; il semble identique à l'oiseau *Vârem-ĝana* qui a traîné le char de Kava Uça (dans son ascension au ciel ?), qu'a monté Thraêtaona (*yim vashata Kava Uça ; yim Thraêtaonô barat*. Yasht 14. 35, 39, 40), et dont la plume sert de talisman contre tout danger, comme la plume du Simurgh dans la légende de Zâlizer ; pour l'éclair considéré comme la plume de l'oiseau céleste, se reporter à la légende de l'oiseau *gâyatrî*, Kuhn, *Herabkunft des Feuers*.
4. Voir page 125.

dans les Védas le cheval lumineux sort en hennissant de la mer du nuage avec ailes de faucon et pieds de gazelle [1]. Enfin, l'âne sauvage ne fait que jouer sur terre le rôle que lui a créé l'Ane à trois pieds dans la mer Vouru-Kasha, et s'il tue les serpents, nous avons vu son cousin céleste détruire le *poison* que verse dans la mer la main d'Ahriman et anéantir les Khrafçtra avec sa corne d'or [2].

Certains des animaux cités ont conservé la demi-conscience de leur caractère mythique [3], car ils savent encore que leur adversaire est un démon. Le renard lutte contre le démon Khava, le castor contre les démons d'eau. Il est douteux que ce soit aux services qu'il rend à l'homme que le renard doit sa place parmi les créatures du bien ; mais plutôt à quelque formule mythique du genre de celle-ci : « le renard *a tué* le démon Khava » ; formule où il s'agit, on le pense bien, du renard d'en haut, du renard rouge de l'éclair, du renard que les Germains consacraient à *Thor*, le dieu orageux à barbe rousse [4]. Le castor, de son côté, ne doit sa réputation d'être un guerrier d'Ormazd qu'à un accident mythique : la déesse Ardvi-Çûra porte « un vêtement fait de peaux de castor, brillantes, aux multiples reflets d'or et d'argent » [5]. Comme Ardvi-Çûra est la déesse des eaux qui habite dans les hauteurs du mont Hukairya aux couleurs d'or [6], c'est-à-dire dans les hauteurs nuageuses d'où sort la lumière, le vêtement qu'elle revêt ne peut être qu'un de « ces vêtements de nuages » que revêtent dans les Védas les dieux d'en haut [7] ; or, le vêtement de la nuée est souvent appelé une *peau*, tantôt peau noire d'antilope, tantôt peau tachetée de tigre [8]. En poursuivant de plus près la couleur locale, on en fera la peau d'un animal

---

1. RV. 1. 16. 3. 1. *Çyenasya pakshâ harinasya bâhû*. De là les vertus du *bezoar* ; le bezoar est le contre-poison universel, parce qu'il sort de l'animal qui tue le serpent.

2. Voir page 148.

3. Tous d'ailleurs sont créés contre les Khrafçtra *et les Yâtu* (voir page 278).

4. Cf. page 169, note 6.

5. Yasht 5. 129. *Bawraini vaçtrâo vanhata..... caremâo vaênañtô barâzanti fréna erezatem zaranim*.

6. *Zaranaênem*, Yasht 5. 96.

7. *Abhrâs vasata* marutas (5. 63. 6) : *vanâ vasânas* (Varuna 9. 90. 2) ; *apo vasânâs* (harayas suparnâs 1. 164. 47) ; ce sont les *pîvasâ vastrâni* « les gras vêtements » de Mitrâ-Vrunâ (1. 152. 1) ; c'est le vêtement de pluie des Maruts, *varsha-nirnigas*.

8. Sénard, *Légende de Buddha*, Journ. asiat. 1873, II. 183.

aquatique, à la peau brune, aux poils luisants : dans l'Edda, c'est la peau de loutre que les dieux remplissent d'or rouge, symbole de la peau brune du nuage où pleut la pluie d'or de la lumière[1] ; l'Avesta emprunte la peau du castor, le *bawri,* littéralement « l'animal brun ». La nuée étant peau de castor, on en met un dans les eaux de la nuée ; ce castor représente donc le même être que le Taureau, que l'âne à trois pieds, que le sanglier, le bouc, le Taureau-poisson, le poisson Kara ; c'est l'animal sombre et lumineux qui se meut dans la nuée d'orage. Voilà pourquoi le castor terrestre est créé pour détruire les dêv qui habitent dans les eaux ; ce ne sont point les exploits qu'il accomplit sur terre qui ont donné ce haut rôle à l'inoffensif animal, mais ceux qu'il accomplit dans la nuée.

§ 229. Passons aux animaux d'Ahriman ; ses créatures sont désignées sous le nom générique de *Krafçtra*. Ce mot semble désigner proprement les reptiles proches du serpent ; en effet, l'instrument avec lequel on doit les tuer, le *Khrafçtra-ghna,* c'est-à-dire le *tue-Khrafçtra,* est défini par la tradition *mâr-gnn* ou le « tue-serpent » ; d'autre part, le mot *Khrafçtra* suppose un primitif Krap-as-tra et une racine *Krap,* ce qui le rapproche de (σ)κορπ-ίος et de (σ)κολοπ-ένδρα[2]. En fait, les énumérations qui accompagnent souvent ce mot comprennent toujours des animaux de ce genre : les damnés sont nourris dans l'enfer « de serpents, de scorpions et des autres *Khrafçtra* du Dujakh[3] »; quand Ahriman pénètre dans le monde, il inonde la terre « de *Khrafçtra,* de bêtes mordantes, venimeuses, de serpents, de scorpions, de karvâ, de grenouilles[4] ». Ces bêtes qui mordent, ces bêtes venimeuses, ces scorpions sont des dédoublements du Serpent[5]. Quant à la grenouille, nous l'avons déjà vue en lutte contre le Poisson céleste dans les eaux du Vouru-Kasha, c'està-dire dans le siège même du Serpent[6].

Il y a encore d'autres bêtes ahrimaniennes. D'abord la fourmi. Les textes ont beau ajouter l'adjectif *dânô-karsha* « qui traîne les grains » ; l'on a peine à croire que ce soit pour ses ravages

---

1. Edda, trad. Simrock[6], pages 307 sq.
2. De même racine, *Kahrpun[a]* « lézard » (= σκολοπέν-[δ-ρα]).
3. Minokhired 2. 191.
4. Voir plus haut, page 116.
5. Page 143.
6. Voir pages 143 et 178.

qu'elle est proscrite, et l'on est plus habitué à voir les anciens reconnaissants de ses leçons de sagesse qu'irrités de ses dégâts. Il y a mythe sous roche. Le Rig-Véda nous montre Indra « retirant de sa retraite le fils de la vierge, rongé par les fourmis [1] » ; ce trait énigmatique s'explique par le vers où un dieu retire Trita de la fosse où il est tombé [2] ; autrement dit, retire du fond de la nuée l'être lumineux qui s'y est englouti. Il suit de là que dans le Rig-Véda le nuage peut être considéré comme un trou de fourmis [3]. Dès lors, l'exploit du hérisson tuant avec son urine des milliers de fourmis dans leur trou et *aplanissant* la terre est exploit, non terrestre, mais céleste ; le hérisson triomphe précisément de la même façon que l'âne à trois pieds [4] ; le flot céleste, tombant dans la fourmilière du nuage et dégageant l'horizon, fait disparaître les aspérités du ciel. Tel Parǵanya, le dieu de la pluie d'orage, « balayant la *peau* nuageuse, égalise hauteurs et dépressions » [5].

Autre bête ahrimanienne, le *Zairimya-ṅura* : « Quel est l'être appartenant à la création d'Aṅra Mainyu, qui, à chaque aurore jusqu'au lever du soleil, s'avance frappant par milliers les créatures de Çpeñta Mainyu ? C'est le daêva nommé Zairimya-ṅura [6]. » Selon les Rivâiet, c'est une bête à morsure, elle commence à souffler au gah de l'aurore Oshen (à partir de minuit), toute la nature et les Amshaspands tremblent devant son cri,

---

1. RV. 4. 19. 9. Vamribhis putram agruvo adânam
               Niveçanâd dhariva â ǵabhartha.
2. RV. 1. 195. 17 ; cf. page 222.
3. La fourmi est *induite* de la fourmilière (cf. p. 148, n. 5). Le rôle de la fourmi est d'ailleurs aussi bien divin que démoniaque, la fourmilière contenant le héros aussi bien que le démon : Indra triomphe sous forme de fourmi du démon qui envahit le ciel (RV. 1. 51. 9). De ces images sortent les légendes des fourmis gardeuses d'or (Elien) ; des fourmis déterreuses d'or (Hérodote) ; il s'agit de l'or de la lumière, du trésor caché dans le nuage (voir Bergaigne, *Revue critique*, 1874, II. 33 et De Gubernatis, *Mythologie animale*, traduction Regnaud II, 44). De là, dans le Pseudo-Callisthène, les fourmis qui assaillent l'armée d'Alexandre et qui sont repoussées par le feu (primitivement le feu de l'éclair ; De Gubernatis l. c. 44). Les Myrmidons ont été d'abord la population de la fourmilière nuageuse et les fils de Jupiter-fourmi (= Indra-fourmi ; Preller, *Griechische mythologie* [3] II, 392).
4. Voir plus haut, page 148.
5.   Dritim su karsha vishitam nyañcam
        Samâ bhavantu udvatô nipâdâs (RV. 5. 83. 7).
6. Vendidâd 13. 13 sq.

Ahriman et les dév en tressaillent de joie[1]. Sa morsure le range parmi les *Krafçtra*, à côté du scorpion et du serpent. Selon les Parses, le Zairimyanura est « la tortue »; ce sens cadre assez avec la forme *zair-imya*[2], dont M. Haug rapproche le sanscrit *har-mmuṭa*[3], la racine est la même que dans le grec χελ-ύς[4]. Le rôle de la tortue dans la mythologie grecque concorde également : elle est l'animal de la nuée : Aphrodite, la fille des eaux, a le pied sur la tortue, et le cri du *Zairimyanura* répond au son qui s'échappe de la tortue tuée par Hermès, l'un et l'autre sont la voix de la nuée, ici harmonieuse, là terrible[5].

§ 230. Il ressort de ce qui précède que les animaux démoniaques et les animaux sacrés sont tels, non à raison du mal ou du bien réel qu'ils font, mais parce qu'ils paraissent dans les mythes comme déguisements du démon ou du dieu. Ce ne sont point, pour parler le jargon moderne, des considérations *utilitaires* qui les ont rangés dans le parti d'Ahriman ou d'Ormazd ; ce sont les images mythiques qui s'attachaient à leur nom. De là des conséquences pratiques : le meurtre d'un animal ormazdéen est un crime abominable, parce qu'en le tuant c'est le dieu même que l'on tue ; le meurtre de l'animal ahrimanien est œuvre pie, parce que c'est le meurtre du démon orageux en personne ; suivant donc que l'homme tue le premier ou le second, il joue le rôle de dieu ou de démon. Celui qui tue un castor *udra*, l'enfer sera sa demeure, sa postérité sera éteinte, il n'y aura pas rançon pour son âme[6] : il ne peut se sauver qu'au prix d'expiations for-

---

1. Ap. Spiegel, *Commentaire*.
2. Première partie du mot : ce qui prouve que le premier terme s'arrête bien à *ya*, c'est que selon le Vendidâd (13. 15), quelques-uns l'appellent à tort *zairimyâka* (cf. pour la forme *mashya* et *mashyâka*).
3. *Essay on the Pahlavi language*, p. 22.
4. X = *h* sanscrit = *z* zend. La seconde partie du mot *nura* = *svara* n'est évidemment pas un suffixe : serait-ce le grec σαῦρος? Apollon est σαυρο-κτόνος tueur de lézard (du lézard de la nuée que le dieu perce avec l'éclair contre l'arbre nuageux ; Preller I, 237); *Zairimya-nura* serait mot à mot tortue-lézard ; ou bien plutôt le mot ordinaire *svara* « son » (χελυ-φωνος)?
5. L'heure où paraît le *zairimyanura* en fait un démon de nuit au lieu d'un démon d'orage ; mais les mythes de nuit sont le plus souvent des mythes d'orage déplacés : le démon qui empêche la lumière de paraître est peint sous les traits du démon qui l'enlève durant le jour. Le cri du *zairimyanura* prouve qu'il est primitivement démon d'orage.
6. Sadder 62.

midables : il recevra 10,000 coups de *Çraoshô-çarana*, 10,000 coups d'aiguillon, apportera au feu d'Ahura 10,000 charges de bois dur et sec, 10,000 charges de bois mou de sandal, etc., fera 10,000 *bareçma*, fournira 10,000 *zaothra*, tuera 10,000 serpents, 10,000 lézards, 10,000 crapauds, 10,000 grenouilles terrestres, 10,000 grenouilles aquatiques, 10,000 fourmis, 10,000 mouches, etc., etc., donnera des instruments de culte aux prêtres, de guerre aux guerriers, de labour aux laboureurs, etc., etc.[1]. C'est que la mort du castor a amené tous les maux qu'amène la mort du héros d'en haut : « Celui qui tue un castor produit une sécheresse qui détruit les pâturages ; avant cela, de terres et champs s'élevaient, ô Çpitama Zarathustra, grasse abondance, vigueur et santé, fertilité, poussée et croissance, pousse des grains et des pâturages. — O créateur ! quand reviendront à ces terres et champs, grasse abondance, vigueur et santé, fertilité, poussée et croissance, pousse des grains et des pâturages ? — A ces terres et champs point ne reviendront grasse abondance, vigueur et santé, fertilité, poussée et croissance, pousse des grains et des pâturages, pas avant que le meurtrier du castor lui aussi ne soit tué ou que l'on n'ait offert le sacrifice à l'âme du castor auprès du *dakhma*, durant trois jours, durant trois nuits, feu allumé, bareçma étalé, haoma dressé [2]. » Tout cela se ramène à deux phrases mythiques : « le castor est tué, les eaux ne viendront pas ; — les eaux viennent, l'ennemi du castor est tué. » Mais ce n'est point sur terre que le meurtre a été commis : c'est là-haut qu'un meurtrier a tué l'animal divin et enlevé les eaux : c'est là-haut que tué à son tour il laisse échapper le trésor.

En revanche, lorsque vous tuerez une grenouille, les démons en ressentiront un immense dommage et pousseront de longs gémissements [3] ; ce sont ceux qu'a dû pousser la grenouille du Vouru-Kasha sous la morsure du poisson Kara, qui garde le Hom blanc. « Lorsque vous tuerez des serpents, vous réciterez l'Avesta et vous retirerez de là grand mérite ; car ce sera comme si vous aviez tué autant de démons [4]. » Cette perpétuelle assimilation de l'humain et du divin, du terrestre et du céleste, que nous avons déjà rencontrée tant de fois dans des croyances purement

---

1. Vendidâd 14.
2. Vendidâd 13. 169 sq.
3. Sadder 47.
4. Sadder ibid.

théoriques, la voici donc en action sur le terrain pratique. L'homme d'en bas tuant le serpent est un substitut de l'homme d'en haut, c'est un Traêtaona tuant Ajis Dahâka. Cette identité éclate dans les formules ; le mazdéen en tuant les Khrafçtra s'écrie : « Je lie le venin abondant et la gueule de tous les Kharfaçtar *au nom du fort, du vif Feridoun*[1]. » Le drame mythique est descendu sur terre où il se joue en pratique religieuse[2] ; mais l'acteur humain ne comprend plus la pièce qu'il joue et se méprend sur son rôle ; le roi Yezdgerd rétablissant le mazdéisme en Arménie ordonne de respecter les loutres, les renards, les lièvres, d'exterminer les serpents, les lézards, les grenouilles, les fourmis *et autres animaux nuisibles*[3] ; l'inoffensive grenouille, condamnée à mort comme dangereuse, est en réalité tuée par les vieilles métaphores aryennes incomprises.

§ 231. De cette intrusion de l'idée *utilitaire* dans une classification toute mythique, sans principe défini, puisque ce sont les accidents physiques et les hasards de la fantaisie populaire qui prêtaient les formes de l'animal au démon ou au dieu, devaient

---

1. Anquetil II, page 135.
2. Cf. page 141. — L'instrument qui sert à tuer les *Khrafçtra* s'appelle un *khrafçtra-ghna* ; la traduction pehlvie dit que le meilleur est celui qui est fait de cuir : le *Khrafçtra-ghna* est donc un fouet. Ce fouet qui tue les serpents (*mâr-gnn*) rappelle le fouet qui retentit dans la main des Maruts (1. 37. 9 ; 168. 4), de Parĝanya (5. 83. 3), *le fouet d'or* d'Indra (8. 33. 11), c'est-à-dire le fouet retentissant de l'éclair. Le drame céleste serait donc descendu sur terre, non-seulement avec les acteurs, mais avec les instruments mêmes. Nous ne connaissons pas assez bien la forme de l'instrument pour affirmer que le *khrafçtra-ghna* terrestre n'est que la reproduction symbolique d'un prototype céleste. Voici pourtant qui semble confirmer cette hypothèse : la traduction pehlvie, pour prouver que le *khrafçtra-ghna* doit être de cuir, cite ces mots d'un passage perdu : *vohu mananha âpemcit ĝanaiti anrô mainyus*. Il est difficile de donner le sens réel de ces mots isolés du contexte, mais le sens que lui prête la traduction est : « Ahriman frappe l'eau avec Vohu-Manô », c'est-à-dire, Vohu-Manô régnant sur les troupeaux, « Ahriman frappe l'eau avec une arme de cuir ». Mais il semble suivre du fait même de la citation que le *khrafçtra-ghna* pouvait être dans la main d'Ahriman aussi bien que dans celle du fidèle, ce qui se comprend aisément si le premier *khrafçtra-ghna* a été le fouet de l'éclair, lequel est aussi bien au service du démon pour frapper le dieu, le taureau, les eaux, qu'au service du dieu pour tuer le serpent. — Une autre arme pour tuer les Khrafçtra est l'*astra mairya* « poignard à serpent » (?).
3. Elisée, page 59 de la trad. française.

sortir, on le comprend, maintes contradictions. L'on en a déjà rencontré. Il en est qui n'ont pas échappé aux Parses eux-mêmes. De là des essais étranges de conciliation, dignes de la théologie la plus déliée. L'oiseau de proie qui fond de son vol puissant est un des déguisements les plus communs et les plus naturels du dieu qui se meut dans l'éclair : voilà donc l'épervier rangé parmi les créatures du bien ; singulière créature d'Ormazd, dont toute l'action est de ravager et de détruire la création du dieu : écoutons le Bundehesh : « Ahura Mazda, en créant l'oiseau Varesha (c'est le faucon de chasse), lui dit : c'est moi qui t'ai créé, ô oiseau Varesha ; j'en devrais avoir plus de peine que de joie, car tu fais la volonté d'Ahriman plus que la mienne : tel qu'un méchant homme qui n'est jamais rassasié d'argent, tu n'es jamais rassasié de tuer les oiseaux. Mais si tu n'avais été créé par moi, ô oiseau Varesha, alors Ahriman, le cruel Ahriman, t'aurait créé avec une taille aussi grande que la taille humaine et il n'y aurait petite créature que tu eusses laissée en vie [1]. »

Inversement, la création d'Ahriman devra comprendre des êtres que l'on est habitué à aimer ou à admirer. On se tire d'affaire autrement : Ahriman a voulu montrer ce qu'il pourrait s'il voulait faire le bien : raffinement de perversité : « Ahriman dit : non pas que je ne puisse faire quelque chose de bon, mais je ne veux point, et pour établir cette assertion il fit le paon [2]. » En réalité, si le paon a Ahriman pour parrain, c'est grâce à quelque mythe où, par l'éclair, il prêtait sa queue au démon : c'est ainsi que dans l'Inde, Durgâ-Pârvatî, la déesse de l'orage, porte pour étendard une queue de paon [3], et le paon lui est consacré [4]. La mythologie grecque nous offre le parallèle d'Argus : Argus, le gardien d'Io, est après sa mort changé en paon, et Hera met sur sa queue les mille yeux dont il surveillait Io ; cela veut dire que de son vivant il était paon ; ses yeux et sa queue de paon sont une seule et même chose, c'est le long regard du démon qui garde la vache [5], la traînée de l'éclair.

1. Bundehesh 32. 15.
2. Eznig, page 93 de la trad. française.
3. *Çikhi-piccha-dhvaǵa-dharâ*. Mahâbhârata apud Muir, *Sanskrit Texts* IV, 432. Cf. le nom de Râkshasî (démone) : *Vidyuc-chikhâ* « qui a l'éclair pour panache ».
4. Voir la vingt-neuvième planche du *Hindu Pantheon* de E. Moor.
5. Identique au mauvais œil qui, dans la série mazdéenne, frappe la vache et le ciel (voir plus haut, page 122). Ovide semble faire d'Argus la nuit étoilée (*stellatus*), il a été trompé par l'épithète πανόπτης.

V.

§ 232. Ormazd a créé l'homme, Gayô Maratan, l'*homme du Bien* (asrub gabrâ). L'on s'attendrait à une contre-création d'Ahriman et par suite à une division de l'humanité en deux races, l'une divine, l'autre démoniaque d'origine. L'on se rappelle que quand la Djahi eut ranimé le courage d'Ahriman en lui promettant la mort de Gayô Maratan, elle demanda en récompense un homme ; Ahriman fit un mâle de quinze ans avec le corps d'une grenouille et le donna à la Djahi qui assouvit son désir [1]. On a déjà vu le sens et la forme première de ce mythe : la femme d'en haut tue l'homme d'en haut pour se livrer au démon. La création du mâle de la Djahi par Ahriman correspond donc exactement à la création de Gayô Maratan par Ormazd ; l'Avesta ne dit point ce qui naît de l'union de la Djahi avec le démon : l'humanité étant née de Gayô Maratan, il était conforme à l'esprit du système d'en faire naître une contre-humanité, l'humanité d'Ahriman, le méchant. Il serait téméraire d'affirmer que ce mythe se soit formé, et que le Mazdéisme ait posé en pleine conscience le dogme d'une humanité double ; mais nombre de faits montrent que cette dualité est dans l'instinct de la religion, sinon dans sa conscience, et que le fidèle et l'infidèle sont dieu et démon. L'on sait déjà que Touraniens et Iraniens ne sont que les héros démoniaques ou divins de la lutte céleste descendus sur terre. Voici un passage du Vendidâd où apparaît clairement cette dualité et son origine mythique : « Quel est celui, demanda « Zoroastre, qui se rend coupable envers toi, Ahura Mazda, du « crime le plus grand, qui t'afflige de l'affliction la plus grande ? « — C'est l'homme qui, séduit par la Djahi, mêle la semence des « purs et des impurs, de ceux qui adorent les daêvas et de ceux « qui ne les adorent pas, des dignes de mort et des dignes de vie. « Il arrête par son regard un tiers des rivières courantes et ra- « pides ; il arrête par son regard la croissance d'un tiers des plantes « qui poussent, des belles plantes, aux jaunes couleurs ; il arrête « par son regard un tiers des productions qui couvrent Çpeñta « Armaiti ; il arrête par son regard un tiers des bonnes pensées, « des bonnes paroles, des bonnes actions de l'homme de bien, de « la vigueur, de la force victorieuse des démons, de la sainteté. « Tels hommes, je te le dis, ô saint Zoroastre, sont à tuer plus

---

1. Voir plus haut, pages 178 sq.

« que les serpents qui glissent, que les loups hurlants, que la
« louve chasseresse qui fond sur le monde, que la grenouille aux
« mille petits fondant sur l'eau [1]. » Les effets désastreux attribués
à cette union du fidèle et de l'infidèle ont pour instrument le
mauvais œil ; mais ce mauvais œil qui arrête les eaux, stéri-
lise les arbres, réduit à l'impuissance l'homme de bien, l'adversaire du démon, n'est autre que le mauvais œil, qui frappe la
vache et le ciel [2], c'est-à-dire que c'est le mauvais œil du
démon orageux. Or, s'il agit dans l'union du fidèle et de
l'infidèle, c'est que cette union a son premier type dans les
réalités mythiques, dans l'union de la femme d'en haut avec le
démon, ou de la démone avec le dieu, dans cette union accomplie
à la lueur de l'éclair : « sous le règne d'Aji, chaque Péri s'unis-
sait à un homme, chaque femme à un démon, *un regard lancé*
et l'union se faisait [3]. » Fidèle et infidèle continuent donc ici-bas
le fidèle et l'infidèle d'en haut ; les deux races, démoniaque et
divine, vivent ici côte à côte.

L'identité et la parenté de l'infidèle et du démon ont laissé
d'autres traces. L'infidèle est en commerce naturel avec la Druǵ :
« O Druǵ, ténébreuse et malfaisante, dit Çraosha, seule donc du
« monde vivant tu enfantes sans accouplement [4] ? — Non, répond
« la Druǵ ; j'ai quatre mâles qui me couvrent comme le font
« les autres mâles couvrant et fécondant leurs femelles [5]. » Ce
sont : l'homme qui refuse un vêtement au pauvre ; celui qui
laisse tomber l'urine sur son pied ; celui qui se souille pendant
la nuit ; celui qui, âgé de quinze ans, a commerce avec une
courtisane. Si dans les deux premiers cas le commerce avec
la Druǵ est tout fictif et abstrait, il n'en est pas de même dans
les deux autres ; là, il y a mythe organique et réel. On a vu

---

1. Vendidâd 18. 123.
2. Voir plus haut, pages 122, 146.
3. Bundehesh 56. 20. — Ce regard qui est le signe de l'union ou qui la détermine est identique à l'éclair, l'orage étant l'union des deux amants (p. 150 sq.) : il est par suite identique, dans la mythologie germanique, au *marteau de Thor* : de là, la consécration de la fiancée par le marteau : le géant Thrym voulant épouser Freyja, dit : « Apportez-moi le marteau pour consacrer la fiancée ; mettez Miœlnir dans le giron de la jeune fille » (Edda, Simrock [6], p. 86), débris de mythes perdus où Thor féconde l'*apyâ yoshâ* en lançant le Miœlnir, mythes parallèles à ceux où l'Ane à trois pieds la féconde avec son cri.
4. *Anaiwiyâçtis* = composé possessif *an-aiwiyâçti-s* (?) : cf. védique *yâç-u*.
5. Vendidâd 18. 79 sq.

comment, dans le troisième cas, le fidèle doit substituer Çpeñtâ Armaiti à la Druǵ et Atar à lui-même, le couple divin au couple démoniaque[1]. Dans le dernier cas, la courtisane, la Djahika, étant incarnation de la Djahi, il devient lui-même, par son union avec elle, incarnation du démon, du Yâtu : « les daêvas s'emparent de lui, le souillent jusqu'à la langue, jusqu'à la moelle, et le voilà qui porte la mort dans le monde de l'Asha, à l'égal des Zañda aux œuvres de Yâtu[2] » ; autrement dit, s'étant livré à la Djahi, il est Yâtu, parce que le Yâtu est l'amant naturel de la Djahi[3].

§ 233. Mais peu à peu ces identifications mythiques, cette assimilation de l'être surnaturel et de l'être naturel, devaient perdre leur valeur pleine et prendre un sens purement abstrait et métaphorique. Dans cet ordre d'idées se place la classification des hommes d'après le Minokhired[4] : « Il y a trois sortes d'hommes : hommes, demi-hommes, demi-démons. Homme est celui qui croit, sans doute aucun, à l'existence d'Ormazd, créateur; d'Ahriman, destructeur; à la résurrection des morts, à la vie future et à tous les autres biens et maux du ciel et de la terre ; qui croit que l'origine est dans ces deux êtres : Ormazd, Ahriman, qui ne donne sa foi qu'à la pure et bonne loi du Mazdéisme, et qui ne croit ni n'écoute aucune autre doctrine. Demi-homme est celui qui dans les choses concernant la terre et le ciel, agit à sa seule guise, selon ses seules lumières et son seul plaisir, agissant indifféremment, soit dans le bien à la volonté d'Ormazd, soit à la volonté d'Ahriman. Demi-démon est celui qui n'a de l'homme que le nom et la naissance, semblable, en tous actes et actions, à un démon bipède ; qui ne connaît terre ni ciel, ni mérite ni faute, ni paradis ni enfer et ne songe pas au compte que l'âme doit rendre[5]. » Cette classification est toute scolastique et certainement récente ; le second terme, demi-homme, a été introduit par la nécessité pratique d'établir un intermédiaire entre l'homme et le demi-démon ; mais le principe même en est ancien et concret : homme-dieu et homme-démon, telle en est la forme primitive et théorique ; si nulle part elle n'apparaît sous cette forme précise

---

1. Voir plus haut, page 256.
2. Vendidâd 18. 118 sq.
3. Voir plus haut, page 178.
4. Et ces désignations du méchant : « serpent à deux pieds, loup à deux pieds, *Khrafçtra.* »
5. Minokhired 42.

et consciente, elle se retrouve sous toutes les idées que nous venons de passer en revue.

Ici d'ailleurs le Mazdéisme n'avait pas à créer ; la distinction de l'*ârya* et du *dasyu* dans l'Inde repose sur le même principe ; *âryas* et *dasyus* sont la *famille terrestre* du dieu et du démon. Mais cette classification était difficile à maintenir en pratique. Elle devait conduire, en effet, à établir l'hérédité et la fatalité du bien et du mal, à fonder deux *gestes* indépendantes et immuables, chose que l'expérience démentait, car elle montre souvent la même famille divisée entre Ormazd et Ahriman, et cela même dans les mythes. Aussi, la double nature de l'homme ne donna pas sa conclusion logique : double origine de l'homme, et si tel mythe a existé, il s'est perdu. Tous les hommes descendirent de Gayô Maratan, et du premier couple Mashya-Mashyana[1], tous, même les Touraniens, cette ancienne population du ciel, ces Dasyus de l'Iran. C'est donc de l'être créé par Ormazd que doivent sortir le bien et le mal ; par suite l'humanité fut disputée entre le dieu et le démon, et le mal dut sortir de la volonté libre de l'homme. Voici comment le Bundehesh raconte l'invasion du péché dans le monde.

§ 234. « Ormazd dit à Mashya et à Mashyana : « Vous êtes hommes, vous êtes les ancêtres du monde ; je vous ai créés les premiers des êtres dans la perfection de la pensée ; accomplissez les actions de la loi dans la perfection de la pensée ; pensez le bien, dites le bien, faites le bien ; n'adorez pas les dêvs. » Leur première pensée fut : « c'est Dieu ». Ils se réjouirent l'un au sujet de l'autre, se disant : voilà un être humain. Leur premier acte fut de marcher. Ils mangèrent et dirent au sujet d'Ormazd : c'est Ormazd qui a créé l'eau, la terre, l'arbre, le bœuf, les étoiles, la lune, le soleil et toutes les autres créations du bien, fruit et racine.

---

1. On a vu plus haut comment est né ce couple : du germe de Gayomert confié à la terre, le premier couple humain est sorti sous forme d'un arbrisseau Reivas (voir page 157). C'est le mythe bien connu de l'homme naissant de l'arbre : mythe indo-européen : dans la légende d'Argos, Phoroneus, le premier homme, est fils de la nymphe Melia « le frêne » ; la troisième race sort des frênes (ἐκ μελιᾶν, Opera et Dies 144) ; cf. Gensque virum truncis et duro robore nata. Mêmes légendes en Germanie (Simrock, *Handbuch* 34-35). Origine du mythe : l'Homme céleste sort de l'arbre nuageux. — Le mythe de Gayomert et celui de Mashya, primitivement parallèles, ont été ensuite subordonnés l'un à l'autre.

Alors une réaction du démon tomba sur leur pensée, corrompit leur pensée ; ils dirent : c'est Ahriman qui a créé l'eau, la terre, l'arbre, le bœuf, etc. Ils dirent, et ce mensonge fut à la convenance du démon, et Ahriman par là tira d'eux sa première joïe. Par ce mensonge ils devinrent tous deux des darvands et leur âme sera dans l'enfer jusqu'à la résurrection[1]. » L'idée essentielle de ce récit : « le premier homme a abandonné Ormazd pour Ahriman, le dieu pour le démon », cette idée, nous l'avons déjà rencontrée au moins sous sa forme élémentaire, et en germe, dans la tentation de Zoroastre, où le sens en est clair : le premier homme, c'est-à-dire l'homme d'en haut, le héros de l'éclair, est attendu avec angoisse et inquiétude par les deux adversaires, dieu et démon ; d'une part, Ahura supplie Ardvi Çûra que le héros qui va naître soit de son parti[2] ; d'autre part, Ahriman essaie de le corrompre et de l'acheter[3] ; l'un et l'autre savent bien que de lui dépend la victoire ou la défaite, de lui dépend que la lumière reprenne le ciel ou en soit bannie pour longtemps. Zoroastre reste fidèle à Ormazd ; mais d'autres mythes pouvaient se former où l'homme d'en haut se révolte contre le ciel, qu'il déchire ou d'où il vole le feu, de ces mythes qui ont fait si brillante fortune en Grèce et qui ont amené les successions des dynasties divines. En Asie, le mythe a marché d'une étape plus loin ; la révolte est devenue tout intellectuelle et morale : en Inde, Bhrigu, l'homme d'en haut, fils de Varuṇa, le Ciel, prend en dédain son père comme étant plus savant que lui[4] ; en Iran, le beau, le lumineux Yima, lui aussi homme d'en haut, premier homme, pris du vertige de sa puissance, se déclare le maître du monde et le dieu unique[5] : c'est le mensonge qui l'a perdu, dit l'Avesta. On a à présent et l'origine et l'explication du mythe de Mashya. Le premier homme, l'homme d'en haut, est au point de vue moral un être équivoque, qui tour à tour peut être conçu, soit comme délivrant le ciel, soit comme s'insurgeant contre le ciel, et dans l'orgueil de sa force ou de sa vue pénétrante se déclarant plus savant ou plus puissant que lui. Le premier péché a donc été un mensonge de l'homme d'en haut contre le dieu suprême, contre le dieu du ciel, Ahura-Varuna ; c'est le péché de Bhrigu, le péché de Yima, le péché du dieu

---

1. Bundehesh 34. 5 (chapitre 15).
2. Voir plus haut, pages 85 et 194.
3. Voir plus haut, page 197 sq.
4. Voir plus haut, page 74.
5. Voir plus haut, page 106, n. 4.

éblouissant, ébloui de son éphémère puissance. Transporté à l'homme purement homme que le Mazdéisme représente dans Mashya-Mashyana, ce mensonge doit naturellement changer de forme ; ce ne sera plus mensonge d'orgueil personnel, mais mensonge d'impiété, se rapprochant moins de celui de Yima que de celui que Zoroastre était incité à commettre. Mashya n'est pas un Yima se mettant au-dessus d'Ormazd, c'est un Zoroastre s'agenouillant devant Ahriman[1]. Mais cet hommage n'est pas inerte et passif ; c'est la victoire pour qui le reçoit ; si l'homme d'en haut passe du côté du démon, nul ne pourra plus lui résister, puisque celui-là est le seul qui puisse l'abattre. L'hommage de l'homme d'en bas, identique à l'homme d'en haut, a le même

---

1. Ce mythe de Mashya est-il organique ? Je veux dire, s'est-il formé sur le nom même et sur la tête de Mashya ou bien a-t-on transporté sur le nom du premier homme en titre un mythe formé sur d'autres personnages ? Cela revient à dire : Mashya est-il un personnage abstrait, une personnification abstraite et systématique du premier homme, ou bien un ancien personnage mythique, ayant son action propre et son histoire personnelle ? L'identité du nom de *Mashya* avec le zend *mashya* « homme » et l'absence du mot comme nom propre dans l'Avesta, semblent favoriser la première hypothèse. (Le rapprochement avec *manushya*, qui rattacherait *mashya* au type mythique de *Manu*, semble impossible à accepter, faute d'analogie pour la chute de la nasale.) Mais l'exemple des Maruts et de Gayomert, celui de Manu et de Mannus en Inde et en Germanie, prouvent que cette raison n'est pas décisive. Le couple est mythique par sa naissance (page 290, note), et tous les actes qu'on lui prête nous reportent à des êtres mythiques parfaitement caractérisés. La chèvre blanche dont ils tètent le lait, n'est autre que la chèvre ou la vache qui nourrit à leur naissance Jupiter, Zoroastre, Ymir (cf. page 191). Le gras bélier au dos blanc qu'ils font cuire rappelle le sanglier que fait cuire Indra à peine né (cf. page 214) ; ils allument le feu en frottant l'un contre l'autre du bois de cerisier et du bois de buis, c'est le *manthana* du feu dans les deux *arani* inventé par les Angiras, les Bhrigus, c'est-à-dire par le premier homme, l'homme d'en haut (cf. Kuhn, *Herabkunft des Feuers*). L'arbre qu'ils abattent (ce qui est un de leurs péchés) n'est autre que l'arbre même d'où ils sont nés, l'arbre atmosphérique qu'ils détruisent à l'instant même qu'ils en sortent, le nuage abattu par l'être lumineux qui en naît. Ils l'abattent avec du fer qu'ils ont aiguisé contre une pierre ; ce fer et cette pierre sont l'airain fondu de Gayomert et la pierre de Zoroastre (cf. pages 159, 193). Si l'orage est la chute de l'arbre, c'est aussi la lutte des deux êtres : de là, la querelle qui suit aussitôt entre Mashya et Mashyana, et au milieu de laquelle retentit la voix des démons. (Cette querelle, la mythologie celtique l'a connue : « c'est le diable qui bat sa femme ».)

effet, et Ahriman devient tout-puissant quand il reçoit l'offrande de Mashya.

§ 235. L'homme par tout ce qu'il y a de mal en lui, mal physique ou moral, appartient à Ahriman. Les 99,999 maladies qui l'affligent sont toutes l'œuvre d'Ahriman [1]. On les combat de trois façons, il y a trois sortes de médecins : ceux qui guérissent par les plantes, qui par le fer, qui par les formules ; les derniers sont les plus puissants [2]. C'est en effet la formule qui est l'arme la plus redoutable contre le démon, c'est par elle qu'Ahura et Zoroastre ont terrassé Ahriman, c'est par elle que Yôista anéantit Akhtya, « le démon de la maladie » [3]. De même les infirmités de toutes sortes, permanentes ou accidentelles, sont les stigmates d'Ahriman (*dakhsta*) : ceux qui en sont atteints sont exclus du sacrifice au même titre que la courtisane [4] ; car ils sont incarnation du démon, comme l'est de Djahi la courtisane.

§ 236. Voilà donc le monde organisé : voilà les deux ennemis en lutte, avec tous leurs soldats. D'une part, Ahura Mazda, créateur de l'*Asha*, de tous les biens, assisté de tous les êtres qui maintiennent l'*Asha* et développent le bien; de l'autre, Aṅra Mainyu et ceux qui veulent détruire le monde de l'*Asha*.

Le but final de la vie du monde, c'est d'amener l'expulsion du mal, le règne éternel de la vie et du bien. Le but présent, c'est d'augmenter indéfiniment la vie et le bien. L'homme qui concourt à ce résultat est *ashavan*, « homme de l'*asha* »; celui qui s'y oppose est un *drvant,* un *anashavan,* un *ashemaogha,* « démon, ennemi de l'*asha*, destructeur de l'*asha* ». L'homme *ashavan*, c'est l'*Athravan*, ou prêtre du feu, qui par ses formules repousse le démon ; c'est le *rathaêsta*, ou guerrier, qui avec la massue brise la tête de l'impie ; c'est le *vâçtryô*, ou laboureur, qui fait sortir de la terre la bonne moisson, source de vie : car, qui cultive le blé, il

---

1. Voir plus haut, page 122.
2. Vendidâd 7. 118. Cette classification est indo-européenne : Esculape la connaît :

> τοὺς μὲν μαλακαῖς ἐπαοιδαῖς ἀμφέπων,
> τοὺς δὲ προσανέα πί-
> νοντας, ἢ γυίοις περάπτων πάντοθεν
> φάρμακα, τοὺς δὲ τομαῖς ἔστασεν ὀρθούς
>   (Pindare, Pythique III, 91).

Voilà, dans ses grandes divisions, le Manuel de l'étudiant en médecine dans la période de l'unité indo-européenne.

3. Voir plus haut, page 199.
4. Yasht 5. 93, 17. 54.

cultive la loi de Mazda, il fait pousser, pousser la loi de Mazda, il l'engraisse autant qu'avec cent offrandes, mille oblations, dix mille sacrifices ; quand le blé donne, les daêvas bondissent ; quand on le lave, ils crient ; quand on le moud, ils hurlent ; quand on le pétrit, ils résistent ; car ils savent que sans nourriture l'homme ne pourra avec vigueur ni pratiquer l'*asha*, ni cultiver la terre, ni engendrer [1]. L'homme *ashavan* est celui qui donne un vêtement à qui est nu, coup porté au démon de l'hiver, à Zemaka [2]; c'est l'homme qui crée famille et qui, propageant la vie, diminue le règne de la mort : l'homme qui meurt sans enfants ne trouvera pas à sa mort d'intercesseur au pont Cinvat, et le grand crime des chrétiens aux yeux de Yezdgerd, c'est « de louer la mort et de mépriser la vie, de ne point faire cas de la fécondité de l'homme et de vanter au contraire la stérilité, en sorte que si leurs disciples les écoutaient, ils n'auraient plus aucun commerce avec les femmes, ce qui amènerait bientôt la fin du monde [3] ». L'homme d'Asha, c'est celui qui détruit Ahriman dans ses créatures. Le cadavre d'un animal ahrimanien ne souille pas la terre, car sa mort est un accroissement pour la création d'Ormazd. Celui qui en parole, en pensée et par l'œuvre de ses mains, fait le mal au méchant, et veut du bien à l'homme de bien [4], celui-là

---

1. Vendidâd 3. 99 sq. « Qui travaille cette terre de gauche à droite, de droite à gauche, la terre lui dit : Homme qui me travailles de gauche à droite, de droite à gauche, certes, à moi les gens viendront demander l'aumône, car ici je porterai, tous aliments je porterai, je porterai à foison les grains. — Qui ne travaille la terre de gauche à droite, de droite à gauche, la terre lui dit : Homme, qui ne me travailles de gauche à droite, de droite à gauche, certes, tu t'en iras t'appuyer au seuil de l'étranger, parmi ceux qui mendient leur pain ; là, éternellement assis, on t'apportera les miettes de la nourriture, tu recevras les miettes de ceux qui ont le superflu. » Ibid. 87 sq.

2. Vendidâd 4. 138.

3. Elisée, *Soulèvement national de l'Arménie chrétienne*, trad. Garabed, page 29.

4. *Vanhâu vâ côithaitê açtîm*. Açtîm = *açtyam, de *açti*, ami (sens établi par Yaçna 34. 22, 69. 14); la tradition confond avec *açti* corps et traduit *tan* ; ajoutez encore Y. 45. 11 et (?) Yasht 13. 48 (*astô*, variante *açtô*). Cette idée revient souvent ; par exemple Yaçna 45. 6 : « celui-là est homme du mal qui est bon pour l'homme du mal, celui-là est homme d'*asha* à qui est cher l'homme d'*asha* » (*yahmâi ashava fryô*, cf. encore 45. 18). C'est la morale de Mirza Schaffy, mais plus haute dans le principe :

      Ich liebe die mich lieben,
      Ich hasse die mich hassen.

agit à souhait selon la volonté d'Ahura Mazda[1]. Accroître le monde de l'*asha,* tel est le but suprême de la vie humaine ; aussi l'homme de bien s'appelle un *çaoshyañt* « un accroissant » ; il est dans le présent ce que sera à la fin des temps le Çaoshyañt de l'avenir, celui qui doit rendre éternel le règne du bien et de la vie.

Nous n'avons pas à poursuivre dans les détails les principes généraux de la morale mazdéenne. Il nous suffit de montrer comment elle se rattache à la théorie générale de la lutte divine ; il n'y a pas là à proprement parler de morale ; la vie terrestre étant une lutte modelée sur la vie céleste, étant la mêlée des dieux et des démons bipèdes, la morale est l'ensemble des lois destinées à assurer le triomphe des premiers sur les seconds. De là des contradictions entre la morale mazdéenne et la morale naturelle : « Si des Mazdéens veulent s'exercer à la médecine, demande « Zoroastre, sur qui doivent-ils s'exercer d'abord, sur des adora-« teurs de Mazda ou des adorateurs de daêvas ? — Ahura Mazda « répondit : Qu'il s'exerce sur les adorateurs de daêvas avant de « le faire sur les adorateurs de Mazda. S'il opère une première « fois un adorateur de daêvas et qu'il en meure, s'il en opère un « second et qu'il meure, s'il en opère un troisième et qu'il meure, « il est incapable à toujours et à jamais. Qu'il n'aille donc pas « dans la suite soigner un Mazdéen, opérer un Mazdéen, le « meurtrir en l'opérant. Mais s'il opère un premier infidèle et « qu'il en réchappe, un second infidèle et qu'il en réchappe, un « troisième infidèle et qu'il en réchappe, il est capable à toujours « et à jamais[2]. »

Envers l'infidèle, il semble qu'il n'y ait de reconnu qu'un seul devoir : garder sa parole : « ne viole pas le contrat que tu formes « soit avec l'infidèle, soit avec le fidèle de ta religion, car le con-« trat vaut et pour l'infidèle et pour le fidèle[3]. » Est-ce une révolte de la conscience contre la logique religieuse ? Point. C'est qu'Ormazd est lumière et que la lumière est vérité[4] ; par la vérité l'homme ressemble donc à Ormazd ; le mensonge est démoniaque, fût-il commis en vue du bien : « l'homme de vérité est plus resplendissant que le soleil même, l'homme de mensonge ira droit au démon, il en vient[5]. »

1. Yaçna 33. 2.
2. Vendidâd 7. 94 sq.
3. Yasht 10. 2.
4. Voir pages 29, note 1, 76 sq.
5. Sadder 67. — Consulter sur ce sujet le résumé très-ferme et très-

VI.

§ 237. Mais de même que la puissance du démon orageux prend toujours terme, et cède à la puissance lumineuse, ainsi en doit-il être du règne d'Ahriman. La durée de la lutte est donc limitée. Nous avons vu comment elle se termine : par un orage qui détruit le démon, et qui ranime la vie à jamais. Reste à déterminer la durée totale de la lutte et des périodes qui le composent. Nous devons également nous demander si cette idée de la durée limitée du monde est une création propre du Mazdéisme ou s'il la trouvait déjà dans l'héritage de la période antérieure.

§ 238. La lumière triomphe dans le monde en trois circonstances : après l'orage, après la nuit, après l'hiver. Sa victoire finale est décrite dans le Mazdéisme avec les traits de la lumière triomphante après l'orage et après la nuit. Mais l'orage n'a pas une durée organique et par suite ne pouvait servir à fixer la durée de la lutte. Cette durée sera donc, soit d'une journée, soit d'une année. L'expression de *fardâ*, « le lendemain », appliquée à la résurrection [1], nous reporte à une conception de la vie du monde conçue comme une longue journée, et en effet, les traits de la résurrection sont ceux mêmes de l'aurore. Mais l'on ne voit pas que l'on ait reporté à l'intérieur de la période totale les divisions que pouvait fournir la journée ; c'est le système de l'année qui a triomphé. La durée totale du monde est de 12,000 ans, c'est-à-dire de douze mois, chacun de 1,000 années [2]. Cette conception de la vie du monde comme une longue année avait donné à la mythologie mazdéenne plus qu'elle n'a conservé. Elle entraînait virtuellement un mythe de la fin du monde par l'hiver. Nous en avons retrouvé les traces dans la légende de Yima : l'hiver viendra, l'hiver terrible, création des daêvas, la neige

---

net que M. Janet donne de la morale mazdéenne dans son Histoire de la science politique dans ses rapports avec la morale, 2ᵉ éd. II, 30 sq.

1. Voir plus haut, page 239.

2. La preuve que chacun de ces millenium est bien un mois, c'est qu'il est dit que le monde, de l'an 4000 à l'an 7000, fut sous la domination du Cancer, du Lion et de la Vierge (Bundehesh, chap. 34). Comment furent mesurés les trois premiers mois, le ciel et l'univers matériel n'ayant été créés que dans le second trimestre (p. 115), le Bundehesh ne s'en inquiète pas et n'a pas à s'en inquiéter : une cosmogonie n'est pas matière scientifique.

et les eaux recouvrent le monde, la vie disparaît; alors le var de Yima s'ouvre et ses habitants repeuplent le monde; or, les bienheureux, nous le savons, ne sont autres que les ancêtres, les morts, les sujets du premier homme, du Roi des morts, de sorte que leur arrivée dans le monde est en réalité un retour, une résurrection. Mais le mythe d'aurore l'ayant emporté, cette résurrection devint un fait transitoire, se perdit à l'intérieur de la période cosmique au lieu de la terminer, les deux mythes parallèles se subordonnèrent, et des deux dénouements qu'ils fournissaient au drame du monde, résurrection après l'hiver, résurrection par l'aurore, celui-ci étant devenu définitif, le premier ne fut plus qu'une péripétie du drame, d'ailleurs mal fondue dans le récit et laissant clairement voir qu'il y a eu un temps où elle était la péripétie finale[1].

§ 238 bis. Cette notion de la durée limitée du monde est-elle une création du Mazdéisme? A tout le moins, il n'est point seul à la posséder, et il est une mythologie qui se rencontre avec lui d'une façon frappante, une mythologie européenne, celle de l'Edda. Là également le triple mode d'anéantissement du monde par l'orage, par l'hiver, par la nuit et le triple mode de renaissance qui répond à ces anéantissements, ont été reportés à la fin des temps. La fin du monde, là aussi, est peinte avec des images empruntées à ces trois ordres : mais là aussi ce sont les images d'orage qui dominent et forment le fond de la scène. Comme elle s'ouvre en Iran par le déchaînement d'Ajis, elle s'ouvre en Scandinavie par le déchaînement du loup Fenrir ; dans sa trompe levée, Heimdall sonne avec bruit[2], Yggdrasil tremble, le frêne sublime, un frémissement court dans l'arbre antique, car le géant est déchaîné. Le loup court gueule béante, d'une mâchoire touchant le ciel, de l'autre la terre, le feu sort de ses narines et de ses yeux. La mer déborde : Iörmungandr, le Serpent du

---

1. Voir page 234.
2. Heimdall, père de la race humaine, comme Apãm Napât et comme tous les substituts d'Agni (page 160), le plus lumineux des Ases, dieu blanc, dieu de l'épée, dieu aux dents d'or, monté sur Gulltopp, le cheval à la crinière d'or, dieu à la vue pénétrante et omniscient, enfanté par les neuf sœurs, se donne comme le représentant germanique d'Agni, fils des eaux-mères, des eaux-sœurs (cf. Simrock, *Handbuch* 283). Sa trompe, dont le son se fait entendre dans tous les mondes (Simrock, *Edda* 266), n'est donc autre que la flûte de Yama, des Maruts, c'est la voix du tonnerre.

Midgard[1], aborde à terre, il vomit le poison dans l'air et la mer; les fils de Muspel[2] chevauchent, conduits par Surtur, le Noir[3]; devant lui, derrière lui, flamme ardente. La mêlée s'engage : d'une part les géants, les bandes de Hel[4], les fils de Muspel; de l'autre, les Ases en arme et les bataillons des Einherier[5] : Dieux et Géants s'exterminent et enfin Surtur lance les flammes sur la terre et le monde entier s'y consume[6].

La scène, on le voit, est aussi transparente que celle du Bundehesh : si le plan en est autre, parce que les dieux périssent eux aussi, c'est pour renaître qu'ils périssent, aussitôt que l'orage sera terminé. Des deux parts, le grand héros, le grand vainqueur, c'est la flamme, ce que la Perse appelait « l'airain fondu »[7].

Cette lutte a été précédée d'un épouvantable hiver, le *Fimbulwinter* ; on reconnaît l'hiver Malkosh, et le dénouement par l'hiver : mais l'Edda a mieux fondu que l'Avesta les deux dénouements ; le Fimbulwinter n'amène point comme en Iran la dépopulation du monde, il n'est plus qu'un signe[8].

Enfin le troisième dénouement possible, la fin du monde par la nuit, semble avoir laissé des traces dans le nom même que porte toute cette période finale du monde : elle s'appelle le *Ragnarök* « le crépuscule des dieux[9] ». C'est cette conception qui domine

---

1. Le *Midgardschlange* ; forme germanique d'Aji, d'Ahi, de Python. Le *midgard* « enceinte du milieu » est aujourd'hui le séjour de l'homme ; il a sans nul doute commencé par être *la région intermédiaire*, l'*antariksham*, l'atmosphère ; quand la mer où nageait le serpent et où il luttait avec le dieu du tonnerre, Thor (Edda 284), fut descendue de l'atmosphère et devenue l'Océan terrestre, le *midgard* devint par là même la terre et par suite le séjour de l'homme.

2. La région des flammes.

3. Un *Krishna* démoniaque ; comparer les *chemins noirs* d'Agni, *Krishna-vartanis*.

4. L'enfer (anglais *hell*).

5. Cf. les Férouers au secours des dieux, et les héros venus au secours de Çaoshyant (pages 132 et 238).

6. Simrock, *Edda* 291 sq.

7. Il n'est point jusqu'à la fusion des montagnes qui ne se retrouve (cf. plus haut, page 237) : dans le Muspilli, vieux poëme bavarois sur la fin du monde, christianisé dans la forme, mais payen de fonds, Elie, substitut d'Odin, lutte contre « l'Antechrist, le loup », substitut du loup Fenrir ; comme Odin, il est vaincu et quand son sang coule à terre, les montagnes prennent feu (Simrock, *Handbuch* 132).

8. Il dure trois ans comme l'hiver Malkosh (d'après le Djâmâçpî ; voir Spiegel, *Grammatik der Parsisprache* 194).

9. La *Gott-dæmmerung*. On peut douter, il est vrai, que l'idée d'un *soir*

dans le tableau de la renaissance : le renouveau du monde est une aurore : du bois Hoddmimir[1] sortent deux hommes, Lif et Lifthrasir[2], qui s'y étaient cachés durant l'incendie de Surtur et qui se nourrissent de la *rosée du matin ;* le soleil a eu une fille non moins belle que lui-même et qui, après la chute des dieux, suit lumineuse la voie qu'avait suivie sa mère[3].

Les mythologies classiques sont moins nettes sur ce point : les dieux grecs, tout à la joie de vivre, ont repoussé au loin toute pensée de mort, et si Prométhée dans ses chaînes annonce à Jupiter que son règne n'est pas éternel, il ne prévoit ni la mort du monde ni la renaissance ; cet adversaire annoncé, qui trouvera une flamme plus puissante que celle de la foudre, des fracas plus formidables que ceux du tonnerre, qui brisera aux mains de Poseidon le trident marin qui fait bondir la terre, ce monstre invincible met terme au règne de Zeus, non à la vie du monde[4]. Mais des souvenirs de ce genre se sont réfugiés, semble-t-il, ici comme souvent, dans la philosophie : quand Héraclite fait périr le monde par le feu[5], il est probablement l'écho des cosmogonies anciennes, comme Thalès, quand il le fait naître des eaux, et les renaissances successives du monde ne sont que la répétition à l'infini de la renaissance mythique. De là, ces vastes incendies qui, selon le Timée, à de longs intervalles, anéantissent tout ce qui couvre la surface de la terre[6]. Les stoïciens enseignent que le monde doit périr dans une conflagration universelle, Lucain, Sénèque, Ovide même le savent[7]. Enfin, si les Gaulois ne craignent que la chute du ciel, c'est apparemment qu'ils l'atten-

des dieux, d'un *sadhyânça*, soit renfermée dans le mot : *rœk*, étant le gotique rikvis (raγas ἔρεβος), marque peut-être simplement l'obscurité ; mais la renaissance du monde est clairement décrite comme une aurore.

1. Equivalent du frêne Yggdrasil.
2. Vie et force vitale (Simrock). Noms abstraits, mais il n'y a d'abstrait que le nom. Leur naissance est celle de Mashya-Mashyana (voy. page 292. 1).
3. Le nom du soleil est féminin en germanique. —Simrock, *Edda* 295.
4. Prométhée enchaîné 920 sq. Ce vainqueur doit naître de Jupiter même : comparer Bhrigu, né de Varuna ; le dieu d'orage révolté contre le ciel, naît du ciel même : aussi Jupiter l'engendre de Thetis, la vierge de la nuée, qui est flamme et eaux, lionne et serpent (Schol. ad Pindare, Néméennes 3. 60 ; Preller II, 398).
5. Fragmenta philosophorum, éd. Didot ; Héraclite 27. Diogène de Laërte 9. 8.
6. Ed. Didot, II, p. 200. 26 sq.
7. Voir les notes additionnelles.

dent, et leurs prêtres enseignaient que le monde devait périr à la fin des temps par l'eau et par le feu [1].

Il est difficile de croire, surtout devant les ressemblances de détail si frappantes signalées entre les récits eddiques et les récits parsis, que la même conception se soit des deux parts développée indépendamment et il est naturel de conclure qu'elle existait déjà dans la période d'unité. L'on croyait alors déjà que le monde avait une durée limitée, et il finissait de la façon dont on le voit finir maintes fois pour renaître, c'est-à-dire : par l'hiver ; par l'orage, pluie de feu ; par la nuit. Mais ce n'était là, semble-t-il, qu'une conception encore flottante et non fixée, et qui pouvait aussi bien fournir le mythe d'une destruction et d'une résurrection passée que d'une destruction et d'une résurrection à venir : de là, en Grèce le déluge de Deucalion, intercalé dans l'histoire de l'univers comme l'hiver Malkosh. Chaque mythologie emporte avec elle au moment de la séparation l'idée d'une destruction et d'une renaissance, que les unes mirent dans le passé, les autres dans l'avenir. Ce dernier cas fut celui de l'Iran et de la Germanie.

Mais à côté des ressemblances frappantes des deux systèmes, iranien et scandinave, il est deux différences considérables qu'il faut signaler, toutes deux à l'avantage de l'Iran, c'est-à-dire marquant un développement nouveau et original. D'une part, la résurrection est *personnelle,* c'est-à-dire que ce n'est plus seulement le monde qui revit, ni la race humaine, mais l'*individu ;* d'autre part, la durée du monde n'est plus seulement limitée, mais elle est *définie ;* l'année qui donnait au monde une des formes de sa mort lui donne aussi la durée de sa vie. Quand et comment se sont faits ces deux progrès ? Est-ce dans la période mazdéenne pure ? Ou la période indo-iranienne en a-t-elle jeté le germe ? C'est ici que nous avons à nous demander comment l'Inde a conçu la vie du monde.

Dans l'Inde brahmanique le monde et l'homme sont immortels, non parce qu'ils ne meurent pas, mais parce qu'ils renaissent sans cesse. L'unité de vie est un *mahâyuga* ou « grande période » comprenant 12,000 années divines ; l'année divine a pour base une journée divine qui est formée de cent années humaines ; mille grands *yugas* font un *jour* de Brahma ou *Kalpa ;* chaque Kalpa

---

1. Ἀφθάρτους δὲ λέγουσι καὶ οὗτοι καὶ ἄλλοι τὰς ψυχὰς καὶ τὸν κόσμον, ἐπικρατήσειν δέ ποτε καὶ πῦρ καὶ ὕδωρ (Strabon 4. 4, éd. Didot). La contradiction de ἀφθάρτους et de ἐπικρατήσειν ... s'explique si le monde détruit doit renaître comme dans la conception eddique, s'il renaît à jamais comme dans la conception avestéenne : tel dans la théorie stoïcienne.

est terminé par un *pratisancara*, c'est-à-dire par une absorption du monde qui rentre dans le sein de Brahma endormi, et y reste pendant toute la durée d'une nuit de Brahma [1] ; la nuit finie, le monde est émis de nouveau du sein de Brahma réveillé, pour une durée d'un nouveau jour de Brahma. Telle est l'alternative de sommeils et de réveils par lesquels Brahma émet et réabsorbe l'univers. — Cette conception est née de la combinaison ou, pour être plus exact, de la multiplication de deux chronologies ; l'une, comptant la vie du monde par années successives de douze grands mois, l'autre par journées successives [2] : le génie indien a beau donner à ses périodes des durées monstrueuses, y entassant les milliards de siècles, multipliant sans fin les éléments premiers, enflant ses chiffres à la taille de l'infini, on retrouve à la base de la conception brahmanique ces deux éléments simples, année, journée, c'est-à-dire les deux éléments que nous avons trouvés à la base de la conception iranienne.

Mais ces équivalents, l'Inde ne les offre que dans la période brahmanique : l'Inde védique ne sait point, ou du moins ne semble point savoir que le monde doit périr après une grande année. A-t-on le droit de suppléer au silence des Védas par le témoignage concordant du Brahmanisme et du Mazdéisme et de reporter dans la période indo-iranienne les conceptions que ce témoignage lui prête ? C'est là une solution qui pourrait sembler téméraire, mais que l'on ne peut écarter cependant sans tomber dans l'hypothèse insoutenable d'un emprunt. L'Inde n'a pas emprunté à la Perse : elle n'a jamais emprunté en matière de religion ou de philosophie ; et dans le cas particulier, elle n'aurait pas trouvé en Perse le système des journées divines ; d'ailleurs, selon l'observation profonde de M. Bergaigne, ce système a sa base dans les Védas où l'on voit la succession des jours et des nuits faire sortir et rentrer les mondes, où le lumineux Savitar émet et absorbe l'univers [3] ;

---

1. Egale à la durée d'un jour de Brahma. « Ceux qui savent que le jour de Brahma ne finit qu'avec mille âges et que la nuit embrasse même espace de temps, ceux-là connaissent véritablement le jour et la nuit » (Manu I, 13). L'année divine valant 360 années humaines, le jour de Brahma en vaut 4,320,000,000.

2. Les images de journée se retrouvent à l'intérieur des yugas mêmes dans les crépuscules de matin et de soir qui les ouvrent et les ferment (*sandhyâ* et *sandhyânça*).

3.   hvayâmi râtrîm ǵagato niveçanîm
     hvayâmi devam savitâram ûtaye 1. 35. 1
     (savitâ) niveçayan prasuvann aktubhir ǵagat 4. 53. 3
     (savitâ) prasavitâ niveçano ǵagatas sthâtur (ibid. 6).

d'autre part, la Perse n'a pas emprunté à l'Inde, car l'idée de la durée définie du monde tient au cœur même du système. Il faut donc que les deux théories dérivent, chacune indépendamment, d'un germe indo-iranien : l'on disait : « le monde dure un an, le monde dure un jour » ; l'Iran s'arrêta à la première formule, l'Inde combina les deux. Ces théories qui paraissent subitement, en plein Brahmanisme, n'ont pas poussé tout à coup et leurs racines, serpentant sous les Védas, plongent dans le sol indo-iranien.

Aussi, la théorie de la fin du monde, absente dans les Védas, est décrite dans le Brahmanisme avec des traits du même ordre que dans le Bundehesh et dans l'Edda. Les sept soleils produits par Vishnu « brillent en haut, en bas, de chaque côté et mettent en feu les trois mondes et le Pâtâla (l'enfer). Le destructeur de toutes choses, Hari, sous la forme de Rudra, qui est la flamme du temps, devient le souffle brûlant du serpent Çesha et réduit en cendres l'Enfer. Le grand feu marche alors à la terre et la consume. Un vaste tourbillon de flamme ondoyante gagne la région de l'atmosphère et les sphères des dieux, et les enveloppe dans la ruine. Les trois sphères ressemblent à une poêle à frire au milieu des flammes qui les enveloppent et font leur proie de tous les êtres, mobiles et immobiles... Alors Vishnu, dans la personne de Rudra, ayant consumé le monde entier, lance de son souffle de pesants nuages. Les *samvartta*, semblables pour leur masse à d'immenses éléphants, s'épandent dans le ciel, mugissant et lançant l'éclair, noirs, blancs, rouges, etc. Puissants en masse, sonores en tonnerres, faisant tomber des torrents, ils éteignent les feux formidables qui enveloppent les trois mondes et, pleuvant sans interruption cent ans durant, inondent l'univers. Le monde est alors enveloppé de ténèbres et, toutes choses animées ou inanimées ayant péri, les nuages continuent à verser leurs flots pendant plus de cent années. Quand l'univers n'est plus qu'un Océan, ils s'arrêtent. Le souffle de Vishnu devient un vent puissant, qui souffle plus de cent ans jusqu'à ce que les nuages soient dispersés. Le vent est alors réabsorbé et celui dont toutes choses sont faites, le Seigneur par qui toutes choses existent, repose, dormant sur le serpent Çesha, au sein de l'abîme. Il dort sur l'Océan, le créateur, enveloppé dans le mystique sommeil. Quand l'esprit universel s'éveille, le monde revit ; quand il ferme les yeux, toutes choses retombent sur la couche du sommeil mystique. S'éveillant à la fin de sa nuit, Vishnu, le non-né, sous forme de Brahma, crée à nouveau le monde [1]. »

---

[1]. Vishnu Purâna, trad. Wilson 631 sq.

Deux conceptions sont fondues dans ce récit : l'une est celle du sommeil et du réveil, qui a ses titres védiques dans les *émissions* de Savitar [1] et dans les hymnes à l'aurore réveillant tout ce qui est mort [2], et cette conception nous en avons retrouvé des traces dans la résurrection mazdéenne et dans la renaissance eddique ; l'autre, celle de la destruction du monde par le feu, ne diffère de la conception du Bundehesh et de l'Edda que par l'absence de la lutte : différence qui tient au caractère panthéiste de l'Inde brahmanique, où le dualisme indo-européen a disparu et où toutes les forces ennemies se fondent dans l'unité. Là, comme en Perse, comme en Scandinavie, le Serpent joue son rôle, mais un rôle transformé par le progrès métaphysique : il n'est plus l'ennemi, comme l'Ahi védique, l'Aji avestéen, le Iörmungandr scandinave ; ancien représentant de la nuée, il n'est plus le monstre qu'elle recèle, mais le support du dieu endormi qu'elle abrite ; il supporte, comme l'eau ténébreuse de la cosmologie védique, « l'embryon d'or qui va créer les mondes [3] », c'est-à-dire la lumière voilée et endormie qui fera reparaître l'univers. Par cela même, cette fin du monde se donne comme un mythe d'orage : aussi, le héros de la destruction, c'est comme dans le Bundehesh, c'est comme dans l'Edda, la flamme ruisselante, et l'univers finit dans les *samvarttas*, c'est-à-dire dans les nuées d'orage.

Si l'on admet que cette conception du monde finissant dans la flamme, que cette conception qui appartient aux Persans, aux Scandinaves et aux Gaulois, existait déjà dans la période indo-européenne, on doit admettre qu'elle existait encore dans la période *indo-iranienne*, puisque l'Iran l'a conservée, et comme l'Inde brahmanique la présente, l'Inde védique *a dû* la posséder. Le silence des Védas à cet égard est-il d'ailleurs absolu et le cri du rishi : « Oh ! puisse à bas du ciel ne jamais crouler ce soleil [4] », n'est-il point, comme la bravade gauloise, arraché par le sentiment d'une catastrophe attendue, qui viendra tôt ou tard ? Certes, il n'en est pas moins hardi de prêter au Védisme une croyance dont il ne parle pas ; mais les difficultés diminuent si l'on s'arrête, comme nous l'avons fait plus haut, à penser que ces conceptions étaient encore flottantes et mal situées et que ces images ne s'étaient pas encore concentrées aux bornes du temps, mais

1. Page 301.
2. Page 239.
3. Page 134.
4. Page 51.

planaient sur chaque instant de la vie du monde. A ce compte, l'idée de la destruction du monde et de sa renaissance est aussi familière aux rishis qu'aux chantres de l'Iran ou de la Scandinavie : les dieux, Indra, Agni, Soma, sont sans cesse à engendrer le monde, à faire paraître l'univers dévoré par les ténèbres. Les poètes de la période d'unité avaient-ils déjà dans leurs formules reporté ces images à des catastrophes finales : il est difficile d'en douter : mais il n'y avait pas de dogme arrêté; de là, en Grèce et à Rome, le silence de la religion populaire qui semble les avoir perdues; de là, l'accord de l'Iran, de la Scandinavie et de la Gaule qui les développent indépendamment et dans le même sens; de là, l'accord tardif de l'Iran avec l'Inde, le développement s'étant produit des deux parts, mais après la séparation.

Passons au second trait caractéristique de la conception iranienne, la résurrection personnelle. Déjà dans la période indo-européenne, l'homme était immortel, c'est-à-dire survivait à la mort ; Germains, Grecs, Romains, Gaulois, là-dessus sont d'accord ; mais l'immortalité n'entraîne pas la résurrection : l'on ne voit pas dans l'Edda que les Einherier reviennent lutter sur la terre renouvelée ; Lif et Lifthrasir inaugurent une race nouvelle, ils ne renouvellent pas l'humanité ancienne; la terre, la mer, les montagnes ne rendent pas à Ymir la chair, le sang et les os qu'elles lui ont pris, comme elles le font pour les morts iraniens [1], et le squelette d'Ask ne se relève pas comme celui de Gayomert [2]. Mais ici encore l'Inde brahmanique offre l'équivalent de la conception iranienne : la théorie des renaissances à l'infini est à la résurrection iranienne dans le même rapport que la théorie des Yugas et des Kalpas à la théorie de la grande année, et les résurrections de l'homme s'accumulent et se succèdent sans fin, comme les résurrections de l'univers. Mais de cette résurrection personnelle il n'y a pas, que je sache, trace directe dans les Védas, pas plus que de la destruction du monde : il n'y a que des formules générales qui s'appliquent au monde inanimé aussi bien qu'à l'homme : l'aurore rend la vie à tout ce qui est mort [3]. Il y a donc là encore deux développements indépendants ; et ce sont deux développements différents, car les renaissances de l'homme ne répondent pas à celles du monde, elles se suivent et se succèdent sans interruption de la vie ; l'âme en quittant le corps de

---

1. Page 160 ; Edda, page 253.
2. Page 240.
3. Page 239.

l'homme, après un séjour plus ou moins long dans quelqu'un des sept cieux ou des sept enfers, rentre dans le cercle fatal des existences et va sous tous les déguisements, homme, animal, démon ou dieu, courir, dans toute la série des êtres, l'interminable aventure de la vie : la trame de l'existence est continue et la vie n'a point son sommeil comme le monde. Nous n'avons pas à rechercher l'origine de cette conception, ni si elle suppose comme étape antérieure une conception analogue à celle de l'Iran : concluons seulement que celle-ci est une création personnelle, postérieure à la séparation des deux branches.

§ 239. Cette vie du monde qui dure douze mille ans, se divise en quatre périodes, chacune de 3,000 ans, c'est-à-dire de trois mois[1]. Nous connaissons déjà cette division : dans une première période, antérieure à l'existence du monde matériel, Ormazd crée le monde d'une façon spirituelle, immobile, insaisissable[2] ; une première attaque d'Ahriman est repoussée par l'arme spirituelle, la formule Ahuna Vairya. Pendant l'abattement d'Ahriman, Ormazd crée le monde matériel, et au bout de trois mille nouvelles années a lieu l'invasion d'Ahriman, qui est repoussée à main armée. L'on a déjà vu plus haut qu'il y a là probablement un double récit d'un seul et même événement, création du monde et invasion d'Ahriman : l'arme du dieu pouvant être soit matérielle, soit mystique, l'action s'est dédoublée en deux, l'une mystique, l'autre matérielle. Dans l'une et dans l'autre Ormazd est seul victorieux : de là nécessité d'une nouvelle période où les deux puissances se balancent, suivie d'une période de victoire définitive. De là, quatre périodes dans la grande année, dont l'une, la troisième, est remplie par la lutte égale des deux principes[3].

1. Voir page 296.
2. Voir plus haut, pages 114, 117.
3. Les Etrusques, à en croire Suidas, auraient connu une année du monde presque identique à l'année mazdéenne : Τυρρηνία..... ἱστορίαν δὲ παρ'αὐτοῖς ἔμπειρος ἀνὴρ συνεγράψατο. ἔφη γὰρ τὸν δημιουργὸν τῶν πάντων θεὸν ιβ' χιλιάδας ἐνιαυτῶν τοῖς πᾶσιν αὐτοῦ φιλοτιμήσασθαι κτίσμασι καὶ ταύτας διαθεῖναι τοῖς ιβ' λεγομένοις οἴκοις καὶ τῇ μὲν ά χιλιάδι ποιῆσαι τὸν οὐρανὸν καὶ τὴν γῆν · τῇ δὲ β' ποιῆσαι τὸ στερέωμα τοῦτο τὸ φαινόμενον, καλέσας αὐτὸ οὐρανόν · τῇ γ' τὴν θάλασσαν καὶ τὰ ὕδατα τὰ ἐν τῇ γῇ πάντα · τῇ δ' τοὺς φωστῆρας τοὺς μεγάλους, ἥλιον καὶ σελήνην καὶ τοὺς ἀστέρας · τῇ ε πᾶσαν ψυχὴν πετεινῶν καὶ ἑρπετῶν καὶ τετράποδα ἐν τῷ ἀέρι καὶ ἐν τῇ γῇ καὶ τοῖς ὕδασι · τῇ ς' τὸν ἄνθρωπον · φαίνεται οὖν τὰς μὲν πρώτας ς' χιλιάδας πρὸ τῆς τοῦ ἀνθρώπου διαπλάσεως παρεληλυθέναι, τὰς δὲ λοιπὰς ς' χιλιάδας διαμένειν τὸ γένος τῶν ἀνθρώπων · ὡς εἶναι τὸν πάντα χρόνον μέχρι τῆς συντελείας χιλιάδας ιβ' (ed.

Cette division est ancienne : Théopompe, qui écrit à la fin du quatrième siècle avant le Christ, la connaît déjà : « Selon les mages, dit-il, chacun des deux principes doit tour à tour régner 3,000 ans ; durant une nouvelle période de 3,000 ans, ils luttent et sont en guerre, détruisant l'un l'autre leurs œuvres ; enfin, Haides (Ahriman) succombera [1], et les hommes seront heureux, n'ayant plus besoin de nourriture et ne faisant point d'ombre [2]. » Théopompe, il est vrai, ne dit point expressément que cette défaite d'Ahriman sera l'œuvre d'une nouvelle période de 3,000 ans, et comme d'ailleurs l'emploi des deux premières n'est pas le même chez lui que dans le Bundehesh, on pourrait supposer que l'historien grec reproduit une chronologie différente et quant à la durée totale et quant à la répartition des périodes. Mais ce serait se laisser abuser par des apparences. Tout d'abord, notons que l'emploi des deux premières périodes est très-clair et *très-logique* dans Théopompe, ce qui autorise à mettre en doute l'exactitude du document grec ; la théorie parsie était inintelligible à un Grec, et comme la troisième période était consacrée à la lutte des deux principes, il était rationnel de penser que les deux premières

Bekker s. v. Τυρρηνία). Cette prétendue cosmogonie étrusque est tout simplement une fusion de la cosmogonie biblique et de celle du Bundehesh : d'une part, les créations des six mille premières années répondent une à une à celles des six jours, et comme le remarque Bernhardy, les expressions mêmes de la Bible sont reproduites (ἐποίησε τὸν οὐρανὸν καὶ τὴν γῆν, ἐποίησε τὸ στερέωμα... καὶ ἐκάλεσε τὸ στερέωμα οὐρανόν, τοὺς δύο φωστῆρας τοὺς μεγάλους.. καὶ τοὺς ἀστέρας, πᾶσαν ψυχὴν ζώων ἑρπετῶν etc.) ; d'autre part, 12,000 ans comme dans le Bundehesh ; de ces 12,000 ans, 6,000 au règne de l'homme, car la vie de l'humanité ne commence qu'avec le règne de Gayomert, c'est-à-dire avec le septième millenium ; les expressions διαθεῖναι τοῖς ιβ΄ λεγομένοις οἴκοις s'expliquent par le chapitre 34 du Bundehesh : chaque millenium, chaque mois du monde, est sous le règne d'un des signes du zodiaque. — En somme, se défier de tout ce qui vient sous le pavillon étrusque : il couvre bien des contrebandes.

1. Plutarque, De Iside et Osiride 47. τέλος δ'ἀπολείπεσθαι τὸν Ἅιδην. Le sens de Ἅιδης est donné par le Ζεὺς καὶ Ὡρομάσδης, Ἅιδης καὶ Ἀρειμάνιος d'Aristote (voir page 1).

2. Ils n'ont plus besoin de nourriture, c'est-à-dire qu'ils auront « une nourriture céleste », *mainyava-qaretha*, la nourriture des dieux : il faut retourner la glose du Bundehesh : « Ils ont une nourriture céleste, c'est-à-dire qu'ils ne mangent pas » (cf. Haurvatât et Ameretât, pages 8-9). Ils ne feront point d'ombre : tels les dieux Indiens : l'homme « a l'ombre pour second » *châyâ-dvitîya* (Nalus), les dieux n'ont point d'ombre, et Peter Schlemil est un sot de se désoler.

appartenaient tour à tour à l'un et à l'autre. Mais l'accord règne entre Théopompe et le Bundehesh sur l'emploi de la troisième, la plus importante au point de vue religieux, celle-là même qui règne présentement, et il devient naturel de penser que le τέλος de Théopompe désigne une quatrième et dernière période.

La première période, la période mystique, reste dans l'ombre. Le programme des trois autres est d'avance calculé par Ormazd omniscient. De là, l'offre de fixer la lutte à 9,000 ans. Ormazd, dit le Bundehesh, savait par sa prescience qu'en fixant ce temps, Ahriman serait réduit à l'impuissance[1]. Le Minokhired et les sectes vont plus loin : c'est par un accord entre Ormazd et Ahriman que les choses doivent se passer ainsi : un traité de 9,000 hivers a été conclu entre eux dans la durée du temps sans borne ; jusqu'à la consommation de ce temps, nul ne peut rien y changer ni altérer, et quand les 9,000 ans seront consommés, Ahriman sera anéanti[2].

Ces conditions sont fixées dans un dialogue qui précède la lutte. On a déjà vu plus haut ce dialogue tel que le donne le Bundehesh[3] : Ormazd a commencé par offrir la paix à Ahriman. Ahriman a vu là un aveu d'impuissance et a refusé avec mépris. Ce dialogue est la contre-partie de celui d'Ahriman et de Zoroastre : si les premières voix de l'orage sont la voix du démon cherchant à séduire le dieu, elles peuvent être aussi la voix du dieu cherchant à ramener au bien le démon, c'est-à-dire, si l'on remonte à la forme primitive de la lutte, à obtenir sans combat la restitution du trésor enlevé : tel Indra, avant d'attaquer les Panis, envoie Saramâ en féciale réclamer les vaches[4]. Sur le refus hautain d'Ahriman, la lutte s'engage : « tu n'es ni omniscient ni tout-puissant », réplique avec pitié Ahura ; il sait que la création ne peut se détourner de lui, c'est-à-dire que tôt ou tard l'orage finit et que la lumière reprend l'empire. Tel Indra sait d'avance que les vaches enlevées par les Panis reviendront à leur maître légitime et que les ravisseurs dormiront dans la mort.

La lutte est décidée : ils fixent les conditions de la lutte, comme deux guerriers en champ clos. Un trait curieux conservé par Shahristani montre jusqu'à quel point fut poussé cet anthropomorphisme : « quand ils eurent terminé leurs conditions, ils

---

1. Bundehesh 4. 10.
2. Minokhired 8. 11.
3. Page 115.
4. Pages 203 sq.

prirent pour témoins deux arbitres auxquels ils remirent leurs épées et dirent : celui qui de nous deux violera le traité, vous le tuerez avec cette épée[1]. » Tout en remettant leurs épées, ils n'en continuent pas moins à les tenir en main et à s'en servir : car ces épées ne sont autres que la lance des Maruts et de Vayu, la flèche d'Agni, etc., ce sont les armes fulgurantes qui s'entre-choquent dans les hauteurs.

L'idée de fixer les conditions est organique et spontanée : elle dérive d'une formule: « le tonnerre retentit, le dialogue s'engage, ils posent les conditions » : mais les conditions elles-mêmes sont *a posteriori* : les lois de la lutte, telles que les a formées le développement mythique, sont reportées au début comme conventions libres. Nous ne sommes plus ici sur le terrain de la mythologie populaire : nous entrons dans la mythologie systématique et savante. Il y a là un contre-sens analogue à celui qui dans le Djâmâçpi convertit Ajis: Ahriman ne peut pas plus consentir à une défaite finale, ni Ormazd à une défaite momentanée qu'Ajis à une abdication. Le Bundehesh respecte davantage la vérité des personnages et des faits : Ormazd a prévu l'avenir, calculé les chances, il agit en conséquence, et, rusant, trompe l'adversaire.

§ 240. Nous sommes arrivés au terme de notre étude. Nous avons analysé les éléments dont est formé Ahriman : nous avons vu qu'Ahriman n'est pas comme Ormazd la transformation d'une personne mythique une et permanente ; c'est un personnage complexe et abstrait. Le dualisme inconscient de la période indo-iranienne s'est précisé ; le Mazdéisme savait de la religion antérieure qu'il y a des dieux bons et des démons méchants ; son originalité fut de conclure expressément que le bien vient des dieux et le mal des démons ; or, comme les dieux étaient groupés autour d'un dieu suprême, Ahura, l'Esprit très-bienfaisant, il se dégagea peu à peu du sein des ténèbres et du mal un Añgra Mainyu, un Esprit du Mal, dont l'on reconnut la présence dans toutes les forces funestes du monde et de l'homme. Cet Añgra Mainyu était naturellement visible surtout dans le serpent démoniaque, dans le vieux démon de l'orage ; de là, toute une série de traits matériels par lesquels Ahriman se confond avec lui : c'est le serpent qui sous le nom d'Añgra Mainyu pénètre dans le ciel, qui tue le Taureau, qui tue Gayô Maratan, et le jour où le serpent est tué on n'entend plus parler d'Ahriman. Mais ce qui a déterminé la

---

1. Trad. Haarbrücker I, 277 sq.

figure d'Ahriman et en a fait un être différent du Serpent, c'est l'action d'Ormazd ; il s'est modelé sur son adversaire et a gagné en face de lui toute une série d'attributs qu'il n'avait pas, tous ceux qui font de lui l'incarnation d'un principe.

§ 241. Quand le système fut-il élaboré ? C'est là une question sans objet. Ce n'est point en un jour ni par un travail conscient que la figure d'Ahriman émergea de l'ombre et se précisa. L'on peut seulement se demander à quelle époque le système se trouva fait, à quelle époque la Perse put se dire : Je crois à l'existence d'Ormazd créateur, d'Ahriman destructeur. Au temps d'Aristote le système était complet [1], et les indications de son contemporain Théopompe prouvent que le cadre même était déjà celui du Parsisme. Mais de remonter plus haut en toute certitude, la chose est impossible avec les documents présents.

Comme les inscriptions des Achéménides, en proclamant Ormazd, ne parlent pas d'Ahriman, on a voulu en conclure que la formation du Mazdéisme se place entre le premier Darius et Alexandre. Mais Darius, racontant ses exploits, et, en sa qualité de chef d'état, invoquant le ciel contre les fléaux nationaux, l'ennemi, la sédition, la disette, n'était point tenu en conscience de rédiger un catéchisme, et de ce qu'il connaît Ahura, il ne s'en suit nullement qu'il ignore Ahriman. D'ailleurs toutes ces inscriptions, déduction faite des répétitions, ne font pas deux cents lignes : arguer de leur silence, c'est triompher avec des zéros.

D'autre part, on a voulu trouver des allusions au dualisme mazdéen dans les fameuses paroles du second Isaïe :

« Ainsi a dit Jéhovah à son élu, à Koresh :

« Moi, devant toi j'irai, les escarpements j'aplanirai, les portes « d'airain je briserai, les barreaux de fer je ferai éclater : et je « te donnerai les trésors enténébrés, les richesses enfouies et « cachées, afin que tu saches que celui qui t'appelle par ton nom, « c'est moi, Jehovah, dieu d'Israël.

« C'est pour l'amour de mon serviteur Jacob, et de mon bien « aimé Israël, que je t'ai appelé par ton nom, que je t'ai désigné, « et pourtant tu ne me connaissais point : c'est moi qui suis « Jehovah, et nul autre ; hors moi, point de dieu ; je t'ai armé et « tu ne me connaissais point.

« C'est afin que l'on sache du lever du soleil à son couchant « qu'il n'y en a point, hors moi ; que je suis l'Eternel et que nul

---

1. Page 1.

« autre ne l'est ; que je suis celui *qui forme la lumière et qui* « *crée les ténèbres*, celui *qui fait le bien-être et qui crée le* « *mal* ; que c'est moi l'Eternel qui fais toutes ces choses[1]. »

Si Jéhovah s'écriant : « C'est moi qui ai fait la terre et qui sur elle ai créé l'homme, c'est moi de qui les mains ont tendu les cieux, moi qui en ai ordonné les armées[2], » semble revendiquer pour lui les droits que les Achéménides attribuent solennellement à Aura-Mazda ; quand il revendique la création entière, celle des ténèbres et du mal comme de la lumière et du bien, on est tenté de reconnaître, à côté de la protestation ordinaire contre le dieu étranger, une protestation d'un caractère plus spécial contre la division des attributs créateurs, c'est-à-dire contre le dualisme[3]. Il suivrait de là que le dualisme était déjà organisé au temps de Cyrus. Cette conclusion, qui en elle-même n'a rien d'invraisemblable, ne ressort cependant point avec une évidence parfaite des paroles d'Isaïe : la Genèse, elle aussi, sait qu'Elohim a séparé les ténèbres de la lumière et leur a donné leur nom[4] ; le Psalmiste sait que c'est Jéhovah qui amène les ténèbres et fait la nuit où rôdent les bêtes des bois, où les lions rugissent après leur proie et demandent à Dieu leur pâture[5] ; enfin Jéhovah lui-même, scellant son alliance avec les enfants d'Israël, dans les plaines de Moab, a placé devant eux, à leur choix, « la vie et le bien, la mort et le mal[6] ». Isaïe condamne le dieu étranger avec les formules ordinaires du monothéisme hébreu : ces formules absolues ne combattent pas tel ou tel système, mais condamnent en bloc *tout système non-monothéiste ;* l'anathème n'adapte point ses formules au système qu'il atteint ; d'un côté le dieu un, de l'autre, tout ce qui n'est point le dieu un : le prophète proclame, non le mensonge du dieu double ou multiple, mais le mensonge de tout ce qui est autre que le dieu un : nulle conclusion historique à tirer des paroles d'Isaïe : il condamne le dualisme, *s'il existait*.

La résurrection étant étroitement liée à la destruction d'Ahriman, puisqu'elle suit la lutte finale, qu'elle en est la conséquence nécessaire et logique comme elle en est le but, l'âge de cette doctrine donnerait l'âge minimum d'Ahriman. L'on a voulu trouver

---

1. Isaïe 45. 1 sq.
2. Ibid. 45. 12.
3. Windischmann, *Zoroastrische Studien* 130, et Vitringa, *Commentarius in librum prophetiarum Jesaiæ* II, 496.
4. Genèse I, 4 sq.
5. Psaume 104. 20 sq.
6. Deutéronome 30. 15.

une allusion à cette doctrine dans les paroles qu'Hérodote prête à un contemporain de Cambyse : Cambyse a ordonné à Préxaspe de mettre à mort son frère Smerdis ; à la révolte du faux Smerdis, il l'accuse d'avoir enfreint ses ordres; Préxaspe jure qu'il a obéi, qu'il a tué Smerdis, qu'il l'a enterré de ses propres mains : « si les morts se relèvent, ajoute-t-il, attends-toi donc à voir aussi se « relever Astyage le Mède : mais s'il en est comme par le passé, « certes, ce n'est pas de celui-là qu'il germera contre toi rien de « nouveau [1]. » Ici encore il serait imprudent de presser de trop près le texte : « si les morts se relèvent » signifie-t-il : « si les morts se relèvent *déjà* », ou bien : « si les morts se mettent à revenir [2] » ? Les deux sens sont possibles ; il y a allusion à la doctrine de la résurrection, *si cette doctrine existait déjà*.

Les témoignages, directs ou indirects, font donc défaut. Le Mazdéisme, tel que nous le connaissons, était achevé au temps d'Aristote : voilà tout ce qu'il est permis d'affirmer ; que le dualisme était constitué bien avant cette époque, c'est une conclusion qui s'impose d'elle-même : mais à quelle époque l'a-t-il été, c'est ce qu'il est impossible d'établir avec les documents présents. La question d'ailleurs intéresse l'histoire *extérieure* du Mazdéisme, non son histoire *intérieure*, qui seule importe à la mythologie comparée : l'important pour elle est de connaître *comment* il s'est formé, et non *quand* il s'est formé : elle cherche la date relative des idées, leur ordre de succession ; chercher leur date chronologique est l'affaire de l'histoire proprement dite.

§ 242. Il y a une partie de l'Avesta où les principes constitutifs du dualisme sont exprimés avec une précision plus grande que partout ailleurs : ce sont les Gâthâs. Ces morceaux diffèrent du reste de l'Avesta, et pour la langue et pour le ton des idées. La langue est plus archaïque, de vocabulaire et de grammaire ; la forme est rhythmée ; les Gâthâs sont fréquemment citées dans le reste de l'Avesta, ce qui assure leur antériorité de rédaction.

---

1. Hérod. III. 62. εἰ μέν νυν οἱ τεθνεῶτες ἀνεστέασι, προσδόκεό τοι καὶ Ἀστυάγεα τὸν Μῆδον ἐπαναστήσεσθαι· εἰ δ'ἔστι ὥσπερ πρὸ τοῦ, οὐ μή τι τοι ἔκ γε ἐκείνου νεώτερον ἀναβλαστήσει.

2. Ou, pour parler comme Macbeth :
    If charnel-houses and our graves must send
      Those that we bury back...
           the times had been,
    That, when the brains were out, the man would die,
    And there an end ; but now, they rise again... ! (3. 4).

Pour le fond des idées, c'est la mythologie abstraite qui domine ; la mythologie concrète et naturaliste y est presque absente. Ceci s'explique aisément par l'objet même que l'on se propose : l'existence des deux principes, les récompenses et les châtiments réservés à la fin du monde aux sectateurs de l'un et de l'autre, la glorification des Amesha Çpeñta et des vertus qu'ils incarnent, tels sont les thèmes ordinaires de ces morceaux[1]. Il n'y a d'ailleurs pas entre les Gâthâs et le reste de l'Avesta, la contradiction que l'on a voulu voir, la lutte d'un esprit spiritualiste contre un esprit naturaliste ; sans doute, l'abstraction y domine et le fonds d'idées y est plus savant et plus *récent* que dans le reste de l'Avesta, mais cela par la force même des choses, parce que c'est un exposé dogmatique des vérités morales de la religion ; mais, nulle part, rien qui indique une scission sur la conception même du rapport des dieux et des démons. D'une part, la souveraineté des deux principes, la loi de l'Asha, la fin du monde, la résurrection, sont des idées qui pénètrent l'Avesta et les Yashts les plus mythiques aussi profondément que les Gâthâs, et inversement, si la mythologie directe est rare dans les Gâthâs, elle perce de toutes parts et ce n'est point là que l'on trouve les traits les moins clairs sur le rôle mythique de la vache, sur les rapports d'Atar et d'Ahura et sur le caractère antique du dieu souverain lui-même[2]. Quelques citations des Gâthâs montreront le caractère abstrait et purement moral auquel a pu s'élever le vieux dualisme des luttes de l'orage.

« Toi qui maintiens à jamais la loi de l'Asha et la bonne Pensée, toi, Mazda Ahura, enseigne-moi de ton intelligence et de tes lèvres, pour que je le dise en ton nom, comment le monde a commencé[3].

« Je vais parler, prêtez l'oreille, écoutez, vous qui de près venant, qui de loin, désirez savoir. Voilà que les Omniscients m'ont tout révélé. Plus n'arrivera que porte la mort dans le monde le Maudit, le démon enveloppé dans la corruption de sa loi et de sa langue.

« Je vais proclamer les deux Esprits primitifs du monde : desquels l'un, le Bienfaisant, dit à l'autre, le Pervers : point ne

---

1. Voir *Haurvatât et Ameretât* pp. 35 sq.
2. Pages 32, 33, 34, 145, 146.
3. Yaçna 28. 11.

s'accordent nos pensées, ni nos enseignements, ni nos intelligences, ni nos lois, ni nos paroles, ni nos actions, ni nos religions, ni nos âmes.

« Je vais proclamer le commencement de ce monde, tel que me l'a dit celui qui le connaît, le Souverain Omniscient. Ceux qui n'agiront point selon la Parole, de la façon que je pense et que je dis, malheur à ceux-là à la fin du monde [1].

« Il est dit [2] qu'il y a deux Esprits originels, deux jumeaux aux qualités propres : l'un bon, l'autre mauvais, en pensée, en parole, en action ; de ces deux, les sages ont choisi le Droit esprit, point les insensés.

« Et quand ces deux Esprits se rencontrèrent, alors commença la création, alors se firent la vie et la mort, et qu'à la fin le monde infernal serait la demeure des méchants et que le monde de Vohu Manô [3] serait la demeure de l'homme de bien.

« De ces deux Esprits, l'un, le méchant, a la loi qui fait le mal ; l'*asha* est la loi de l'Esprit très-bienfaisant, qui a pour vêtement la pierre très-solide des cieux, et de ceux qui confessent Ahura Mazda et le satisfont par des actions de vertu [4].

« Proclamant ces deux lois [5], nous annonçons des choses inouïes à ceux qui, suivant la loi du démon, veulent détruire le monde de l'asha [6] ; félicité à ceux qui donneront leur foi à Mazda !

« Si votre âme ne s'affermit point dans le bon chemin, malheur à vous tous, car Ahura Mazda sait la règle des deux lois : puissions-nous vivre dans le lot de l'*asha* [7].

« Oh ! que nul de vous n'écoute les formules et les enseignements du pervers, car il porterait dans sa demeure, dans son clan, dans son pays, dans sa province, la maladie et la mort : frappez-le donc à coups de massue.

« Écoutez celui dont la pensée est dans l'*asha* [8], celui qui connaissant les deux mondes, ô Ahura, maître de sa langue, sait prononcer les paroles légitimes ; ô toi qui, avec l'aide de ton feu

---

1. Ibid. 44. 1. 2. 3.
2. *Açrvâtem.* C'est le *iti çrutes* de l'Inde.
3. Le Paradis. Cf. plus haut, page 258 et Yaçna 30, 10.
4. Yaçna 30. 3, 4, 5.
5. La loi d'Ormazd et celle d'Ahriman.
6. Page 7.
7. Yaçna 31. 1. 2.
8. *Yé mañtâ ashem ;* un sanscrit *yô ritam mantâ.*

éclatant, ô Mazda, décides en faveur du Bien du sort de la lutte.

« Celui qui irait à tromper le dieu de l'Asha, à celui-là, dans la suite, longue demeure dans les ténèbres, nourriture immonde et paroles de dédain : voilà le monde, ô pervers, où par vos actions vous conduit la loi que vous adoptez [1].

« Les pervers qui ont eu mauvaise royauté, mauvaise action, mauvaises paroles, mauvaise loi, mauvaise pensée, les âmes viendront à leur devant avec nourriture immonde ; certes, ils tiendront compagnie à la Druġ dans sa demeure [2].

« Mais l'omniscient Souverain a donné le pouvoir sur les biens de Haurvatât et d'Ameretât ; il a donné la souveraineté dans l'*asha* et l'indépendance et les richesses de Vohu Manô à qui lui est ami de pensée et d'action.

« Sort brillant pour le sage, dont la pensée comprend : il suit l'*asha* en exerçant bonne royauté, bonne parole, bonne action ; celui-là, ô Ahura Mazda, sera ton bienheureux compagnon [3].

« Dis-moi, tu le sais, ô Ahura, comment, ô Mazda, l'homme de l'*asha* abattra le pervers : car c'est là le but excellent que doit atteindre le monde [4].

« Comment livrerai-je la Druġ aux mains d'Asha, pour la faire périr par les formules de ta loi, pour exercer une terrible vengeance sur les *dregvant*, pour anéantir les êtres de mensonge et d'angoisse [5] ?

« Lorsqu'enfin Asha abattra la Druġ, lorsqu'au jour de l'immortalité se fera aux mortels et aux démons cette répartition qui mensongèrement fut niée, alors montera vers toi un hymne puissant de glorification, ô Ahura [6].

---

1. Yaçna 31. 15, 19. 20.
2. Ibid. 45. 11. La demeure de la *druġ* (druġô demânem) répond à la demeure de Vohu Manô (page 258), c'est le *duj-ah;* le *vanhéus* demânem nananhô trouve son symétrique parfait dans *acistahyâ* demânem mananhô (32. 13).
3. Yaçna 31. 21, 22.
4. Ibid. 47. 2.
5. Ibid. 43. 14.
6. Ibid. 47. 1. Cf. Bundehesh 75. 2 : La résurrection faite, « tous les hommes lèveront hautement la voix et entonneront la glorification d'Ormazd et des Amshaspands ».

TROISIÈME PARTIE.

SYSTÈMES UNITAIRES.

§ 243. Le Mazdéisme avait précisé le dualisme latent de la période indo-iranienne. Tous les êtres de bien et de mal se trouvaient ramenés à deux êtres-principes. La religion populaire s'arrêta là, semble-t-il : elle ne sentit pas le besoin d'une unité plus haute. Les sectes allèrent plus loin : d'où viennent eux-mêmes Ormazd et Ahriman ? De là des systèmes divers posant comme principe premier, soit le Temps, soit le Destin, soit la Lumière, soit l'Espace. Le mieux connu, et semble-t-il le plus suivi de ces systèmes, est le premier, celui des *Zervaniens* qui ramènent les deux principes au Temps, Zervan, comme à leur principe commun : il régnait officiellement en Perse, au ve siècle de l'ère chrétienne, sous le roi Yezdgerd.

CHAPITRE Ier.

LE TEMPS. ZERVAN.

I. § 244. Le Temps sans bornes. — § 245. Le Destin. — § 246. Le Destin et le mouvement du Ciel. — § 247. Origines. — § 248. Le Destin et le Ciel dans la Perse moderne. — § 249. La souveraineté du Temps est identique à celle du Destin et du Ciel. — § 250. Conclusion : origine mythique, non philosophique du système.

II. § 251. Rapports de Zervan à Ormazd et à Ahriman. — § 252. Ormazd créé par Zervan (Ulema i Islam). — § 253. Origine d'Ahriman. — § 254. Ormazd et Ahriman nés de Zervan par le sacrifice. — §§ 255-256. Origines : pouvoir créateur du sacrifice : en Iran, en Inde.

§ 244. L'on a vu dans le livre précédent que le monde dure 12,000 ans [1]; mais ces 12,000 ans ne sont pas toute la durée du temps : le temps était avant et sera après ; l'on distingue donc *le temps limité* et *le temps illimité*. Le premier s'étend depuis la création jusqu'à la résurrection : « puisses-tu briller, ô Atar, dit « une invocation de l'Avesta, toute la durée de la *longue période* « *de temps* qui s'étend jusqu'à la puissante résurrection et pen- « dant la puissante résurrection elle-même [2]. » L'expression technique pour désigner cette *longue période de temps*, est *Zrvânem dareghô-qadhâtem* ou *vayãm dareghô-qadhâtîm* [3],

---

1. Voir page 296.
2. Yaçna 61. 8.
3. *Vaya* = védique *vayâ* branche (?). Il s'est établi dans l'esprit des Parses, à la faveur de ce mot, un rapport obscur entre Vayu et le Temps. On se rappelle que Vayu, le Vâyu indien et indo-iranien, s'est divisé dans l'Iran entre les deux principes et a donné un bon Vayu et un mauvais Vayu (page 111) ; cela, parce que Vayu, l'atmosphère, étant

« le temps ou la période à la longue souveraineté » ; l'expression technique pour désigner le temps illimité est *Zrvânem akaranem* ou « le Temps sans bornes ». C'est le Temps sans bornes qui est le principe suprême des Zervaniens.

L'Avesta ne connaît le Temps sans borne que dans les formules : les Sirouzeh invoquent : « le ciel souverain, le Temps à la longue souveraineté, le Temps sans bornes [1]. » Ces invocations prouvent du moins que la religion orthodoxe personnifiait le Temps. Dans les premières lignes du Bundehesh se trouvent ces mots : « Ormazd dure toute la durée du Temps sans bornes. Son temps est et sera toujours [2] » ; le Temps n'est pas encore au-dessus d'Ormazd, ils coexistent, mais il a déjà là une existence indépendante qui va devenir dans les sectes une existence souveraine.

Cette transformation s'est faite par l'intermédiaire de ces deux idées : 1° le Temps est le Destin ; 2° c'est le Destin qui amène toute chose.

§ 245. Théodore, évêque de Mopsueste, qui vivait au IVe siècle de notre ère, parle « du dogme misérable des Perses au sujet de *Zarouam*, qu'ils considèrent comme maître suprême de toutes choses *et qu'ils appellent aussi Fortune*, τύχη [3]. » Le Minokhired le siège primitif de la lutte mythique, donne place à la fois au dieu et au démon et, par suite, appartient pour une partie à l'un, pour une partie à l'autre. Ces deux Vayu paraissent dans le Minokhired (2. 115), où ils se disputent l'âme des morts sous les noms de *Vaê i veh*, *Vaê i bad*, « bon Vayu, mauvais Vayu » ; ici les Parses reconnaissent encore, au moins matériellement, l'ancien Vayu ; ils font de Vaê i veh « le dieu *de la joie* » *ânanda-iaǵada*, ce qui est la traduction du nom ordinaire de Vayu, *Râman* (par opposition, *Vaê i bad* devient le « dieu de la tristesse » *vishâda-deva*) ; mais ailleurs (47. 8), *Vaê i bad* devient une des formes de la Destinée avec laquelle il est cité, et est défini « le Temps sinistre, en tant qu'amenant le mal » (Kâlo *vishâda-rûpî nikrishtas*) ; selon le Goshti Fryân, le juste entre tous, c'est Vayu le Bon, qui ne favorise personne, qui ne se laisse point corrompre et rend égale justice au seigneur et à l'esclave (3. 34 ; éd. West 228-258) ; selon le Siffat i Sirouzeh, le Destin est présidé par Râm, c'est-à-dire par Vayu, et déjà le Sirouzeh (21) réunit dans ses invocations Râman et Vayu avec Thwâsha et Zervan (le Ciel et le Temps), maîtres naturels de la destinée. On a transféré à Vayu le sens et par suite les fonctions de Vaya, c'est-à-dire de Zervan même.

1. Sirouzeh 21.
2. Bundehesh 1. 10, 11.
3. Τὸ μιαρὸν Περσῶν δόγμα ὃ Ζαράδης εἰσηγήσατο, ἤτοι περὶ τοῦ Ζαρουάμ, ὃν ἀρχηγὸν πάντων εἰσάγει, ὃν καὶ Τύχην καλεῖ (Photius, *Biblioth*. p. 63 éd. Bekker).

confirme cette identité de fonctions du Temps et de la Fortune : « toutes les choses du monde, dit-il, vont par le Destin, par le Temps, par le décret suprême du Temps subsistant de lui-même, souverain, à la longue souveraineté [1]. » La souveraineté du Temps se ramène donc à celle du Destin.

Or le Destin est tout-puissant. « Avec toute la force de l'intelligence et de la science, il est impossible de lutter contre lui ; quand la volonté du sort vient pour le bien ou pour le mal, le sage délire dans l'action et l'insensé devient sage ; l'homme sans cœur devient vaillant, le vaillant perd le cœur ; l'homme actif perd l'énergie, l'homme sans énergie devient actif. Selon la chose que veut de lui le Destin, la cause nécessaire agit en lui [2]. »

§ 246. Mais le Destin est lié au mouvement du ciel. « Tout le bien et tout le mal qui arrive dans le monde arrive par le fait des sept planètes et des douze constellations. Les sept planètes sont dites les sept chefs du côté d'Ahriman, elles tourmentent l'univers et la création et les livrent à la mort et à tous les maux ; les douze constellations sont dites les douze chefs du côté d'Ormazd, elles règlent la destinée et le mouvement du monde [3]. »

Or, ce mouvement du ciel n'est autre que le mouvement du Temps. Les formules réunissent dans une même invocation le Ciel et le Temps [4], Thwâsha et Zervan. C'est en effet le mouvement du ciel qui tour à tour amène les nuits et les jours, les étés et les hivers et les années qui se suivent. C'est le mouvement du ciel qui a amené tour à tour à l'empire pendant sept mois de mille années les sept premières constellations, c'est lui qui amènera à l'empire les dernières, lui qui amènera avec la fin de la grande année la fin du règne d'Ahriman.

L'on comprend à présent l'identité du Temps et de la Fortune : le Temps et le Ciel marchent ensemble ; le Ciel et le Destin marchent ensemble ; le Destin n'est donc que le décret du Temps et c'est le Temps qui est le souverain suprême du monde.

§ 247. Avant de montrer quel parti les systèmes ont tiré de ces prémisses, il importe d'examiner si ces prémisses en elles-mêmes sont iraniennes, si elles sont un développement naturel des idées nationales ou si elles sont d'importation étrangère.

1. Minokhired 27. 10. De même dans le document arménien (§ 254), Zervan est interprété comme étant Bakht, le Destin.
2. Minokhired 23.
3. Minokhired 8. 17 sq.
4. Sirouzeh 21 ; v. p. 317.

Il est difficile de dire jusqu'à quel point est iranienne cette idée que le destin naît de la lutte des planètes et des constellations. Mais si cette forme de l'action du destin est récente et peut-être produite par des influences étrangères [1], l'idée même que le destin est lié au mouvement du ciel est ancienne et se laisse poursuivre jusqu'en plein Védisme.

Le nom du destin en parsi est *Bakht*. C'est le zend *bakhtem*; le mot est déjà employé dans l'Avesta avec le sens parsi : Tistrya, accablé par son adversaire, implore le secours d'Ahura, des Eaux et des Plantes, du Destin (bakhtem) et de la Loi mazdéenne [2]. Le mot signifie littéralement « la chose répartie, la chose donnée en part » ; c'est le participe passif de la racine *baz* « répartir ». Le destin est une idée avestéenne et non une création du Parsisme ; le Parsisme a pu lui donner un développement qu'elle n'avait peut-être pas dans l'ancienne religion, mais il ne l'a pas créée.

L'Avesta nous fait constater l'antiquité de l'idée, sans nous en expliquer le caractère ni l'origine. Les Védas sont plus explicites.

La racine *bhag*, forme sanscrite du zend *baz*, est spécialement employée dans les Védas à exprimer l'action des divinités lumineuses partageant leurs brillants trésors aux hommes. Ainsi, de Savitar, le dieu de la lumière créatrice : « il a toujours été digne de louange le dieu Savitar et en ce jour encore, il mérite les hymnes des hommes, lui qui *partage ses trésors* aux fils de Manu (ratnâ *bhagati*) [3]. » — « Puissions-nous être tes protégés, ô Indra, recevant *notre part de la richesse qui réside dans les hauteurs des cieux* (brihaddivasya râyo *bhegânâsas*) [4]. » L'aurore qui tous les matins apporte ces richesses, est dite *subhagâ* « la bonne partageuse ».

De là, Bhaga, littéralement « le partageur », nom du dieu lumineux qui répartit ses biens. C'est tantôt un nom de Savitar : « le voilà qui lève sa splendeur d'or qu'il étale ; c'est maintenant que Bhaga doit être invoqué parmi les hommes, lui qui, riche en biens, donne ses trésors : lève-toi, Savitar [5] ! » Le plus souvent, c'est le nom d'un âditya particulier, frère de l'aurore, « la bonne partageuse ». Il devient aisément le dieu qui donne les biens en

---

1. Voir plus haut, page 277.
2. Yasht 8. 23.
3. RV. 4. 54. 1.
4. Ibid. 4. 25. 5.
5. Ibid. 7. 38. 1.

général, quoiqu'il reste toujours un souvenir du caractère lumineux de ces dons: « Invoquons le redoutable Bhaga, *vainqueur*
« *au matin*, le fils d'Aditi, le Vidhartar [1], lui qu'invoquent dans
« leur pensée et le pauvre et le roi puissant, à qui ils disent :
« donne-nous notre part » (*bhagam bhakshi*) [2].

C'est là qu'il faut nous placer pour trouver l'origine du Bahkt iranien. La part que l'on réclamait des dieux, en Iran comme en Inde, a été avant tout la part de lumière, « le trésor que répartit le ciel » (*dyu-bhaktam ratnam* [3]), « mes étoiles éclatantes, dit Ahura, *répartissent la lumière* aux hommes (qarenô *bakhshañti*) [4], j'invoque l'étoile Tistrya *qui répartit la lumière* » (shôithrahê *bakhtârem*). Mais le jour, en même temps qu'il apporte la lumière, apporte le bien ou le mal : « à qui, — s'écrie
« Mithra, le dieu de la lumière, — à qui dois-je donner en partage
« lumière et splendeur, à qui santé, à qui richesse tout éclatante,
« à qui postérité céleste, à qui souveraineté redoutable, à qui mort
« et maladie, à qui pauvreté ténébreuse, etc... [5] ? » Or, cette répartition de la lumière, et des biens ou des maux qu'elle amène chaque jour, est l'œuvre du ciel en mouvement ; de là, le Destin fixé au mouvement du ciel.

§ 248. Cette idée que le Destin tient au mouvement du ciel était si populaire en Perse, et si nationale, qu'elle a survécu au

---

1. « Qui maintient le monde », cf. *Dhartar*, page 51.
2. RV. 7. 41. 2. *Bhaga* est devenu ensuite un des noms de la divinité conçue comme *libérale*; *bagha* signifie également *dieu* en zend et en perse ; dans les langues slaves c'est le nom ordinaire de Dieu : vieux slave et russe *bogŭ*. Cette libéralité à laquelle se reconnaît le dieu a commencé, on le voit par l'emploi védique, par être la *libéralité lumineuse*, la même qui a valu son nom à Mitra-Mithra « l'ami » (page 62) ; tel était l'avis du roi Yezdgerd et des siens : « Le roi vous ordonne d'adorer le soleil, disaient-ils aux chrétiens ; pourquoi ne le faites-vous pas ? N'est-ce pas Dieu qui illumine de ses rayons tout l'univers et qui fait mûrir par sa chaleur la nourriture des hommes et des animaux ? C'est en raison de sa générosité universelle qu'il a reçu le nom de dieu Mihir (ami) ; car il est tout amour pour les hommes et il n'a en soi ni déception ni duplicité (cf. page 76). C'est pour l'imiter que nous sommes indulgents jusqu'à l'excès pour votre ignorance » (*Elisée*, page 199 de la traduction française).
3. RV. 4. 1. 18.
4. Yasht 8. 1, *shôithra* n'est point le sanscrit *kshetra* champ, c'est le substantif correspondant à *khshaêta*, lumineux.
5. Yasht 10. 108.

changement extérieur de la religion. Elle règne encore dans l'Iran musulman, elle partage l'empire avec la doctrine de la prédestination par la volonté divine, dont elle est la négation absolue, et permet aux musulmans de Perse de concilier cette résignation sans borne aux volontés d'Allah, cet *Islam* dont le Coran fait la première des vertus, avec tous les transports de révolte et de colère contre les forces méchantes qui écrasent l'homme. L'on s'incline devant le décret de Dieu, devant le *Teqdir ;* mais l'on s'insurge contre la voûte céleste, contre le *Félek,* dont le mouvement impassible broie les êtres qu'il a amenés à la vie : le blasphème, tournant Dieu, frappe au ciel. De ces plaintes contre la voûte tournante aux décrets invincibles, toute la littérature persane retentit, depuis le Livre des Rois jusqu'aux mystères modernes, en passant par les admirables et sacriléges quatrains d'Omar el Kheyyâm. Et comme Temps et Ciel ne font qu'un, Dehr, le siècle, Zemâneh, le Temps, « vieille femme décrépite, chargée d'années, mais immortelle », partagent les imprécations des poëtes et du peuple avec *Félek,* le ciel planétaire, *Gardûn,* la voûte céleste, *Carkh,* la roue céleste[1]. Toutes ces idées sont logiquement en germe dans les formules du Sirouzeh : J'invoque le Ciel souverain[2], j'invoque le Temps sans bornes.

§ 249. Les actes des dieux, s'accomplissant dans le Temps, sont naturellement amenés par lui et soumis à la loi supérieure du Destin, et « le Destin est la chose qui règne sur tout chacun et sur toute chose[3]. » Les théologiens, sentant la puissance de leurs dieux compromise, essayèrent d'y remédier en distinguant deux sortes de destins, en donnant deux sens différents aux deux expressions synonymes par lesquelles l'Avesta marquait la répartition divine : *Bakhtem* et *Baghô-bakhtem*[4] : « Le Sage demanda à l'Intelligence céleste : les dieux modifient-ils le sort de l'homme en considération de ses appels à leurs faveurs, de ses bonnes œuvres, de ses mérites? L'Intelligence céleste répondit :

---

1. Chodzko, *Grammaire persane* 147 sq. — *Les quatrains d'Omar el kheyyâm* (publiés et traduits par M. Nicolas) : quatrains 21, 127, 137, 195, 217, 228, 231, 263, 267, 320, 332, 348, 363, 418, etc., etc. — Cf. Spiegel, *Eranische Alterthumskunde* II, 7. 14, notes.
2. *Qadhâtem,* l'épithète même du Temps.
3. Minokhired 47. 3, 6.
4. *Baghô-bakhtem* signifie littéralement « réparti en part », védique *bhaga-bhakta* (1. 24, 5) ; c'est un synonyme de *bagha* « part », et de *bakhtem* « chose répartie ».

ils le font. Il faut distinguer deux sortes de destins, le Bakht et le Baghô-bakht. Le premier est ce qui a été réparti dès le commencement ; le second est ce que les dieux répartissent en plus[1]. » Mais le Minokhired s'empresse d'ajouter que le second est à peu près inactif, parce que « le démon Ahriman, par la force des sept planètes, enlève aux bons et à ceux qui les méritent, les richesses et les autres biens mondains et les répartit principalement aux méchants et aux indignes[2]. » Autrement dit, les dieux sont impuissants contre le Destin.

L'on voit à présent pourquoi les contemporains de Théodore de Mopsueste appellent le dieu suprême *Zarouam* ou τύχη (*Bakht*), Temps ou Destin. C'est que, pour eux, Temps et Destin ne font qu'un. Pour passer du rang de *puissance suprême* au rang de *principe suprême*, il n'y avait qu'un pas : puisque c'est le Temps qui amène tour à tour les victoires et les défaites d'Ormazd et d'Ahriman, puisque c'est lui qui règle la succession de tous leurs actes, ce sera lui aussi qui amène le premier acte de l'un et de l'autre, sa première manifestation, sa première apparition, autrement dit, sa naissance. De là le Temps, père d'Ormazd et d'Ahriman.

§ 250. Ce n'est donc point par la vertu d'un raisonnement métaphysique que le Temps est arrivé à la souveraineté. Sans doute, une fois cette souveraineté établie, la raison raisonnante ne fut pas en peine de la justifier par des arguments logiques : « en dehors du Temps, dit l'Ulemâ, tout a été créé et le Temps est le créateur ; le Temps ne laisse voir en soi ni bornes, ni cime, ni racine, et toujours il a été et toujours il sera. Un homme intelligent ne demandera pas : d'où vient le Temps ? ni s'il y a eu un temps où cette puissance n'existait pas[3]. » Sur ces confins vagues et indécis de la philosophie et de la mythologie, la logique prouve le système, et ne le crée pas ; elle est au terme, non au début, et ses créations apparentes lui sont antérieures. C'est par une suite de combinaisons mythiques que l'on se trouva un jour dans cette conception que le Temps gouverne l'apparition de toutes choses. Or par ce mot, Temps, l'on entendait d'abord, non l'idée abstraite que ce mot éveille en nous, mais l'idée concrète du ciel en mouvement ; nous avons vu que l'Avesta sent

---

1. Minokhired 24. 1-7.
2. Minokhired 24. 8.
3. Fragments relatifs à la religion de Zoroastre, page 2.

encore la liaison étroite des deux idées, et réunit dans la même invocation « le Ciel souverain, le Temps sans bornes » [1].

Un exemple pris à l'Inde fera mieux saisir l'origine mythique du système persan. L'Inde également a des systèmes de philosophie qui donnent au Temps un rôle analogue[2]. Le Vishnu Purâṇa reconnaît en lui une des formes de l'être suprême. Un système cité par la *Çvetâçvatara upanishad,* pose le Temps pour premier principe, « c'est le système des *astrologues* »; ceci nous conduirait pour l'Inde à une conception identique à celle de la Perse, le Temps serait le principe premier parce qu'il gouverne tout par le mouvement du ciel : mais il faudrait connaître les origines et le sens précis de ce système, mentionné en un mot dans un document récent, pour décider si entre les deux systèmes, indien et persan, il y a une parenté d'origine. Dans le Mahâbhârata, Mṛityu, la Mort, proclame que toute la nature, toutes les créatures, le monde lui-même, toute action, tout arrêt, tout changement dérivent du Temps et que par lui tour à tour les dieux sont émis et détruits. Le texte le plus ancien sur le pouvoir du Temps, de Kâla, se trouve dans l'Atharva Veda :

« Le Temps va, coursier en marche, avec sept rênes, mille
« yeux, invieillissable, tout fécond ; les sages le montent, les
« sages inspirés : il a pour roues les univers.

« Le voilà, Kâla, qui traîne son char à sept roues, il a sept
« moyeux et l'Immortalité pour axe ; c'est lui qui est tout l'uni-
« vers du présent ; il va, lui Kâla, le premier des Dieux.

« Pleine est l'urne où Kâla repose, c'est lui qu'en tous lieux
« présent nous voyons ; il est tout l'univers de l'avenir ; l'on dit
« qu'il repose dans le firmament suprême.

« C'est lui qui a apporté toutes les créatures et c'est lui encore
« qui les réenveloppe en lui-même ; lui leur père, il devient leur
« fils ; au-dessus de lui nulle puissance plus haute.

« C'est Kâla qui a engendré ce ciel là-bas, lui qui a engendré
« ces terres ici ; c'est par Kâla que subsiste et entre en branle
« tout ce qui a été et qui sera.

« C'est Kâla qui a émis la terre, en Kâla brûle le soleil, en
« Kâla sont toutes les créatures ; en lui l'œil voit et distingue.

« En lui est l'Esprit, en lui le souffle, en lui repose la Nature,
« et de son arrivée se réjouissent toutes les créatures qui sont.

« En lui la Ferveur ; en lui l'Antique ; en lui repose le Brahma ;

---

1. Page 318.
2. Apud Muir V, 408 sq.

« Kâla est le maître de toute chose, il fut le père de Praǵâpati.

« Par lui ce monde est mis en branle, par lui produit, en lui
« il subsiste: Kâla devenu Brahma porte en lui l'être suprême, le
« Parameshthin.

« De lui sont venues les eaux, de lui le Brahma, la Ferveur,
« les régions ; par Kâla le soleil se lève et en Kâla il se recouche.

« Par Kâla le vent souffle, par Kâla la terre est grande, le
« grand ciel repose en Kâla.

« C'est en Kâla que la formule engendre au début du monde
« ce qui a été et ce qui sera ; de Kâla sont nés les hymnes du
« Rig, de Kâla est né le Yaǵus[1]. »

Malgré le luxe d'images mythologiques, il ne semble pas qu'il y ait à l'origine de toute cette conception autre chose qu'une spéculation métaphysique, l'idée abstraite du Temps comme lieu de toute chose, l'idée du Temps à la façon des logiciens de l'Ulemâ[2]: Kâla est le principe suprême, non comme dans le système persan, parce qu'il serait le mouvement du ciel souverain, mais parce que tout se passe en lui et parce qu'au sein de lui tout passe, lui-même étant invieillissable. La conception des Zervaniens est donc purement iranienne; la chose d'ailleurs est évidente d'elle-même, dès qu'on se reporte à l'origine historique du système : ce système est né virtuellement le jour où le monde fut conçu comme ayant une existence bornée, dont toutes les phases futures, prédites et connues dès le présent, se trouvèrent soumises à une loi souveraine.

II.

§ 251. Une fois cette notion établie que Zervan est le principe suprême, restait à déterminer ses rapports à Ormazd et Ahriman. Comment Zervan a-t-il créé Ormazd et Ahriman ? Deux réponses différentes furent faites, l'une mythique, l'autre mystique.

§ 252. La première nous est transmise par l'Ulemâ i Islam : « Zervân créa d'abord l'eau et le feu, et de leur mélange naquit Ormazd[3]. » On se retrouve ici en face de vieilles images et formules mythiques bien connues : le dieu lumineux naît dans les eaux sillonnées par l'éclair. Il est vrai que c'est là la naissance

---

1. Atharva Veda 19. 53; 19. 54, ap. Muir V, l. c.
2. Page 322.
3. Fragments 2.

d'un dieu orageux, d'un *apãm napât,* et tel n'est pas Ormazd, qui d'ailleurs ne peut avoir de naissance naturaliste : car considéré dans sa forme naturaliste et primitive, il est dieu du ciel, et comme tel loin d'être né, c'est de lui que tout naît ; considéré sous sa forme dernière, abstraite et morale, on conçoit encore moins la naissance qui lui est attribuée. Il y a eu transfert de mythe ; le mythe n'est pas organique, c'est-à-dire qu'il n'en faut pas chercher l'origine dans la nature même d'Ormazd. Si l'on fait abstraction de Zervan, qui n'est créateur des eaux et du feu que parce qu'il doit l'être en sa qualité de premier principe, l'on arrive à une phrase cosmogonique : « au commencement étaient les eaux et le feu ; » on reconnaît l'équivalent des formules védiques qui mettent au début des choses les eaux ténébreuses où est contenu « l'embryon d'or », Agni, la flamme[1]. La phrase iranienne a le même sens et doit s'expliquer de la même façon : toutes les fois que le monde renaît dans l'orage, les eaux (et le feu) sont à l'origine de cette renaissance : et le mythe quotidien reporté à l'origine du monde devient fait cosmogonique[2]. Ormazd est né du mélange de l'eau et du feu parce que l'eau et le feu étaient au commencement des choses ; l'eau et le feu sont créés par Zervan, parce que Zervan est le créateur universel.

§ 253. Voici Ormazd créé par la volonté de Zervan. Il était pur, lumineux, odorant, faisant le bien, puissant pour tout acte de bien ; ayant jeté les yeux dans l'abîme il vit à 60,900 Farsang Ahriman, noir, infect, squalide, faisant le mal. — Le problème de l'origine d'Ahriman n'est point résolu. Dans la pensée de l'Ulemâ et dans la logique du système, Ahriman doit venir de Zervan ; mais par quelle voie il en vient, on ne le dit pas. Il ne semble pas que le *comment* ait inquiété l'Ulemâ ; il se préoccupe davantage du *pourquoi* ; il mentionne cinq systèmes différents qui se sont formés pour répondre à cette question. L'un, très-récent, est emprunté à la doctrine chrétienne : Ahriman est un ange déchu, voué à la malédiction pour cause de désobéissance. Selon un autre, Zervan eut tort de créer Ahriman : les trois autres parcourent toute la gamme des idées métaphysiques :

1° Glorification du dieu suprême : Zemân[3] a créé Ahriman, afin qu'Ormazd comprenne bien la suprématie de Zemân et qu'il est puissant au-dessus de tout être.

1. Page 134.
2. Cf. ibid.
3. Synonyme de Zervân.

2° Nécessité de deux principes : Zemân a créé Ormazd et Ahriman, afin que le mélange du bien et du mal pût donner naissance aux différents êtres.

3° Indifférence des deux principes au regard de l'être suprême, le bien et le mal n'existant qu'au regard de l'homme : « de la bonté d'Ormazd, de la méchanceté d'Ahriman, quel bien, quel mal pour Zemân[1] ? »

§ 254. Le système de l'Ulemâ suppose ou nécessite deux actes différents pour la création des deux principes : l'unité n'est que nominale ; on ne sait pas comment est né Ahriman, et le récit de son apparition est en parfaite concordance avec le récit classique ; il est sans nul doute emprunté au fonds commun des mythes dualistes et Ahriman naît de lui-même. Le système de l'Ulemâ n'est donc qu'une combinaison imparfaite d'éléments dualistes et de tendances unitaires. Mais il s'était formé un autre système absolument un, celui que nous avons nommé le système mystique. C'est ce système qu'au Ve siècle de l'ère chrétienne, le premier ministre du roi Yezdgerd faisait publier comme doctrine d'état[2].

« Avant que rien existât, ni ciel ni terre, ni aucune des créa-
« tures qui sont dans le ciel et la terre, il y avait un être nommé
« *Zrouan,* nom que l'on interprète *fortune* ou *gloire* (Bakht ;
« Farrq). Mille ans durant, il sacrifia, pensant qu'il lui naîtrait
« un fils nommé Ormizd, qui ferait le ciel et la terre et tout ce
« qu'ils contiennent. Et après avoir sacrifié pendant mille ans,
« il commença à réfléchir et se dit : ces sacrifices que j'accomplis
« me serviront-ils ? me naîtra-t-il un fils, Ormizd, ou si ma peine
« sera en vain ? Comme il se disait ces choses, Ormizd et Arhmen
« furent conçus dans le sein de leur mère, Ormizd pour le sacri-
« fice, Arhmen pour le doute. Voyant cela, Zrouan dit : deux
« fils sont dans le sein ; celui d'entre eux qui viendra le premier à

---

1. Ulemâ, p. 4.
2. Le système est naturellement infiniment plus ancien que le cinquième siècle. Damascius, vers la même époque, le cite d'après Eudème (voir pl. bas, § 259); quel est cet Eudème ? Est-ce Eudème le Rhodien, un de ceux dont Diogène de Laerte invoque l'autorité pour prêter aux Mages le dogme de la résurrection ? la chose est assez probable : or, Eudème le Rhodien est un des disciples immédiats d'Aristote. Le Zervanisme aurait donc existé déjà au troisième siècle avant l'ère chrétienne ; ce qui n'a rien d'invraisemblable en soi, si l'on songe qu'à cette époque le système de « la grande période » (*zrvânem dareghôqadhâtem*) était achevé (Théopompe, ap. Plutarque, cf. p. 306).

« moi, je le ferai roi. Ormizd ayant connu la pensée de son père
« la révéla à Arhmen... Arhmen, à ces mots, fendant le ventre,
« sortit et se plaça devant son père. Zrouan, le voyant et ne
« sachant qui c'était, lui demanda : qui es-tu ? Il répondit : je suis
« ton fils. Zrouan répliqua : mon fils est odorant et lumineux, tu
« es ténébreux et infect. Tandis qu'ils parlaient, Ormizd, lumi-
« neux et odorant, vint, né en son temps, se placer devant
« Zrouan, qui, le voyant, reconnut aussitôt que c'était son fils
« Ormizd, celui pour qui il avait sacrifié. Aussi, prenant la
« baguette qu'il avait en main et avec laquelle il avait sacrifié [1],
« il la remit à Ormizd, en disant : Jusqu'à présent je sacrifiais
« pour toi, à présent c'est à toi à sacrifier pour moi. Et comme
« Zrouan remettait la baguette à Ormizd et le bénissait, Arhmen
« s'approcha de Zrouan, et lui dit : N'avais-tu pas fait vœu de
« donner la royauté à celui de tes fils qui viendrait le premier à
« toi. Zrouan, pour ne point manquer à son vœu, répondit à
« Arhmen : ô menteur et malfaisant ! qu'un règne de 9,000 ans
« soit ta part, mais je mets Ormizd au-dessus de toi et au bout
« de 9,000 ans il régnera et fera tout ce qu'il voudra. Alors
« Ormizd et Arhmen commencèrent à faire les créatures, et tout
« ce que faisait Ormizd était bon et droit, tout ce que produisait
« Arhmen était mauvais et pervers [2]. »

Ici l'unité est réelle : l'acte de création est unique et les deux êtres sont réellement jumeaux, fils d'un même père.

§ 255. L'instrument de production est le sacrifice. Cette conception n'a rien qui étonne si l'on se reporte aux exemples que nous avons déjà maintes fois rencontrés de la puissance toute divine du sacrifice. C'est par le sacrifice qu'ils reçoivent des hommes ou les uns des autres, que les dieux acquièrent la force victorieuse ; c'est par le sacrifice que lui offre Ahura que Tistrya triomphe d'Apaosha [3], c'est en venant dans le monde célébrer un sacrifice qu'Ahura, ceint de l'aiwyâoṅha et assisté de Çraosha pour Raçpi, remporte le triomphe définitif [4].

---

1. Les tiges de Bareçman. Là-dessus le bon Eznig se récrie : « Zero-
« van donna ses baguettes à Ormizt pour faire des sacrifices en sa
« faveur, comme si (ce n'était) pas dans Ormizt ou dans le sacrifice
« même qu'était la puissance, mais dans les baguettes. »

2. Eznig, ap. Pétermann, *Grammatica linguae armeniacae*, p. 44. Cf. Elisée. Tout ce récit tient dans ces mots de Photius : Ζαρουάμ... σπένδων, ἵνα τέκῃ τὸν Ὁρμίσδαν, ἔτεκεν ἐκεῖνον, καὶ τὸν Σατανᾶν l. c.

3. Voir plus haut, pages 141 sq. — 4. Voir plus haut, page 236.

Le sacrifice n'est point seulement arme de lutte, mais instrument de production. C'est par un sacrifice que Çaoshyant à la fin des siècles produira la résurrection des morts ; « il immolera le taureau Hadhayaos[1] ; avec la moelle du taureau et avec le Hom blanc on préparera un second corps, on en donnera un à tous les hommes et chacun d'eux sera immortel à tout jamais[2]. » Bien plus, cette renaissance par le sacrifice, on peut l'obtenir dans le cours même de cette vie : dans les mystères de Mithra, l'adepte renaît et s'acquiert une vie éternelle par le sacrifice du Taureau, représentation anticipée du sacrifice final qui fera relever les morts : *Taurobolio in aeternum renatus*[3]. Si le sacrifice ré-

---

1. Dit aussi *çarçaok*. C'est le même Taureau qui sous Tahmurath a porté la vie dans les autres Karshvar (page 167) ; s'il ramène la vie à la fin des temps, c'est qu'il l'a amenée au début des temps, preuve nouvelle que ce n'est que par une limitation tardive que son rôle cosmogonique a été restreint : c'est le mythe de Mashya Mashyana qui a amené cette limitation. — Quant aux noms de ce Taureau, ils semblent récents et tirés de ses fonctions : *çarçaok* signifie « essence du *çaoka, du bien* » ; c'est la même idée qui domine dans le nom de *Çaoshyant* : le Taureau Çarçaok est un Çaoshyant-taureau. Le nom *Hadhayaos* peut, soit se décomposer en *hadha-yaos*, soit se ramener à *hadha-ayos* : il sera alors « celui qui apporte avec lui » (sanscrit *sadha*) ou, « à jamais » (*sadâ*), soit « la purification », soit « la vie » : les deux choses sont également vraies.

2. Bundehesh 75. 6.

3. Orelli, n. 2352 ; Wilmanns, *Exempla inscriptionum latinarum*, n. 110, d'après le *Corpus Insc. lat.*, tome VI, n. 510 ; cf. Orelli, 6041. — Ce n'est donc pas, comme on l'a dit, par un contre-sens religieux que le Taureau devient victime dans le culte de Mithra. Mithra ne devient pas un émule d'Ahriman, mais un substitut de Çaoshyant sacrifiant le Taureau. La seule transformation subie par les croyances anciennes, c'est la fusion de Çaoshyant avec Mithra ; phénomène facile à comprendre dans un culte de secte, où le dieu favori réunit naturellement en lui toutes les puissances. Mithra d'ailleurs était préparé par son rôle avestéen à cet agrandissement de fortune : et comme juge infernal et comme dieu anti-démoniaque, il était admirablement propre à prendre le rôle suprême à la fin des temps. Mithra a pris les naissances des dieux vainqueurs de démons, dont il avait pris les attributs dès la période avestéenne (Yasht 10) ; il est né de la pierre πετρογενής, c'est-à-dire de l'antre, de l'étable, de la nuée (v. pages 152-3) ; selon Elisée (p. 38), il est né d'une *femme*, ce qui en langage mythique a absolument le même sens (v. p. 98), et ce qui le rapproche de Çaoshyant. Enfin le Parsisme lui-même faisait paraître Mithra à la fin du monde (Minokhired 8. 15). — Le Parsisme même connaîtrait cette renaissance dans le cours de la vie, si le *nû zûdî*, initia-

génère le monde, il a bien pu l'engendrer ; de là Zervan engendrant Ormazd par le sacrifice.

§ 256. L'Inde ici offre des parallèles précieux. Là aussi on a vu les paroles tuer le démon, la formule faire descendre Agni sur terre, les chants faire lever le soleil et marcher les astres, et le sacrifice donner l'immortalité [1]. Dans le cours même de la vie terrestre, on peut renaître par le sacrifice : tout sacrifice est précédé d'une initiation ou *dîxâ,* durant laquelle le sacrifiant garde un jeûne de plus en plus austère, « durant trois jours » dit le rituel ordinaire, et selon quelques-uns « jusqu'à ce qu'il ne reste que la peau sur les os [2] ; » autrement dit, l'initié doit mourir, dans les limites du possible, pour devenir capable d'acquérir la vie *nouvelle* [3]. On trouve là et l'équivalent et l'explication des sacrifices humains fictifs célébrés dans les mystères de Mithra [4] : l'initié meurt symboliquement, afin de renaître par le Taurobole [5].

Tout-puissant dans la lutte, instrument de vie et d'immortalité, le sacrifice doit être aussi instrument de création. Déjà dans les derniers hymnes du Rig-Véda, la création est présentée comme le fruit d'un sacrifice. Les diverses parties du monde sont nées des membres de Purusha, le mâle mystique, offert en sacrifice : « Quand avec Purusha pour offrande les dieux offrirent le sacrifice, le printemps fut le beurre sacré, l'été la bûche, et l'automne fut l'oblation. De ce sacrifice naquirent les bêtes des forêts et des airs, les hymnes, les chants, les mètres, les formules ; de sa bouche naquit le Brahmane, de ses bras le Kshatriya, de ses cuisses le Vaiçya, de ses pieds le Çûdra ; de son esprit naquit la lune [6], et de son regard le soleil ; de sa bouche Indra et Agni, et Vâyu

---

tion religieuse faite à l'âge de quinze ans, signifie comme M. Spiegel en émet l'hypothèse « la nouvelle naissance » (= nô zâdî) ; traduction de l'Avesta II, 23.

1. Pages 99 sq.
2. Weber, *Indische Studien* X, 357.
3. « Celui que les prêtres initient redevient embryon » (Aitareya B. 1. 3) ; de là toute une série de cérémonies symboliques qui font rentrer l'initié dans la matrice.
4. Lampride, *Commode* 9. Sacra Mithriaca homicidio vero polluit, quum illic aliquid ad speciem timoris vel dici vel fingi soleat.
5. Chez les Indous également, dans le sacrifice sanglant (*paçu-bandha*), la victime réelle, au point de vue religieux, est, non l'animal, mais celui qui fait offrir le sacrifice, le *yaǵamâna* ; c'est lui qui s'offre aux dieux ; l'animal n'est qu'un substitut. Cf. Aitareya B. 2. 3.
6. Voir plus haut, page 74, note 3.

de son souffle ; l'atmosphère de son nombril, et le ciel de sa tête ; la terre de ses pieds, de son oreille les régions[1]. » Enfin, le sacrifice s'incarne dans Brahman et devient sous son nom le dieu suprême du brahmanisme. C'est par un sacrifice de mille années que Pragâpati, le maître des créatures, a émis les êtres, dieux et démons, devas et asuras.

Nous voyons donc la religion aryenne de l'Inde, comme la religion aryenne de l'Iran, partant de mêmes principes, aboutir à même conséquence ; et Zervan, créant les deux principes du monde par la ferveur du sacrifice, se place directement à côté de Pragâpati créant le monde par la ferveur du sacrifice. Doit-on faire remonter jusqu'à la religion de l'unité indo-iranienne cette conception de la création[2] : la conclusion serait téméraire, car cette conception ne paraît des deux parts qu'à une époque relativement récente : nous dirons seulement que le sacrifice était, dès la période d'unité, une force souveraine et toute puissante, prête à tous les développements et à l'usurpation suprême.

Où la différence de tendances des deux religions reparaît, c'est dans le rapport qu'elles établissent entre le créateur et ses créatures mauvaises. En général l'Inde ne montre guère le créateur effrayé de ses créatures : le problème de l'existence du mal inquiète peu sa pensée : devas et asuras ne sont pas d'ailleurs les seuls êtres de ce monde ; il y en a tant d'autres encore, les *nâgas,* les *pitris,* les *gandharvas,* les *sâdhya ;* le sacrifice crée le monde tel qu'il est, et tout est dit. En Iran, au contraire, il n'y a que deux choses, et deux choses ennemies : bien et mal. Zervan a-t-il voulu créer et le mal et le bien ? Non, répond le système[3] : Ormazd seul devait naître : Ahriman est né parce que le sacrifice était imparfait : il y avait un vice, le doute : or, le doute est un des premiers péchés dans le Mazdéisme : « le fléau du doute » (*aghem vîmanôhîm, uparô-vîmanôhîm*) est une des contre-créations d'Ahriman[4]. Dans le sacrifice tout acte

---

1. RV. 10. 90. 6. — 2. Abstraction faite des personnages mêmes.
3. Au moins le système de Yezdgerd. Cf. plus haut, page 325.
4. Vendidâd 1. 28. Cf. page 274 et Sadder I : Omni dubitatione ac fluctuatione e corde sublata, oportet sequi Religionem τοῦ Espintamân. Le doute détruit même l'effet des bonnes œuvres : si de ista Religione dubitaverit, nulla Meritorum ejus Ratio habebitur, nec quicquam ei proderunt. Hæc enim religio nullam admittit dubitationem, sed requirit fiduciam et certitudinem, quae colentis animam a tormento gehennae liberabunt, nec a diabolo timendi locus relinquetur. — Cf. ibid. IV (ap. Hyde, Veterum Persarum religio, 2ᵉ éd. 449).

porte son fruit, bon ou mauvais, suivant qu'il a été accompli bien ou mal ; jamais il ne manque son effet ; le bien et le mal qui étaient en lui projettent bien et mal au dehors de lui : Ormazd est fils du sacrifice, Ahriman est fils du doute qui le traverse [1].

§ 256 bis. Quelle est cette mère dans le sein de laquelle naissent à la fois Ormazd et Ahriman. Est-elle purement *induite?* Ou est-elle le représentant d'une ancienne réalité mythique? On n'hésitera pas à répondre dans le dernier sens si l'on se reporte au système des Zervanites de l'Ulemâ, où Zervan commence par créer l'eau et le feu qui de leur mélange produisent Ormazd : la lumière naît de la nuée : la nuée, telle est la mère d'Ormazd ; mais la nuée contient le démon aussi bien que le dieu ; nous avons déjà rencontré nombre de mythes où le dieu et le démon sont frères et nous savons que dans les Védas, Dânu, la nuée, est la mère de Vṛitra, d'Ahi, du Serpent [2]. Dans ce sein agité par le *désir* [3], germent les deux jumeaux : mais le premier qui règne, c'est le frère ténébreux, jusqu'au moment où paraîtra le frère lumineux qui prendra l'empire à jamais : voilà pourquoi Ahriman le premier sort du sein de la mère et prend l'empire : Ormazd ne naîtra qu'après lui. Le démon est l'aîné, le dieu est le frère cadet [4].

1. De même chez les Zervanites de Shahristâni « Zervan douta de quelque chose et de ce doute naquit Ahriman. D'autres disent qu'il resta 9,999 ans à marmotter pour obtenir un fils et ne réussissant pas, il réfléchit et se dit : peut-être que ce monde est néant : Ahriman naquit de cette pensée de doute et Ormazd de sa science, de sorte qu'ils se trouvèrent tous deux dans la même matrice. »
2. Pages 221 sq.
3. Zervan désire un fils qui crée la terre et le ciel ; de ce désir naîtra le monde. De même dans la cosmogonie védique : Quand l'univers n'était qu'une onde indistincte, le Désir (*Kâma*), voilà ce qui se produisit au début des choses, qui fut le premier germe de l'Esprit, lien de l'être au non-être (RV. 10. 129. 4. 5) ; le Désir, Kâma, Eros, Amour, n'est autre chose que la forme abstraite d'Agni (cf. p. 136-5 et p. 161). — Ceci rend singulièrement suspecte la cosmogonie prêtée par Eudème aux Phéniciens (Σιδώνιοι δὲ κατὰ τὸν αὐτὸν συγγραφέα πρὸ πάντων χρόνον ὑποτίθενται καὶ Πόθον καὶ ὁμίχλην· Πόθου δὲ καὶ ὁμίχλης μιγέντων ὡς δυοῖν ἀρχῶν Ἀέρα γενέσθαι καὶ Αὔραν, ἀέρα μὲν ἄκρατον τοῦ νοητοῦ ζωτικὸν προτύπωμα. Πάλιν δὲ ἐκ τούτων ἀμφοῖν ᾠὸν γεννηθῆναι κατὰ τὸν νοῦν οἶμαι τὸν νοητόν. Damascius page 385, éd. Kopp). Le Temps, le Désir, la Nuée, ce sont là les éléments de la cosmologie indienne et iranienne : l'œuf est un symbole dont nous connaissons déjà le sens (pp. 132 sq.). Cette cosmologie phénicienne ferait-elle le pendant de la cosmologie étrusque de Suidas (page 305, note) ?
4. Idée indo-européenne : elle est à la base du mythe d'Eurysthée et

Ces formules donnent la clef d'une hérésie du moyen âge, rattachée à tort au Manichéisme, celle des Euchites[1]. Voici ce qu'en dit Psellus :

« Le maudit Manès avait supposé deux principes des êtres, mettant dieu contre dieu, un artisan du mal contre un créateur du bien, un dieu du bien maître du ciel contre un dieu du mal maître de la terre. Ces misérables Euchites ont ajouté à cela un troisième principe : leurs principes sont : le Père et deux fils, l'un aîné, l'autre cadet ; le père règne sur les objets supracosmiques, le plus jeune sur les objets célestes, l'aîné sur les objets du monde[2]. » Les Euchites dérivent non de Manès et du dualisme pur, mais du Zervanisme, ou, plus exactement, du Mazdéisme unitaire : ce père est le principe suprême, Temps, Destin, Espace ou de quelque nom qu'on l'appelle[3] : le fils aîné est celui qui, sorti le premier du sein de la mère, s'est emparé de la terre, c'est le démon dont le règne précède celui de la lumière restée cachée dans le ciel. Les Euchites ne diffèrent des Zervaniens que par le culte : ils lèvent la malédiction qui pèse sur Ahriman dans les systèmes dualistes et zervaniens ; les uns adorent le plus jeune seulement, c'est-à-dire Ormazd, mais sans dédaigner l'aîné, comme capable de nuire ; d'autres adorent l'un et l'autre, comme étant nés d'un même père et devant se réconcilier à la fin des temps[4] : nous nous retrouvons en face de la théorie du Djâmâçpî et des destours du temps d'Anquetil[5].

---

d'Héraclès. Ce n'est point le seul point commun entre les deux mythes : la promesse de Zervan est identique à celle de Zeus (Iliade 19. 101 sq.) et c'est par fraude qu'Eurysthée naît avant Héraclès, comme Ahriman avant Ormazd. Autant d'idées et d'images élaborées dans la période d'unité, quoique plus tard très-diversement développées ou combinées.

1. Le nom d'*Euchites* ou *Massaliens* a été donné à plusieurs hérésies, d'époque et de caractère différents. Celle dont il s'agit paraît au xie siècle ; voir Pluquet, *Dictionnaire des Hérésies*, s. v. et Jean Le Clerc, *Bibliothèque universelle* XV, p. 118.

2. *De operatione daemonum*, ed. Boissonade 3 : τῷ μὲν ἐπαράτῳ Μάνετι δύο ὑπετέθησαν τῶν ὄντων ἀρχαί, θεῷ θεόν, δημιουργῷ τῶν ἀγαθῶν αὐτουργὸν κακίας, τῷ ἀγαθῷ ἄρχοντι τῶν οὐρανίων τὸν τῆς κακίας ἄρχοντα τῶν ἐπιγείων, πλημμελῶς ἀντιτάττοντι· Εὐχίταις δὲ τούτοις τοῖς κακοδαίμοσι καὶ ἑτέρα τις ἀρχὴ προσελήφθη τρίτη. Πατὴρ γάρ αὐτοῖς υἱοί τε δύο, πρεσβύτερος καὶ νεώτερος, αἱ ἀρχαί· ὧν τῷ μὲν πατρὶ τὰ ὑπερκόσμια μόνα, τῷ δὲ νεωτέρῳ τῶν υἱῶν τὰ οὐράνια, θατέρῳ δὲ τῷ πρεσβυτέρῳ τῶν ἐγκοσμίων τὸ κράτος ἀποτετάχασι.

3. Voir les paragraphes suivants.

4. ὡς ἐκ πατρὸς ἑνὸς καταλλαγησομένους ἐπὶ τοῦ μέλλοντος. Une troisième secte n'adorait que Satan (Ahriman).

5. Voir page 235.

CHAPITRE II.

DESTIN. LUMIÈRE. ESPACE.

§ 257. Destin. — § 258. Lumière. — § 259. Espace. — § 260. Conclusion.

§ 257. Dans les premières lignes du récit arménien, le nom de *Zrouan* était interprété par *Bakht* et *Farrq* « destin » et « lumière ». Il est clair que *Zrouan* ne signifie ni « destin », ni lumière » ; *Zrouan* est le zend *Zrvân* et c'est le nom du Temps. Il est identifié avec le Destin parce qu'en effet, comme on l'a vu, les deux idées sont étroitement liées et c'est la souveraineté du Destin qui a amené celle du Temps, conçu comme le mouvement du Destin. Théodore de Mopsueste pouvait donc dire avec raison que le premier principe des Mages est Zarouam ou la Fortune, τύχη[1].

§ 258. Y a-t-il la même identité entre Zervan et la lumière ? Non. Quand l'auteur arménien[2] assimile Zrouan à la Lumière, il confond en réalité deux systèmes, il identifie les principes premiers de deux écoles différentes : à côté de celles qui mettent à l'origine des choses le Temps, il y en avait qui y mettaient la lumière. Cette lumière était soit identique à Ormazd, soit antérieure à lui et le créant comme Zervan. A la première de ces vues

---

1. Voir page 317.
2. Ou, chose moins probable, l'auteur du manifeste.

se rattache un système dont l'exposé nous est transmis par Shahristâni, celui des Gayomertiens : « Il y a deux principes : Yazdân (Dieu) et Ahriman ; mais tandis que Yazdân est sans commencement et éternel, Ahriman a eu un commencement, il est créé. Yazdân se dit : si j'avais un adversaire, comment serait-il fait ? Or cette pensée était mauvaise, non en harmonie avec la nature de la lumière, et de cette pensée sortit l'obscurité qui fut nommée Ahriman : le mal, la division, la corruption, la méchanceté furent sa nature. Il se souleva contre la lumière, lui fit opposition par sa nature et ses paroles, et un combat s'engagea entre l'armée de la lumière et l'armée des ténèbres ; puis les anges s'interposèrent comme médiateurs et firent la paix : le monde inférieur devait durant 7,000 (?) ans appartenir à Ahriman : puis celui-ci abandonnerait le monde et le laisserait à la lumière[1]. »

Tous les termes de ce récit identifient Ormazd et la lumière, de sorte que c'est en Ormazd même que le dualisme se résout en monothéisme. Quant à la cause même qui fait naître Ahriman, il est impossible de ne point la rapprocher de celle que donne le système zervanien. Ici aussi, c'est d'un vice moral que sort l'être du mal[2] ; mais ici la puissance mythique de la pensée a atteint le dernier degré. Dans Eznig, la pensée mauvaise n'est que l'occasion de la naissance d'Ahriman ; le générateur réel, c'est le sacrifice, dont l'activité a été déformée par le vice de la pensée, mais non détruite ; la pensée n'a fait qu'altérer la création ; elle ne crée pas elle-même : ici par elle seule, elle agit et engendre. Nous l'avons déjà vue toute-puissante dans la prière ; mais là du moins elle est dirigée par l'intention, par une volonté de produire ; ici, c'est la conception nue qui crée : l'idée se projette immédiatement en réalité externe ; nous voyons ici en action mythique cette force psychologique qui dans l'hallucination crée un objet derrière l'image, et qui a produit toutes les superstitions sur les rêves : quand l'empereur romain fait périr l'homme qui en songe s'est vu César, ce n'est point qu'il croie, comme il le dit et pense le croire, que cet homme, pour le rêver la nuit, a dû y penser le jour, mais c'est que pour lui la pensée du rêve crée une réalité : « protége-moi, ô Varuṇa, s'écrie un poète védique, si

---

1. Haarbrücker I, 275.
2. Il semble que selon quelques-uns, le mal soit une émanation permanente de Dieu : « il y a sans cesse en Dieu quelque chose de mal, soit une mauvaise pensée, soit une mauvaise corruption, et c'est là le point de départ de Satan. »

un de ceux que je connais m'a dans mon sommeil effrayé de paroles sinistres[1] ! »

§ 259. En regard de ce système identifiant Ormazd et la lumière, il a dû en exister un autre établissant entre Ormazd et Ahriman d'un côté, et la Lumière de l'autre, le même rapport que les Zervanites établissent entre eux et le Temps, un système en un mot où Ormazd fût, non la Lumière, mais une émanation de la Lumière. Le Bundehesh semble sur la voie d'un pareil système. « Ormazd, dit-il, a toujours été dans les hauteurs, au sein
« de l'omniscience et de la bonté et de la lumière : cette lumière,
« le lieu et la place d'Ormazd, est ce qu'on appelle la lumière
« éternelle, et l'omniscience et la bonté sont ce qu'on appelle
« Dîn[2]. » On a vu dans la première partie de ce livre comment la lumière éternelle, l'omniscience et la bonté, ne sont que des attributs d'Ormazd, considéré sous sa forme la plus ancienne, d'Ormazd, dieu du ciel lumineux[3]. On a vu aussi l'omniscience, sous le nom d'Intelligence céleste, se dégager d'Ormazd pour devenir un principe coéternel et coexistant à Ormazd[4]. On voit ici une tendance analogue, qui va à séparer d'Ormazd la lumière éternelle qui est la lumière d'Ormazd-ciel, et à en faire un être coexistant, coéternel à Ormazd, et en qui il serait. De là, à en faire un être antérieur à Ormazd, il n'y avait qu'un pas, ce pas fut franchi :
« les Mages et toute la race arienne, dit Eudème, appellent les uns
« τόπος, les autres χρόνος, l'univers encore idéal et dans l'unité(?);
« de là sont sortis deux êtres distincts, dieu bon et génie mauvais,
« ou selon quelques-uns, lumière et ténèbres avant ces deux êtres.
« Ceux-ci, à leur tour, différenciant la nature indistincte,
« forment ainsi deux rangées d'êtres soumis à leur puissance :
« l'une est sous la direction d'Ormazd, l'autre d'Ahriman[5]. » Le rôle attribué par les Zervanites au Temps, l'est ici également à l'Espace, au lieu, τόπος. Or, si l'on rapproche de là ces deux faits

---

1. RV. 2. 28. 10.
2. Bundehesh 1. Dîn = Daêna « la religion ».
3. Voir pages 36 sq.
4. Pages 26 sq.
5. Μάγοι δὲ καὶ πᾶν τὸ ἄριον γένος, ὡς καὶ τοῦτο γράφει ὁ Εὔδημος, οἱ μὲν τόπον οἱ δὲ χρόνον καλοῦσι τὸ νοητὸν ἅπαν καὶ τὸ ἡνωμένον· ἐξ οὗ διακριθῆναι ἢ θεὸν ἀγαθὸν καὶ δαίμονα κακὸν ἢ φῶς καὶ σκότος πρὸ τούτων, ὡς ἐνίους λέγειν. Οὗτοι δὲ οὖν καὶ αὐτοὶ μετὰ τὴν ἀδιάκριτον φύσιν διακρινομένην ποιοῦσι τὴν διττὴν συστοιχίαν τῶν κρειττόνων· τῆς μὲν ἡγεῖσθαι τὸν Ὠρομάσδην, τῆς δὲ τὸν Ἀρειμάνιον, Damasc. de primis princip. éd. Kopp. 384.

que selon le Bundehesh *la lumière est le lieu* d'Ormazd, *gâh i Auhrmazd,* et que selon quelques-uns[1], le principe suprême s'appelle Farrq, *la lumière*, l'on en conclura que le τόπος d'Eudème n'est autre que le *gâh i Auhrmazd*, ce lieu d'Ormazd dont parle le Bundehesh et qui est la lumière infinie. Il y avait donc à côté des systèmes qui mettaient à l'origine des choses Ormazd-lumière, des systèmes qui mettaient l'un la lumière infinie, l'autre, dérivé du précédent, l'espace, primitivement identique à la lumière infinie.

Le rapport d'Ormazd et d'Ahriman au principe universel, Temps ou Espace, pouvait être conçu de double façon ; soit immédiat, soit médiat. On a vu un exemple du premier cas dans le système de Yezdgerd : Ormazd et Ahriman naissent directement de Zrouan ; dans le second cas, celui d'Eudème, les intermédiaires sont la lumière et les ténèbres, c'est-à-dire que les attributs matériels d'Ormazd et d'Ahriman deviennent leurs principes d'origine, qui se ramènent ensuite à l'unité dans un principe supérieur. Il y a là double abstraction ; une première qui laisse dans le dualisme, oppose lumière et ténèbres ; un nouvel effort d'abstraction fond lumière et ténèbres dans un principe supérieur, Temps ou Espace, et conduit à un monothéisme panthéiste[2].

§ 260. Que si l'on compare à présent les principes premiers de ces différents systèmes, Temps, Destin, Lumière, Espace, l'on s'aperçoit qu'ils sortent par abstraction d'un seul et même objet. Le Temps et le Destin sont, en effet, la souveraineté du ciel en mouvement[3] ; la Lumière infinie n'est autre que la lumière du ciel, détachée du ciel son support[4] ; enfin l'Espace n'est autre que le lieu de cette lumière[5]. Temps, Destin, Lumière, Espace sont donc sortis du ciel considéré, soit dans son mouvement, soit dans sa splendeur, soit dans son étendue. Or, l'on se rappelle qu'Ormazd a commencé par être le ciel infini et lumineux[6] ; le principe

---

1. Voir plus haut, page 326.
2. En combinant les deux systèmes dans un ordre inverse, la Lumière reste au sommet et le Temps en dérive : l'existence de cette variété est attestée par Shahristani : la lumière créa un nombre infini d'êtres spirituels et divins dont le plus grand fut Zervan. De Zervan sortent ensuite Ormazd et Ahriman.
3. Page 318.
4. Pages 36 sq.
5. Voir au paragraphe précédent.
6. Pages 37 et 67 sq.

premier des religions savantes est donc identique au fond au dieu suprême de la religion populaire ; c'est le même être qui a donné son dieu suprême et à la religion ancienne, mythique et populaire, et à la religion abstraite et demi-philosophique des derniers temps ; et cet être, c'est le Ciel, c'est-à-dire le même être qui a donné leur dieu suprême à l'Inde, à la Grèce, à Rome, et qui régnait déjà en souverain dans la religion de la grande unité indo-européenne, alors que les ancêtres des peuples aryens ne formaient encore qu'un peuple de même religion et de même langue. La métaphysique raffinée des Sassanides plonge ses racines en pleine mythologie indo-européenne et n'a fait que changer en abstractions les images qu'elle en avait reçues.

CONCLUSION.

§ 261. Le dualisme mazdéen, sous sa forme populaire, peut se formuler comme il suit : le monde est l'œuvre de deux êtres, l'un lumineux et bon, l'autre ténébreux et méchant, et l'histoire du monde est celle de leur lutte.

I. Dans la première partie de ce travail, nous avons fait l'histoire de l'être bon, Ahura Mazda. Nous avons montré qu'il dérive directement du dieu suprême des indo-iraniens, l'Asura ; l'Asura est le dieu du ciel infini et lumineux ; il est à ce titre créateur, maître de l'ordre, omniscient, moral ; créateur et maître de l'ordre, parce que tout se passe en lui, et selon une loi ; omniscient et moral, parce qu'il voit tout, choses et cœurs. Ce dieu indo-iranien, l'Asura, est lui-même le représentant direct et fidèle du dieu suprême des indo-européens, le Dieu-Ciel.

II. Dans la seconde partie, nous avons fait l'histoire de l'être mauvais, Añgra Mainyu. Nous avons montré qu'il ne dérive point d'un être antérieur, un et concret. La religion indo-iranienne connaissait l'existence d'une lutte dans le monde, lutte livrée dans l'orage, dans la région atmosphérique, entre un dieu, le Feu, et un démon, le Serpent ; cette lutte, généralisée et étendue systématiquement à tous les ordres de choses, matérielles et morales, devient le dualisme. Tous les êtres, toutes les forces de la nature se rangent sous deux puissances souveraines ; l'une est Ormazd, le dieu créateur, organisateur, omniscient, moral ; l'autre est le démon mythique, le Serpent, mais transformé, agrandi, modelant tous ses contours sur la forme d'Ormazd. Il suit de là trois conséquences :

1° Ahriman n'est point un être simple : c'est le Serpent, et c'est Ormazd retourné.

2° Il n'est point contemporain d'Ormazd ; celui-ci remonte directement par l'Asura à un dieu indo-européen, et est la forme iranienne de Varuṇa, de Zeus, de Jupiter ; Ahriman, au contraire, est né dans la période iranienne : *les deux jumeaux*[1] sont nés à des siècles de distance.

3° Il n'est point l'adversaire direct d'Ormazd ; dans l'immense majorité des cas, simple substitut ou prête-nom du Serpent, il lutte non contre Ormazd, mais contre l'ennemi naturel du Serpent, contre Atar l'éclair, et contre les incarnations d'Atar. Ce qui s'oppose dans la lutte d'Ormazd et d'Ahriman, ce ne sont point les personnages eux-mêmes, ce sont les idées générales et abstraites dont ils sont devenus l'expression, le Bien et le Mal.

§ 261 bis. Au-dessus de ces deux forces, la religion savante sent le besoin d'établir un principe suprême d'où elles émanent. Nous avons vu, dans la troisième partie, que ce principe, quel que soit son nom, Temps, Destin, Lumière, Espace, n'est qu'une des qualités abstraites du Dieu-Ciel, et la spéculation ne fait que remonter obliquement à la source première, d'où la vieille religion naturaliste avait fait sortir son dieu suprême.

---

1. Yémâ (Yaçna 30. 3). Cf. page 313.

NOTES ADDITIONNELLES.

Page 78, note 3.

Cette répartition n'a pas cependant été absolue. En Grèce l'hymen de *Zeus-pater* et de *Dê-mêter*, le *Ciel-père* et la *Terre-mère*, est absolument l'hymen védique de Dyaus-pitar et de Prithivî-mâtar. Réciproquement, l'Inde semble avoir connu des mythes où Varuna est l'époux de la Terre : un hymne de l'Atharva (4. 4) parle d'une plante, sœur de Soma, qui a ranimé Varuna, frappé d'impuissance : or, le Soma est la plante qui fait tomber la pluie; il y a donc eu un temps, semble-t-il, où la Terre était son épouse : Tum pater omnipotens fecundis imbribus aether Conjugis in gremium laetae descendit...

Page 136.

Du récit de Plutarque peuvent se rapprocher ces lignes de Sharhristâni qui confirment l'interprétation que nous avons donnée de ce récit : « Quelques-uns pensent qu'Ahriman se trouvait dans un lieu séparé du ciel et qu'il rusa jusqu'à ce qu'il eût trouvé moyen de *percer le ciel et d'y pénétrer*. » (Trad. Haarbrücker I, 218.)

Page 162, note 1.

Cf. Moor, *Hindu Pantheon*, p. 172.

Page 165, note 3.

A défaut du type « Homme né du Taureau », la mythologie mazdéenne offre le type « Homme-Taureau », sous le nom de Gôpatishâh : « Gôpatishâh, dit le Minokhired, est dans l'Iran vêǵ, dans le Karshvar de

Qaniratha. Du pied à la ceinture il est taureau, depuis la ceinture il est homme. Il a son siége permanent au bord de la mer, il est sans cesse à offrir le sacrifice aux Izeds et à verser les libations (*zôr*); par cette effusion de libation, meurent les *Kharvaçtar* en nombre infini. S'il n'était sans cesse occupé à offrir le sacrifice, à verser les libations, à faire mourir en nombre infini les Kharvaçtar, toutes les fois qu'il pleut, il y aurait pluie de Kharvaçtar » (62. 31 sq.). Gôpatishâh est un Tistrya prêtre, un Tistrya-Haoma; la pluie qui tombe étant la libation du pontife atmosphérique, qui tue les Kharvaçtar, comme le fait la pluie lancée par Tistrya (pp. 141 sq.). Comme prêtre il est homme; comme dieu atmosphérique, il est taureau, et « roi des taureaux » (gô-patishâh; cf. védique *go-patis* épithète d'Indra et de Soma). Comparer Soma-Taureau dans les Védas.

Page 214, note 4.

Comparer, dans un ordre d'images analogues, les trépieds animés d'Héphaistos (Iliade 18. 373) et les vaisseaux animés des Phéaciens (Odyssée 8. 556).

Page 225.

Des mythes de ce genre s'étaient déjà formés dans la période d'unité indo-européenne. Ainsi naissent en Inde Kârttikeya (Muir IV, 250 sq.; en Grèce Erichthonios (Lactance, *De falsa religione* 1. 17; Saint-Augustin, *De Civitate Dei* 18. 12; Censorinus, *De die Natali* 4). — Le mythe de Hvôgvi a passé dans le Talmud sous la forme parsie (Delrio, *Disquisitiones magicae* II, 17).

Page 299, note 7.

C'est un dogme des Stoïciens que le monde doit finir dans les flammes pour renaître : ils annoncent, comme l'Avesta et l'Edda, une conflagration finale (« eventurum putant... ut ad extremum omnis mundus ignesceret » Cicero, *De Nat. Deor.* II, 46, éd. Creuzer); comme dans l'Avesta et l'Edda, un monde nouveau doit succéder au monde consumé « (post inflammationem) relinqui nihil praeter ignem, a quo rursum animante, ac deo, renovatio mundi fieret, idemque ornatus oriretur (ibid.) »; la seule différence c'est que la destruction et la renaissance n'ont pas lieu une fois pour toutes, mais se répètent indéfiniment comme dans le Brahmanisme (Philon, *De incorruptibilitate mundi*); aussi n'est-ce point comme en Perse et en Germanie un monde divin et bienheureux qui succède à un monde misérable; c'est comme dans le Brahmanisme une simple répétition du monde passé : le monde, selon l'antique formule d'Héraclite, naît du feu et y périt, c'est un feu immortel qui régulièrement s'allume et régulièrement s'éteint (πῦρ ἀείζωον, ἁπτόμενον μέτρῳ, καὶ ἀποσβεννύμενον μέτρῳ).

Senèque, dans sa consolation à Marcia, exprime avec une clarté parfaite la théorie stoïcienne : « omnia sternet, abducetque secum vetustas; et quum tempus advenerit, quo *se mundus renovaturus extinguat*, viribus

ista se suis caedent, et sidera sideribus incurrent, et omni flagrante materia, uno igne, quidquid nunc ex disposito lucet, ardebit (XXVI) ».
Lucain, sans prédire le renouveau, annonce la conflagration : « Qu'importe que les morts de Pharsale n'aient point leur bûcher? Ils auront à la fin des temps celui de l'univers même :

> Tabesne cadavera solvat
> An rogus, haud refert : placido Natura receptat
> Cuncta sinu, finemque sui sibi corpora debent.
> Hos, Caesar, populos si nunc non usserit ignis,
> Uret cum terris, uret cum gurgite ponti.
> Communis mundo superest rogus, ossibus astra
> Mixturus » (VII, 810).

Lucain ne fait ici que répéter l'école : il serait intéressant de savoir où Ovide a puisé la même idée ; quand Jupiter, révolté des crimes de la race humaine, entreprend de la détruire, il songe un instant à employer la flamme ; il s'arrête, craignant de consumer l'univers et d'amener la catastrophe que demandent les Destins :

> Jamque erat in totas sparsurus fulmina terras,
> Sed timuit, ne forte sacer tot ab ignibus aether
> Conciperet flammas, longusque ardesceret axis :
> Esse quoque in fatis reminiscitur, adfore tempus
> Quo mare, quo tellus correptaque regia caeli
> Ardeat, et mundi moles operosa laboret (Métam. I, 253).

Ovide est-il ici l'écho des philosophes ou des mythologues? des Cléanthe et des Chrysippe, ou de ses maîtres ordinaires, les Nicandre et les Théodore ; le premier cas serait étrange. Concluons que la doctrine des Stoïciens dérive très-probablement d'une ancienne croyance, mythique et populaire, identique à celles des Skaldes, des Druides, des Destours et des Brahmanes, et ayant comme elles sa racine dans la mythologie indo-européenne.

ERRATA.

Page 28, note 11 : au lieu de : Yaçna 41. 5, lire : Cf. § 34.

Page 29, note 1 : au lieu de : Voir § 39, lire : Yaçna 41. 5.

Page 34, note 3 : au lieu de : Preller, p. 56, lire : Preller, p. 156.

Page 37, note 2, ligne 3 : au lieu de : (s. v.), lire : (s. v. δῖαν).

Page 123, fin du § 106 ; supprimer « ou Apollon ».

Page 199, ad fin. : au lieu de : Yamî, lire : Yimeh.

Page 201, init. : au lieu de : devant lequel s'évanouissent Akhtya et son armée, lire : devant lequel s'évanouit Akhtya.

Page 253, note 4 : au lieu de : Çakra-Vartim, lire : Çakra-vartin.

Page 282, note 3 ad fin. : au lieu de : Jupiter-fourmi, lire : Zeus-fourmi.

Pages 292, note, et 299, note 4 : au lieu de : Jupiter, lire : Zeus.

INDEX[1].

Abraham 193. 7.
Acrisius 77. 1.
açârô 273.
Açnavant 137.
àçnô Khratus 26 ; 27.
Açtô vîdhôtus 157 ; 164 ; 264. 3.
Açtvat-eretô 226 ; 240.
āçtah 94.
āçtar 94.
Açvins 261 ; 264.
Adenabâo 27. 4.
Aditi 58 ; 82.
Aditya 58-62 ; 80. 5 ; 82 ; 269.
Aêshma 122 ; 127 ; 128 ; 219 ; 221 ;
 224 ; 234 ; 268. 1.
Afrasyâb v. Fra*n*hraçyan.
Agamemnon 182. 1 ; 216.
Agastya 219.
agenyâo 35. 3.
Aghraeratha 213 ; 221-224.
Agni 35. 8 ; 44 ; 45 ; 55 ; 74 ; 98 ;
 122 ; 136. 5 ; 160 ; 148 ; 186 ; 171 ;
 193 ; 194 ; 219.
āhas 94 ; 95.
Ahi 97 ; 237. 5 ; 267 ; 269.
ahigopâ 98 ; 106.
ahu 12. 3 ; 47. 4 ; cf. vahistô.
âhûiri 40. 3 ; 215. 1.
âhûirya 40 ; 40. 3.

Ahûmçtu*t* 189.
Ahuna Vairya 115 ; 119 ; 207. 4.
Ahura 26 ; 47. 4 ; 71 ; 265.
Ahurâni 35.
airain fondu 34 ; 159 ; 255.
Airyu 212.
Airyanem vaêĝô 272 ; 273.
Ajis Dahâka 69 ; 102-104 ; 107 ;
 113. 1 ; 121 ; 126 ; 127 ; 151. 1 ;
 154 ; 182 ; 211. 1 ; 217 ; 223 ; 224 ;
 228 ; 267 ; 297.
Ajdahâ 105. 1 ; 155.
âkaça*t* 122.
Akem Manô 115 ; 127 ; 128 ; 227 ;
 234 ; 259 ; 260.
akherdânish 110 ; 246.
Akoman v. Akem Manô.
Akhtya 198-200 ; 273 ; 293.
Alborj 139 ; 168.
Al-insânu-lqadîmu 159. 4.
Amalthée 149. 1.
Ame 160.
Ame du Taureau v. Goshurun.
Ameretâ*t* 38 ; 42 ; 83 ; 115 ; 227 ;
 234 ; 247 ; 253 ; 254 ; 259 ; 260.
Amesha-Çpenta 22 ; 39-44 ; 68 ; 82 ;
 85 ; 249-259.
Amshaspand, v. Amesha-Çpenta.
Amulius 177. 1.

---

1. Ne sont pas compris dans cet index les noms d'Ormazd et d'Ahriman. — Les chiffres, placés après un point, indiquent les notes.

Amurdâd, v. Ameretât.
Anâhita, v. Ardvi Çûra Anâhita.
Andar, v. Andra.
Andarvâi 110.
Andra 115 ; 234 ; 259 ; 260-263.
Andromède 150. 4.
Ane à trois pieds 148-152 ; 200.
Angiras 155. 2 ; 160 ; 186 ; 203 ; 219 ; 292. 1.
Añgra 93 ; 94.
Anguille 152. 1.
animaux (classification) 278-286.
Anra v. Angra.
Añça 60 ; 62 ; 83.
Apâm napât 34 ; 35 ; 104 ; 160. Cf. Borġ.
Apaosha 25 ; 120 ; 129 ; 141 ; 166 ; 177 ; 248.
apâtha 103. 2.
Aphrodite 283.
Apollon 54. 2 ; 216.
Apsaras 56 ; 98 ; 172 ; 173 ; 175-177. 2 ; 201 ; 202.
Aptya 105.
Apyâ Yoshâ 98 ; 160 ; 162.
Aramati 252 ; 257 ; 258.
Ard bad 226. 1.
Ardibehesht v. Asha vahista.
Ardvi Çûra Anâhita 85 ; 139 ; 140 ; 175 ; 190 ; 224 ; 291.
Arezura 127 ; 158 ; 159.
Ardebil 223.
Argus 286.
Arthur 218.
Arya 290.
Aryaman 60 ; 62 ; 73. 2 ; 83 ; 171 ; 172.
Ars 12 ; 13 ; 17.
Ases 47. 4 ; 132. 1 ; 162. 3 ; 298.
Arvanda 142. 3.
Asha 7-18 ; 185 ; 195 ; 312-314.
ashadruġ 17.
ashahê ratu 18.
ashavan 15 ; 16.
ashavari 24.
Asha vahista 17 ; 38 ; 42 ; 83 ; 115 ; 124 ; 127 ; 234 ; 247 ; 248 ; 254 ; 255.
ashâyaonem 15.
Ashazusta 189.
Ashemaogha 149.
Ashi 250.
Ashi-vanuhi 225. 1 ; 252. 1.
aspairika 177. 2.
asu 47. 4.
Asura 47 ; 55 ; 71 ; 265 ; 269 ; 270.
Asurya 47.
Atar 34 ; 55 ; 85 ; 86 ; 103 ; 113. 1 ;
123 ; 124 ; 127 ; 154 ; 181 ; 188 ; 195 ; 211. 1 ; 256.
Atash 16. 2.
Athamas 55. 2.
Atharvan 55. 2 ; 186 ; 211 ; 219.
Ἀθήνη 55. 2 ; 56 ; 75 ; 169. 6 ; 252. 5.
Ἀθραγένη 55. 2.
Athwya 104 ; 146.
Atrêe 222.
Atri 55. 2 ; 101 ; 219.
Audhumbla 159 ; 162. 3 ; 191.
Aurore 60 ; 62. 2 ; 239 ; 240.
Aurva-Hunava 223.
Aurvat-açpa 142. 3 ; 151. 1.
avapaçti 37. 3 ; 57.
Ayu 160.
Az, v. Azi (âzi).
âzah 94.
Azi 47. 4.
Azi (âzi) 153-157 ; 174 ; 180-182.
Azûiti 250 ; 251.

Bad 226 n.
Baêvaraçpa 151 n.
Bagha 320.
Baghô-bakhtem 321, 322.
Bahman. v. Vohu-Manô.
Bakhtem Bakht 319, 321, 326, 333.
Balder 222. 4.
Bali 97. 1.
Barberousse 217 ; 218.
Behesht v. Vahistô Ahu.
Behrâm, v. Verethraghna.
berekhdha 28. 2.
berez 140.
berezaiti 140.
bezoar 280. 1.
Bhaga 60 ; 62 ; 83 ; 172 ; 319 ; 320.
Bharata 191. 4.
Bhrigu 54 ; 74 ; 106. 4 ; 291 ; 299. 4.
Borġ 138. 2 ; 141 ; 142 ; 148.
Bouc 125 ; 279.
Brahman 84 ; 109 ; 133 ; 134 ; 301,
Brahmanaspati 101 ; 134. 6.
Brihaspati 101 ; 135 ; 136 ; 193 ; 204 ; 205 ; 219.
Brihatî dhî 101.
Bûiti, bûidhi, bûidhija 196. 4.
Burzîn 138 ; 167. 4.
Bûshyāçta Bùshaçp 116 ; 144 ; 157 ; 196. 4 ; 180-182 ; 216 ; 227.

Cacus 146 ; 177. 1.
Caille 269.
Castor 280 ; 281 ; 283 ; 284.
Ciel 80 ; 81 ; 128 ; 317-3.
Clytemnestre 170.

— 345 —

Contre-Amshaspands 259-261.

Caêcaçta 176. 6.
Cakhra 255. 4.
Cakhshur-Manas 74. 3 ; 76. 5.
caturaçris 70.
cathrugaosha 69, 70.
cazdônhvantem 28. 1.
Ciçti 253. 1.

Çâkyamuni 201-206 ; 209 , 230.
Çam 97. 1.
Çâma 213.
Çamvara 97. 1 ; 269.
Çaoshyant 89 ; 90 ; 173 ; 196 ; 224-241 ; 295.
Çapendarmat, v. Çpenta Armaiti.
Çastra-devatâ 214. 4.
Çata-vaêça 277. 1.
Çarçaok 166 ; 167, 328.
Çaru 263 ; 264.
Çarva 261 , 263 ; 264.
Çaurva 254 ; 259-262 ; 263 ; 264.
çavah 91.
çavanhaitîs 91.
Çâvahi 95.
Çavasî 95.
çavas 94 ; 95.
çavira 95.
Çesha 302 ; 303.
çévista 90.
Çiva 162 ; 237. 6 ; 261 ; 263.
Çnâvidhaka 215.
Çpengaghra 141 ; 168 ; 200.
çpat 91. 6.
çpeñta 39 ; 59 ; 91 ; 92.
Çpenta Armaiti 38 ; 42 ; 83 ; 92 ; 95 ; 115 ; 157 ; 234 ; 249-252 ; 256-261 ; 287.
Çpenta Mainyu 85 ; 89 ; 94.
Çpitama 90.
Çpityura 127 ; 128 ; 223.
Çraosha 113 ; 181 ; 234. 2 ; 288.
çrutô airyênê vaêgahi 208. 1.
Çrvara 213-222.
Çushna 135 ; 136.
çûra 90.
Çyavarshâna 212 ; 221.

dâdâr 24.
Daêva 253. 1.
Daêva-deva 261 ; 265-268.
Daêvi 267.
Dahâka 102 ; cf. Ajis Dahâka.
dahyu 261 ; 270.
dâitya 12. 1.
Daksha 60 ; 62 ; 63. 2 ; 93.
dâman 23 ; 46. 6 ; 91.

Danae 220.
Danaides 220. 1.
Dânu 212. 3 ; 220. 1 ; 222.
daojâo 196. 6.
daojanhô 196. 6.
Dareǵa 190 ; 197 ; 206 ; 276.
dârendeh 51.
Darius 21 ; 25 ; 309.
dâsa 102.
dâsapatnî 98 ; 106 ; 150 ; 199.
dasyu 102. 1 ; 261 ; 270 ; 290.
dâtar 23 ; 84.
Dâtem 253. 1.
dâyeh 147.
Déiphobe 132. 1 ; 216.
Demâvend 126 ; 217.
deretar 51.
Destin 317 ; cf. Bakht.
Deucalion 300.
Deva 98 ; 261 ; 265-268.
Devapatnî 98.
dhâman 13 ; 46. 6.
Dhartar 51.
Dhâtar 46 ; 51 ; 63. 2 ; 76. 4.
Dhî 248, 253. 1.
dhvaras 268. 1.
Δία 37.
Diti 82.
Dokht 176, 190. 5.
dregudâyah 35. 3.
dregvant 268. 1.
Druh 64, 266.
Druǵ 122, 193, 196, 266, 267, 288.
Drvacpa 145.
drvant 268. 1.
Dugdho 176. 8, 190.
Duhitar divas 176. 8, 172. 2.
Dujah dujakh 196. 6, 244.
dujakô-shayana 176.
dujmat 8, 245.
dujûkht 8, 245.
dujvarst 8, 245.
Dujyâirya 174.
duscithra 122, 227. 3.
dusqarenô 122.
dvarethra 268. 1.
dvarant 268. 1.
Dyaus 78, 79.

Egisthe 216.
Einherier 132. 1, 238. 2, 298.
Epiménide 218. 3.
Ephialte 215.
Etéocle 222.
Etoiles 116, 129, 275-277.
Etrusque (cosmogonie) 305. 3.
Erèbe 134. 5.
Eredat-fedhri 240.

erej-ukhdha 12. 7, 17.
eres 12. 7.
ereshva 12. 7.
erez 12. 7.
Eriphile 170.
Eros 136. 5, 195. 1.
Euchites 332.

Fafnir 150. 5, 171. 1, 202.
Farr 103. 1.
Faucon 189, 279. Cf. Simurgh, Vâraghna, Varesha.
Fçératu 253. 1.
Femme 172.
Fenrir 169, 215. 2, 297, 298.
Féridoun, v. Thraêtaona.
Férouers 85, 128-132, 141, 194, 298. 5.
Festin-orage 113, 213, 214.
Fimbulwinter 298.
Fourmi 279, 281, 282.
Fraçacti 250, 251.
Frâdha*t*-gaêthô 89, 92.
fraêshyâmahi 119. 9.
Fra*n*hraçyan 212, 221-224, 236.
frapinaoiti 103. 3.
Frastayô 250, 252. 1.
frashô-kereti 238, 239.
Frobâ 137. 3, 167. 4.
Fryânanãm 199.

ga*n*as 162.
Ga*n*eça 162, 163.
ganâk, v. *g*anâk.
Gandharva 98, 99. 5, 171, 172, 207. 2, 215. 1.
Gañdarewa 99. 5, 215. 1.
gaêthya çti 117.
gaocithra 145, 277. 1.
gaokerena 152. 2.
gaomaêza 147.
gaoshô-çruta 27. 1.
Garôdemânem 207. 2, 233.
Gâthâs 311-314.
Gâvgil 146.
Gaya 79.
Gayô 161, 164, 165.
Gayomert 115, 116, 144, 156-165, 179, 182, 187, 225, 240, 276, 290, 304.
Gazelle 279-280.
genâo 35.
Géryon 146.
Gîv 223.
Gnâ 98, 250, 251, 252, 256.
Gnâvant 138, 161.
Gôpatishâh.
Gosht v. *g*osht.

Goshurun 144, 145.
Grenouille 116, 143, 178, 284.
Gulltopp 297. 1.
Gurzihar 277. 1.
Gushâçp 167. 4.

*g*ahi 116, 149, 155, 171, 177-180, 182, 287, 289, 293.
*g*ahika 177.
*g*anâk 92.
*g*osht 92. 3, 199. 4.

Haoma 141, 139, 140, 142, 197. 1. 198, 221, 224, 276.
Haptôiriñga 277. 1.
hara 140.
haraiti 140.
Hara berezaiti v. Alborj.
haritvat 194. 1.
Haurvatât 38, 42, 83, 115, 227, 234, 259, 260.
hébvaintîs 35. 3.
Heimdall 297.
Hel 298.
Hélène 135, 216.
Hellé 55. 2, 172. 2.
Héra 172. 2.
Héraclès 191, 212. 2, 214. 2.
Hérisson 279, 282.
Hermès 283.
Hitâçpa 212.
Hira*n*ya-garbha 134.
Hoddmimir 299.
Hoedur 222. 4.
Hom v. Haoma.
Hosheng 175.
Huçravas 212, 221, 222, 223, 238.
Hukairya 139.
hûkhta 8, 9, 10, 245.
humata 8, 9, 10, 245.
Hutaoça 238. 2.
hvarsta 8, 9, 10, 245.
Hvôgvi 225, 228. 1, 238. 2, 252. 5.
hvôghathrâo 35. 3.

Idâ 250, 251. 1.
Ijâo 250, 252.
Indra 32, 45, 60, 100, 110, 125, 136, 139, 173, 193, 200, 203, 214. 2, 261-263, 282, 285.
Indrâ-somâ 100.
Intelligence céleste 26, 27.
Io 286.
Iœrmungandr 297.
Irân vêg 232, 233.
Isaïe 309.
Ish 250, 251.
ithyêgô 109. 3, 196. 5.

Ishusqâthakhtô 264. 3.
Izéd 116, 117 n. Cf. Yazata.

Jehovah 309, 310.
Jupiter 78. 3.

Καάνθος 54. 2, 177. 1.
Kâçu 197, 225. 3. 5.
Kamak 216. 7.
Kâma 136. 5, 152. 2, 160.
Kâmaduh 149. 1.
Kansa 177. 1, 223. 2.
Kanha 223, 230.
Kaqaredhan 120.
Kakh 120. 1.
Kara 178, 191, 276, 284.
Karshiptan 188, 208. 1.
karshvar 113, 166, 167.
Kavandha 54. 2, 219.
Kavañda.
Kavi 165. 4.
Kâvkil 146.
Kayâd 120. 2.
Kayadha 120.
Ké Khosrav v. Huçravah.
Kenâbed 138.
Kereçâçpa 176. 6, 182, 193, 212, 213-218, 224, 226, 234, 235, 264. 3, 273.
Kereçâni 100.
kereta 176. 2.
Khrafçtra 116, 281, 285.
khrafçtra-ghna 281, 285. 2.
khoy 158.
Khudâ 26.
Khumba 219.
Khumbya 213, 218-221, 234. 2.
khûnahin 128.
Khnâthaiti 175, 176, 182. 3, 197, 202, 209, 273.
khraojdista 31, 32.
Khshathra vairya 38, 42, 115, 234, 248, 249, 255.
Khshathrô-Çaoka 223.
khshathryô 161.
khshnût 34. 1.
Kimìdin 120. 2.
Kravyâd 120. 2.
Kriçânu 100.
Kriçâçva 214. 3.
Kriemhild 171.
Krishna 152. 3, 230.
Kuñda 54. 2.
Kutsa 176. 6, 223.
Kvasir 162. 3.

Lézard 283. 4.
Lif Lifthrasir 299.

Loki 204. 3, 214. 2.
Lumière infinie 36.

mainyava 117.
mainyu-tâsta 118.
Mairya 123.
Maitrâvaruna 82.
Makara 161. 2, 178.
Makha 273.
Malkosh 230, 233, 234, 298.
Manichéens 159. 4, 332.
manô 258. 1.
manîshâ 248.
Manu 186.
Manuscithra 212.
Maratan 163.
Mâra 201, 202.
marekhstârô 40. 1.
Marisha 162. 1.
Marko 218.
Mârttânda 60.
Marut 163.
Maruts 162-165, 191, 193, 207. 2, 276, 285. 3, 297. 1.
maryâso divas 163.
Mâthra 253. 1.
mati 248.
mashya 16. 2.
Mashya-Mashyana 106. 4, 290-293.
Mâzainya 157. 1.
mazdâo 29.
Méduse 175.
Mélia 54. 2, 290. 1.
Ménélas 216.
Mers 141-144.
Mètis 252. 5.
Midgard 298.
minô 117.
Minokhired 26.
Minos 173. 1.
Miœlnir 214. 4.
Mitra 62-65, 68, 73, 76, 219, 269.
Mithra 65, 66, 72, 78, 85, 112-114, 152. 3, 219, 269, 270, 320.2.
Mithriaques (mystères) 150, 328.
mîsti 152, 153.
Montagnes 137-141.
Mrityu 109.
Mûs 174, 277. 1.
Muspar 277. 1.
Muspel 298.

Naçu 193.
Nakhit, v. Nâonhaithya.
Nairyôçanha 157, 224.
Namuci 273.
Nâonhaithya 115, 234, 259, 260, 261, 264, 266.

Nâsatya 261, 264.
Néphélé 55. 2.
Nirriti 109.
Niyâz 153, 154, 157, 216. 9.
Nombres mythiques 79-81.

Odin 45. 3, 169, 189, 298. 7.
Oedipe 200, 201.
Oeil (mauvais) 122, 123, 155.
Oeuf 132-136.
Oshedar Bâmi 228-230.
Oshedar Mâh 228, 230, 231.
Otos 215.
Ouranos 53, 76. 3.

Paêsis 227.
paityâra 246.
Pairika 166, 173-288.
Panis 100, 146, 203-205, 215. 1, 269.
Paon 286.
Paoiryô-tkaêsha 130, 165. 4.
Paradhâta 165. 4.
Pareñdi 250, 251, 252. 1, 253 1.
Parǵanya 64, 143, 150, 282, 285. 2.
Paris 177. 1.
paritakmyâ 204. 1.
Parshatgâo 221. 2.
Pârvatî 162, 179. 5, 286.
Pasiphaé 173. 1.
Péris v. Pairika.
Périodes du monde 306-307.
Perkun 45. 3, 64. 3.
Persée 150. 4, 220, 221.
Peshdâd 165. 4.
Peshotanu 213, 223, 225, 230.
Πετρογένης 152. 3, 328. 3.
Phoroneus 290. 1.
Phrixos 55. 2, 167. 5.
Piçâci 227. 2.
Pierre 152. 3, 193.
Pitris 131.
Planètes 116, 275-277.
Poison 148. 5, 155. Cf. Visha-Kanyâ.
Polynice 222.
Poseidon 175.
Poule aux œufs d'or 148. 5.
Pourushaçpa 190, 197.
Pracetas 55. 2.
Praǵâpati 88, 134. 6, 171.
Praǵâvatas 48. 6.
Prière 195.
Prométhée 299.
Prithivî 78, 79.
Puramdhi 172, 251.
Purmâyeh 105, 146, 155, 259. 1.
Purûravas 160, 228. 1.

Pûrve pitaras 165. 4.
Pùshan 63. 2, 172.
Python 202.

qadhâta 49. 7.
qaêdha 158.
qaêthvôdatha 106. 2.
Qaniratha 166, 167.
Qarenô 103, 104, 126, 127, 137, 211.

Raêvañt 138.
Ranha 178, 273, 274.
Rânyô-çkereti 149. 1.
Rasâ 204.
Raspî 12.
Râta 253. 1.
ratu 12, 39. 5, 160. 1, 276.
rathwiz- 12.
rathwya 12.
Râvana 177. 1.
ravah 21. 4.
Razura 158. 6.
Reibed 138.
Remus 222.
Renard 169. 6, 280.
Résurrection 226, 227, 239-241, 296, 297, 300, 304-305, 310-311.
Révélation 206, 207.
revyô 21. 4.
Rîbâvend 169. 6.
Rire 191. 1.
rita 13-18, 47, 207, 248.
ritâvan 15, 16.
ritasâp 15.
ritu 12.
ritviya 12.
Roshan 137.
Rosée 153.
Rudra 162, 207. 4, 234, 302.
Rustem 222.

Sanglier 125, 279.
Saramâ 293-295.
Savitar 60, 63. 2, 76. 4, 139, 172, 301, 303, 319.
Sept 61, 80, 81, 245. 6.
Shagâd 222.
Sharévar v. Khshathra Vairya.
Sifrit 171. 1.
Sigurdrifa 182, 2, 191. 2, 207. 2.
Simurgh 189. 8, 279, 3.
Soleil 31, 52, 53. 3, 63, 65, 113. 1.
Soma 44, 45, 99, 171, 172, 205, 223.
sukrit 11, 245.
sukrita 10, 11, 245.
sûktam 10.

sumati.
Surtur 298.
Sûrya 60, 62. 2, 63. 2, 75.
Sûryâ 172.
suvrikti 10. 3, 135. 3.
svadhâ 13. 7.
svarnara 163.
Svarbhânu 70. 2.
sveda 158.
svētŭ 92. 2.

Taêra 139. 7.
Tairica 115, 234, 259, 260.
Tahmurath v. Takhma Urupa.
Takhma Urupa 165-171, 179, 212.
Taric v. Tairica.
Tarômaiti 234, 249, 260, 261.
Tartare 134. 5.
Taureau 115, 144-156, 165, 182, 194, 224, 225.
Taureau-poisson 151, 152.
Tellus 79.
Temps v. Zervan.
Tentation de Zoroastre 196-206.
— de Buddha 201-206.
— de Saramâ 203-205.
— d'Abraham 193. 7.
Thedel 170. 1.
Thésée 212. 2.
Thor 169. 6, 204, 214. 2, 264. 3, 298. 1.
Thraêtaona 69, 104, 121, 217, 222, 285.
Thrita 105. 3.
Thrym 204.
Thyeste 214. 2, 222.
Tistrya 25, 120, 126, 129, 138, 141-144, 158, 192, 200, 248, 275-277.
Tortue 282, 283.
Touranien 146, 208.
Traitana 105, 122.
triraçris 70. 5.
Trita 105, 292.
τριτογένεια 56.
Trois 80, 167. 4,
Tuça 223.
Tvashtar 63. 2, 100; 215. 1.
Tvâshtra 100, 215. 1.
Thwâsha 16. 2, 317, 318.
tyaġas 109. 3.
Typhée 200. 1, 215.

Uçiġ 145. 5.
Uçikhs 145. 5.
Udayagiri 139.
urugavyûti 21. 4.
Urva 273.

Urvaçî 219, 228. 1, 250, 256.
Urvâkhshaya 212, 216.
Urvatatnara 223.
Uparatât 125.
uzayêni pârayêni 122. 2.

Vache 98, 145, 146. Cf. Purmâyeh
Vâc 101, 206.
Vacart Varç 229,
Vadhaghna 201.
Vaêkereta 176, 273.
Vaê 316. 3.
Vafurlogi 182. 2, 207. 2.
Vahisto Ahu 244, 258. 1.
Vâi 108, 110, 113, 273.
Vala 97. 1, 135, 136, 146.
Vanañt 277. 1.
Vanes 162. 3.
Vâraghna 279.
vârana 70, 71.
vared 89.
varedaiti 92.
Varemġana 279. 3.
Varena 69, 104, 121, 273, 274.
Varenya 70, 100, 121, 122.
Varesha 286.
Varuna 45-84, 121, 204, 231, 233, 262, 269, 271.
Varunânî 56. 4.
Vayu 110-112, 162. 3, 176, 316. 3.
Vâyu 62. 2, 98, 110, 126.
Vasishtha 219, 220.
Vâzista 142.
Veh bad 226 n.
Vehrâm Varġâvand 229, 230, 239. 2.
verethrem 267.
Verethraġan 125, 267.
Verethraghna 125, 263, 276, 279.
verezdâo 41. 6.
Viçtauru 191. 4.
Vîçpataurvairi 227, 240.
viçpôhuġyâiti 90.
Vicakshanavatîm 76.
Vidhâtar 63. 2.
Vierge au poison v. Visha-Kanyâ.
Vipâç 191. 4.
Vingt-quatre dieux 136, 155, 271, 272.
Visha-Kanyâ 173.
Vishnu 63. 3, 63. 2, 302.
Vivasvat 98, 172, 175, 264.
Vohu-Manô 38, 42, 83, 115, 123, 127, 141, 247, 258, 259, 285.
vouru-gaoyaoiti 21. 4.
Vouru-kasha 103, 104. 2, 137, 139, 141, 143, 148, 167, 173, 174.
Vritra 97, 193, 269, 273.
Vritrahan 98, 125.

Yadmanomand 137.
yâdrâdhyam 54. 3.
Yama 76. 4, 105, 106. 2, 160, 186, 207. 2, 231-233, 245, 297. 2.
Yami 106. 2.
yaos 252. 1.
yaosti 250, 252. 1.
Yâtu 120, 166, 174, 175, 178, 289.
Yâtudhâna 120. 1, 174.
Yâtudhâni 174.
Yâtumaiti 177.
yavaêġi yavaêçu 90.
Yazata 265, 266.
Yezdgerd 285, 294, 315, 320. 2.
Yggdrasil 297, 299.
Yima 105, 106, 166, 187 sq., 212, 214. 2, 222, 231-233, 291, 297.
Yimeh 199.

Ymir 159, 191, 292. 1.
Yôista 198-200, 273.

Zairica v. Zaric.
Zairimyâka 283. 2.
Zairimyazura 282, 283.
Zanda 120, 289.
Zarathustra 85, 122, 189-209, 211, 276, 277, 291, 292.
Zaric 115, 234, 259, 260.
Zemaka 294.
Zemân 325, 326.
Zervan 316-332.
Zeus 32, 53, 55, 66, 78, 79, 252. 5, 299, 338, 339.
Zinavant 169. 6.
Zohâk 105, 155. Cf. Ajis Dahâka.

TABLE DES MATIÈRES.

ORMAZD ET AHRIMAN.

INTRODUCTION.

§ 1. Ormazd et Ahriman	1
§ 2. Sources.	2
§ 3. Méthode et étendue de la recherche. Distinction des éléments *indo-iraniens* et des éléments *iraniens* proprement dits	3
§ 4. Ormazd est indo-iranien, Ahriman est iranien	5
§ 5. Divisions : 1° Ormazd ; — 2° Ahriman ; — 3° Systèmes unitaires	5

PREMIÈRE PARTIE.
ORMAZD ou AHURA MAZDA.

CHAPITRE Ier.
L'ASHA.

§ 6. L'*Asha* : caractéristique du monde d'Ormazd.	7
§ 7. L'*Asha* est pour les Parsis « la Pureté »; comprend trois choses : bonne pensée, bonne parole, bonne action (*humatem, hûkhtem, hvarstem*).	8
§ 8. La valeur primitive de ces trois expressions est purement liturgique, nullement morale	8
§ 9. Telle est encore leur valeur védique (*sumati, sûkta, sukrita*).	10
§ 10. Formules équivalentes; prouvent que l'*Asha* est l'ordre religieux; répond au *rita* védique	11

§ 11. Le *rita* dans les Védas : 1° Ordre cosmique. 13
§ 12. — 2° Ordre liturgique. 14
§ 13. *Asha* réunit les deux valeurs de *rita*. 14
§ 14. La conception d'un ordre cosmique et liturgique était déjà formée et munie de ses moyens d'expressions dans la période indo-iranienne. 16
§ 15. *Asha* et *rita* sont-ils le même mot ? 16
§ 16. *Asha* et *rita* ont dans une acception spéciale une valeur morale : ils désignent la vérité. De là le développement tout moral de l'*asha*. 17
§ 17. Conclusion. 18

CHAPITRE II.

ORMAZD. — SES FONCTIONS.

§ 18. Il fonde l'*asha* matériel et moral. 19
§ 19. Il a organisé l'univers matériel 19
§ 20. Il est assisté dans la création par les Amshaspands : mais eux-mêmes sont ses créatures. 22
§ 21. Il fonde la loi qu'il révèle à Zoroastre. 24
§ 22. Il est le maître du monde. 25
§ 23. De là son nom d'*Ahura* « le Souverain ». 26
§ 24. Il est l'intelligence suprême. Théorie de l'*Intelligence céleste*. 26
§ 25. De là son nom de *Mazdâo* « l'Omniscient ». 28
§ 26. Conclusion. 29

CHAPITRE III.

ORMAZD. — SES ATTRIBUTS MATÉRIELS.

§ 27. Dieu spirituel, il sort du naturalisme. 30
§ 28. Il est corporel. 30
§ 29. Il a le soleil pour œil 32
§ 30. Il a le ciel pour vêtement. C'est un ancien dieu du ciel. . 32
§ 31. De là : père d'*Atar*, le Feu de l'éclair; cf. Zeus et Athéné. 33
§ 32. Epoux des Eaux (Apô). 34
§ 33. Conclusion. Ormazd est un ancien dieu du ciel; du ciel lumineux. 35
§ 34. Ormazd réside dans la lumière infinie. La lumière infinie est la lumière du ciel. 36
§ 35. Au temps d'Hérodote, le dieu suprême des Perses était le Ciel. 37
§ 36. Conclusion. 37

CHAPITRE IV.

ORMAZD ET LES AMSHASPANDS.

§ 37. Ormazd est le premier d'un groupe de sept divinités suprêmes, les Amshaspands. 38

§ 38. Sens du mot Amshaspand (*Amesha-Çpeñta*). (Les trente-trois Amshaspands, les trente-trois ratus). 39
§ 39. Fonctions des Amshaspands : identiques à celles d'Ormazd. 40
§ 40. Attributs matériels : lumineux. 41
§ 41. Semblent des dédoublements d'Ahura. La liste des sept Amshaspands n'a été arrêtée que tardivement. . . . 41
§ 42. Questions historiques. Nécessité de recourir aux Védas pour les résoudre 42

CHAPITRE V.

VARUNA. — SES FONCTIONS.

§ 43. Le Rig-Véda connaît un dieu ayant les fonctions d'Ahura : Varuna. 44
§ 44. Varuna a organisé le monde. 45
§ 45. Il est maître du *rita*, de l'Ordre. 47
§ 46. Il est maître du monde, l'*Asura* « le Souverain ». . . . 47
§ 47. Il est omniscient. 48
§ 48. Identité de fonctions entre Ahura et Varuna. Présomptions en faveur d'une commune origine. 50

CHAPITRE VI.

VARUNA. — SES ATTRIBUTS MATÉRIELS.

§ 49. Varuna est encore un dieu matériel. 52
§ 50. Il a le soleil pour œil. Ancien dieu du ciel. Οὐρανός. . . 52
§ 51. Varuna père de l'éclair (Bhrigu, Atharvan, Vasishtha). . 53
§ 52. Varuna époux des eaux (Varunânî) 56
§ 53. Conclusion. Identité d'attributs matériels entre Ahura et Varuna. 57

CHAPITRE VII.

VARUNA ET LES ÂDITYAS.

§ 54. Varuna est le premier d'un groupe de divinités suprêmes, les Adityas. 58
§ 55. Fonctions des Adityas ; identiques à celles de Varuna . . 58
§ 56. Attributs matériels : lumineux. 59
§ 57. Leur nombre : douze ; huit ; sept. Sept est le nombre primitif (Màrttânda, Vishnu). 59
§ 58. La liste des Adityas n'est point arrêtée 61

CHAPITRE VIII.

VARUNA ET MITRA. — AHURA ET MITHRA.

§ 59. Varuna fait couple avec Mitra 62
§ 60. Pourquoi ? 65
§ 61. Ahura a fait couple avec Mithra. 65

CHAPITRE IX.
CONCLUSIONS HISTORIQUES.

I. § 62. Ahura et Varu*n*a dérivent d'un dieu indo-iranien, dieu du ciel lumineux et *Asura* suprême 67
§ 63. Cet Asura suprême était la première de sept divinités suprêmes, devenues les Adityas en Inde, les Amesha-Çpeñtā en Iran. 68
§ 64. Questions à résoudre à la suite de ces conclusions. . 58

II. Questions iraniennes.
§§ 65. 65 bis. 65 ter. Nom indo-iranien de l'*asura* suprême. Varu*n*a (*Varana) était encore nom commun. Région mythique du Varena (*Vâra*na); démons *Varenya* 69
§§ 66. 66 bis. Pourquoi s'est brisé en Iran le couple Ahura-Mithra. — Mitra dieu du jour, Varu*n*a de la nuit . 72

III. Questions anté-iraniennes.
§§ 67. 68. Rapport des fonctions de l'Asura à ses attributs matériels. 73
§ 69. Formules de transition : disparues dans l'Avesta . . 77
§ 70. Antiquité de cette conception de l'Asura. Varu*n*a-Ahura = Zeus = Jupiter (Dyaus = Ouranos) . . 78
§ 71. Les sept Aditya-Amshaspands sont une multiplication de l'*asura* suprême, amenée par la loi des nombres mythiques. 79
§ 72. Loi des nombres mythiques. Les sept mondes . . . 79
§ 73. Traces de cette loi dans l'Avesta. 81
§ 74. Nom indo-iranien des Amshaspands. 82
§ 75. Ahura-Varu*n*a est *indo-européen*; les Aditya-Amshaspands sont *indo-iraniens* 82
§ 76. A la fin de la période indo-iranienne, la liste des Aditya-Amshaspands n'était pas encore arrêtée. . 83

IV. § 77. L'Asura indo-iranien n'est point le dieu du monothéisme. 84
§ 78. Tendance monothéiste du Mazdéisme 84

DEUXIÈME PARTIE.

AHRIMAN ou ANGRA MAINYU.

CHAPITRE Ier.
CONSIDÉRATIONS GÉNÉRALES.

§ 79. Dualisme indo-iranien. Dieux et démons. . . . 87
§ 80. Dualisme mazdéen. Çpeñta Mainyu et Añgra Mainyu. 88
§ 81. Çpeñta Mainyu : « l'Esprit qui accroît, l'Esprit bienfaisant » 89
§ 82. Añgra Mainyu : « l'Esprit d'angoisse ». 92
§ 83. Le *çavas* et l'*âhas* dans le Véda 94

§ 84. La lutte cosmique : a son prototype dans la lutte mythique de l'orage 96
§ 85. Conséquences. Ahriman est double : héritier des démons orageux et antithèse d'Ormazd 96

CHAPITRE II.
LA LUTTE D'ORAGE.

I.   Dans les Védas.
§ 86. Héros de la lutte : dieu — démon (serpent) — vache ou femme. 97
§ 87. Soma. 99
§ 88. La Prière (Brihaspati) 100
§ 89. Résumé 101

II.   Dans l'Avesta.
§ 90. Double fortune des récits mythiques indo-iraniens ; fondent l'histoire *légendaire* de l'Iran et l'histoire *cosmologique* du monde 101
§ 91. Aji, le Serpent. 102
§ 92. Aji contre Atar. 103
§ 93. Aji contre Thraêtaona 104
§ 94. Aji contre Yima (Yimeh, Yama-Yami). 105
§ 95. Pourquoi Aji n'est point devenu le principe du mal . 107

CHAPITRE III.
INVASION D'AHRIMAN.

I.   Position respective des deux adversaires.
§ 96. Les deux principes. Leur siége 108
§ 97. Lieu de leur mêlée, le Vâi : dérive du Vâyu indo-iranien, c'est-à-dire de l'atmosphère où se rencontrent le dieu et le démon dans l'orage . . . 110
§ 98. Le Vâi est-il identique au Μίθρα Μεσίτης de Plutarque (Lutte d'Aji et d'Atar selon les sources arméniennes). 112
§ 99. Victoire finale de la lumière. 114

II.   Invasion d'Ahriman d'après le Bundehesh.
§ 100. Récit de l'Invasion d'Ahriman d'après le Bundehesh. 114
§ 101. Double création et double lutte : mystique, puis matérielle 117
§ 102. Dédoublement de la création. Création mystique . 118
§ 103. Dédoublement de la lutte. Lutte mystique . . . 119
§ 104. La lutte matérielle 121
§ 105. Lutte contre le ciel. Origine. 121
§ 106. Ahriman et le Serpent. Son regard. Le mauvais œil. 122
§§ 107. 108. Ses vainqueurs sont ceux du Serpent :
     1° Atar et Vohu Manô. 123
     2° Asha Vahista et Verethraghna 124
§ 109. Ahriman enchaîné. 126

	§ 110. Transferts de mythes d'Aji à Ahriman	127
	§ 111. Rôle du ciel dans la lutte.	128
	§ 112. Rôle des Férouers-étoiles.	129
	§ 113. Rôle des Férouers-pi*tr*is	130
	§ 114. Conclusion.	132
III.	§ 115. L'invasion d'Ahriman d'après Plutarque. L'œuf cosmique : dans le Brahmanisme, dans le Parsisme.	132
IV.	Faits cosmogoniques concomitants à l'invasion d'Ahriman.	
	§ 116. Formation des montagnes et de la mer	137
	§ 117. Pourquoi les montagnes se dressent à l'apparition d'Ahriman. Montagne = nuée d'orage.	137
	§ 118. L'Alborz.	139
	§ 119. Confirmation. Les montagnes disparaîtront avec Ahriman.	140
	§ 120. Formation des mers d'après le Bundehesh	141
	§ 121. Récit correspondant de l'Avesta : est encore le récit d'une lutte journalière sans caractère cosmogonique.	142
V.	Meurtre du Taureau.	
	§ 122. Meurtre du Taureau	144
	§§ 123. 124. Vache et Taureau = nuée. Preuves fournies :	
	1° Par les mythes et les légendes ; le *gâwgil* ; . .	145
	2° Par la liturgie ; le *gaomaêza* ; l'Ane à trois pieds.	147
	§ 125. Germe du Taureau = Pluie	149
	§ 126. Couples mythiques. Le Taureau-poisson.	150
	§ 127. La lune dépositaire du germe du Taureau	152
	§ 128. Le véritable meurtrier du Taureau est Az, le Serpent.	153
VI.	Meurtre de Gayomert, le premier homme.	
	§ 129. Gayomert, le premier homme, tué par Ahriman (les démons *mâzainya*)	156
	§ 130. Gayomert est l'*homme d'en haut*, le héros d'orage homme. Sa naissance : le Khoy.	157
	§ 131. Premier homme = homme d'en haut (le premier homme dans le Manichéisme) ; Apām Napā*t* créant l'homme ; Kâma.	159
	§ 132. Son nom	161
	§ 133. (Gayô) *Maratan* et les Maruts. Les Maruts, *hommes du ciel*	162
	§ 134. Conclusion.	164
	§ 135. Equivalence mythique de Gayomert et du Taureau.	165
	§ 136. Cette équivalence se marque dans le mythe de Tahmurath	165
	§ 137. *Descente de la vie* sous Tahmurath (Les Peshdâd). .	165
	§ 138. Tahmurath montant Ahriman.	168
	§ 139. Tahmurath dévoré par Ahriman.	169
	§ 140. Tahmurath trahi par sa femme.	170
	§ 141. Le démon femelle : identique à la vierge divine :	

    Sùryà; la Vierge au Poison (Minos). 171
§ 142. Les Péris 173
§ 143. Yâtus et Péris. 174
§ 144. La Péri Knãthaiti. 175
§ 145. La Djahi 177
§ 146. L'amant de la Djahi. 178
§§ 147. 148. Rôle de la Djahi dans le meurtre de Gayomert,
   du Taureau. 179
§ 149. Ahriman n'est point le véritable meurtrier. . . . 180
§ 150. La Bùshyãçta 180
§ 151. Conclusion. Ahriman n'est que le héros nominal des
   exploits qui lui sont attribués 182

CHAPITRE IV.

AHRIMAN ET ZOROASTRE.

I. § 152. Ahriman lutte directement contre Zoroastre . . . 183
 § 153. Zoroastre : le premier fidèle 185
 § 154. Premier Fidèle = Premier homme = Homme d'en
   haut; 1° dans les Védas 186
 § 155. 2° dans l'Avesta. Equivalence de Zoroastre et de
   Gayomert 187
 § 156. Equivalence de Zoroastre et de Yima 187
 § 157. Premier fidèle = Atar. L'Oiseau-prêtre 188
 § 158. Naissance et enfance de Zoroastre = Naissance et
   enfance du dieu d'orage. Pourushaçpa et Dugdho.
   (Le rire de Zoroastre) 190
 § 159. Sa naissance est la ruine du démon 192
 § 160. Son arme matérielle ; pierre-éclair (Satan le lapidé). 193
 § 161. Son alliance, nécessaire à Ahura 194
II. § 162. Son arme principale est l'arme mystique, la Prière . 195
 § 163. Lutte d'Ahriman et de Zoroastre 196
 § 164. Lutte en dialogue, par énigmes. Akhtya et Yôista.
   La sœur de Yôista. 198
 § 165. Origines de cet ordre de mythes. 200
 § 166. Tentation de Zoroastre. Tentation du Buddha . . . 201
 § 167. Indépendance des deux mythes. 202
 § 168. Origines. Tentation de Saramà 203
III. § 169. Révélation de la loi. 206
 § 170. Zoroastre législateur. 208
 § 171. Ahriman a-t-il été dès le début l'adversaire de Zoroastre et son unique adversaire ? 209

CHAPITRE V.

EXPULSION D'AHRIMAN.

I. § 172. Mort de Zoroastre. 210
 § 173. Alternatives de défaites et de victoires. 211
 § 174. Vainqueurs de la lutte finale : 1° Héros endormis ;
   2° Fils futurs de Zoroastre 212

II. § 175. Kereçaçpa; ses exploits. Festins d'orage. Armes animées. K*r*içâçva. Çnâvidhaka. Le Gañdarewa. . . 213
§ 176. Sa mort, son sommeil (Barberousse, Arthur, Marko). Le Touranien Niyâz. 216
§ 177. Khumbya (Vasish*t*ha, Persée). 218
§ 178. Aghraêratha (Fra*n*hraçyan, les frères ennemis). . . 221
§ 179. Autres immortels : Gîv, Tuça, Peshôtanu 223
III. § 180. Fils futurs de Zoroastre. Çaoshyant (Hvôgvi) . . . 224
§ 181. Double rôle de Çaoshyant : défaite du démon, résurrection 226
§ 182. Les Précurseurs 227
§ 183. Premier précurseur : Oshedar-Bâmi ; sous-précurseurs : Behrâm Vargâvand et Peshôtan 228
§ 184. Deuxième précurseur : Oshedar-Mâh 230
§ 185. Yima et l'hiver Malkosh. Dédoublement du Yama indo-iranien. Yima, roi terrestre et roi des morts. Le Var de Yima et l'arbre de Yama 231
§ 186. Lutte finale d'après le Bahman Yasht. Aji seul paraît. Kereçaçpa 234
§ 187. Lutte finale d'après le Djâmâçpî. Aji seul paraît. Sa conversion 235
§ 188. Lutte finale d'après le Bundehesh ; se résout en mythe d'orage. L'airain fondu. Embrasement des montagnes. 236
§ 189. Çaoshyant ; est avant tout le héros de la résurrection. 238
§ 190. Résurrection : une aurore transportée à la fin des temps. 239
§ 191. Résurrection de Gayomert 240
§ 192. Conclusion. 240

CHAPITRE VI.

RAPPORTS D'ORMAZD ET D'AHRIMAN.

I. § 193. Ahriman est Aji érigé en principe du mal et modelé symétriquement sur Ormazd 243
§ 194. Attributs et actes d'Ahriman : projection inverse de ceux d'Ormazd. 244
§ 195. Créations d'Ormazd et contre-créations d'Ahriman. 246
II. A. § 196. Création des Amshaspands. Haurvatâ*t* et Ameretâ*t*. 246
§ 197. Vohu-Manô. 247
§ 198. Asha-Vahista. Le *r*ita 248
§ 199. Khshathra Vairya. Le Kshatra. 248
§ 200. Çpeñta Armaiti. Epouses mystiques d'Ahura. Armaiti-Aramati ; Pareñdi-Puramdhi 249
§ 201. Conclusion. 253
II. B. § 202. Attributs matériels conquis par les Amshaspands. Haurvatâ*t* et Ameretâ*t* donnent le branle . . . 253
§ 203. Asha-Vahista et le Feu. 254
§ 204. Khshathra Vairya et l'airain fondu 255

	§ 205. Armaiti et la Terre. Aramati	256
	§ 206. Vohu-Manô et les troupeaux	258
II. C.	§ 207. Contre-Amshaspands. Tauru et Zairica	259
	§ 208. Akem-Manô. Çaurva, Andra, Nàoṇhaithya n'ont pris que très-tard et artificiellement la valeur de contre-Amshaspands.	259
II. D.	§ 209. Théorie de la révolution religieuse du Mazdéisme .	261
	§ 210. Cette théorie ne repose que sur des faits de langage, nullement sur une différence dans les conceptions.	262
	§ 211. Añdra et Indra	262
	§ 212. Çaurva et Çarva	263
	§ 213. Nâoṇhaithya et Nàsatya	264
	§ 214. Daêva (démon) et Deva (dieu)	265
	§ 215. Druǵ Daêvi	266
	§ 216. Noms des démons.	267
	§ 217. Conclusion	268
	§ 218. Les *asuras* en Inde	268
	§ 219. Daṇhu et Dasyu	270
	§ 220. Conclusion. Point de révolution religieuse . . .	270
II. E.	§ 221. Création de 24 dieux et de 24 démons (Plutarque) .	271
	§ 222. Créations et contre-créations terrestres. Géographie mythique	272
III.	§ 223. Lutte des étoiles et des planètes.	274
	§ 224. Tistrya dieu d'orage et étoile. Pourquoi ? . . .	275
	§ 225. Tistrya chef des étoiles.	276
	§ 226. Entraîne les étoiles dans le parti d'Ormazd, jette les planètes dans le parti d'Ahriman	277
IV.	§ 227. Animaux d'Ormazd; animaux d'Ahriman. . . .	278
	§ 228. Sont à Ormazd ceux qui dans les mythes prêtent leur forme au dieu d'orage	279
	§ 229. Sont à Ahriman ceux qui dans les mythes prêtent leur forme au démon d'orage	281
	§ 230. Confirmations par le culte.	283
	§ 231. Classification *utilitaire*, postérieure; contradictions qu'elle amène	285
V.	§ 232. L'humanité : double, divine et démoniaque . . .	287
	§ 233. Ramenée à l'unité	289
	§ 234. Le premier péché. Mashya-Mashyana	290
	§ 235. Maladies	293
	§ 236. Morale	293
VI.	§ 237. Durée limitée du monde	296
	§ 238. Le monde dure une journée, ou une année . . .	296
	§ 238 bis. Parallèles dans les mythologies sœurs. . . .	297
	§ 239. Périodes	305
	§ 240. Conclusion	308
VII.	§ 241. Age du dualisme. Isaïe et Prexaspe	309
	§ 242. Les Gâthâs	341

TROISIÈME PARTIE.
SYSTÈMES UNITAIRES.

§ 243. Systèmes unitaires. 314

CHAPITRE Ier.
LE TEMPS. ZERVAN.

I.
§ 244. Le Temps sans bornes. 316
§ 245. Le Destin 317
§ 246. Le Destin et le mouvement du ciel 318
§ 247. Origines : Bhaga. 318
§ 248. Le Destin et le Ciel dans la Perse moderne . . . 320
§ 249. La souveraineté du Temps est identique à celle du Destin et du Ciel. 321
§ 250. Conclusion. Origine mythique, non philosophique, du système. 322

II.
§ 251. Rapports de Zervan à Ormazd et à Ahriman . . 324
§ 252. Ormazd créé par Zervan (Ulema i Islam) 324
§ 253. Origine d'Ahriman. 325
§ 254. Ormazd et Ahriman nés de Zervan par le sacrifice. 326
§§ 255, 256. Origines : pouvoir créateur du sacrifice : en Iran, en Inde; le Taurobole. — La mère d'Ormazd-Ahriman.— Les Euchites. 327

CHAPITRE II.
DESTIN. LUMIÈRE. ESPACE.

§ 257. Destin = mouvement du Ciel 333
§ 258. Lumière = lumière du Ciel 333
§ 259. Espace = espace céleste 335
§ 260. Conclusion. 336
§§ 261, 261 bis. Conclusions générales 337

Notes additionnelles. 339
Errata 342
Index 343
Table des matières 351

Imprimerie Gouverneur, G. Daupeley à Nogent-le-Rotrou.

www.ingramcontent.com/pod-product-compliance
Lightning Source LLC
Chambersburg PA
CBHW050301170426
43202CB00011B/1771